설교주제잡기 700선
제 5 권

신약
로마서 ~ 요한계시록

설교주제잡기 700선
제5권

지은이: 박순오

초판_ 2018. 9. 1.

발행처_ 도서출판 조명문화사
발행인_ 이재영

등록번호_ 제2-846호
등록일자_ 1989.7.13

서울특별시 성동구 뚝섬로4길 28(성수동1가)
전화 02-498-3017 팩스 02-498-3018
홈페이지 http://www.cmpress.co.kr

ISBN 978-89-7257-490-3 94230

정가 18,000원

설교주제잡기 700선

제 5 권

신약: 로마서 ~ 요한계시록

박순오 지음

도서 출판 조명문화사 CMPress

▌서 문 ▌

『설교주제잡기 700선 시리즈』는 제5권으로 일단 대장정을 끝냅니다. 제1권과 제2권은 구약성경의 본문으로부터 설교 주제를 잡아 대지진술과 대지해석을 제시함으로써 설교자로 하여금 보다 용이하게 설교를 완성할 수 있도록 하였습니다. 제3권과 제4권은 마태복음에서 사도행전까지의 본문에서 설교 주제잡기를 시도하였고, 본서 제5권은 로마서에서 계시록까지의 본문에서 설교 주제를 뽑았습니다. 총 700편의 설교 주제는 좋은 주제를 찾는 목회자에게 상당한 기쁨을 주게 되리라 확신합니다.

앞으로 제6권은 성경적 상징주의를 적용한 설교 주제잡기를 시도할 예정입니다. 하지만 이 작업은 꽤 많은 시간과 노력이 필요하고, 때로는 교계의 분위기를 고려할 때 상당한 용기가 필요한 작업이기도 합니다.

『설교주제잡기 700선 시리즈』는 그 실용적 목적에 있어서 성경 본문에서 직접 설교를 작성하는 데 어려움을 가지고 있는 설교자에게 설교 개요와 대지 해석, 그리고 각 대지에 대한 간략하면서도 신선한 팁을 제공함으로써 보다 용이하게 자신의 설교를 완성할 수 있도록 도움을 주고자 함에 있습니다. 설교자는 본 시리즈에 수록된 700편의 설교 주제 중 자신의 마음에 드는 것을 선택하여 설교 작성을 실습해 보면서 자신의 설교 작성 능력이 일취월장 되어가는 것을 깨닫게 될 것입니다.

부록으로 담은 사진들은 그동안 전국 30여 곳에서 60회에 걸쳐 진행되어온 2박 3일간의 〈강해대지설교 클리닉〉 현장의 스케치입니다. 장면마다 하나님께서 함께하셨음을 고백하지 않을 수 없는 소중한 기억들이 필자의 마음에 은혜로 다가옵니다. 앞으로 당분간은 본 시리즈의 내용을 가지고 전국 여러 곳을 투어하면서 〈강해대지설교 일일세미나〉를 열어 참석자들이 시리즈 사용법을 익히도록 할 예정입니다.

지난 며칠간 남부와 동해로 다녀온 휴가 기간 중 성령께서 주신 위로와 격려는 필자의 지난 몇 달간의 집필 노고(?)에 대한 상급이 되었습니다. 또한 새로운 카페 〈강해대지설교 연구모임〉(cafe.naver.com/epwp)을 개설하여, 익명의 회원들의 설교문을 필자가 직접 강평해드리는 사역을 새로이 시작할 예정입니다.

지난 20여 일간 전국을 불덩어리가 되도록 달구어온 폭염도 이제 곧 잦아들 것이고, 자신의 설교자로서의 소명을 잊지 않은 우리는 가을의 문턱에서 그동안 나태했던 삶의 습성을 털어버리고 생기 넘치는 주님의 말씀 전파 사역에 최선을 다하게 될 것입니다. 강단 설교의 새로운 지평을 열어가는 일에 앞장서신 모든 분에게 사랑과 위로를 전합니다.

"목회자들이여, 당신의 설교가 회중이 나아가는 길의 구름기둥 불기둥이 되게 하라! 사람들의 회의나 인간관계나 이벤트성 사업으로 목회하려 하지 말고, 오직 성경 본문의 의도에 충실한 설교로 목회하라!"

2018년 8월
서울 강서구 마곡동에서
박 순 오 목사

설교주제잡기 700선

제 5 권

차례

서문 4

Part Ⅰ. 그리스도 중심의 설교 작성하기

1. 강해대지설교의 구속사적 접근 11
2. 구속사적 설교의 전개 17

Part Ⅱ. 요한계시록의 해석 원리와 중요 주제

1. 계시록 해석의 7대 원리 24
2. 계시록의 10가지 주제 32

Part Ⅲ. 설교주제잡기 700선:
   로마서 ~ 요한계시록

로마서 38
고린도전후서 64
갈라디아서 132
에베소서 144

빌립보서 176

골로새서 194

데살로니가전서 202

디모데전후서 212

히브리서 232

야고보서 262

베드로전후서 264

요한1,2,3서 296

요한계시록 316

부록

1. 설교 작성 양식 358

2. 설교 평가 양식 360

3. 강해대지설교 클리닉 안내 브로슈어 362

4. 강해대지설교 클리닉 현장 사진 367

Part Ⅰ

그리스도 중심의 설교 작성하기

모든 성경은 하나님의 영감으로 된 것이므로 성경은 '기록된 (written)' 하나님의 말씀이다. 그러므로 성경 본문의 의도와 본문의 중심 사상(main idea)을 충실히 선포하는 설교(說敎, preaching)는 '선포되는(proclaimed)' 하나님의 말씀이라 할 수 있다. 히브리서 4장 12절에 의하면 하나님의 말씀은 "살았고 운동력(활력, energes)이 있어… 혼과 영과 관절과 골수를 찔러 쪼개기까지" 한다고 했다. 그렇다면 오늘의 예배 강단에서 외쳐지는 설교는 성도들의 영혼과 육체를 찔러 쪼개는 말씀이어야 한다.

본 장(章)에서는 개혁주의 신학의 중요한 원리인 그리스도 중심의 성경 해석에 근거하여 그리스도 중심의 설교(Christ-centered preaching)에 관하여 생각해 보기로 한다.[1] 하나님은 구약 시대에 직접 또는 여러 선지자를 통해 자신을 계시하시다가 말세에 자신의 아들 예수 그리스도를 통해서 자신을 나타내셨다(히 1:1~3). 그리스도는 과거의 모든 것을 완성하시고 다가올 모든 것을 조명하시는 하나님을 최종적으로 계시하셨다. 그리스도는 계시의 절정이다. 그러나 그 계시의 조명은 지금도 설교를 통해서 계속되고 있다. 설교의 본질에 대한 데이빗 버트릭의 말을 들어보자. "그리스도는 우리의 설교를 통하여 교회에 계속 말씀하시고, 교회를 통하여 세상에 계속 말씀하신다. 이런 면에서 설교는 은혜이다. 내가 말하고 있지만 사실은 내가 아니라 그리스도께서 나를 통해서 말씀하신다."

그리스도 중심의 설교, 다른 말로 하면 구속사적(救贖史的) 설교는 여러 가지 설교 방식 중 하나가 아니다. 구속사적 설교는 모든 설교가 가져야 할 근본적 특성이다.

---

1. 본 장은 전체적으로 Bryan Chapell의 *Christ-Centered Preaching*(1994)의 Ch.10(A Redemptive Approach to Preaching)~Ch.11(Developing Redemptive Sermons)의 내용 중 〈강해대지설교 클리닉〉에 필요한 부분을 발췌하여 정리하였음.

1. 강해대지설교의 **구속사적 접근**

강해대지설교는 본문 중심, 주제 중심, 적용 중심의 세 가지 지향점을 갖는다. 그런데 이러한 특징을 살려서 설교를 전개해 나가려면 한 가지 분명한 목적을 가지고 설교를 조직해야 한다. 여기에 FCF를 명확하게 제시해야 하는 이유가 있다.

1.1. FCF(Fallen Condition Focus, 타락한 상태 초점 맞추기)의 중요성

FCF(타락한 상태 초점 맞추기)를 설교의 기조로 삼는 신학적인 근거는 디모데후서 3:16에서 찾는다: "모든 성경은 하나님의 감동으로 된 것으로 교훈과 책망과 바르게 함과 의로 교육하기에 유익하니 이는 하나님의 사람으로 온전하게 하며 모든 선한 일을 행할 능력을 갖추게 하려 함이라."

하나님은 우리를 우리 자신의 힘으로는 도저히 도달할 수 없는 존재로 만들기 위해서 말씀을 사용하신다. 성경의 궁극적인 목적은 인간의 타락한 측면을 영적으로 완숙한 상태로 회복시키는 것이다. 우리는 타락한 세상(fallen world)에서 타락한 존재(fallen creatures)로 살고 있기 때문에 구속 사역(redemptive works)이 필요하다. 단순히 구원을 받기 위해서 뿐 아니라 지속적인 성화를 위해서도 그렇다. 따라서 성경에서 말하는 목적에 충실한 설교는 FCF를 기본으로 다루어야 한다.

앞에서 언급한 대로 FCF를 결정하기 위해 우리는 다음의 세 가지 질문에 대답해야 한다: ① 본문에서 말하고 있는 것은 무엇인가? ②

본문에서 다루고 있는 관심사는 무엇인가? ③ 현재의 청중들과 본문 당시의 사람들 사이에 공통점은 무엇인가?

우리가 FCF를 결정하기 전까지는 본문이 무엇을 말하고 있는지 진실로 이해했다고 말할 수 없다. 나아가 우리가 성경에서 다루고 있는, 성령이 의도하고 있는 FCF가 무엇인지 결정하기까지는 그 본문을 가지고 설교해서는 안 된다. 강해대지 설교자로서 우리는 본문의 의미를 정확하게 설명하기 전에 먼저 "이 본문 뒤에 영감된 FCF는 무엇인가?"라고 물어보아야 한다.

1.2. 구속사적 신호(Redemptive Signals)를 해독하기

성경 말씀이 우리의 타락한 상태에 초점을 두고 있는 이유는 무엇인가? 그것은 성경 안에서 구원을 보증하고, 그 구원의 특성을 명확하게 설명하기 위하여, 그리고 그것을 우리의 타락한 상황에 적용하기 위해서이다. 강해대지설교의 목적은 이런 구속사적 암호를 해독함으로써 청중이 복음적인 상황에서 본문의 의미를 완벽하게 이해하게 하는 데 있다.

만일 설교자가 본문 안에서 구원의 취지를 밝혀내지 못한다면, 설교의 내용이 모두 옳은 말이라도 전적으로 잘못된 설교가 될 수 있다. 설교자가 성경에서 지시하는 행동을 제시했다고 하더라도 그것이 단순히 덕행이나 윤리만을 주장하는 것이라면 그 메시지는 반쪽 복음일 수밖에 없다. 인간은 죄인이므로 아무리 훌륭한 행동을 해도 하나님 앞에서는 타락한 행동일 수밖에 없다는 사실을 무시한다면, 그리고 하나님은 자비로우시기 때문에 우리를 받아들이고 순종하게 만드신다는 사실을 무시한다면, 그 메시지는 기독교적인 메시지라고 할 수 없다. 도덕적인 격언과 윤리적인 행동을 주장하는 것만으로는 강해대지설교의 조건을 갖추었다고 할 수 없다.

그렇다면 설교자들은 모든 설교에 구속사적인 요소를 어떻게 주입시킬 수 있을까? 그것도 본문과 관련이 없는 다른 사상을 덧입히지 않고 그 본문에 적합한 구속적인 요소를 어떻게 주입시킬 수 있을까? 우리는 그 대답을 성경신학(Biblical Theology)에서 찾을 수 있다.

성경의 모든 부분을 하나로 통합하는 성경 전체의 주제라는 관점에서 성경을 연구하는 방법을 성경신학이라고 한다. 본문에 충실하면서도 복음과 모순되지 않는 방법으로 성경을 연구하기를 원하는 설교자들에게 있어서 성경신학적인 통찰력은 매우 중요하다. 성경신학자 보스(Geerhardus Vos)는 성경의 모든 계시는 하나님을 드러내며, 이 하나님의 계시는 성경 역사를 통해서 점진적으로 진행되어 왔다고 했다.[2]

우리는 오로지 하나님이 행하신 일을 통해서만 그가 누구인지 이해할 수 있다. 보스는 "계시는 구원의 행위와 연결되어 있으며, 결코 분리될 수 없다…. 계시는 구원에 대한 설명이다"고 기록하였다.[3] 본문에 나타난 구속적인 측면이 비록 씨앗의 형태라고 하더라도, 설교자는 그것을 완벽한 열매의 모습으로 이야기해야 한다. 이것이 곧 그 본문이 무엇을 의미하는지 완벽하고 바르게 해석하기 위해서 설교자가 준비해야 하는 의무이기도 하다.

이제 설교를 위한 성경적 초점에 관해 생각해 보자. 그리스도 중심의 설교에서 절대적인 중심은 구원이라는 요소이다. 본문의 FCF는 인간의 궁핍함을 나타내고 있지만, 그만큼 하나님의 자비를 명백하게 보여준다고 할 수 있다. 이 구원은 우리의 불완전한 측면을 채우기 위해서 꼭 필요한 것이다.

---

2. Geerhardus Vos, *Biblical Theology* (1948; reprint; Grand Rapids: Eerdmans, 1975), 5-6.
3. *Ibid.*

비록 모든 성경 구절이 FCF를 다루고 있지만, 우리가 자신을 완벽하게 하기 위해서 혹은 하나님 마음에 들게 하기 위해서 우리 스스로 할 수 있는 일이 있다고 말하는 본문은 단연코 없다. 왜냐하면 우리는 전적으로 타락(total depravity)했기 때문이다. 성경은 자립을 가르치는 책이 아니다. 성경은 시종일관 한 가지 메시지 특히 시작과 끝이 있는 점진적인 과정이 있는 메시지를 담고 있다. 그것이 무엇인가?

성경은 우리의 구주요 힘의 근원이 되시는 예수 그리스도를 찾을 수 있는 방법, 그리고 하나님이 요구하시는 일을 행할 수 있는 방법을 가르쳐 준다. 모든 성경 구절을 해석하는 데 있어 하나님의 구원 사역은 없어서는 안 될 필수 요소이다. 사도 바울이 고린도 교인들에게 했던 고백을 보라. "형제들아 내가 너희에게 나아가 하나님의 증거를 전할 때에 말과 지혜의 아름다운 것으로 아니하였나니 내가 너희 중에서 예수 그리스도와 그가 십자가에 못 박히신 것 외에는 아무 것도 알지 아니하기로 작정하였음이라"(고전 2:1~2).

과연 바울의 사역이 오직 "예수 그리스도와 그가 십자가에 못 박히신 것"만을 전한 것이었는가? 어떻게 보면 이것은 사실이 아닐 수 있다. 그는 예배 규범에 대해서, 교회의 직무와 가족 관계에 대해서, 이스라엘 역사뿐 아니라 심지어 그리스의 시(Greek poem)까지 인용했다. 그렇다면 이것은 어떻게 해결할 수 있는가?

사도 바울이 행한 모든 일은 십자가와 그 의미를 분명하게 하기 위한 것이었다. 바울은 모든 성경이 예수님에 관한 이야기인 것을 잘 알고 있었고, 이 점에서 예수님의 뒤를 잘 따르고 있다.

1.3. 구원의 메시지 해석하기

강해대지설교에서는 구원에 초점을 맞추기 위해서 본문 이외에 다른 자료를 첨가하는 것을 허락하지 않는다. 그렇다면 설교자가 어떻게 본문에 충실하면서도 구원의 진리를 그 중심으로 밝혀낼 수 있을까?

1) 본문이 그리스도에 대해서, 혹은 그의 사역에 대해서 직접 언급하고 있을 경우, 설교자의 임무는 본문에서 밝히고 있는 구원 사역을 그대로 설명하는 것이다.

2) 하나님이 그리스도를 통해서 구원의 역사를 이룬다는 사실은 구약의 예표들을 통해서 분명히 알 수 있다. 설교자들은 예표를 통해서 구약의 본문에 적절하게 접근할 수 있다.

3) 그리스도에 대해서 침묵하고 있는 본문을 다룰 때, 내용은 물론이고 예표로도 구주의 사역을 설명하지 않는 본문의 경우, 설교자는 정황에 근거해서 메시지의 구원에 초점을 맞추어야 한다. 구원이라는 정황에서 볼 때 모든 성경 구절은 구원의 네 가지 초점 중에 적어도 한두 가지 의미는 가지고 있다. 즉 모든 성경 본문은 그리스도의 사역을 예견하거나(predictive, 예견문맥), 그리스도의 사역을 준비하거나(preparatory, 준비문맥), 그리스도의 사역을 반영하거나(reflective, 반영문맥), 그리스도 사역의 결과를 나타낸다(resultant, 결과문맥).

신앙의 문제를 설교하거나 실천할 때 하나님이 그리스도를 통해서 행하신 일이나 앞으로 행하실 일에 뿌리를 두지 않는다면 기독교와는 전혀 다른 인간 중심적인 신앙을 야기할 것이다. 진정한 기독교적 설교는 다음과 같은 사실을 선포해야 한다: "그러므로 이제 그리스도 예수 안에 있는 자에게는 결코 정죄함이 없나니 이는 그리스도 예수 안에 있는 생명의 성령의 법이 죄와 사망의 법에서 너를 해방하였음이라"(롬 8:1~2).

모든 성경 구절은 그리스도의 구원 사역을 예언하고 준비하며 반영하고 혹은 그 사역의 결과로 나온 것이라는 사실을 설교자가 인식했다면 그는 정확한 내비게이션 장치를 가지고 있는 셈이 된다. 이제 그 설교자는 어떤 곳을 여행하더라도 그 장치를 통해서 성경의 핵심으로 나아가는 길을 찾을 수 있다. 성경 본문에 함축되어 있는 구원의 내용과 특성, 상황 등을 밝힘으로써 설교자는 본문 속에서 그리스도의 맛뿐 아니라 그의 충만한 임재까지 찾아낼 수 있을 것이다.

다시 한번 강조한다. 성경은 우리의 타락한 인간성 때문에 우리의 행동은 항상 더럽혀질 수밖에 없다고 단언한다. 우리의 행동을 통해서 하나님의 축복을 받거나 은혜를 보장받을 수 있는 것은 결코 아니다(사 64:6; 눅 17:10). 성경에도 "~가 되라"는 메시지가 수없이 많다. 그러나 이런 메시지는 항상 구속적인 상황 안에 귀속되어 있다.

우리는 우리 자신을 성결케 하시는 하나님의 능력 없이는 하나님 앞에 나아갈 수 없기 때문에 성경에서 어떤 행위를 권고하든지 간에 그 권고 속에는 그런 은혜가 근원에 깔려 있다. 우리는 우리 안에서, 우리를 위해서, 그리고 우리를 통해서 역사하시는 그리스도의 사역이 없이는 하나님이 원하시는 일을 행할 수 없고 그런 존재도 될 수 없다.

그리스도 중심의 설교라고 해서 하나님이 요구하시는 도덕적인 행위를 제시하지 않는 것은 아니다. 그러나 그리스도 중심의 설교는 하나님의 말씀 안에서, 그리고 성도들의 행위 안에서 영광을 받아야 할 분은 오직 그리스도 한 분이라는 사실을 강조한다.

충실한 강해대지설교는 모든 본문을 구속(救贖, redemption)이라는 상황에서 풀어나간다. 설교자 여러분, 설교의 마지막 과정에서 스스로 자신에게 질문해 보라. 회중이 당신의 설교를 받으면서 구주 예수님을 만나게 되었는가? 회중이 교회 문을 나설 때 주님의 도움을 확신하면서 세상 속으로 걸어나가게 되었는가? 당신의 설교는 회중을 허무주의에서 확신으로, 율법주의에서 진정한 순종으로, 그리고 선한 체하는 행동으로부터 진정한 고결함의 수준으로 성장시키고 있는가?

┃ 2. 구속사적 설교의 **전개**

일반적으로 말해 구속사적 설교는 교회 회중이 어려워하는 설교이다. 그 이유는 설교 자체의 문제가 아니라 많은 경우 그 설교가 본문과 회중의 관련성을 드러내 주는 데 실패하기 때문이다. 구속사적 설교가 지루하고 어렵게 느껴지는 두 번째 이유는 구속사적 접근을 통해 본문에서 얻은 메시지를 선포하는 것보다 그 메시지를 얻어낸 과정을 설명하는 데 너무 많은 시간을 쓰기 때문이다. 구속사적 방법 자체나 해석 과정을 설명하는 데 시간을 낭비하면 안 된다. 이상의 유의사항을 참고하면서 구속사적 설교의 강해 방법과 수단에 관하여 살펴보자.

2.1. 구속사적 강해의 방법

우리가 하나님께 다가갈 수 있는 것은 성도들 자신의 행위가 아니라 그리스도의 구원 사역을 통해서이다. 우리가 하나님께 복종하게 되는 것도 성도들 자신의 힘이 아니라 그리스도의 힘에 의존해서이다. 그런데 이 당연한 가르침은 복음주의 교회에서 들어오는 일반적인 설교 경향과 맞지 않는 것처럼 느껴지고, 강해설교의 범위를 넘어서는 것처럼 보이기 때문에 쉽지 않다.

거룩하라고 가르치는 것은 옳은 일이지만 만약 성도들로 하여금 그런 인간적인 행위를 통해서 하나님의 은혜를 얻을 수 있다고 생각하게 만든다면 그것은 잘못된 가르침이다. 이런 진리를 신학적으로 논의할 때는 당연한 것처럼 생각하지만, 실제로 강단에 서서 설교를 할 때에는 쉽게 잊어버리게 된다.

많은 설교자가 "본문에서 그리스도를 언급하지 않고 있는데 우리가 어떻게 그리스도 중심의 설교를 할 수 있겠는가?"라고 반문한다. 해석과 관련된 이런 질문은 성경 속에서 그 해답을 찾을 수 있다.

1) 타락한 상태를 제시하기

그리스도 중심의 설교를 시작하기에 좋은 위치는 본문에서 다루고 있는 FCF를 명확하게 진술하는 것이다. 설교를 듣는 회중의 타락한 상태를 분명하게 제시하면 설교자가 어떤 본문을 강해하든지 구속사적인 관점에서 접근할 수 있다.

2) 그리스도 중심을 설명하기

성경 전체의 기록은 유기적인 특성을 가지고 있다. 따라서 올바른 강해란 예수님을 본문에 강제로 앉히거나 어떤 구절 속에 아무렇게나 배치하는 것이 아니라, 하나님이 세우신 구원 계획과 그 계시 안에서 본문이 어떤 역할을 하고 어떤 위치를 차지하는지 살펴봄으로써 그리스도 중심이라는 주제를 발견해 내는 것이다.

성경 본문이 그리스도 중심에 초점을 맞추거나 설교가 그리스도 중심적인 메시지가 될 수 있는 것은 설교자가 예수님의 인격이나 사역에 관한 구절을 메시지 속에 교묘하게 쑤셔 넣었기 때문이 아니라 하나님의 아들이 뱀을 쳐부수는 위대한 드라마 안에서 이 본문이 어떤 기능을 담당하고 있는지를 설명하기 때문이다.

3) 구속사적인 목적을 식별하기

설교자가 성경 전체의 목적만 확실하게 인식하고 있다면 어떤 설교에서든지 예수님을 구체적으로 언급하지 않고서도 그리스도 중심적인 메시지를 전할 수 있다. 하나님께서 자신의 구원 계획과 목적, 이유를 제시하기 위해서 본문을 어떻게 사용하셨는지 설명한다면 이런 설교는 청중을 인간 중심적인 신앙으로 나아가게 만들지는 않는다.

하나님 중심의 설교는 그리스도 중심의 설교이다. 하나님의 구원 활동에 초점을 맞추는 것은 그리스도의 사역을 미리 준비하는 것이며, 구원이 반드시 필요하다는 사실을 사람들에게 알리는 것이고, 하나님의 본성을 드러내는 것이다.

2.2. 구속사적 강해의 수단과 특징

성경 기록은 광범위한 주제들로 구성되어 있다. 그러므로 제한된 특정 본문에서 구속적인 진리를 정확하게 도출해 내려면 더 정확한 도구가 필요하다. 브라이언 채플은 그리스도 중심의 강해를 위한 절차를 아래와 같이 제시한다.[4]

그리스도 중심의 강해를 위한 절차

I. 본문에 나타난 구속의 원칙을 제시함.
　　A. 구속을 제공한 하나님의 계시된 본성
　　B. 구속을 필요로 하는 인간의 계시된 본성
II. 본문의 성도들은 이런 구속의 원칙을 자신의 삶 속에서 어떻게 적용했는지 설명함.

---

4. Bryan Chapell, *Christ-Centered Preaching* (1994), 298.

III. 현대 성도들이 본문의 성도들과 공유하고 있는 공통적인
　　인간적 특성이나 상황이 무엇인지 알아보고, 그런 관점에
　　서 구속적인 원칙을 현대인들의 삶에 적용함.

　이 절차는 설교자가 메시지의 FCF를 결정해 나가는 과정을 보여
주고 있다. 이 과정을 통해서 청중이 이 메시지를 들어야 하는 이유
를 제시할 수 있고, 청중이 행하고 믿고 받아들여야 하는 것이 무엇
인지 설명할 수 있다. 또한 메시지의 목적이나 강조점이 인간 중심에
서 벗어나 하나님이 행하신 일이나 행하고 계신 일, 혹은 앞으로 행
하실 일에 초점을 맞추게 된다.

　구속적인 강해는 어떤 모양을 갖추어야 하는가? 그리스도 중심의
설교라고 해서 반드시 십자가를 언급해야 하는 것은 아니다. 청중으로
하여금 하나님의 구속 사역이 개인적으로 어떤 의미를 갖는지 분명하
게 인식하게 만드는 것이 그리스도 중심의 설교이다. 그리스도 중심의
설교의 메시지와 주제들은 다음의 네 가지 유형으로 분류된다:

　① 우리의 죄에도 불구하고 주시는 은혜: 인간의 범죄와 하나님의
　　신실하심
　② 죄의식을 없애 주는 은혜: 칭의나 용서에 관한 메시지
　③ 죄의 세력을 물리치는 은혜: 우리가 받은 영적 능력이나 성화
　　에 관한 메시지
　④ 거룩으로 이끄는 은혜: 성경은 은혜를 설명하기 위한 무대

　그리스도 중심의 설교는 그리스도인들이 성도로서 지켜야 할 일반
적인 행위를 부인하는 것이 아니다. 그러나 그 행위의 근원이 그렇게
행동할 수밖에 없도록 이끄는 은혜에 있다는 사실을 강조한다. 달리
표현하면, 하나님께 순종해야 한다는 규율은 변함이 없지만 그 순종
을 가능케 하는 근거는 변한다는 말이다.

그리스도 중심의 설교는 사람들이 자신의 병든 영혼을 직접 치유할 수 없다고 가르치기 때문에 설교자는 하나님께 순종할 수 있는 방법을 설명해 주어야 한다. 그리스도인들이 행해야 할 의무가 올바른 동기에서 시작되지 않는다면 사람들을 나쁜 길로 인도할 수 있다. 또 동기가 옳아도 그 방법이 옳지 않다면 아무런 이익도 얻을 수 없을 것이다.

하나님의 사람 모세는 백성들에게 십계명을 제시하기 전에 먼저 하나님이 이스라엘 백성을 어떻게 구원하셨는지 자세하게 설명해 주었다. 그 결과 이스라엘 백성은 구원이 그들 자신의 손에 달려 있다고 생각하지 않았다. 하나님은 하나님을 예배하기 위해서 쌓은 제단의 돌까지도 인간의 손으로 다듬는 것을 허락하지 않으셨다(출 20:25). 하나님의 활동을 믿고 의지하면서 인간의 궁핍함을 고백하는 것이 성경에서 말하는 일관된 주제이며, 성도들도 하나님을 의지하면서 자신의 연약함을 인정했을 때 비로소 하나님의 명령을 수행할 수 있다.

지난 세기의 석학인 프랜시스 쉐퍼(Francis Schaeffer)는 우리가 하나님께 나아갈 때 빈손으로 나아가야 한다고 했다. 그는 우리가 성화되려면 두 번 고개를 숙여야 한다고 가르쳤다.[5] 우리는 먼저 하나님의 진리 앞에 고개 숙여야 하고, 그 다음에 그의 말씀 안에 나타난 도덕적인 의무 앞에 고개 숙여야 한다. 그리스도 중심의 강해대지설교에서는 이런 순종의 행동이 순서대로 제시된다.

설교자는 복음의 구심성(求心性, centrality)과 은혜성(gift-character)을 살릴 뿐 아니라 복음의 윤리성(demand-character)도 동시에 살려야 한다. 복음의 구심성과 절대 진리성(absolute truth)

---

5. Francis Schaeffer, "True Spirituality" in *The Complete Works of Francis Schaeffer*, vol. 3 (Wheaton, Ill: Crossway, 1982), 200; and The God Who Is There (Downers Grove: InterVarsity, 1968), 134.

을 정초(定礎)하여 복음의 은혜성과 윤리성을 균형 있게 이해하고 선포하는 '그리스도 중심의 설교'가 그만큼 더 복음적인 설교가 된다.[6]

우리는 도덕적인 의무를 행하기 전에 먼저 하나님의 은혜의 진리에 경의를 표해야 하는 존재이다. 만약 우리가 진실로 하나님의 충만한 은혜를 체험했다면 우리의 손은 회심하기 전이나 후에나 항상 빈 손으로 남아 있을 것이다.

"존귀 영광 모든 권세 주님 홀로 받으소서
멸시 천대 십자가는 제가 지고 가오리다
이름 없이 빛도 없이 감사하며 섬기리다
이름 없이 빛도 없이 감사하며 섬기리다" (323장)

---

6. 권성수, 『성령설교』, 122.

Part Ⅱ
요한계시록의
해석 원리와 중요 주제

요한계시록은 하나님께서 예수님을 통해 '반드시 속히 일어날 일'을 그 종들에게 알게 하시려고 계시(啓示)하신 것이다. 하지만 종말 대환난(the Great Tribulation)을 지척에 앞둔 지금까지도 많은 주의 종들이 계시록을 다루기를 꺼려하거나 두려워한다. 왜냐하면 그만큼 계시록이 어렵고 난해하게 여겨지기 때문일 것이다.

사실 계시록은 상징 언어로 기록되어 있어 이해하기 쉽지 않을 뿐 아니라 중요한 주제들이 순서대로 배치되지 않고 흩어진 퍼즐 조각들처럼 분산되어 있어 그 어려움이 배가된다.

한국 교회가 배출한 계시록 연구자들 중 이광복 목사의 계시록 연구는 타의 추종을 불허하는 수준에 이르렀다고 할 수 있다. 여기서는 이광복 목사가 제시한 계시록의 10대 주제와 계시록 해석의 7대 원리를 소개한다.[1] 이것들이 Part III에 수록된 계시록의 주제잡기를 공부할 때 도움이 될 것이다.

▌ 1. 계시록 해석의 **7대 원리** ▌

계시록을 어떻게 해석해야 할 것인가? 올바른 계시록 해석을 위하여 이것은 피할 수 없는 질문이다. 이 질문에 대한 답변은 세상에 이미 나와 있는 계시록 연구 책자들의 종류만큼이나 다양하다. 이광복 목사는 다음의 7가지를 해석의 원리로 제시한다.[2] 필자도 대체로 이에 동의한다.

---

1. 이광복, 『알기쉬운 계시록』 (서울: 도서출판 흰돌, 2011).
2. *Ibid.*, 9ff. erase.

원리 1. 계시록은 철저하게 이 시대 종말론으로 해석해야 한다.

계시록은 종말에 되어질 일에 대해 기록하고 있다고 믿는다. 계시록 스스로 이것을 분명하게 밝히고 있다.

"… 반드시 속히 될 일을…"(계 1:1)
"… 장차 될 일을 기록하라"(계 1:19)
"… 이 후에 마땅히 될 일을…"(계 4:1)
"… 결코 속히 될 일을 보이시려고…"(계 22:6)

위에서 본 계시록의 자증(自證)을 귀하게 여기고 이를 무너뜨리지 말라. 계시록은 종말에 장차 될 일에 대한 기록이다. 따라서 계시록은 전 성경의 결론이자 완성이다. 그러므로 계시록은 철저하게 종말론적으로 해석해야 한다.

계시록에 기록된 예언들이 이미 우리 시대에 성취되고 있다. 계시록 7장의 예언은 이스라엘 회복과 세계 4대 세력의 재편으로 인해 이미 이루어지고 있으며 8장의 나팔재앙이나 13장의 666, 17장의 유럽 통합과 종교다원주의 역시 우리 시대에 이미 성취되어 가고 있다.

수많은 저명한 학자들도 이 시대에 재림의 징조가 나타나고 있다고 있음을 증언하고 있다(Anthony Hoekema, Hendrikson, 박형룡 등).

원리 2. 계시록은 상징으로 해석해야 한다.

계시록은 대부분 상징으로 기록되어 있다. 먼저 상징을 해석하는 것에 대하여 두 가지 해석법에 대한 분별이 선행되어야 한다.

2.1. 상징적 해석(Symbolic Interpretation)과
상징의 해석(Interpretaion of symbols)

상징적 해석법은 각 단어의 문자적 배후에 암시되고 있는 다른 뜻을 찾으려는 시도로써 '우화적 해석' 혹은 '영해'라고 한다. 이는 역사적 사건이 아닌 영적 의미를 찾는 것이다.

상징의 해석법은 본서에 기록된 여러 가지 환상과 상징을 해석할 때 그 상징이 지니고 있는 역사성을 찾는 방법이다. 상징으로 기록된 계시록은 영적 해석에 입각한 상징적 해석이 아니라 "장차 될 일", 즉 종말론적 역사에 입각해 해석하는 상징의 해석이 필요하다.

사도 바울은 고후 3:14~16에서 현대교회의 둔한 영안을 지적하며 이렇게 기록한다.

> "그러나 그들의 마음이 완고하여 오늘까지도 구약을 읽을 때에 그 수건이 벗겨지지 아니하고 있으니 그 수건은 그리스도 안에서 없어질 것이라 오늘까지 모세의 글을 읽을 때에 수건이 그 마음을 덮었도다 그러나 언제든지 주께로 돌아가면 그 수건이 벗겨지리라"

구약은 예수 그리스도 안에서 온전한 해석이 가능하듯이 종말에 대한 상징의 기록인 계시록은 상징의 해석을 하여야 한다. 문자적 해석은 더욱 보완되고 발전되어야 하나, 계시록을 해석하는 데 문자적 해석에만 얽매여 있다면 계시록의 진수를 발견하기 어렵다.

2.2. 묵시문학과 계시록

계시록은 묵시문학과 유사한 특징들이 있지만 결단코 묵시문학이 아니다. 묵시문학은 주전 200년~주후 100년까지 40여 개의 작품으로 전해오는 장르이다. 묵시문학은 예외 없이 자신의 이름을 쓰지 않고 오직 그의 저술을 고대의 유명한 인물이 저작한 것으로 가장하여 가명을 사용한다. 반면에 계시록은 자신을 사도 요한이라고 분명히 밝히고 있다.

묵시문학은 당대의 사람들을 위해 기록되었기 때문에 자신들의 의도를 명시적으로 드러내지 못하고 가명을 사용한 것이다. 그러나 계시록은 기록자 요한이 구약의 모든 예언이 궁극적으로 내다보았던 최종적인 종말론의 성취에 서 있는 자로서 기록하고 있기 때문에 자신의 신분을 분명히 밝히고 있는 것이다.

묵시문학에 나타난 상징은 비교적 단편적이고 단회적인 데 비하여 계시록에 나타난 상징은 전체가 하나의 단일한 상징의 세계를 이루고 있다. 그러므로 계시록은 묵시문학과 동일시 될 수 없다.

묵시문학은 현 시대와 역사에 대해 매우 염세적이므로 인간의 도덕적 삶에 대해 아무런 소망이나 관심을 보이지 않는 데 비하여 계시록은 현시대와 역사를 하나님께서 그의 구속 계획을 이루어 가시는 현장으로 간주한다. 따라서 비록 현실이 환난이나 핍박으로 얼룩질지라도 소망적이며 성도들의 신앙윤리에 대하여도 깊은 관심을 보이고 있다. 계시록의 주제는 교회의 승리와 축복에 있다는 것을 잊지 말라.

원리 3. 계시록은 두 맥으로 해석해야 한다.

계시록은 육맥과 영맥의 두 맥으로 해석해야 한다. 계시록에 흐르는 육맥은 계시록의 역사성을 말한다. 동시에 계시록은 그 속에 심오한 영적 의미를 담고 있다. 계 11:8을 보라. 계시록의 두 맥을 여실히 보여준다.

"그들의 시체가 큰 성 길에 있으리니 그 성은 영적으로 하면 소돔이라
고도 하고 애굽이라고도 하니 곧 그들의 주께서 십자가에 못 박히신
곳이라"

계시록은 장차 될 일이 분명하다. 그런데 그 '장차 될 일'은 영적
의미를 포함하고 있다.

원리 4. 계시록은 초림과 비교해서 해석해야 한다.

앞의 "… 그 성은 영적으로 하면 소돔이라고도 하고 애굽이라고도
하니 곧 그들의 주께서 십자가에 못 박히신 곳이라"는 말씀은 계시록
을 초림과 비교해서 해석해야 함에 대해 분명하게 보여준다. 안토니
후크마 박사가 주장한 '예언적 원근 통시법'을 감안할 때, 계시록의
해석은 요한 당시의 상황을 담은 것인 동시에 미래의 대환난 기간의
상황을 담고 있어야 한다. 그러므로 계시록은 이 시대 종말론적으로
해석하되 초림과 비교해서 해석할 때 더 쉽게 이해된다.

원리 5. 계시록의 네 가지 비밀과 연결해서 해석해야 한다.

계시록 자체가 말하는 네 가지 비밀을 아는가? 이것이 해석의 핵
심 열쇠이다. 계시록 해석을 위하여는 이 비밀에 대한 확실하고도 깊
은 이해를 요한다.

5.1. 첫째 비밀 = 별들의 비밀 (대환난 때 주의 종의 비밀)
계 1:20= "네가 본 것은 내 오른손의 일곱 별의 비밀과 또 일곱 금
촛대라 일곱 별은 일곱 교회의 사자요 일곱 촛대는 일곱 교회니라"

5.2. 둘째 비밀 = 촛대의 비밀 (대환난 때 참교회의 비밀)

계 1:20= "네가 본 것은 내 오른손의 일곱 별의 비밀과 또 일곱 금 촛대라 일곱 별은 일곱 교회의 사자요 일곱 촛대는 일곱 교회니라"

5.3. 셋째 비밀 = 음녀의 비밀 (대환난 때 거짓 교회, 종교다원주의의 비밀)

계 17:5= "그의 이마에 이름이 기록되었으니 비밀이라, 큰 바벨론 이라, 땅의 음녀들과 가증한 것들의 어미라 하였더라 "

5.4. 넷째 비밀 = 짐승의 비밀 (대환난 때 첫째 짐승인 적그리스도와 둘째 짐승 거짓선지자의 비밀)

계 17:7= "천사가 이르되 왜 놀랍게 여기느냐 내가 여자와 그가 탄 일곱 머리와 열 뿔 가진 짐승의 비밀을 네게 이르리라"

위의 네 가지 비밀을 깨달아야만 계시록에 대해 확실하고도 바른 이해가 가능하다. 계시록은 모두 상징으로 기록되어 있으므로 이 비밀들의 상징을 해석할 수 있어야 한다.

특히 종교다원주의와 연결하여 해석하는 것이 중요하다. 계시록 17장 18장의 음녀는 종교다원주의자들을 가리킨다. 이들을 통하여 나타날 피해가 매우 클 것임이 분명하다. 특히 18장은 음녀에 대한 하나님의 심판을 다룬다. 적그리스도와 더불어 진리를 왜곡시키며 교회를 어지럽혔던 음녀는 가장 충실한 적그리스도로부터도 배척받 았을 뿐 아니라 환난 후 어린양의 진노가 쏟아질 때 하나님의 심판을 받아 죽게 된다.

그러므로 계시록을 해석할 때 음녀 곧 종교다원주의자들을 결코 가볍게 처리해서는 안 된다. 하나님은 배교행위에 대해 철저하게 주 목하고 계신다. 결국 계시록은 종교다원주의와 연결시켜 해석할 때 더욱 분명하게 해석된다.

원리 6. 계시록은 구약 예언서, 신약 복음서, 서신서의 내용과 통합하여 해석해야 한다.

하나님의 말씀인 성경의 중심은 예수 그리스도이시다. 성경의 모든 내용은 예수 그리스도의 초림과 재림, 그리고 예수 믿는 성도의 믿음에 관한 이야기이다. 특별히 구약의 선지서는 그리스도의 초림에 시선을 고정하고 있으며 초림에 입각해 재림까지 연결시키고 있다. 또 신약은 이미 이루어진 신약에 근거해 재림을 바라보게 하고 있다. 다르게 말하면, 재림에 대한 기록은 계시록에만 아니라 신구약 성경 곳곳에 분포되어 있다는 말이다. 그러므로 재림에 초점을 맞추고 있는 계시록은 동일한 주제를 다루는 선지서, 복음서, 그리고 서신서 등의 내용과 통합하여 이해해야 한다.

구약 선지서의 대표적인 것은 이사야 65장, 에스겔 37~39장, 다니엘 전권, 스가랴 14장 등이다. 계시록의 온전한 이해를 위해서는 이 부분들과 계시록을 통합하여 정리해야 한다.

신약 복음서의 대표적인 것은 마태복음 24~25장이다. 계시록을 제자 종말론이라 한다면 마 24~25장은 스승 종말론이라 할 수 있다. 신약 서신서의 대표적인 것은 고린도전서 15장, 데살로니가전서 4~5장, 데살로니가후서 2장, 베드로후서 3장 등이다. 재림 때 있을 몸의 부활, 휴거, 재림 신앙에 부합한 삶, 재림 이후 하늘과 땅에 이루어질 심판 등 모두 계시록을 잘 보완하고 있다. 통합이 대세이다.

원리 7. 계시록의 다섯 가지 특징과 열 가지 주제를 이해하고 해석해야 한다.

7.1. 계시록의 다섯 가지 특징

1) 같은 내용을 서로 떼어 놓았다. 예를 들어 계시록의 네 가지 비밀을 보라. 참 종, 참 교회, 거짓 종, 거짓 교회의 내용들이 여기저기 흩어져 있다.

2) 내용의 순서를 바꾸어 놓았다. 시간적 순서로만 본다면 계시록 7장의 하나님의 종들에게 인치는 장면은 6장의 여섯째 인 재앙보다 앞에 나와야 된다. 계시록은 한마디로 시간을 초월하는 무시간적 책이다.

3) 서로 다른 용어를 사용하였다. 예를 들어 '교회'(2, 3장)란 용어는 '흰 옷 입은 무리'(7장), '해 입은 여자'(12장), '어린 양의 신부'(19장), '새 예루살렘'(23장) 등으로 다양하게 사용된다.

4) 상징으로 기록되었다. 404절 가운데 278절은 구약을 그대로 사용하였다. 당연히 그 안에 함축과 상징이 포함될 수밖에 없다. 적그리스도는 짐승으로, 혼합주의는 음녀로 표현한다. 상징을 모르고서는 계시록을 이해할 수 없다.

5) 종말에 될 일을 기록하였다. 계시록 6장 이하는 '장차 될 일'을 기록하였다. 종말이 되기 전에는 뚜렷하게 나타나지 않다가 재림이 임박해 질 때 곳곳에 종말의 징후들이 나타난다.

이상의 다섯 가지 특징에 입각해 계시록을 해석하려 할 때 생각보다 쉽게 계시록의 문이 열리는 경험을 하게 될 것이다.

7.2. 계시록의 10가지 주제는 다음 섹션을 참하기 바람

2. 계시록의 **10가지 주제**

계시록을 이해하는 데 중요한 열쇠 중 하나는 계시록 본문에 숨어 있는 '주제(Subject)'의 문제이다. 많은 학자가 백가쟁명식으로 주제를 분석하고 있다. 필자는 그중 이광복 목사가 독창적으로 제시한 '계시록의 10가지 주제'가 가장 실제적이라 생각한다. 아래에 10가지 주제를 간략히 정리하였다.

1) 서론 : 계시록의 축복(1:1~3), 3위 신앙(1:4~18), 계시록 조직과 비밀(1:19~20; 17:5~7)
2) 일곱 교회 : 신약 시대(2, 3장).
   ① 에베소 교회, 서머나 교회(이스라엘 시대, 2:1~11)
   ② 버가모, 두아디라, 사데, 빌라델비아 교회(서구 시대, 2:12~3:13)
   ③ 라오디게아 교회(종말 이 시대, 3:14~22)
3) 천국과 계시록의 중요성(4장, 5장, 10장)
4) 대환난과 심판(6장, 8장, 9장, 16장)
   ① 7인 환난(6장)
   ② 7나팔 환난(8,9장)
   ③ 7대접 심판(16장)
5) 144,000 주의 종 인침과 두 증인(7:1~8, 11장, 14:1~5)
   ① 144,000 주의 종 인침(7:1~8)
   ② 두 증인의 활동(11장)
   ③ 주의 종 천국(14:1~5)
6) 해 입은 여자와 천국(12장, 15장, 7:9~17)
   ① 해 입은 여자= 참교회(12장)
   ② 유리 바닷가= 참 교회의 보호(15장)

③ 흰 옷 입은 무리의 천국 입성(7:9~17)

7) 첫째 둘째 짐승과 666(13장)

　① 첫째 짐승= 적그리스도(13:1~10)

　② 둘째 짐승= 거짓 선지자(13:11~15)

　③ 666 짐승표(13:16~18)

8) 음녀 심판(17~18장)

　① 음녀= 거짓 교회(17:1~6)

　② 음녀와 적그리스도의 관계(17:7~18)

　③ 음녀의 심판(18장)

9) 재림 심판과 구원과 종말 신앙(19장, 14:6~10)

　① 재림의 영광(19:1~16)

　② 짐승과 거짓 선지자 포도송이 심판과 곡식 구원(19:17~21, 14:14~20)

　③ 세 가지 종말 신앙(14:6~13)

10) 재림 후 천국과 지옥, 결론(20~22장)

　① 천년왕국 총론(20장)

　② 천년왕국 축복(22:1~22:5)

　③ 결론(22:6~21).

　이상 계시록 해석의 7대 원리와 10대 주제를 생각해 보았다. 계시록 해석의 원리와 주제를 숙지한다면 계시록은 결코 어려운 책이 아니다. 독자 여러분이 본서 [Part Ⅲ]의 계시록 부분의 주제잡기를 이해하고 실습하는 데 많은 도움이 되기를 바란다.

Part Ⅲ.
설교주제잡기 700선

로마서
고린도전후서
갈라디아서
에베소서
빌립보서
골로새서
데살로니가전후서
디모데전후서
히브리서
야고보서
베드로전후서
요한1,2,3서
요한계시록

| 주제잡기 일러두기

- [제목]은 본문의 주제로부터 뽑아내는 것을 원칙으로 하였음.

- [대지 진술]의 문장은 본문 그대로 사용하는 것을 기본으로 하되, 경우에 따라서는 함축적으로 작성함.

- [제목]과 [대지]를 연결할 때 자연스럽게 이야기가 되도록 하여, 그것이 전체 본문의 중심사상(main idea, 주제)이 되게 함.

- [대지 해석]은 회중에게 적용할 수 있도록 하되, 문맥에 맞게 직역과 의역 중 선택함.

- [대지 유형]은 앞의 대지 유형 변화의 설명을 참조하기 바람.

- [주제]에는 석의 주제와 적용 주제로 나누이며, 본문에 따라 적합한 쪽을 사용함.

- [FCF]는 Fallen Condition Focus의 약자로서, 앞의 FCF 설명을 참조 바람.

- [서론]은 설교문 작성 시 필요한 5가지 요소(흥미유발, 주제소개, FCF, 배경 및 자료, 우산질문) 중 참조 될 만한 것을 무작위(無作爲)로 제시함.

- [우산질문]은 설교의 대지 유형을 결정할 수 있는 문장으로서, 앞의 우산질문 설명을 참조 바람.

- [대지 전개]의 설명란에 제시된 것은 대지 전개에 도움이 될 만한 내용을 무작위로 작성한 것으로, 독자 여러분이 실제 대지 전개(설명, 예증, 적용)를 작성할 때는 대지의 흐름을 고려하여 설교문을 작성해야 함.

- [절기, 용도, 장르, 특징]은 필요에 따라 독자 여러분이 작성하기 바람.

- [Key Word]는 설교 주제의 중심 되는 단어임.

- [Remarks]는 독자 여러분이 사용하는 비고 항목임.

본문 : 롬 1:16~17
제목 : 부끄러워할 수 없는 그리스도의 복음

16.내가 복음을 부끄러워하지 아니하노니 이 복음은 모든 믿는 자에게 구원을 주시는 하나님의 능력이 됨이라 먼저는 유대인에게요 그리고 헬라인에게로다 17.복음에는 하나님의 의가 나타나서 믿음으로 믿음에 이르게 하나니 기록된 바 오직 의인은 믿음으로 말미암아 살리라 함과 같으니라

1. 바울은 복음 외에 많은 것을 부끄러워하였음 (= 회개와 겸손의 마음)
16절= "내가 복음을 부끄러워하지 아니하노니"

2. 그러나 그리스도의 복음을 부끄러워하지 않는다고 고백함 (= 복음을 자랑함)
16절= "내가 복음을 부끄러워하지 아니하노니 이 복음은 모든 믿는 자에게 구원을 주시는 하나님의 능력이 됨이라 먼저는 유대인에게요 그리고 헬라인에게로다"

3. 복음에는 하나님의 의가 나타나서 믿음으로 믿음에 이르게 한다고 주장함 (= 이신칭의의 진리)
17절= "복음에는 하나님의 의가 나타나서 믿음으로 믿음에 이르게 하나니 기록된 바 오직 의인은 믿음으로 말미암아 살리라 함과 같으니라"

【대지 유형】주제 설명형 - 본문 분석형 - 대지 혼재형
【주제】(석의) 바울에게 있어 복음은 결코 부끄러워할 수 없는 하나님의 능력이요 하나님의 의(義)의 나타남이었다.
【FCF】많은 신앙인이 복음에 대한 확신이 부족하여 담대히 전하지 못하고 있음.

【서론】사도 바울은 선택받은 복음 전도자 중 가장 뛰어난 전도자. 바울은 주님 은혜에 대한 깊은 이해와 감사, 담력, 헌신, 뜨거운 십자가 사랑, 영혼 사랑…. 이 모든 것을 갖춘 전도자였다. 그리스도는 그의 삶의 전부였다. 그는 십자가의 사람이었다. 바울의 3대 십자가 신앙= 십자가만 알고, 십자가만 자랑하고, 십자가만 전하는 믿음.

【우산질문】 성경을 통해 바울이 부끄러워했던 것, 그리고 복음을 부끄러워하지 않는다는 고백을 살펴보자.

【1대지】 바울은 과거에 계명을 어기고 범죄했던 것들을 부끄러워했고, 교회를 핍박했던 것을 부끄러워함. 그는 스스로 죄인의 괴수라 자칭함. 회개하는 마음과 겸손한 마음이 있어야 한다. 우리는 우리의 잘못과 실패, 하나님께 영광 돌리지 못한 것들을 부끄러워해야 한다. 특히 그리스도의 장성한 분량으로 자라지 못함을 부끄러워해야.

【2대지】 바울이 복음을 자랑하며 복음 전파에 올인 했던 것은 "이 복음은 모든 믿는 자에게 구원을 주시는 하나님의 능력이 됨이라"(16절). 바울은 복음의 주인이신 예수 그리스도를 자랑했고, 복음의 메시지를 자랑함. 그는 복음의 열매를 자랑함. 성도는 복음의 목표를 부끄러워하지 않는다. 복음의 궁극적인 목적은 천국이다.

【3대지】 그리스도 복음에 나타난 하나님의 의에 대해 좀 더 깊이 연구하자. 이신칭의의 교리. 종교개혁자들이 목숨 걸고 주장했던 진리.

【결론】 우린 복음을 결코 부끄러워해선 안 된다. 우린 복음의 모든 것을 자랑하는 사람이다.

- 절기, 용도, 장르, 특징:
- Key Word: 복음, 복음의 능력, 이신칭의.
- Remarks:

본문 : 롬 4:1~8
제목 : 경건하지 아니한 자를 의롭다 하심

1.그런즉 육신으로 우리 조상인 아브라함이 무엇을 얻었다 하리요 2.만일 아브라함이 행위로써 의롭다 하심을 받았으면 자랑할 것이 있으려니와 하나님 앞에서는 없느니라 3.성경이 무엇을 말하느냐 아브라함이 하나님을 믿으매 그것이 그에게 의로 여겨진 바 되었느니라 4.일하는 자에게는 그 삯이 은혜로 여겨지지 아니하고 보수로 여겨지거니와 5.일을 아니할지라도 경건하지 아니한 자를 의롭다 하시는 이를 믿는 자에게는 그의 믿음을 의로 여기시나니 6.일한 것이 없이 하나님께 의로 여기심을 받는 사람의 복에 대하여 다윗이 말한 바 7.불법이 사함을 받고 죄가 가리어짐을 받는 사람들은 복이 있고 8.주께서 그 죄를 인정하지 아니하실 사람은 복이 있도다 함과 같으니라

1. 하나님은 경건하지 아니한 자를 의롭다 하실 수 있음 (= 예수 그리스도를 통한 구원)
5절= "경건하지 아니한 자를 의롭다 하시는 이를 믿는 자에게는 그의 믿음을 의로 여기시나니"

2. 이 하나님을 믿는 자에게는 그의 믿음을 의로 여기심 (= 이신칭의)
5절= "… 경건하지 아니한 자를 의롭다 하시는 이를 믿는 자에게는 그의 믿음을 의로 여기시나니"

3. "하나님께 의로 여기심을 받는 사람은 복이 있다" 하심 (= 성도에게 주신 복)
6절= "일한 것이 없이 하나님께 의로 여기심을 받는 사람의 복에 대하여 다윗이 말한 바"

【대지 유형】주제 설명형 – 본문 분석형 – 대지 진전형
【주제】하나님은 예수 그리스도를 믿는 자를 의롭다 하시고 하늘의 복을 주신다.
【FCF】이신칭의 교리를 받아들이지 못하는 행함 위주의 신앙인들의 모습.

【서론】5절, 제목= 놀라운 말씀이다. 성경에 이런 표현이 있다니! 세상의 판단은 '구원은 선한 사람들을 위한 것' – 이것은 이성의 소리, 양심의 소리이다. 하지만 경건함 여부의 판단은 하나님만이 하신다. 롬 3:11= "의인은 없나니

하나도 없도다." 만일 행위를 기준으로 판단한다면 의롭다 함을 받을 이는 아무도 없다. 오직 하나님은 한없이 의로우신 이 땅의 주권자이시다. 하나님은 경건치 않은 자를 의롭다 할 방도를 제정하셨다.

【우산질문】 우리를 의롭다 하시는 하나님의 은혜에 대하여 살펴보자.

【1대지】 하나님의 방도= 예수 그리스도의 십자가 대속 사역(롬 5:8). 그는 죄인을 구원하기 위해 세상에 오셨다. 이 진리는 내가 아는 것 중 가장 경이로운 것. 만일 하나님이 경건치 않은 자를 의롭게 하신다면 바로 당신을 의롭다고 할 수 있다. 하나님 없이 살아왔고, 하나님 경배를 게을리하기 때문에, 그리고 하나님의 능력을 믿지 못하기 때문에 우린 경건치 못하다. 롬 5:8, "우리가 아직 죄인 되었을 때에 그리스도께서 우리를 위하여 죽으심으로 하나님께서 우리에 대한 자기의 사랑을 확증하셨느니라."

【2대지】 아브라함의 예. 만일 하나님이 경건치 않은 자를 의롭게 하신다면 바로 당신을 의롭다고 할 수 있다. 하나님 없이 살아왔고, 하나님을 무시한 삶이었기 때문에 경건치 못하다. 하나님의 존재를 의심하고, 하나님의 능력을 부인하는 당신은 경건치 못하다. 그렇다면 내게도 기회가 있다. 하나님은 자기 모습 그대로 나오는 자, 자신이 경건치 못함을 인정하고 그리스도의 속죄 사역을 믿는 자에게 사죄의 은혜를 주신다. 당신의 행위 때문이 아니다. 오직 믿음으로만! 예수 그리스도의 피의 능력을 인정하는 믿음으로만!

【3대지】 다윗도 일찍이 이것을 간파했다(7, 8절). "불법이 사함을 받고 죄가 가리어짐을 받는 사람들은 복이 있고 주께서 그 죄를 인정하지 아니하실 사람은 복이 있도다 함과 같으니라." 하나님의 은혜를 찬양하고 찬양하자. 매 순간마다 하나님의 사랑 안에 거하자.

【결론】 오직 믿음으로! 믿음의 기도로! 믿음의 고백으로!

- 절기, 용도, 장르, 특징:
- Key Word: 경건, 의롭다 하심.
- Remarks:

본문 : **롬 4:13~25**
제목 : **아브라함의 믿음 (Abraham Justified by Faith)**

13.아브라함이나 그 후손에게 세상의 상속자가 되리라고 하신 언약은 율법으로 말미암은 것이 아니요 오직 믿음의 의로 말미암은 것이니라 **14.**만일 율법에 속한 자들이 상속자이면 믿음은 헛것이 되고 약속은 파기되었느니라 **15.**율법은 진노를 이루게 하나니 율법이 없는 곳에는 범법도 없느니라 **16.**그러므로 상속자가 되는 그것이 은혜에 속하기 위하여 믿음으로 되나니 이는 그 약속을 그 모든 후손에게 굳게 하려 하심이라 율법에 속한 자에게뿐만 아니라 아브라함의 믿음에 속한 자에게도 그러하니 아브라함은 우리 모든 사람의 조상이라 **17.**기록된 바 내가 너를 많은 민족의 조상으로 세웠다 하심과 같으니 그가 믿은 바 하나님은 죽은 자를 살리시며 없는 것을 있는 것으로 부르시는 이시니라 **18.**아브라함이 바랄 수 없는 중에 바라고 믿었으니 이는 네 후손이 이같으리라 하신 말씀대로 많은 민족의 조상이 되게 하려 하심이라 **19.**그가 백 세나 되어 자기 몸이 죽은 것 같고 사라의 태가 죽은 것 같음을 알고도 믿음이 약하여지지 아니하고 **20.**믿음이 없어 하나님의 약속을 의심하지 않고 믿음으로 견고하여져서 하나님께 영광을 돌리며 **21.**약속하신 그것을 또한 능히 이루실 줄을 확신하였으니 **22.**그러므로 그것이 그에게 의로 여겨졌느니라 **23.**그에게 의로 여겨졌다 기록된 것은 아브라함만 위한 것이 아니요 **24.**의로 여기심을 받을 우리도 위함이니 곧 예수 우리 주를 죽은 자 가운데서 살리신 이를 믿는 자니라 **25.**예수는 우리가 범죄한 것 때문에 내줌이 되고 또한 우리를 의롭다 하시기 위하여 살아나셨느니라

1. 아브라함은 바랄 수 없는 중에 바라고 믿었음 (= 믿을 수 없는 상황에서도 믿는 믿음)

18절= "아브라함이 바랄 수 없는 중에 바라고 믿었으니…"

2. 그는 하나님이 죽은 자를 살리실 수 있는 것을 믿었음 (= 부활의 소망으로 무장한 믿음)

17절= "… 그가 믿은 바 하나님은 죽은 자를 살리시며 없는 것을 있는 것으로 부르시는 이시니라"

3. 그는 하나님이 약속하신 그것을 능히 이루실 줄 확신하였음 (= 약속 성취를 확신하는 믿음)

21절= "약속하신 그것을 또한 능히 이루실 줄을 확신하였으니"

【대지 유형】 주제 설명형 – 본문 수집형 – 대지 연결형
【주제】 아브라함의 믿음은 상황을 초월하며 죽음을 초월하여 약속하신 것을

반드시 이루실 것을 확신하는 믿음이다.

【FCF】 많은 신앙인이 작은 어려움 앞에서도 의심하며 좌절함.

【서론】 로마서의 대 주제= 이신칭의(Justification by Faith). 본문에 율법과 언약의 관계(13절)가 잘 나와 있다. 믿음의 조상 아브라함. 그의 믿음의 자원은 바로 하나님이심(17절). 올바른 신관(神觀)이 올바른 믿음을 산출한다. 아브라함의 믿음의 강도를 상상해보라.

【우산질문】 본문에 나타난 아브라함의 믿음을 살펴보자.

【1대지】 아브라함의 믿음의 깊이와 진수(眞髓)를 보라. 매우 절망적인 환경에 처했던 아브라함. 19절('… 알고도')= 깊이 생각하는 아브라함. 그러나 그의 믿음은 결코 무력해지지 않았다. 그의 믿음은 하나님에 의해 인정받는 믿음, 우리가 본받아야 할 믿음이다.

【2대지】 히 11:19= "그가 하나님이 능히 죽은 자 가운데서 다시 살리실 줄로 생각한지라." 부활을 소망하는 믿음= 놀라운 일이다. '아들 이삭을 번제로 드리라'= 비록 고민했으나 하나님의 능력을 믿은 아브라함.

【3대지】 확신하다= 충만하다. 그는 하나님의 약속의 말씀을 그대로 믿고 순종하는 믿음의 소유자. 성숙한 믿음이란 어떤 의심이나 절망도 그 마음에 파고들지 못하도록 빈틈을 주지 않고, 온전히 하나님만 신뢰하는 마음이다. 우리의 시선을 하나님의 은혜와 약속에 고정시키는 것. 이 믿음을 저에게 의로 여기셨다.

【결론】 아브라함의 믿음은 순전한 믿음이요 역설적인 믿음이다. 우리의 믿음의 수준이 어떠해야 함을 보여준다. 여러분의 믿음은 과연 어느 수준인가? 하나님의 인정을 받을 만한가? 25절= "예수는 우리가 범죄한 것 때문에 내어줌이 되고 또한 우리를 의롭다 하시기 위하여 살아나셨느니라"

- 절기, 용도, 장르, 특징:
- Key Word: 믿음.
- Remarks:

본문 : **롬 4:18~5:2**
제목 : **예수 우리 주 (Jesus Our Lord)**

4:18.아브라함이 바랄 수 없는 중에 바라고 믿었으니 이는 네 후손이 이같으리라 하신 말씀대로 많은 민족의 조상이 되게 하려 하심이라 **19.**그가 백 세나 되어 자기 몸이 죽은 것 같고 사라의 태가 죽은 것 같음을 알고도 믿음이 약하여지지 아니하고 **20.**믿음이 없어 하나님의 약속을 의심하지 않고 믿음으로 견고하여져서 하나님께 영광을 돌리며 **21.**약속하신 그것을 또한 능히 이루실 줄을 확신하였으니 **22.**그러므로 그것이 그에게 의로 여겨졌느니라 **23.**그에게 의로 여겨졌다 기록된 것은 아브라함만 위한 것이 아니요 **24.**의로 여기심을 받을 우리도 위함이니 곧 예수 우리 주를 죽은 자 가운데서 살리신 이를 믿는 자니라 **25.**예수는 우리가 범죄한 것 때문에 내줌이 되고 또한 우리를 의롭다 하시기 위하여 살아나셨느니라 **5:1.**그러므로 우리가 믿음으로 의롭다 하심을 받았으니 우리 주 예수 그리스도로 말미암아 하나님과 화평을 누리자 **2.**또한 그로 말미암아 우리가 믿음으로 서 있는 이 은혜에 들어감을 얻었으며 하나님의 영광을 바라고 즐거워하느니라

1. 예수: 우리의 주님 되심

24절= "… 예수 우리 주…"

2. 우리: 하나님에게 의롭다 함을 받음

23~24절= "그에게 의로 여겨졌다 기록된 것은 아브라함만 위한 것이 아니요 의로 여기심을 받을 우리도 위함이니…"

3. 우리: 하나님과 화평을 누리는 자

5:1= "그러므로 우리가 믿음으로 의롭다 하심을 받았으니 우리 주 예수 그리스도로 말미암아 하나님과 화평을 누리자"

【대지 유형】 주제 함축형 – 본문 수집형 – 대지 진전형
【주제】 예수님을 주님으로 믿는 우리는 하나님께 의롭다 함을 받고 하나님과 화평을 누리게 된다.
【FCF】 많은 그리스도인이 하나님과 화평을 누리는 삶을 아직 체험하지 못하고 있음.

【서론】 도마의 입에서 터져 나온 '나의 주 나의 하나님이시니이다'(요 20:28)라는 말은 신앙 고백의 원형이다. 또한 '네 입으로 예수를 주라고 시인하고 마

음으로 부활을 믿으면 구원을 얻는다'고 했다(롬 10:9). '주(主)'라는 호칭은 '성육신(成肉身, Incarnation)'과 큰 대조를 이룬다. 예수님은 짐승의 구유에 뉘어서도, 혹심한 가난 속에서도, 그리고 수치와 십자가 죽음 가운데서도 역시 우리의 '주님'이시다.

【우산질문】 "예수 우리 주". 이 칭호와 관련하여 우리에게 주시는 주님의 진리의 말씀을 생각해보자.

【1대지】 구원은 예수께서 우리에게 주신 특권 중의 특권이다. 이 구원은 우리가 '주 예수'를 영접함으로 주어지는 선물이다. 성경 말씀을 통하여 그분의 온유하고 겸손한 모습을 볼 때마다 우리의 입에서는 '주님'이라는 호칭이 자연스럽게 나오게 된다.

【2대지】 이신득의의 진리는 이미 4천 년 전 아브라함에게 밝히 보여주신 진리이다. "예수 우리 주" 여기 '우리'는 내어줌과 부활을 송두리째 믿는 자들을 가리킨다. 이 믿음을 생활로 나타내는 자들을 가리킨다. 이 사람들을 하나님은 '의롭다'고 칭해 주신다.

【3대지】 하나님과 더불어 화평한 사람에게는 내적인 깊은 평안을 주신다. 우리의 신앙생활의 갈등이란 대부분 하나님과 화목한 가운데서 살아가기를 원하는 신앙적인 욕망과, 하나님과의 화해를 저버리고 죄 가운데서 자기의 즐거움을 따라 살려고 하는 육신적인 욕망과의 다툼이다. 하나님과 화평을 이룬 자는 기도하는 일에, 말씀을 통하여 은혜를 체험하는 일에, 섬김의 은사를 나타내는 일에 변화가 온다.

【결론】 우리는 예수님을 주님으로 모신 자들이다. 우리에겐 하나님과의 화평과 영원한 소망이 약속되었다.

- 절기, 용도, 장르, 특징:
- Key Word: 화평.
- Remarks:

본문 : 롬 6:1~13
제목 : **세례의 의미와 목적**

1.그런즉 우리가 무슨 말을 하리요 은혜를 더하게 하려고 죄에 거하겠느냐 2.그럴 수 없느니라 죄에 대하여 죽은 우리가 어찌 그 가운데 더 살리요 3.무릇 그리스도 예수와 합하여 세례를 받은 우리는 그의 죽으심과 합하여 세례를 받은 줄을 알지 못하느냐 4.그러므로 우리가 그의 죽으심과 합하여 세례를 받음으로 그와 함께 장사되었나니 이는 아버지의 영광으로 말미암아 그리스도를 죽은 자 가운데서 살리심과 같이 우리로 또한 새 생명 가운데서 행하게 하려 함이라 5.만일 우리가 그의 죽으심과 같은 모양으로 연합한 자가 되었으면 또한 그의 부활과 같은 모양으로 연합한 자도 되리라 6.우리가 알거니와 우리의 옛 사람이 예수와 함께 십자가에 못 박힌 것은 죄의 몸이 죽어 다시는 우리가 죄에게 종 노릇 하지 아니하려 함이니 7.이는 죽은 자가 죄에서 벗어나 의롭다 하심을 얻었음이라 8.만일 우리가 그리스도와 함께 죽었으면 또한 그와 함께 살 줄을 믿노니 9.이는 그리스도께서 죽은 자 가운데서 살아나셨으매 다시 죽지 아니하시고 사망이 다시 그를 주장하지 못할 줄을 앎이로라 10.그가 죽으심은 죄에 대하여 단번에 죽으심이요 그가 살아 계심은 하나님께 대하여 살아 계심이니 11.이와 같이 너희도 너희 자신을 죄에 대하여는 죽은 자요 그리스도 예수 안에서 하나님께 대하여는 살아 있는 자로 여길지어다 12.그러므로 너희는 죄가 너희 죽을 몸을 지배하지 못하게 하여 몸의 사욕에 순종하지 말고 13.또한 너희 지체를 불의의 무기로 죄에게 내주지 말고 오직 너희 자신을 죽은 자 가운데서 다시 살아난 자 같이 하나님께 드리며 너희 지체를 의의 무기로 하나님께 드리라

1. 옛 사람이 함께 십자가에 못 박혀 죄에게 종 노릇 하지 않게 함 (= 죄 사함 받은 의식)

4절= "그러므로 우리가 그의 죽으심과 합하여 세례를 받음으로 그와 함께 장사되었나니…"

6절= "우리가 알거니와 우리의 옛 사람이 예수와 함께 십자가에 못 박힌 것은 죄의 몸이 죽어 다시는 우리가 죄에게 종 노릇 하지 아니하려 함이니"

2. 죄에서 벗어나 의롭다 하심을 얻었다 함 (= 의롭다 하심을 얻은 의식)

7절= "이는 죽은 자가 죄에서 벗어나 의롭다 하심을 얻었음이라"

3. 그리스도와 함께 죽고 함께 살 것을 믿는다고 함 (= 부활 신앙을 고백하는 의식)

8절= "만일 우리가 그리스도와 함께 죽었으면 또한 그와 함께 살 줄을 믿노니"

4. 우리 지체를 의의 무기로 하나님께 드리라 함 (= 평생 헌신을 다짐하는 의식)

13절= "또한 너희 지체를 불의의 무기로 죄에게 내주지 말고 오직 너희 자신을 죽은 자 가운데서 다시 살아난 자 같이 하나님께 드리며 너희 지체를 의의 무기로 하나님께 드리라"

【대지 유형】주제 설명형 - 본문 수집형 - 대지 진전형

【주제】세례는 죄 사함 받고 의롭다 함을 받은 의식이고 주님의 부활을 믿어 평생 헌신을 다짐하는 의식이다.

【FCF】세례받은 자 중에 많은 사람이 세례의 깊은 의미도 모르고 감격도 없이 세례받음.

【서론】신앙생활을 시작하는 사람= 처음엔 포기하지 못하는 것 많음. 한 발은 교회에 한 발은 세상에. 세례= 죄씻음+그리스도와 연합.

【우산질문】본문에 나타난 세례의 의미를 좀 더 깊이 살펴보자.

【1대지】세례 의식에서 '물'이 중요하다. 성결의 의미. 마 3:11; 행 2:38. 세례의 일차적인 의미는 죄의 종노릇하던 인간이 죄 사함을 받는 것. 씻어서 새 사람을 만드는 것. 세례의 효력은 물 자체에 있는 것이 아니라 죄 용서함을 받는 것에 있다.

【2대지】세례 의식은 무엇을 선포하는 것일까? 예수 그리스도로 말미암아 하나님의 자녀가 되었음을 교회 앞에 선포하는 의미이다. 하나님의 양자로 입양 되었음을 선포하는 입양 의식. 갈 3:26~27, "너희가 다 믿음으로 말미암아 그리스도 예수 안에서 하나님의 아들이 되었으니 누구든지 그리스도와 합하기 위하여 세례를 받은 자는 그리스도로 옷 입었느니라"

【3대지】몸의 부활.

【4대지】세례는 나를 위해 십자가에 죽으신 예수님을 위해 일평생 헌신하겠다는 고백이다. 바울은 세례받고 어떻게 변했나? 빌 3:8, 자신이 평생 추구하고 쌓아온 모든 것을 배설물로 여기겠다고 선언함.

【결론】세례받은 자는 이미 죄에 대해 죽고 그리스도와 더불어 의(義) 가운데서 사는 자이다.

- 절기, 용도, 장르, 특징:
- Key Word: 세례.
- Remarks:

본문 : **롬 6:4~11**
제목 : **부활의 확실성 (Assurance of the Resurrection)**

4.그러므로 우리가 그의 죽으심과 합하여 세례를 받음으로 그와 함께 장사되었나니 이는 아버지의 영광으로 말미암아 그리스도를 죽은 자 가운데서 살리심과 같이 우리로 또한 새 생명 가운데서 행하게 하려 함이라 **5.**만일 우리가 그의 죽으심과 같은 모양으로 연합한 자가 되었으면 또한 그의 부활과 같은 모양으로 연합한 자도 되리라 **6.**우리가 알거니와 우리의 옛 사람이 예수와 함께 십자가에 못 박힌 것은 죄의 몸이 죽어 다시는 우리가 죄에게 종 노릇 하지 아니하려 함이니 **7.**이는 죽은 자가 죄에서 벗어나 의롭다 하심을 얻었음이라 **8.**만일 우리가 그리스도와 함께 죽었으면 또한 그와 함께 살 줄을 믿노니 **9.**이는 그리스도께서 죽은 자 가운데서 살아나셨으매 다시 죽지 아니하시고 사망이 다시 그를 주장하지 못할 줄을 앎이로라 **10.**그가 죽으심은 죄에 대하여 단번에 죽으심이요 그가 살아 계심은 하나님께 대하여 살아 계심이니 **11.**이와 같이 너희도 너희 자신을 죄에 대하여는 죽은 자요 그리스도 예수 안에서 하나님께 대하여는 살아 있는 자로 여길지어다

1. 하나님이 예수님을 다시 살리셨음 (= 예수님 부활의 확실성)

4절= "… 이는 아버지의 영광으로 말미암아 그리스도를 죽은 자 가운데서 살리심과 같이…"

2. 그리스도와 함께 죽은 성도는 그와 함께 살 것임 (= 예수님 부활은 성도 부활의 보증)

5절= "만일 우리가 그의 죽으심과 같은 모양으로 연합한 자가 되었으면 또한 그의 부활과 같은 모양으로 연합한 자도 되리라"

3. 성도는 죄에 대하여는 죽고 하나님께 대하여는 산 자임 (= 성도는 부활의 능력으로 살아감)

11절= "이와 같이 너희도 너희 자신을 죄에 대하여는 죽은 자요 그리스도 예수 안에서 하나님께 대하여는 살아 있는 자로 여길지어다"

【대지 유형】 주제 증명형 – 본문 수집형 – 대지 연결형
【주제】 예수님의 부활은 성도의 부활의 보증일 뿐 아니라 성도의 삶의 능력이 된다.
【FCF】 많은 성도가 부활의 능력이 무엇인지도 모른 채 신앙생활을 하고 있음.

【서론】 부활 신앙은 다른 어떤 종교에도 없는 기독교만의 핵심 사상이다. 그리스도의 부활이 없었으면 기독교도 없고 믿음도 없으며, 미래도 없고 소망도 없을 뻔했다. 본문은 예수님의 죽으심과 부활을 성도의 삶과 직접 연계시켜 교훈하고 있다. 그리스도와의 연합은 죽음에만 국한되는 것이 아니다. 그리스도의 죽으심과 연합한 자는 주님의 부활에도 연합한 자가 된다.

【우산질문】 본문은 부활의 확실성을 어떻게 증언하고 있나?

【1대지】 "이 예수를 믿으면 우리도 예수님처럼 부활한다." – 이것이 초대교인들이 전한 부활의 메시지였다. 부활은 하나님의 창조의 역사이다. 그러므로 인간의 이성이나 비판으로 따질 것이 못 된다.

【2대지】 한 사람 아담의 범죄 때문에 인류 위에 드리워진 사망의 그늘은 한 사람 예수 그리스도의 부활로 말끔히 제거되었고, 그를 믿는 모든 사람에게 부활의 축복이 주어지게 되었다.

【3대지】 성도는 그리스도와 연합함으로 비록 법적으로는 완전한 의인(義人)이 되었다 하더라도 여전히 죄를 지을 가능성을 안고 사는 존재이다. 그러므로 성령의 인도하심에 따라 부단히 죄와 싸우는 성화의 과정이 요청되는 것이다. 이제는 부활의 능력으로 죄의 세력에서 완전히 벗어나 오직 하나님을 위하여 소망 있고 약속 있는 삶을 살게 되었다.

【결론】 "여기 계시지 않다" – 이것이 기독교 복음의 첫마디이다. '빈 무덤' – 이것이 기독교 교리의 토대이다. 기독교는 거기서 출발한다. 하나님은 예수 그리스도를 죽음에서 다시 살리셨다.

- 절기, 용도, 장르, 특징: 부활절.
- Key Word: 부활, 성도의 부활.
- Remarks:

본문 : 롬 6:4~14
제목 : 우리 옛사람을 십자가에 못 박히게 하신 목적

4.그러므로 우리가 그의 죽으심과 합하여 세례를 받음으로 그와 함께 장사되었나니 이는 아버지의 영광으로 말미암아 그리스도를 죽은 자 가운데서 살리심과 같이 우리로 또한 새 생명 가운데서 행하게 하려 함이라 5.만일 우리가 그의 죽으심과 같은 모양으로 연합한 자가 되었으면 또한 그의 부활과 같은 모양으로 연합한 자도 되리라 6.우리가 알거니와 우리의 옛 사람이 예수와 함께 십자가에 못 박힌 것은 죄의 몸이 죽어 다시는 우리가 죄에게 종 노릇 하지 아니하려 함이니 7.이는 죽은 자가 죄에서 벗어나 의롭다 하심을 얻었음이라 8.만일 우리가 그리스도와 함께 죽었으면 또한 그와 함께 살 줄을 믿노니 9.이는 그리스도께서 죽은 자 가운데서 살아나셨으매 다시 죽지 아니하시고 사망이 다시 그를 주장하지 못할 줄을 앎이로라 10.그가 죽으심은 죄에 대하여 단번에 죽으심이요 그가 살아 계심은 하나님께 대하여 살아 계심이니 11.이와 같이 너희도 너희 자신을 죄에 대하여는 죽은 자요 그리스도 예수 안에서 하나님께 대하여는 살아 있는 자로 여길지어다 12.그러므로 너희는 죄가 너희 죽을 몸을 지배하지 못하게 하여 몸의 사욕에 순종하지 말고 13.또한 너희 지체를 불의의 무기로 죄에게 내주지 말고 오직 너희 자신을 죽은 자 가운데서 다시 살아난 자 같이 하나님께 드리며 너희 지체를 의의 무기로 하나님께 드리라 14.죄가 너희를 주장하지 못하리니 이는 너희가 법 아래에 있지 아니하고 은혜 아래에 있음이라

1. 다시는 죄에게 종 노릇 하지 않게 하려 하심 (= 새 생명 받은 자는 죄와 더불어 투쟁하게 되어 있음)

6절= "우리가 알거니와 우리의 옛 사람이 예수와 함께 십자가에 못 박힌 것은 죄의 몸이 죽어 다시는 우리가 죄에게 종 노릇 하지 아니하려 함이니"

2. 죄로 우리 죽을 몸을 지배하지 못하게 하려 하심 (= 우리 옛사람의 욕심들을 죽여야 함)

12절= "그러므로 너희는 죄가 너희 죽을 몸을 지배하지 못하게 하여 몸의 사욕에 순종하지 말고"

3. 우리 지체를 의의 무기로 하나님께 드리게 하려 하심 (= 산 제물 되게 하심)

13절= "또한 너희 지체를 불의의 무기로 죄에게 내주지 말고 오직 너희 자신을 죽은 자 가운데서 다시 살아난 자 같이 하나님께 드리며 너희 지체를 의의 무기로 하나님께 드리라"

【대지 유형】목적 제시형 – 본문 수집형 – 대지 진전형

【주제】 우리 옛 사람을 십자가에 못 박히게 하신 것은 죄를 이기고 우리 몸을 의의 병기로 드리게 하기 위함이다.

【FCF】 많은 신앙인이 여전히 옛 사람의 욕심들을 죽이지 못하고 있음.

【서론】 그리스도의 부활 – 인류의 생명의 주가 되심 – 우리 부활의 증거(5절), 지금 여기서 부활의 새 생명을 주신다(4절).

【우산질문】 하나님께서 우리 옛사람을 십자가에 못 박히게 하신 목적은 무엇인가?

【1대지】 우리가 죄와 투쟁하며 살면, 우리는 예수 그리스도의 부활의 생명으로 사는 자이다. 이 부활의 생명은 사회와 단체들 속에서도 역사한다.

【2대지】 우린 옛사람과 싸워야 한다. 이를 위해 성령의 도우심이 절대적으로 필요하다.

【3대지】 14절, "죄가 너희를 주장하지 못하리니 이는 너희가 법 아래에 있지 아니하고 은혜 아래에 있음이라."

【결론】 여러분 속에 끊임없이 일어나는 새 사람과 옛 사람의 갈등에서 얼마나 승리하고 있는가? 부활의 생명, 키우고 또 키우자.

- 절기, 용도, 장르, 특징:
- Key Word: 옛 사람.
- Remarks:

본문 : **롬 8:9~17**
제목 : **우리가 하나님의 자녀임을 증언하시는 성령**
(The Spirit of God and Sons of God)

9.만일 너희 속에 하나님의 영이 거하시면 너희가 육신에 있지 아니하고 영에 있나니 누구든지 그리스도의 영이 없으면 그리스도의 사람이 아니라 **10.**또 그리스도께서 너희 안에 계시면 몸은 죄로 말미암아 죽은 것이나 영은 의로 말미암아 살아 있는 것이니라 **11.**예수를 죽은 자 가운데서 살리신 이의 영이 너희 안에 거하시면 그리스도 예수를 죽은 자 가운데서 살리신 이가 너희 안에 거하시는 그의 영으로 말미암아 너희 죽을 몸도 살리시리라 **12.**그러므로 형제들아 우리가 빚진 자로되 육신에게 져서 육신대로 살 것이 아니니라 **13.**너희가 육신대로 살면 반드시 죽을 것이로되 영으로써 몸의 행실을 죽이면 살리니 **14.**무릇 하나님의 영으로 인도함을 받는 사람은 곧 하나님의 아들이라 **15.**너희는 다시 무서워하는 종의 영을 받지 아니하고 양자의 영을 받았으므로 우리가 아빠 아버지라고 부르짖느니라 **16.**성령이 친히 우리의 영과 더불어 우리가 하나님의 자녀인 것을 증언하시나니 **17.**자녀이면 또한 상속자 곧 하나님의 상속자요 그리스도와 함께 한 상속자니 우리가 그와 함께 영광을 받기 위하여 고난도 함께 받아야 할 것이니라

1. 우리가 하나님의 자녀인 것을 증언하는 두 증인: 우리의 영(靈)과 성령

16절= "성령이 친히 우리의 영과 더불어 우리가 하나님의 자녀인 것을 증언하시나니"
첫째 증인: 우리 자신의 영(14절)
둘째 증인: 성령(16절), 갈 4:6

2. 언제 우리가 하나님의 자녀인 것을 증언하시는가?: 롬 8장의 순서 필요함

1) 2~4절= 죄와 사망의 법에서 자유케 – 율법의 요구를 이룸
2) 5절= 영의 일에 마음 쓰게 됨
3) 13절= 믿는 자는 성령을 통하여 날마다 몸의 행실을 죽인다. "너희가 육신대로 살면 반드시 죽을 것이로되 영으로써 몸의 행실을 죽이면 살리니"
4) 14절= 믿는 자는 성령으로 인도함 받는다. "무릇 하나님의 영으로 인도함을 받는 사람은 곧 하나님의 아들이라"

【대지 유형】 주제 함축형 – 본문 수집형 – 대지 연결형
【주제】 성령은 친히 우리의 영과 더불어 우리가 하나님의 자녀인 것을 증언하신다.

【FCF】 많은 신앙인이 성령의 증거에 민감하지 못함.

【서론】 하나님은 우리가 하나님의 자녀란 사실을 깨닫기를 원하신다. 하나님의 자녀임을 깨닫게 될 때 엄청난 변화가 찾아온다: 구원의 확신, 아버지의 사랑과 보호를 확신, 영원한 상급에의 소망.

【우산질문】 본문을 통해 우리가 하나님의 자녀임을 증언하게 하시는 위대한 섭리에 대해 살펴보자.

【1대지】 ① 첫째 증인: 우리 자신의 영, 말씀 읽고 이해 – 말씀대로임을 확증한다. 요 1:12. 본문 14절= 하나님의 영으로 인도받기 때문에 하나님의 자녀. ② 둘째 증인: 갈 4:6, "하나님이 그 아들의 영을 우리 마음 가운데 보내사 아빠 아버지라 부르게 하셨느니라." 예수 믿으면 – 성령 오셔서 – 자녀 의식을 강력하게 주시고 – 아버지라 부르게! 하나님께 대한 우리의 본래 태도는 아들의 태도가 아니다. 우리의 본래 태도: 염려, 근심, 불안, 범죄, 세상 사랑…. 오직 성령께서 우리 마음에 들어오셔서 우리를 압도하시도록 해야 한다.

【2대지】 이 순서 다음에, 오직 이 때에 이르러서야 성령께서 우리가 자녀임을 증거하신다. 올바른 순서를 따르자. 흔히 우리는 순서를 뒤바꾸려 한다: 예수님을 주님으로 확실히 영접하기 전에, 영의 일에 내 생각을 내맡기지도 않으면서….

【결론】 하나님은 우리가 그의 자녀라는 사실을 깨닫게 되기를 간절히 바라신다. 습 3:17, "주님은 우리로 인하여 기쁨을 이기지 못하신다."

- 절기, 용도, 장르, 특징:
- Key Word: 성령, 하나님의 자녀.
- Remarks:

본문 : 롬 8:12~17
제목 : 하나님의 자녀로 사는 법

12.그러므로 형제들아 우리가 빚진 자로되 육신에게 져서 육신대로 살 것이 아니니라 13.너희가 육신대로 살면 반드시 죽을 것이로되 영으로써 몸의 행실을 죽이면 살리니 14.무릇 하나님의 영으로 인도함을 받는 사람은 곧 하나님의 아들이라 15.너희는 다시 무서워하는 종의 영을 받지 아니하고 양자의 영을 받았으므로 우리가 아빠 아버지라고 부르짖느니라 16.성령이 친히 우리의 영과 더불어 우리가 하나님의 자녀인 것을 증언하시나니 17.자녀이면 또한 상속자 곧 하나님의 상속자요 그리스도와 함께 한 상속자니 우리가 그와 함께 영광을 받기 위하여 고난도 함께 받아야 할 것이니라

1. 육신대로 살지 않아야 함 (= 소극적 의미)

12절= "그러므로 형제들아 우리가 빚진 자로되 육신에게 져서 육신대로 살 것이 아니니라"

2. 하나님의 영으로 인도함 받아야 함 (= 적극적 의미)

14절= "무릇 하나님의 영으로 인도함을 받는 사람은 곧 하나님의 아들이라"

3. 성령의 증언을 받는 자는 하나님의 상속을 믿게 됨 (= 상속의 특권)

16~17절= "성령이 친히 우리의 영과 더불어 우리가 하나님의 자녀인 것을 증언하시나니 자녀이면 또한 상속자 곧 하나님의 상속자요 그리스도와 함께 한 상속자니"

【대지 유형】 주제 적용형 – 본문 묶음형 – 대지 심화형
【주제】 하나님의 자녀는 육신대로 살지 않고 성령으로 인도받아야 하고 그는 하나님의 상속자임을 믿게 된다.
【FCF】 많은 신앙인이 성령님의 인도받는 일에 무지함.

【서론】 우리는 하나님의 자녀이다. 자녀는 은혜를 잊지 않고 살아야 한다. 이스라엘의 비극은 하나님의 은혜를 잊어버렸다는 데 있었다. 종에서 구원해 주신 은혜, 죽음에서 건져주신 은혜를 잊어버렸다. 본문은 그리스도를 믿음으로 구원받은 하나님의 자녀들이 어떻게 살아야 하는가를 잘 보여준다.

【우산질문】 하나님의 자녀는 어떻게 살아야 하는가?

【1대지】 육신대로 살면 반드시 죽는다. 롬 8장의 강조점. 육신의 생각은 사망이다(6절). 하나님과 원수가 되나니(7절). 육신에 있는 자는 하나님을 기쁘게 할 수 없다(8절). 여러분은 어디에 빚진 자인가? 어떻게 육신대로 살지 않을 수 있는가? 예) 삼손의 안타까운 역사. 앗수르에 멸망한 북왕국 이스라엘의 슬픈 역사.

【2대지】 성령으로 살아간다= 하나님의 영으로 인도함 받는다. 요 16:13, "진리의 성령이 오시면 그가 너희를 모든 진리 가운데로 인도하시리니." 그리스도인이란 그리스도의 영으로 인도함 받을 때 그것이 진정한 그리스도인이요, 그리스도의 영이 그 속에 있을 때 비로소 하나님의 자녀인 것이다. 예) 루소에 의하면 사람은 십대에는 과자에 의해 움직이고, 이십대는 연인에 의해, 삼십대는 쾌락에, 사십대는 야심에, 오십대는 탐욕에, 그리고 오십대가 넘어서기 시작하면 명예에 의해 움직인다. 성도여, 진리의 영인 성령을 따라 살 때 그 인생이 진리 가운데 설 수 있고 행복한 삶을 누리게 된다.

【3대지】 성령을 따라 사는 자는 하나님을 아빠 아버지라 부른다. 예) 구약 이스라엘은 '여호와'라는 이름을 아도나이로 바꾸어 불렀다. 자녀이면 상속자이다. 자녀에게는 상속의 특권이 있다.

【결론】 육신대로 살지 말고 영으로 살자.

- 절기, 용도, 장르, 특징:
- Key Word: 하나님의 자녀.
- Remarks:

본문 : **롬 8:14~18**
제목 : **하나님의 자녀를 위한 송가**

14.무릇 하나님의 영으로 인도함을 받는 사람은 곧 하나님의 가들이라 **15.**너희는 다시 무서워하는 종의 영을 받지 아니하고 양자의 영을 받았으므로 우리가 아빠 아버지라고 부르짖느니라 **16.**성령이 친히 우리의 영과 더불어 우리가 하나님의 자녀인 것을 증언하시나니 **17.**자녀이면 또한 상속자 곧 하나님의 상속자요 그리스도와 함께 한 상속자니 우리가 그와 함께 영광을 받기 위하여 고난도 함께 받아야 할 것이니라 **18.**생각하건대 현재의 고난은 장차 우리에게 나타날 영광과 비교할 수 없도다

1. 성도는 종의 영이 아닌 양자의 영을 받았다 함 (= 하나님의 자녀 된 자에겐 양자의 영이 임함)

15절= "너희는 다시 무서워하는 종의 영을 받지 아니하고 양자의 영을 받았으므로 우리가 아빠 아버지라고 부르짖느니라"

2. 하나님의 영으로 인도함을 받는 사람은 하나님의 아들이라 함 (= 하나님의 자녀는 성령의 인도함을 받음)

14절= "무릇 하나님의 영으로 인도함을 받는 사람은 곧 하나님의 아들이라"

3. 하나님의 자녀는 그리스도와 함께 영광도 고난도 받아야 함 (= 하나님의 자녀는 영광스런 후사가 됨)

17절= "자녀이면 또한 상속자 곧 하나님의 상속자요 그리스도와 함께 한 상속자니 우리가 그와 함께 영광을 받기 위하여 고난도 함께 받아야 할 것이니라"

【대지 유형】 주제 설명형 – 본문 분석형 – 대지 진전형
【주제】 하나님의 자녀는 자신에게 임하신 성령의 인도받는 삶을 살다가 마침내 그리스도와 함께 영광을 받게 된다.
【FCF】 많은 신앙인이 성령의 인도함 받는 삶을 사는 데 익숙하지 못함.

【서론】 본문은 루터와 칼빈이 좋아했던 구절. "생각하건대 현재의 고난은 장차 우리에게 나타날 영광과 비교할 수 없도다." 여기 가장 핵심적인 단어는

"하나님의 자녀". 지금까지 '성도', '의롭다 하심을 받은 자', '그리스도의 사람'. 본문에 들어서야 비로소 '하나님의 아들', '하나님의 자녀'. 참으로 영광스런 칭호이다.

【우산질문】 하나님의 자녀에게 주시는 위로의 송가(頌歌)를 분석해 보자.

【1대지】 하나님의 자녀에게는 종의 영이 아니라 양자의 영을 주신다. 양자는 친자녀와 같은 권리를 가진다. 로마 시대의 양자법을 공부할 필요가 있다. 양자는 엄청난 지위와 권한을 누리는 신분이었음. 네로 황제도 양자 출신. 양자 삼는 의식에는 증인 7명이 필요했을 정도. 우리는 하나님을 아빠 아버지라 부르게 된다.

【2대지】 성도는 그리스도의 핏값으로 사신 바 된 귀한 존재이다. 하나님은 결코 성도를 홀로 버려두지 않으신다. 민 14:14, 구약 이스라엘에게 구름기둥 불기둥으로 인도하시던 하나님은 신약 성도들에게는 성령의 인도를 주신다. 롬 8:39, 우리를 아무도 예수 안에 있는 하나님의 사랑에서 끊을 수 없다!

【3대지】 하나님의 상속자. 천군천사를 부리는 권세까지 가진다. 약속된 상속의 축복이 클진대 어찌 우리가 현재의 고난에 괴로워할 수가 있겠는가? 빌 3:13, 14, "… 하나님이 부르신 부름의 상을 위하여 좇아가노라."

【결론】 하나님의 자녀에게 주신 엄청난 축복과 영광! 칼빈은 마지막 숨을 거두면서 18절을 암송했다 한다.

- 절기, 용도, 장르, 특징: 세례식.
- Key Word: 하나님의 자녀, 성령의 인도.
- Remarks:

본문 : **롬 8:31~39**
제목 : **하나님 구원의 특징**

31.그런즉 이 일에 대하여 우리가 무슨 말 하리요 만일 하나님이 우리를 위하시면 누가 우리를 대적하리요 **32.**자기 아들을 아끼지 아니하시고 우리 모든 사람을 위하여 내주신 이가 어찌 그 아들과 함께 모든 것을 우리에게 주시지 아니하겠느냐 **33.**누가 능히 하나님께서 택하신 자들을 고발하리요 의롭다 하신 이는 하나님이시니 **34.**누가 정죄하리요 죽으실 뿐 아니라 다시 살아나신 이는 그리스도 예수시니 그는 하나님 우편에 계신 자요 우리를 위하여 간구하시는 자시니라 **35.**누가 우리를 그리스도의 사랑에서 끊으리요 환난이나 곤고나 박해나 기근이나 적신이나 위험이나 칼이랴 **36.**기록된 바 우리가 종일 주를 위하여 죽임을 당하게 되며 도살 당할 양 같이 여김을 받았나이다 함과 같으니라 **37.**그러나 이 모든 일에 우리를 사랑하시는 이로 말미암아 우리가 넉넉히 이기느니라 **38.**내가 확신하노니 사망이나 생명이나 천사들이나 권세자들이나 현재 일이나 장래 일이나 능력이나 **39.**높음이나 깊음이나 다른 어떤 피조물이라도 우리를 우리 주 그리스도 예수 안에 있는 하나님의 사랑에서 끊을 수 없으리라

1. "독자를 아끼지 않으시고 모든 사람을 위해 내주셨다"고 함 (= 하나님의 구원은 역사적 배경을 가지고 있음)

32절= "자기 아들을 아끼지 아니하시고 우리 모든 사람을 위하여 내주신 이가 어찌 그 아들과 함께 모든 것을 우리에게 주시지 아니하겠느냐"

2. "아무도 택하신 자들을 고발하거나 정죄할 수 없다"고 함 (= 하나님의 구원은 법적 구원임)

33~34절= "누가 능히 하나님께서 택하신 자들을 고발하리요 의롭다 하신 이는 하나님이시니 누가 정죄하리요…"

3. "그 어떤 방해물도 우리를 그리스도의 사랑에서 끊을 수 없다"고 함 (= 하나님의 구원은 항구적 구원임)

35절= "누가 우리를 그리스도의 사랑에서 끊으리요 환난이나 곤고나 박해나 기근이나 적신이나 위험이나 칼이랴"

【대지 유형】 주제 설명형 – 본문 분석형 – 대지 진전형
【주제】 역사적 배경을 가진 하나님의 구원은 법적 근거를 가진 항구적인 구원이다.

【FCF】 구원관이 불명확한 현대교회 교인들의 모습.

【서론】 본문은 기독교의 본질을 확고히 하는 구절이다. 31절, 하나님의 구원
은 절대적임. 예수= 우리의 기쁨이요 소망.
【우산질문】 본문에 나타난 하나님의 구원은 어떤 특징을 갖고 있나?

【1대지】 하나님의 구원과 언약. 아브라함-모세-다윗-새언약-예수 그리스도
오심과 죽으심. 모든 것을 주시는 주님. 하나님의 능력을 담아내는 그릇이 교
회이다. 우리가 받는 사랑은 확실한 역사적 배경을 갖고 있다. 아브라함, 이삭
의 사건, 하나님의 언약.
【2대지】 고발·정죄 – 법적 용어임. 누가 하나님의 법정을 모독, 부정, 의심하
리요? 이 땅의 모든 법이 우리를 송사한다 해도 하나님이 우리를 의롭다 하
시면…. 우리의 구원은 내 약간의 경험이 아니다. 내가 죽었다가 태어난 것과
같다. 해산의 고통.
【3대지】 성도의 견인, 환난, 곤고, 핍박, 기근, 칼. 그 어떤 것도 그리스도의
사랑에서 끊을 수 없다. 우리가 넉넉히 이긴다.
【결론】 롬 6:13, 확신을 가지고 우리 몸을 의에게 종으로 드리는 삶. 감사가
넘치는 삶.

- 절기, 용도, 장르, 특징:
- Key Word: 구원.
- Remarks:

본문 : 롬 12:1~2
제목 : 남은 삶을 최대한 선용(善用)하라
(Offer Your Body as a Living Sacrifice)

1.그러므로 형제들아 내가 하나님의 모든 자비하심으로 너희를 권하노니 너희 몸을 하나님이 기뻐하시는 거룩한 산 제물로 드리라 이는 너희가 드릴 영적 예배니라 2.너희는 이 세대를 본받지 말고 오직 마음을 새롭게 함으로 변화를 받아 하나님의 선하시고 기뻐하시고 온전하신 뜻이 무엇인지 분별하도록 하라

1. 이 세대를 본받지 말고 변화를 받아야 함 (= 선용대상/무엇을 해야 하는가?)

2절= "너희는 이 세대를 본받지 말고 오직 마음을 새롭게 함으로 변화를 받아 하나님의 선하시고 기뻐하시고 온전하신 뜻이 무엇인지 분별하도록 하라"

2. 우리 몸을 산 제사로 드려야 함 (= 선용 방법/어떻게 해야 하는가?)

1절= "그러므로 형제들아 내가 하나님의 모든 자비하심으로 너희를 권하노니 너희 몸을 하나님이 기뻐하시는 거룩한 산 제사로 드리라 이는 너희의 드릴 영적 예배니라"

【대지 유형】주제 적용형 – 본문 분석형 – 대지 연결형
【주제】우리의 남은 삶을 선용하는 최선의 길은 이 세대를 본받지 않고 변화를 받아 우리 몸을 산 제사로 드리는 것이다.
【FCF】많은 그리스도인이 이 세대와 구별되지 못하고 섞여 살고 있음.

【서론】로마서의 전반부(11장까지)에서 이신득의(以信得義)의 교리를 논리적으로 설명한 후에 칭의를 받은 성도가 어떻게 살아야 할 것인가를 교훈한다. 12장에서 15장까지는 구원받은 성도들의 의(義)의 실천과 적용, 곧 그리스도인의 윤리에 대하여 다루고 있다. 말씀을 통해 우리의 남은 삶을 최대한 선용할 수 있는 방법을 배우게 되기를 바란다.
【우산질문】내게 남겨진 삶을 최대한 선용하여 성공적인 삶을 살려면 무엇을

어떻게 해야 할까?

【1대지】 "너희는 계속 이 세상과 같은 모양이 되지 말라." 남아 있는 삶을 성공적으로 만들기 위해 무엇을 해야 하나? 소극적으로는 '이 세대를 본받지 말아야' 하고, 적극적으로는 '변화를 받아야' 한다. 새롭게 변화된 자들이 누릴 수 있는 보물들에는 어떤 것이 있나? 형제를 향한 거짓 없는 사랑(9절), 성령으로 뜨거워진 마음에서 우러나오는 주님을 위한 열심(11절), 다른 그리스도인들과의 조화로운 관계(13~21절) 등.

【2대지】 '칭의(稱義, Justification)'를 얻은 자들은 죄인의 신분에서 의인으로의 변화, 즉 삶의 본질적인 변화를 경험한 자들이다. 따라서 그 삶의 행동양식도 당연히 변화할 수밖에 없다. 남은 삶을 선용하는 최선의 방법은 우리의 몸을 하나님이 기뻐하시는 산 제물로 드리는 것이다. 진정한 예배란 매일매일 자신의 삶의 전부를 하나님께 바치는 것: 우리의 시간, 우리의 야망, 우리의 소유와 돈, 우리의 눈 귀 입 손.

【결론】 여러분의 남은 삶을 최대한 선용하라. 어떻게 할 것인가?

- 절기, 용도, 장르, 특징:
- Key Word: 산제사, 예배.
- Remarks:

본문 : **롬 16:3~5**
제목 : **바울의 아름다운 동역자 브리스가 부부**
　　　　(Fellow Workers in Christ)

3.너희는 그리스도 예수 안에서 나의 동역자들인 브리스가와 아굴라에게 문안하라 4.그들은 내 목숨을 위하여 자기들의 목까지도 내놓았나니 나뿐 아니라 이방인의 모든 교회도 그들에게 감사하느니라 5.또 저의 집에 있는 교회에도 문안하라 내가 사랑하는 게배네도에게 문안하라 그는 아시아에서 그리스도께 처음 맺은 열매니라

1. 브리스가 부부는 모든 것을 내놓았음 (= 목숨 건 헌신)
　　4절= "그들은 내 목숨을 위하여 자기들의 목까지도 내놓았나니…"
　　1) 자기 집을 교회로, 2) 물질, 3) 목숨

2. 이방인의 모든 교회가 두 사람에게 감사했음 (= 주위의 칭송과 감사)
　　4절= "… 나뿐 아니라 이방인의 모든 교회도 그들에게 감사하느니라"

3. 부부가 함께 드렸음 (= 부부 합심)
　　3절= "너희는 그리스도 예수 안에서 나의 동역자들인 브리스가와 아굴라에게 문안하라"

【대지 유형】 주제 설명형 – 본문 분석형 – 대지 병렬형
【주제】 (석의) 브리스가 부부는 부부가 합심하여 목숨을 걸고 바울의 동역자로서의 삶을 살아 주위의 칭송과 감사를 받았다.
【FCF】 많은 교인이 주의 종의 동역자로서의 삶을 살지 못하고 있음.

【서론】 영혼 구원과 평안 약속은 전적인 하나님의 은혜로 말미암은 것: 다음의 세 가지를 통해 이 선물을 받는다: ① 주의 종, ② 말씀, ③ 또 하나는 교회. 주의 종이 바로 세워지기 위해서는 반드시 주의 종의 동역자가 있어야 한다. 브리스가와 아굴라 부부는 사도 바울에게 있어 최고의 동역자이다.
【우산질문】 사도의 아름다운 동역자 브리스가와 아굴라 부부의 모습을 살펴보자.

【1대지】 브리스가와 아굴라 부부는 바울 사도에게는 '나의 동역자들'이었다. 사도는 이들의 이름을 로마 교회에 있는 성도들 중 특별히 기억되고 문안하고자 하는 사람들의 맨 첫머리에 언급하고 있다. 주의 종 바울에게 있어서 브리스가 부부의 동역은 '목숨을 건 헌신'이었다. 그들은 사도 바울과 그의 사역을 위하여 모든 것을 내놓았다. 브리스가와 아굴라 부부가 이렇게 할 수 있었던 이유는? 한 마디로 주의 종에 대한 사랑이고, 또 이것은 하나님께 대한 그들의 사랑의 표현이다. 주님의 동역자 명단에 여러분의 이름이 올려질 수 있는가? 예) 초대교회 시절 카타콤의 성도들은 300년 동안의 무서운 박해 속에서도 어두운 지하 굴속에서 해골같이 피골이 상접한 얼굴로 '예수님은 나의 구주'라고 고백하며 죽어갔다. 그들은 진정한 '예수님의 동역자들'이었다.

【2대지】 사도는 동역자들의 개인의 이름을 거침없이 기록하고 있다. 이 이름들은 모두 천국에서 큰 상급을 받는 자들의 이름이 될 것이고, 그런 의미에서 우리의 부러움의 대상이 되고 있다. 이방인의 모든 교회가 감사할 정도로 주의 종의 신실한 동역자가 되었던 브리스가 부부, 교회 전체가 주의 종의 신실한 동역자가 되었던 데살로니가 교회와 갈라디아 교회 성도들 – 그들이야말로 위대한 동역자들이었다.

【3대지】 성경에서 이들 부부가 함께 언급된 곳은 모두 여섯 곳이다: 로마 – 고린도 – 에베소 – 다시 로마. 비교) 아나니아 삽비라 부부의 비참한 모습.

【결론】 주의 종의 동역자는 결국 하나님의 동역자이다. 주의 종의 동역자는 장차 주의 종이 받는 상급을 받게 된다.

- 절기, 용도, 장르, 특징:
- Key Word: 동역자, 부부 합심.
- Remarks:

본문 : **고전 2:1~5**
제목 : **바울의 복음 증거 전략**

1.형제들아 내가 너희에게 나아가 하나님의 증거를 전할 때에 말과 지혜의 아름다운 것으로 아니하였나니 2.내가 너희 중에서 예수 그리스도와 그가 십자가에 못 박히신 것 외에는 아무 것도 알지 아니하기로 작정하였음이라 3.내가 너희 가운데 거할 때에 약하고 두려워하고 심히 떨었노라 4.내 말과 내 전도함이 설득력 있는 지혜의 말로 하지 아니하고 다만 성령의 나타나심과 능력으로 하여 5.너희 믿음이 사람의 지혜에 있지 아니하고 다만 하나님의 능력에 있게 하려 하였노라

1. 말과 지혜의 아름다운 것으로 하지 아니함 (= 인본주의 배격)

1절= "내가 너희에게 나아가 하나님의 증거를 전할 때에 말과 지혜의 아름다운 것으로 아니하였나니"

2. 예수 그리스도와 십자가에 못 박히신 것만을 증거함 (= 십자가 중심의 메시지)

2절= "내가 너희 중에서 예수 그리스도와 그가 십자가에 못 박히신 것 외에는 아무 것도 알지 아니하기로 작정하였음이라"

3. 설득이 아니라 성령의 나타나심과 능력으로 증거함 (= 성령의 나타나심에 의존)

4절= "내 말과 내 전도함이 설득력 있는 지혜의 말로 하지 아니하고 다만 성령의 나타나심과 능력으로 하여"

【대지 유형】주제 설명형 – 본문 분석형 – 대지 심화형
【주제】바울의 설교는 인본주의를 배격하고 오직 예수의 십자가 중심의 메시지를 성령의 능력으로 전하는 설교였다.
【FCF】많은 설교자가 십자가 중심과 성령의 능력에 대한 확신이 부족함.

【서론】고린도 교회는 말썽이 많았음(파당). 고린도전서 서신은 이를 책망하고 권고하기 위함. 바울은 말과 지혜로 아니하고(1절) 예수 그리스도와 십자가만 알기로(2절) 작정함. 바울의 작정이다. 그의 허다한 지식에도 불구하고 세상의 초등학문을 배설물처럼 버림.

【우산질문】 본문을 통해 바울이 말씀 선포하는 전략을 살펴보자.

【1대지】 바울이 가졌던 학문의 세계를 과소평가할 수 없다. 그에게는 할 말이 많았을 것. 그러나 그가 전해야 하는 것은 세상의 지혜나 지식이 아니었음. 하나님 나라와 하나님의 구원 계획, 하나님의 언약 등을 전하는 데 세상적인 말과 지혜로 할 필요가 없다.

【2대지】 십자가는 하나님의 역사였다. 하나님의 열심이 수천 년 동안 종들을 통해 계속적으로 이어져 마침내 아들 예수님과 그의 십자가에서 절정을 만난다. 기독교는 십자가의 종교다. 독생자가 직접 못 박힌 장엄한 사건. 홍해는 200만을 살리는 역사의 현장이었지만, 갈보리 십자가는 억조창생을 살리는 역사의 현장이 되었다.

【3대지】 십자가 사건이 2,000년을 넘어 오늘 내게 어떻게 다가오는가? '성령의 나타남과 능력'(4절)으로. 보혜사 성령, 그가 와서 그리스도의 십자가에 대하여, 피 흘리심에 대하여 우리에게 증거하시고, 적용하신다. '내 살과 피를 받아 먹으라'→성령님이 우리에게 주님의 살과 피를 먹도록 하신다. 성령님은 십자가와 우리 사이의 시간 차이, 장소 차이, 문화 차이를 극복한다. 성령님은 우리 내부에서 십자가 사건을 믿게 하고 속죄의 피를 마시게 한다= 성령의 나타남.

【결론】 보혈의 엄청난 능력은 성령님으로 말미암아 주어진다. 설교자들이여, 전도자들이여, 십자가를 바라보며 성령으로 능력 있는 증인 되자.

- 절기, 용도, 장르, 특징:
- Key Word: 설교, 십자가.
- Remarks:

본문 : **고전 2:14~3:4**
제목 : **세 종류의 사람 (Three People Present Today)**

2:14.육에 속한 사람은 하나님의 성령의 일들을 받지 아니하나니 이는 그것들이 그에게는 어리석게 보임이요, 또 그는 그것들을 알 수도 없나니 그러한 일은 영적으로 분별되기 때문이라 **15.**신령한 자는 모든 것을 판단하나 자기는 아무에게도 판단을 받지 아니하느니라 **16.**누가 주의 마음을 알아서 주를 가르치겠느냐 그러나 우리가 그리스도의 마음을 가졌느니라 **3:1.**형제들아 내가 신령한 자들을 대함과 같이 너희에게 말할 수 없어서 육신에 속한 자 곧 그리스도 안에서 어린 아이들을 대함과 같이 하노라 **2.**내가 너희를 젖으로 먹이고 밥으로 아니하였노니 이는 너희가 감당하지 못하였음이거니와 지금도 못하리라 **3.**너희는 아직도 육신에 속한 자로다 너희 가운데 시기와 분쟁이 있으니 어찌 육신에 속하여 사람을 따라 행함이 아니리요 **4.**어떤 이는 말하되 나는 바울에게라 하고 다른 이는 나는 아볼로에게라 하니 너희가 육의 사람이 아니리요

1. 육에 속한 사람(the natural man): 자연인, 거듭나지 않은 사람

14절= "육에 속한 사람은 하나님의 성령의 일들을 받지 아니하나니 이는 그것들이 그에게는 어리석게 보임이요, 또 그는 그것들을 알 수도 없나니 그러한 일은 영적으로 분별되기 때문이라"

2. 신령한 사람(the spiritual man): 영적인 사람, 성령으로 거듭난 새생명의 사람.

15절= "신령한 자는 모든 것을 판단하나 자기는 아무에게도 판단을 받지 아니하느니라"

3. 육신에 속한 사람(the carnal man): 성숙하지 못한 성도

3:1= "형제들아 내가 신령한 자들을 대함과 같이 너희에게 말할 수 없어서 육신에 속한 자 곧 그리스도 안에서 어린 아이들을 대함과 같이 하노라"

【**대지 유형**】주제 함축형 – 본문 묶음형 – 대지 연결형
【**주제**】육신에 속한 세속적 그리스도인은 육에 속한 사람의 허물을 벗고 신령한 사람으로 성장해야 한다.
【**FCF**】많은 신앙인이 성숙하지 못한 상태에서 머무르고 있음.

【**서론**】교회 회중은 다양한 사람들로 구성되어 있다. 하나님은 이 모든 사람

을 한 교회로 불러 모아 하나님 나라의 일을 이루어 나가신다. 본문에 세 종류의 사람들이 소개되고 있다.

【우산질문】이들 세 종류의 사람들이 어떤 사람들인가를 살펴보고 주님의 교훈을 받자.

【1대지】육에 속한 사람(프쉬키코스)= 새 생명을 얻지 못한 자연인. 성령님의 일을 받지 못함. 십자가를 받지 않고 하나님이 은혜로 주신 것들을 수용하지 않음. 육에 속한 사람은 영적인 일을 이해하지 못함. 성경은 이들에게 아직 이해할 수 없는 책이다. 자연인에게 가장 필요한 것은 구원을 받는 일이다.

【2대지】신령한 사람(프뉴마티코스)= 성령으로 거듭난 새 생명의 사람. 하나님의 성령은 영적인 성도를 가르치시며 인도하신다. 신령한 사람은 그리스도의 마음을 가진 자이다(16절).

【3대지】이미 그리스도 안에 있는 자로서 신앙은 성숙되지 못한 자임. 당시 고린도교인들= 스스로를 신령한 사람으로 자처함. 실상은 육신에 속한 자들이요 영적 유아들이었음. 육신에 속한 그리스도인은 혼돈된 상태에 있는 자이다. 이들은 갈등 가운데 살고 있다.

【결론】여러분은 위의 세 종류의 사람 가운데 어느 쪽인가? 지금 내가 해야 할 일은 나 자신을 그리스도에게 완전히 맡기는 것.

- 절기, 용도, 장르, 특징:
- Key Word: 육신에 속한 사람.
- Remarks:

본문 : **고전 3:1~9**
제목 : **육신에 속한 자의 특징 (Indications of the Worldly)**

1.형제들아 내가 신령한 자들을 대함과 같이 너희에게 말할 수 없어서 육신에 속한 자 곧 그리스도 안에서 어린 아이들을 대함과 같이 하노라 2.내가 너희를 젖으로 먹이고 밥으로 아니하였노니 이는 너희가 감당하지 못하였음이거니와 지금도 못하리라 3.너희는 아직도 육신에 속한 자로다 너희 가운데 시기와 분쟁이 있으니 어찌 육신에 속하여 사람을 따라 행함이 아니리요 4.어떤 이는 말하되 나는 바울에게라 하고 다른 이는 나는 아볼로에게라 하니 너희가 육의 사람이 아니리요 5.그런즉 아볼로는 무엇이며 바울은 무엇이냐 그들은 주께서 각각 주신 대로 너희로 하여금 믿게 한 사역자들이니라 6.나는 심었고 아볼로는 물을 주었으되 오직 하나님께서 자라나게 하셨나니 7.그런즉 심는 이나 물 주는 이는 아무 것도 아니로되 오직 자라게 하시는 이는 하나님뿐이니라 8.심는 이와 물 주는 이는 한가지이나 각각 자기가 일한 대로 자기의 상을 받으리라 9.우리는 하나님의 동역자들이요 너희는 하나님의 밭이요 하나님의 집이니라

1. 그리스도 안에 있는 어린 아이와 같음 (= 영적인 어린아이들의 모습)

1절= "내가 신령한 자들을 대함과 같이 너희에게 말할 수 없어서 육신에 속한 자 곧 그리스도 안에서 어린 아이들을 대함과 같이 하노라"

2. 그들 가운데 시기와 분쟁이 있음 (= 다툼과 분열을 일삼는 교인들)

3절= "너희는 아직도 육신에 속한 자로다 너희 가운데 시기와 분쟁이 있으니 어찌 육신에 속하여 사람을 따라 행함이 아니리요"

3. 주님보다 바울 또는 아볼로를 따른다고 함 (= 주님보다 사람을 추종함)

4절= "어떤 이는 말하되 나는 바울에게라 하고 다른 이는 나는 아볼로에게라 하니 너희가 육의 사람이 아니리요"

【대지 유형】주제 설명형 – 본문 묶음형 – 대지 연결형
【주제】육신에 속한 자는 영적 어린 아이로서 다툼과 분열을 일삼고 주님보다 사람을 추종하는 자이다.
【FCF】많은 신앙인이 여전히 육신에 속한 사람들의 특징을 보이고 있음.

【서론】앞장(고전 2장)에서 세 가지 유형의 사람을 언급함(육에 속한 사람, 신령한 사람, 육신에 속한 사람). 가장 큰 문제는 육신에 속한 사람= 예수 믿지

만 미성숙(未成熟)한 자들= 이들은 어디서나 문제를 일으킴. 고린도 교회에 이런 사람들이 많았고, 바울의 책망을 받았음. 그토록 은사가 넘치던 교회였는데 여전히 육신에 속한 사람들! 놀라운 일이다.

【우산질문】 본문 통해 육신에 속한 자에 대해 살펴보자.

【1대지】 2절= "내가 너희를 젖으로 먹이고 밥으로 아니하였노니" 예수 믿지만 영적 유아와 같은 자들이 많음. 주님의 관심은 신자의 영적 성장에 있음. 갓 태어난 어린 아이= 부모의 기쁨이요 주위의 기쁨이 됨. 우리 육신의 본성은 그 힘이 세다. 육신에 속한 자들은 영적 유아들임. 목회자는 많은 유아를 한꺼번에 키워내는 부모의 심정을 소유해야 한다.

【2대지】 분열은 심각한 죄이다. 고린도 교인들= 방언, 예언 등에 큰 의미를 부여= 그러나 다툼과 분열이 많음= 육신에 속한 자들. 성숙한 그리스도인의 특징은 은사나 교육 수준이 아니라 신앙의 성숙도와 신앙 인격에 있다. 막 9:50= "너희 속에 소금을 두고 서로 화목하라." 우리 교회는 다툼과 분열의 씨가 완전히 사라지기를!

【3대지】 당시 고린도 교회는 4파전으로 나뉨. 바울파, 아볼로파, 게바파 그리고 소위 그리스도파. 고린도 교인들은 예수님보다 사람을 추종했음. 영적 유아들= 인간적인 자원에 관심이 많다.

【결론】 '육신에 속한 사람과 신령한 사람'= 이것은 너무나 중요한 주제. 주님의 관심은 우리가 어린 아이의 옷을 벗고 성장하는 것. 오직 주님만 바라보고 주님만 따르는 것. 그리스도의 장성한 분량으로 성숙해 가는 성도가 되자.

- 절기, 용도, 장르, 특징:
- Key Word: 육신에 속한 자.
- Remarks:

본문 : **고전 3:10~17**
제목 : **교회의 건축자들 (Builders within the Church)**

10.내게 주신 하나님의 은혜를 따라 내가 지혜로운 건축자와 같이 터를 닦아 두매 다른 이가 그 위에 세우나 그러나 각각 어떻게 그 위에 세울까를 조심할지니라 **11.**이 닦아 둔 것 외에 능히 다른 터를 닦아 둘 자가 없으니 이 터는 곧 예수 그리스도라 **12.**만일 누구든지 금이나 은이나 보석이나 나무나 풀이나 짚으로 이 터 위에 세우면 **13.**각 사람의 공적이 나타날 터인데 그 날이 공적을 밝히리니 이는 불로 나타내고 그 불이 각 사람의 공적이 어떠한 것을 시험할 것임이라 **14.**만일 누구든지 그 위에 세운 공적이 그대로 있으면 상을 받고 **15.**누구든지 그 공적이 불타면 해를 받으리니 그러나 자신은 구원을 받되 불 가운데서 받은 것 같으리라 **16.**너희는 너희가 하나님의 성전인 것과 하나님의 성령이 너희 안에 계시는 것을 알지 못하느냐 **17.**누구든지 하나님의 성전을 더럽히면 하나님이 그 사람을 멸하시리라 하나님의 성전은 거룩하니 너희도 그러하니라

1. 그리스도인은 사도가 닦아놓은 터 위에 집을 세우도록 부름 받았음 (= 성도는 교회의 건축자)

10절= "내게 주신 하나님의 은혜를 따라 내가 지혜로운 건축자와 같이 터를 닦아 두매 다른 이가 그 위에 세우나 그러나 각각 어떻게 그 위에 세울까를 조심할지니라"

2. 집을 세운대로 두 가지로 공적(功績)이 나타나고 그 날에 불로 시험받을 것임 (= 건축물의 불 시험)

12~13절= "만일 누구든지 금이나 은이나 보석이나 나무나 풀이나 짚으로 이 터 위에 세우면 각 사람의 공적이 나타날 터인데 그 날이 공적을 밝히리니 이는 불로 나타내고 그 불이 각 사람의 공적이 어떠한 것을 시험할 것임이라 "

3. 불 시험의 결과대로 상을 받을 것임 (= 상급, 면류관)

14~15절= "만일 누구든지 그 위에 세운 공적이 그대로 있으면 상을 받고 누구든지 그 공적이 불타면 해를 받으리니 그러나 자신은 구원을 받되 불 가운데서 받은 것 같으리라"

【대지 유형】 주제 설명형 – 본문 묶음형 – 대지 연결형, 진전형
【주제】 그리스도인이 평생 세워가는 건축물은 종말에 공적을 시험받고 그 결

과에 따라 상을 받는다.

【FCF】많은 신앙인이 매일의 삶이 공적을 쌓아간다는 개념 없이 삶을 허비하고 있음.

【서론】하나님의 계획은 인류 구원과 하나님 나라 완성에 있다. 이를 위해 교회를 세우심. 교회는 하나님 나라 확장에 가장 핵심이다. 교회는 하나님의 관심이 집중되는 곳. 교회는 빌딩이 아니라 하나님 백성의 모임. 본문은 교회를 건물에 비유한다.

【우산질문】본문은 그리스도인이 매일의 삶으로 쌓아가는 공적에 대해 어떻게 말하고 있습니까?

【1대지】모든 그리스도인은 세상에서 불려 와 교회 구성원이 된 순간부터 원하든 원하지 않든 건축자가 된다. 모두 다 은혜를 따라 교회를 세워나간다. 건축물의 기초는 예수 그리스도이시다(예수님의 인격 자체, 그의 속죄 사역, 그의 가르침과 모범). 주님의 경고: "각각 어떻게 그 위에 세우기를 조심할지니라."

【2대지】본문이 말하는 두 종류의 재료: ① 영구적인 재료(금, 은, 보석: 성령의 열매, 벧후 1:5이하, 교회의 산돌이 되는 사람들의 영혼과 삶, 벧전 2:4~5)와 ② 타서 없어지는 재료(나무, 풀, 짚: 이 세상의 보화, 부, 관심들, 육체의 일들, 열심들, 거짓교사들의 가르침, 성경 밖의 각종 사상들).

【3대지】우리는 그리스도의 심판대에 서게 된다. 고후 5:10, 상급= 면류관들, 권세들, 반드시 받아야 할 만큼 좋은 것. 예수님, "네 상을 굳게 잡아 빼앗기지 말라!"

【결론】이 엄청난 진리를 세상은 모르고 있다. 하나님의 성전을 더럽히지 말라. 일생 한번 짓는 건물을 불타지 않는 재료로 지어야! 주님 주실 면류관을 바라보자. 당신은 지금 건물 짓는 일에 얼마나 열심인가?

- 절기, 용도, 장르, 특징:
- Key Word: 건축자, 공적.
- Remarks:

본문 : **고전 3:18~4:2**
제목 : **그리스도인의 소유관**

3:18.아무도 자신을 속이지 말라 너희 중에 누구든지 이 세상에서 지혜 있는 줄로 생각하거든 어리석은 자가 되라 그리하여야 지혜로운 자가 되리라 **19.**이 세상 지혜는 하나님께 어리석은 것이니 기록된 바 하나님은 지혜 있는 자들로 하여금 자기 꾀에 빠지게 하시는 이라 하였고 **20.**또 주께서 지혜 있는 자들의 생각을 헛것으로 아신다 하셨느니라 **21.**그런즉 누구든지 사람을 자랑하지 말라 만물이 다 너희 것임이라 **22.**바울이나 아볼로나 게바나 세계나 생명이나 사망이나 지금 것이나 장래 것이나 다 너희의 것이요 **23.**너희는 그리스도의 것이요 그리스도는 하나님의 것이니라 **4:1.**사람이 마땅히 우리를 그리스도의 일꾼이요 하나님의 비밀을 맡은 자로 여길지어다 **2.**그리고 맡은 자들에게 구할 것은 충성이니라

1. 만물이 다 성도들의 소유라 함 (= 이 세상은 우리의 것, 주인 의식을 갖고 살아야)

21절= "그런즉 누구든지 사람을 자랑하지 말라 만물이 다 너희 것임이라"

2. 모든 성도는 그리스도의 소유라 함 (= 성도는 그리스도의 것. 청지기 의식을 가지고 살아야)

23절= "너희는 그리스도의 것이요…"

3. 성도의 주인이신 그리스도는 하나님의 소유라 함 (= 하나님은 모든 것의 소유주. 공유 의식을 가지고 살아야)

23절= "… 그리스도는 하나님의 것이니라"

【대지 유형】 주제 설명형 - 본문 분석형 - 대지 연결형
【주제】 그리스도인의 물질관은 모든 것이 하나님의 창조물로서 성도에게 주신 것이므로 사랑으로 공유해야 한다.
【FCF】 많은 신앙인이 공유 의식이 부족한 채 이기적으로 물질을 소유하려 한다.

【서론】 고린도교회의 상황= 당파와 파벌로 심한 진통을 겪고 있었음. 하나님을 자랑하기보다 어떤 특정 인물을 자랑하기 시작함. 본문에서 신자들의 소

유 의식, 신자들의 소유관을 찾아볼 수 있다.

【우산질문】 우리는 세상을 살아갈 때에 어떤 자세로, 어떤 소유 의식으로, 어떤 재물관을 가지고 살아가야 하나?

【1대지】 만물은 하나님의 창조물이다. 아름다운 세상을 하나님의 자녀들을 위해 마련하셨다. 현재의 시간도, 장래의 시간도 우리를 위해서 주어졌다. 태양은 누구를 위하여 떠오르나? 중생한 우리 성도들을 위하여. 장래 일도 신자들을 위해 준비되어 있다. 그러므로 우린 주인 의식을 가지고 살아야 한다.

【2대지】 우리는 우리의 것이 아니라 그리스도의 것이다. ① 그리스도께서 값을 지불하고 우리를 사셨다(벧전 1:18~19). ② 하나님이 우리를 지으셨기 때문에 우리는 하나님의 청지기이다. ③ 우리는 그의 지체가 되었기에 우리 것이 아니다. 마 25장의 달란트 비유를 보라. 하나님은 우리에게 여러 가지를 맡겨 주심: 어떤 이에게는 지식을, 어떤 이에게는 기술을, 재물을, 권세를, 재능을 주셨다.

【3대지】 천지만물은 특정한 개인을 위한 것이 아니고 우리 모두 함께 누리라고 주어진 것이다. 공유 의식. 국경과 인종을 넘어 모든 인류는 공유 의식을 갖고 살아야. 이를 위해 질서에 굴복하고 사랑을 가져야 한다. 하나님은 세상의 모든 것을 모든 사람이 함께 누리기를 원하신다. 공유 의식이 높은 사회, 공동체를 위한 시설이 많은 나라가 곧 선진국이다. 초대교회의 두드러진 특징은 모든 재산을 공유화했던 것이다.

【결론】 공유 의식을 위해 필요한 것은 질서가 중요하다. 모든 인간은 질서 앞에 굴복할 줄 알아야. 또한 사랑이 동기가 되지 않고는 공유 사회는 어렵다. 내 것이 없고 우리들의 것만 있는 소유관 – 이것이 그리스도인들의 소유관이다. "맡은 자들에게 구할 것은 충성이니라."

- 절기, 용도, 장르, 특징:
- Key Word: 소유관, 물질관.
- Remarks:

본문 : **고전 6:19~20**
제목 : **너희 몸으로 하나님께 영광을 돌리라**

19.너희 몸은 너희가 하나님께로부터 받은 바 너희 가운데 계신 성령의 전인 줄을 알지 못하느냐 너희는 너희 자신의 것이 아니라 **20.**값으로 산 것이 되었으니 그런즉 너희 몸으로 하나님께 영광을 돌리라

1. "너희는 값으로 산 것이 되었다" 하심 (= 주님의 대속적 죽음)

19~20절= "… 너희는 너희 자신의 것이 아니라 값으로 산 것이 되었으니…"

2. "너희 몸은 너희 것이 아니다" 하심 (= 하나님이 우리 몸의 소유주))

19절= "너희는 너희 자신의 것이 아니라"고 하심

3. "그런즉 너희 몸으로 하나님께 영광을 돌리라" 하심 (= 성도의 삶의 목적, 본분)

20절= "그런즉 너희 몸으로 하나님께 영광을 돌리라"

【대지 유형】 이유 제시형 – 본문 분석형 – 대지 진전형
【주제】 성도는 주님의 대속적 죽음으로 하나님의 것이 되었으니 몸으로 하나님께 영광을 돌려야 한다.
【FCF】 많은 신앙인이 하나님께 영광 돌리는 삶의 중요성에 대해 관심 없음.

【서론】 WM 소요리 문답 1조, 사람의 제일 되는 목적= 하나님께 영광 돌리는 삶. 우리가 은혜받기 원하는 것도, 성령받기 원하는 것도, 우리가 개인과 교회의 부흥을 이처럼 갈망하는 것도 모두 하나님께 영광 돌리는 삶을 위한 것이 아닌가.
【우산질문】 왜 우리 성도들은 우리 몸으로 하나님께 영광을 돌려야 하는가? 그분께 영광 돌리는 삶은 어떤 삶인가? 영광 돌리는 삶을 사는 것은 얼마나 중요한가? 본문은 왜 우리가 몸으로 하나님께 영광을 돌려야 한다고 말하는가?

【1대지】 당시 고린도인들 간에 음행과 매춘 행위가 성행함. 바울의 강조: '성도란 예수 그리스도와 합하여 영적으로 하나가 된 자'라는 사실. '너희는 값으로 산 것이 되었다'= 구속하다, 희생을 치르고 어떤 사람을 풀어주다. 갈보리 십자가 위에서 피 흘려 죽으신 예수 그리스도의 대속적 죽음을 뜻한다. 우리는 흠 없고 점 없는 그리스도의 보혈로 말미암아 모든 죄로부터 구속받아 하나님의 소유된 자들이다.

【2대지】 그리스도인의 몸은 성령의 전이다. 고전 3:16에서는 성령이 거하시는 곳으로서의 '공동체'인 반면, 본 절의 주된 관심은 성령이 거하시는 곳으로서의 '몸' 즉 '개인'이다. "너희 몸은 너희의 것이 아니라" ① 이것은 그리스도인의 특전에 관계된 것, 양은 목자에 의해 양식을 얻고, 목자에 의해 인도받는다. ② 이것은 그리스도인의 책임성에 관계된 것. 내 몸은 게으름이나 오락, 무절제한 욕망, 부패한 감정에 내맡겨지면 안 된다.

【3대지】 '몸'은 전인격을 가리킨다. 어떻게 사는 것이 하나님께 영광 돌리는 삶인가? ① 무엇보다 성도는 이 땅에서 성령의 전으로 살아야. 몸을 거룩하게 지켜야. 벧전 2:5. ② 성도들은 자기 몸을 성령의 의롭고 선한 도구가 되게 해야. 거룩한 열심으로 일하는 몸, 기도하며 엎드린 겸손한 몸, 자원하는 심정으로 주의 뜻을 순종하는 영혼. 복음 전파와 의의 생활에 힘쓰며 흘리는 땀.

【결론】 "나를 피로 값 주고 사셨다!" 자신을 돌아보자. 나의 몸은 거룩한 산제사로 드려지고 있나? 나는 성령의 전으로서의 삶을 살고 있나? "그런즉 너희 몸으로 하나님께 영광을 돌리라."

- 절기, 용도, 장르, 특징:
- Key Word: 영광.
- Remarks:

본문 : 고전 9:16~18
제목 : 바울의 선교 정신

16.내가 복음을 전할지라도 자랑할 것이 없음은 내가 부득불 할 일임이라 만일 복음을 전하지 아니하면 내게 화가 있을 것이로다 **17.**내가 내 자의로 이것을 행하면 상을 얻으려니와 내가 자의로 아니한다 할지라도 나는 사명을 받았노라 **18.**그런즉 내 상이 무엇이냐 내가 복음을 전할 때에 값없이 전하고 복음으로 말미암아 내게 있는 권리를 다 쓰지 아니하는 이것이로다

1. 복음을 전할지라도 자랑할 것이 없다 함 (= 자랑하지 않는 선교 정신)

16절= "내가 복음을 전할지라도 자랑할 것이 없음은 내가 부득불 할 일임이라 만일 복음을 전하지 아니하면 내게 화가 있을 것이로다"

2. 자의로 복음을 전하였음 (= 자발적인 선교 정신)

17절= "내가 내 자의로 이것을 행하면 상을 얻으려니와 내가 자의로 아니한다 할지라도 나는 사명을 받았노라"

3. 복음을 전할 때에 값없이 전함 (= 자비량 선교 정신)

18절= "… 내가 복음을 전할 때에 값없이 전하고 복음으로 말미암아 내게 있는 권리를 다 쓰지 아니하는 이것이로다"

【대지 유형】 주제 설명형 – 본문 분석형 – 대지 연결형
【주제】 (석의) 바울이 가졌던 선교 정신은 자랑하지 않고 자발적이며 남의 도움을 받지 않는 자비량 선교 정신이었다.
【FCF】 많은 신앙인이 바울이 가졌던 자원하는 선교 정신이 부족함.

【서론】 선교는 주님의 명령이다. 우리는 복음의 빚진 자. 바울의 선교 정신은 성경 곳곳에 명확하다.
【우산질문】 본문을 통하여 사도 바울의 선교 정신을 알아보고 성도가 가져야 할 선교 정신을 정립하기로 하자.

【1대지】 바울의 선교는 자랑할 만하다. 그는 A.D. 34년 회심 후 67년까지 30

여 년의 세월에 4차례의 선교 여행에 헌신했다. 엄청나다. 그런데도 바울은 스스로 자랑할 것이 없다 하였다. 왜냐하면 복음 전파로 인한 모든 영광은 하나님이 받으셔야 하기 때문이다. 고전 1:29. 우린 복음의 빚진 자(롬 1:14).

【2대지】 선교 명령이 있지만, 자원하는 선교가 중요하다. 바울은 선교의 기쁨이 충만했고, 이방인을 향한 하나님의 의도를 알았다. 자기를 부인하고 희생하면서, 예수 이름을 전하는 일에 생명을 걸었다. 예) 선지자 이사야는 주님의 부르심에 자원하였다(사 6:8).

【3대지】 바울은 스스로의 힘으로 자금을 조달하며 선교함. "너희가 거저 받았으니 거저 주어라"(마 10:8). 고전 6:20, "값으로 산 것이 되었으니 그런즉 너희 몸으로 하나님께 영광을 돌리라." 예수님은 값없이 자신의 생명까지 내어 주셨다.

【결론】 구원받은 성도라면 바울처럼 올바른 선교 정신을 가져야 한다. 바울의 고백(행 20:24)을 듣자. "내가 달려갈 길과 주 예수께 받은 사명 곧 하나님의 은혜의 복음을 증언하는 일을 마치려 함에는 나의 생명조차 조금도 귀한 것으로 여기지 아니하노라." 전 세계 8천여 미전도 종족에게 헌신적으로 나아가는 교회 되자.

- 절기, 용도, 장르, 특징:
- Key Word: 선교 정신.
- Remarks:

본문 : **고전 10:1~7**
제목 : **광야의 실패와 은혜 회복 (Warnings from Israel's History)**

1.형제들아 나는 너희가 알지 못하기를 원하지 아니하노니 우리 조상들이 다 구름 아래에 있고 바다 가운데로 지나며 2.모세에게 속하여 다 구름과 바다에서 세례를 받고 3.다 같은 신령한 음식을 먹으며 4.다 같은 신령한 음료를 마셨으니 이는 그들을 따르는 신령한 반석으로부터 마셨으매 그 반석은 곧 그리스도시라 5.그러나 그들의 다수를 하나님이 기뻐하지 아니하셨으므로 그들이 광야에서 멸망을 받았느니라 6.이러한 일은 우리의 본보기가 되어 우로 하여금 그들이 악을 즐겨 한 것 같이 즐겨 하는 자가 되지 않게 하려 함이니 7.그들 가운데 어떤 사람들과 같이 너희는 우상 숭배하는 자가 되지 말라 기록된 바 백성이 앉아서 먹고 마시며 일어나서 뛰논다 함과 같으니라

1. 광야는 고난의 현장임 (= 성도의 고난의 삶, 십자가의 고난)

5절= "그러나 저희의 다수를 하나님이 기뻐하지 아니하신 고로 저희가 광야에서 멸망을 받았느니라"

2. 이스라엘은 광야에서 멸망 받았음 (= 모세의 실패와 그리스도의 회복)

5절= "그러나 저희의 다수를 하나님이 기뻐하지 아니하신 고로 저희가 광야에서 멸망을 받았느니라 "

3. 구약의 실패를 회복하신 그리스도 (= 구속 사역의 완성)

【대지 유형】 주제 함축형 – 본문 묵상형 – 대지 혼재형(2+1)
【주제】 모세와 구약의 지도자들이 실패한 그 지점에서 예수 그리스도는 십자가로 모든 것을 회복하셨다.
【FCF】 예수님의 십자가의 의미와 능력을 과소평가하거나 무시하는 현대 교회의 타락.

【서론】 모든 성경은 예수로 보아야 한다. 성경을 해석할 때 문자적 역사적 해석에만 매달릴 것이 아니라 성경의 상징 기법을 알아야 하고, 모든 성경을 초림 예수, 재림 예수, 그리고 예수 신앙으로 보는 법을 배워야 한다.
【우산질문】 본문을 통하여 광야의 영적 의미가 두엇인지, 이스라엘이 광야에서 실패한 것을 예수 그리스도께서 어떻게 회복하셨는지, 그리고 구약의 실

패를 온전히 회복하신 예수님에 대해 좀 더 깊이 살펴보자.

【1대지】 광야는 외로운 곳, 목마른 곳, 짐승이 부르짖는 곳, 뱀이 있는 곳, 사망의 음침한 땅이다. 진정한 복음은 이와 같은 광야에서 나온다.

【2대지】 광야는 율법의 실패와 복음의 완성이라는 의미를 담고 있다. 이스라엘은 광야에서 '신령한 식물'을 먹으며 '신령한 음료'를 마셨지만 결국 멸망했다. 그러나 예수 그리스도의 생명의 떡을 먹고 생명의 잔을 마시는 우리는 영원히 산다. 주님은 이것을 보여주시기 위해 광야로 나가셨다. 예수님은 구약의 모세와 이스라엘이 실패했던 광야에서 오병이어와 칠병이어의 이적을 통하여 생명의 길을 보이셨고, 친히 자신의 몸을 우리에게 신령한 식물과 신령한 음료로 내어주셨다.

【3대지】 예수님은 모세의 실패를 회복하셨을 뿐 아니라 구약에서 실패한 모든 것들을 다 회복하셨다. 아담이 범죄함으로 말미암아 손실시킨 모든 것들은 생명의 떡이 되시는 예수 그리스도의 은혜로 인해 모두 회복된다.

【결론】 우리는 지금 광야와 같은 인생길을 가고 있는 나그네들이다. 우리는 구약의 그들처럼 다시는 실패해서는 안 된다. 그들의 실패를 거울삼아 우리는 더욱 주님의 회복의 역사에 동참해야 하겠다.

- 절기, 용도, 장르, 특징:
- Key Word: 광야, 회복.
- Remarks:

본문 : **고전 10:1~11**
제목 : **신약교회의 거울인 광야교회**

1.형제들아 나는 너희가 알지 못하기를 원하지 아니하노니 우리 조상들이 다 구름 아래에 있고 바다 가운데로 지나며 2.모세에게 속하여 다 구름과 바다에서 세례를 받고 3.다 같은 신령한 음식을 먹으며 4.다 같은 신령한 음료를 마셨으니 이는 그들을 따르는 신령한 반석으로부터 마셨으매 그 반석은 곧 그리스도시라 5.그러나 그들의 다수를 하나님이 기뻐하지 아니하셨으므로 그들이 광야에서 멸망을 받았느니라 6.이러한 일은 우리의 본보기가 되어 우리로 하여금 그들이 악을 즐겨 한 것 같이 즐겨 하는 자가 되지 않게 하려 함이니 7.그들 가운데 어떤 사람들과 같이 너희는 우상 숭배하는 자가 되지 말라 기록된 바 백성이 앉아서 먹고 마시며 일어나서 뛰논다 함과 같으니라 8.그들 중의 어떤 사람들이 음행하다가 하루에 이만 삼천 명이 죽었나니 우리는 그들과 같이 음행하지 말자 9.그들 가운데 어떤 사람들이 주를 시험하다가 뱀에게 멸망하였나니 우리는 그들과 같이 시험하지 말자 10.그들 가운데 어떤 사람들이 원망하다가 멸망시키는 자에게 멸망하였나니 너희는 그들과 같이 원망하지 말라 11.그들에게 일어난 이런 일은 본보기가 되고 또한 말세를 만난 우리를 깨우치기 위하여 기록되었느니라

1. 바울은 광야 이스라엘이 세례와 성찬에 참여했다고 묘사함 (= 광야교회는 신약교회와 깊은 연관이 있음)

1~4절= "… 우리 조상들이 다 구름 아래에 있고 바다 가운데로 지나며 모세에게 속하여 다 구름과 바다에서 세례를 받고 다 같은 신령한 음식을 먹으며 다 같은 신령한 음료를 마셨으니 이는 그들을 따르는 신령한 반석으로부터 마셨으매 그 반석은 곧 그리스도시라"

2. 광야 이스라엘에 훌륭한 지도자들과 성막이 있었음 (= 광야교회에서 배울 점들)

3. 바울은 그들이 악을 즐겨함으로 멸망을 받았다고 기술함 (= 광야교회의 죄들)

5절= "그들의 다수를 하나님이 기뻐하지 아니하셨으므로 그들이 광야에서 멸망을 받았느니라"

【대지 유형】주제 증명형 – 본문 묶음형 – 대지 연결형
【주제】신약교회는 광야교회에서 좋은 점과 경계할 점들을 찾아 거울로 삼아야 한다.
【FCF】많은 신앙인이 광야 이스라엘의 죄들을 따라 하고 있음.

【서론】 이스라엘이 경험한 광야생활은 교회사 전 기간을 통해 큰 유익을 주고 있다. 이 기간의 기록은 우리에게 주시는 귀한 선물이다. 본문은 출애굽과 광야생활의 요약판이다. 이 말씀을 통해 우리가 어떤 길을 걸어야 하는지, 또 주의해야 할 것은 무엇인지 등을 알 수 있다.

【우산질문】 본문을 통해 광야교회가 어떤 면에서 거울이 되는지 살펴보자.

【1대지】 광야 이스라엘 백성의 공동체를 광야교회라 부른 최초의 사람은 스데반이다(행 7:38). 어떤 의미에서 교회라는 단어를 사용했는가? 광야교회는 그리스도를 통해 이루어진 구속사와 깊은 연관이 있다. 출애굽 과정은 성도들의 죄 사함 받는 과정과 흡사하다. 이스라엘이 노예 되어 억압받던 곳 애굽은 영적 의미에서 우리가 사는 세상을 가리킨다. 이곳은 마귀가 세력을 쥐고 있는 곳. 가나안이라는 목적지= 성도들이 천국을 향해 가고 있음. 본문 11절, "저희에게 당한 이런 일이 거울이 되고 또한 말세를 만난 우리의 경계로 기록하였느니라."

【2대지】 믿음의 선배들이 보여준 귀한 믿음의 모범을 배운다: ① 모세, 여호수아, 갈렙 등. ② 성막이나 제사를 통한 교훈. 그들은 하나님의 전을 향한 열심이 특심했다.

【3대지】 7절 이하에 죄의 목록을 기록: 우상숭배(8절), 간음(민 25:1f), 하나님 시험(출 17:2), 하나님 원망(민 11:1).

【결론】 광야의 사건들과 성도들을 거울로 삼아 각자의 신앙을 돌아보자. 하나님은 겸손히 하나님만을 의지하며 믿음으로 사는 성도들을 도우신다.

- 절기, 용도, 장르, 특징:
- Key Word: 광야, 광야교회.
- Remarks:

본문 : **고전 10:1~11; 눅 24:25~27**
제목 : **구약성경에 나타난 하나님 나라**
　　　　(The Kingdom of God in Old Testament)

고전 10:1.형제들아 나는 너희가 알지 못하기를 원하지 아니하노니 우리 조상들이 다 구름 아래에 있고 바다 가운데로 지나며 **2.**모세에게 속하여 다 구름과 바다에서 세례를 받고 **3.**다 같은 신령한 음식을 먹으며 **4.**다 같은 신령한 음료를 마셨으니 이는 그들을 따르는 신령한 반석으로부터 마셨으매 그 반석은 곧 그리스도시라 **5.**그러나 그들의 다수를 하나님이 기뻐하지 아니하셨으므로 그들이 광야에서 멸망을 받았느니라 **6.**이러한 일은 우리의 본보기가 되어 우리로 하여금 그들이 악을 즐겨 한 것 같이 즐겨 하는 자가 되지 않게 하려 함이니 **7.**그들 가운데 어떤 사람들과 같이 너희는 우상 숭배하는 자가 되지 말라 기록된 바 백성이 앉아서 먹고 마시며 일어나서 뛰논다 함과 같으니라 **8.**그들 중의 어떤 사람들이 음행하다가 하루에 이만 삼천 명이 죽었나니 우리는 그들과 같이 음행하지 말자 **9.**그들 가운데 어떤 사람들이 주를 시험하다가 뱀에게 멸망하였나니 우리는 그들과 같이 시험하지 말자 **10.**그들 가운데 어떤 사람들이 원망하다가 멸망시키는 자에게 멸망하였나니 너희는 그들과 같이 원망하지 말라 **11.**그들에게 일어난 이런 일은 본보기가 되고 또한 말세를 만난 우리를 깨우치기 위하여 기록되었느니라

눅 24:25.그들이 요구하는 자 곧 민란과 살인으로 말미암아 옥에 갇힌 자를 놓아 주고 예수는 넘겨 주어 그들의 뜻대로 하게 하니라 **26.**그들이 예수를 끌고 갈 때에 시몬이라는 구레네 사람이 시골에서 오는 것을 붙들어 그에게 십자가를 지워 예수를 따르게 하더라 **27.**또 백성과 및 그를 위하여 가슴을 치며 슬피 우는 여자의 큰 무리가 따라오는지라

1. 구약성경의 모든 페이지에 예수 그리스도께서 나오심

눅 24:27= "이에 모세와 모든 선지자의 글로 시작하여 모든 성경에 쓴 바 자기에 관한 것을 자세히 설명하시니라"

2. 구약성경 전 역사에 하나님 나라가 나타남

3. 구약성경은 종말 성도에게 본보기가 되고 경계가 됨

11절= "그들에게 일어난 이런 일은 본보기가 되고 또한 말세를 만난 우리를 깨우치기 위하여 기록되었느니라"

【대지 유형】주제 함축형 – 본문 수집형 – 대지 혼재형(2+1)
【주제】구약성경은 전체적으로 예수님 이야기이고 하나님 나라 이야기로서, 종말 성도에게 교훈으로 주셨다.
【FCF】많은 신앙인이 구약을 읽을 때 수건을 벗지 못함.

【서론】 구약성경은 범죄하여 사탄의 노예가 된 아담의 후손들을 구원하시기 위하여 구속의 역사를 진행하신 하나님의 경륜을 기록하고 있는 책이다. 구약의 모든 인명, 지명, 사건, 이야기 속에는 하나님의 사랑으로 이 땅에 오신 예수 그리스도의 사랑과 연민, 순종과 자기 희생의 체취로 충만하다. 말씀을 통하여 우리의 얼굴에 덮인 수건이 벗겨져야 하겠다.

【우산질문】 구약성경에 예언된 하나님 나라는 어떤 모습인가? 구약에 감추어져 있는 예수 그리스도는 또 어떤 분이신가? 종말 시대를 사는 우리에게 주시는 구약의 메시지는 무엇인가?

【1대지】 본문은 이스라엘 선조들이 모세와의 연합을 통하여 출애굽의 위대한 역사에 동참할 수 있었던 것처럼, 신약시대 영적 이스라엘인 성도들이 예수 그리스도와의 연합을 통하여 출애굽이 상징하는바 중생(重生, re-birth)을 경험하게 되었음을 중생의 외적 표시라 할 수 있는 세례를 통하여 나타내고 있다. 놀라운 해석이다. 실로 구약성경의 모든 기록은 예수님과 연결된 진리의 말씀이다. 예수님의 관심은 지금도 우리에게 성경을 열어 모든 페이지에 나오는 그리스도를 보여주시는 데 있다.

【2대지】 구약성경의 많은 부분이 계시를 통해 새 언약(New Covenant)을 강력하게 말해준다. 구약성경 전 역사에 하나님 나라가 나타나 있고, 신약의 성도는 이제 그리스도 안에서 '수건을 벗고' 그것을 밝히 볼 수 있게 되었다.

【3대지】 우리에게 구약성경을 주신 목적은 ① 구약의 모든 것들을 거울로 삼아 배우고 경계로 삼게 하기 위함이고, ② 구약의 사건들을 통하여 이들이 대표하는 영적 실체의 그림들을 보게 하기 위함이다. 구약 속에 신약이 감추어져 있고 신약 속에 구약이 드러나 있다.

【결론】 우리는 엠마오로 가는 길에 그리스도의 영을 만나야 한다. 그때 우리는 예수 그리스도와 하나님 나라의 메시지가 구약 성경의 모든 페이지마다 배어 있는 것을 보게 될 것이다.

- 절기, 용도, 장르, 특징:
- Key Word: 구약, 하나님 나라.
- Remarks:

본문 : **고전 10:31~33**

제목 : **가치 있는 삶**

31.그런즉 너희가 먹든지 마시든지 무엇을 하든지 다 하나님의 영광을 위하여 하라 **32.**유대인에게나 헬라인에게나 하나님의 교회에나 거치는 자가 되지 말고 **33.**나와 같이 모든 일에 모든 사람을 기쁘게 하여 자신의 유익을 구하지 아니하고 많은 사람의 유익을 구하여 그들로 구원을 받게 하라

1. "모든 일에 모든 사람을 기쁘게 하라" 하심 (= 다른 사람에게 기쁨을 주는 삶)

33절= "… 모든 일에 모든 사람을 기쁘게 하여 자신의 유익을 구하지 아니하고 많은 사람의 유익을 구하여…"

2. "그들로 구원을 받게 하라" 하심 (= 영혼들을 구원으로 인도하는 삶)

33절= "… 많은 사람의 유익을 구하여 그들로 구원을 받게 하라"

3. "무엇을 하든지 다 하나님의 영광을 위하여 하라" 하심 (= 하나님께 영광 돌리는 삶)

31절= "그런즉 너희가 먹든지 마시든지 무엇을 하든지 다 하나님의 영광을 위하여 하라"

【대지 유형】 주제 설명형 – 본문 분석형 – 대지 연결형

【주제】 피조물인 우리에게 가장 가치 있는 삶은 다른 사람들에게 기쁨을 주고 불신 영혼들을 구원으로 인도하여 하나님께 영광을 돌리는 삶이다.

【FCF】 많은 신앙인이 진정 가치 있는 삶이 무엇인지 잘 알지도 못하고 관심도 갖지 않고 있음.

【서론】 이 세상에는 세 종류의 사람이 있다: (John Bacon) 거미같이 살아가는 인생(이기주의자), 개미같이 살아가는 인생(개인주의자), 꿀벌같이 살아가는 인생(합리주의자, 박애주의자). 인간은 먹는 것만으로 살 수 없다. 삶의 가치, 보람이 있어야. 그리스도인의 진정한 삶의 가치, 삶의 목표는 성경에서 찾을 수 있다.

【우산질문】 본문을 통해 그리스도인이 목표해야 할 진정한 가치 있는 삶이

어떤 삶인지를 살펴보자.

【1대지】 나보다 먼저 타인을 생각하는 것. 남을 위해 살게 될 때 거기에는 세상적인 가치로는 상상할 수 없는 기쁨이 있다. 예수님, "주는 것이 받는 것보다 복이 있다." 이것은 단순히 사람들로 하여금 자선의 길, 다른 사람을 위한 삶으로 유도하기 위해 하신 말씀이 아니라, 인생의 진정한 행복이 거기에 있기 때문. 여러분은 진정 가치 있는 삶을 살기를 원하는가?

【2대지】 딤전 2:4, "하나님은 모든 사람이 구원을 받으며 진리를 아는 데 이르기를 원하시느니라." 그리스도인들이 이 세상에서 할 수 있는 가장 가치 있는 일은 하나님을 알지 못하는 자에게 구원의 소식을 듣게 하는 것. 단 12:3, "많은 사람을 옳은 데로 돌아오게 한 자는 별과 같이 영원토록 비취리라." 윌리엄 부스, 옥스퍼드 연설에서 "인류 최선의 사업은 구령 사업이다." 우리는 시간 물질을 바쳐 한 생명이라도 구원받게 해야 한다.

【3대지】 인간의 참된 삶의 가치는 창조주이신 하나님 안에서 찾아야 한다. 우리의 목적이 일시적 세속적인 것에 두면 안 된다. 바울의 신앙고백= 롬 14:7, 8, "… 우리가 살아도 주를 위하여 살고 죽어도 주를 위하여 죽나니 그러므로 사나 죽으나 우리가 주의 것이로다." 우리의 최종 목적은 하나님께 있다. 하나님의 영광을 위해 하지 않을 때 내가 우상이 되고 결국은 내가 비인간화 되어진다.

【결론】 성공한 사람은 한결같이 목표를 세운 사람이다. 새로운 피조물 된 우리, 진정한 가치에 우리의 삶을 투자하자.

- 절기, 용도, 장르, 특징:
- Key Word: 가치 있는 삶, 먹든지 마시든지.
- Remarks:

본문 : **고전 11:23~29**
제목 : **성찬에 임하는 자세**

23.내가 너희에게 전한 것은 주께 받은 것이니 곧 주 예수께서 잡히시던 밤에 떡을 가지사 24.축사하시고 떼어 이르시되 이것은 너희를 위하는 내 몸이니 이것을 행하여 나를 기념하라 하시고 25.식후에 또한 그와 같이 잔을 가지시고 이르시되 이 잔은 내 피로 세운 새 언약이니 이것을 행하여 마실 때마다 나를 기념하라 하셨으니 26.너희가 이 떡을 먹으며 이 잔을 마실 때마다 주의 죽으심을 그가 오실 때까지 전하는 것이니라 27.그러므로 누구든지 주의 떡이나 잔을 합당하지 않게 먹고 마시는 자는 주의 몸과 피에 대하여 죄를 짓는 것이니라 28.사람이 자기를 살피고 그 후에야 이 떡을 먹고 이 잔을 마실지니 29.주의 몸을 분별하지 못하고 먹고 마시는 자는 자기의 죄를 먹고 마시는 것이니라

1. 떡과 잔을 먹고 마실 때마다 주의 죽으심을 기념하라 하심 (= 십자가 속죄 사역 기억)

24~25절= "이것은 너희를 위하는 내 몸이니 이것을 행하여 나를 기념하라 … 이 잔은 내 피로 세운 새 언약이니 이것을 행하여 마실 때마다 나를 기념하라"

2. 성찬 때마다 주님 다시 오실 것을 기억해야 함 (= 주님의 재림 기대)

26절= "너희가 이 떡을 먹으며 이 잔을 마실 때마다 주의 죽으심을 그가 오실 때까지 전하는 것이니라"

3. 성찬 때마다 주님을 전할 사명이 있음을 기억해야 함 (= 복음 전파에 헌신)

26절= "너희가 이 떡을 먹으며 이 잔을 마실 때마다 주의 죽으심을… 전하는 것이니라"

【대지 유형】 주제 적용형 – 본문 분석형 – 대지 진전형
【주제】 성찬에 임하는 성도는 주님의 십자가 속죄 사역과 부활, 그리고 재림을 기다리며 복음 전파의 사명을 다짐해야 한다.
【FCF】 많은 교인이 성찬에 습관적으로 참여하고 있음.

【서론】 중세 가톨릭의 화체설은 이단 수준이다. 십자군 전쟁 때 죽어가는 군인들은 "내게 성찬의 떡과 잔을 주시오"라고 했다. 화체설 때문이다. 이것을

비판하며 등장한 존 칼빈의 영적 임재설. 매우 중요한 변화이다. 성찬의 중요성. 성찬의 떡과 잔을 통해 우리의 육신이 강해지고 문제 해결의 역사가 일어난다.

【우산질문】 성찬에 참여하는 자의 자세는 어떠해야 하나?

【1대지】 예수님의 죽으심을 잊지 말라는 것이다. 유대인들에 의해 기획된 예수님의 죽음= 기득권을 지키려고 예수님을 신성모독죄, 반역죄로 올가미 씌워 죽였음. 그런데 이것을 기억하라는 것이다. 왜냐하면 실제로는 나로 인한, 나를 위한 죽음이었기 때문. 나의 욕심과 나의 죄 많은 손이 예수님을 십자가에 못 박았다. 우리가 떡을 떼며 잔을 마실 때마다 주님께서 누구를 위해 고통당하셨는지를 생각해야.

【2대지】 '오실 때까지'라 했음. 겁 많은 제자들에게 놀라운 소식이다. 행 1:11의 생생한 증언. 주님의 재림을 믿은 제자들은 많은 핍박과 죽음이 다가와도 그들은 조금도 두려워하지 않았다. 그들은 모이기에 힘썼다. 모이면 뜨겁게 기도하고, 성찬에 참여하며 주님의 부활과 재림을 증거했다. 안타깝게도 현대교회는 신랑 되신 그리스도를 기다리는 일에 관심을 잃고 있다.

【3대지】 주님이 성찬을 제정하신 또 다른 목적은 은혜받고 복음 증거자로 나서게 하려는 데 있다. 고전 9:16, 복음을 증거하지 않으면 화가 미친다는 자세로 임해야 한다.

【결론】 성찬에 참여할 때마다 주의 죽으심과 재림을 기억하며 복음 전파에 최선을 다하자.

- 절기, 용도, 장르, 특징: 성찬식.
- Key Word: 성찬.
- Remarks:

본문 : **고전 11:23~29**
제목 : **성찬에 참여하는 마음 자세**

23.내가 너희에게 전한 것은 주께 받은 것이니 곧 주 예수께서 잡히시던 밤에 떡을 가지사 24.축사하시고 떼어 이르시되 이것은 너희를 위하는 내 몸이니 이것을 행하여 나를 기념하라 하시고 25.식후에 또한 그와 같이 잔을 가지시고 이르시되 이 잔은 내 피로 세운 새 언약이니 이것을 행하여 마실 때마다 나를 기념하라 하셨으니 26.너희가 이 떡을 먹으며 이 잔을 마실 때마다 주의 죽으심을 그가 오실 때까지 전하는 것이니라 27.그러므로 누구든지 주의 떡이나 잔을 합당하지 않게 먹고 마시는 자는 주의 몸과 피에 대하여 죄를 짓는 것이니라 28.사람이 자기를 살피고 그 후에야 이 떡을 먹고 이 잔을 마실지니 29.주의 몸을 분별하지 못하고 먹고 마시는 자는 자기의 죄를 먹고 마시는 것이니라

1. 예수님은 떡을 가지사 축사하셨음 (= 감사하는 마음)

23~24절= "… 주 예수께서 잡히시던 밤에 떡을 가지사 축사하시고 떼어 이르시되…"

2. 자기를 살피고 그 후에야 참여하라 하심 (= 회개하는 마음)

28절= "사람이 자기를 살피고 그 후에야 이 떡을 먹고 이 잔을 마실지니"

3. 예수께서 십자가 고난받으심을 기억하라 하심 (= 헌신하는 마음)

24절= "… 이것을 행하여 나를 기념하라 하시고"

【대지 유형】주제 설명형 – 본문 수집형 – 대지 병렬형
【주제】성찬에 참여하는 성도는 감사하는 마음과 자기를 돌아보고 회개하는 마음, 그리고 주님처럼 헌신하는 마음으로 참여해야 한다.
【FCF】많은 성도가 습관적인 자세로 성찬에 참여하고 있음.

【서론】성찬에 초청받은 우리는 행복한 자들이다. 잡히시기 전날 밤 주님께서 친히 제정하심. 성찬은 예수께서 십자가에 죽으실 때의 찢겨진 살을 기념하고 흘리신 주님의 피를 기념하는 예식.
【우산질문】초청받은 성도가 어떤 마음의 자세로 이 예식에 참여해야 할지 주님의 가르침을 통해 알아보자.

【1대지】감사하는 마음 없이 참여할 수 없다. 우리의 주홍같이 붉은 죄 때문에 주님은 십자가 고난을 받으셨지 않은가. 24절에 "축사하시고"= '감사하는 마음을 가지고'. 이 시간에도 주님의 만 가지 은혜를 생각하면서 감사해야.

【2대지】"자기를 살피고…" 자기를 살필 때 회개하지 않아도 무방할 인생은 아무도 없다. "주여, 내니이까?" 참회하는 마음으로 동참할 때 우리 모두에게 넘치는 축복이 임한다. 성찬 예식에 동참하는 행복을 누리면서 반드시 기억할 것은 "나의 죄를 어찌할꼬" 하며 참회하는 마음으로 참여해야 한다는 것.

【3대지】"나를 기념하라"－ 무엇을 기념하고 기억하라는 것인가? 우리 위해 물과 피를 다 쏟으신 사실을 기억하라. 이 예식에 참여한 너희는 나처럼 살라. 주님을 향한 헌신과 이웃을 향한 헌신은 사랑으로 나타난다.

【결론】먼저 감사하는 마음을 가지고 회개의 심정으로 헌신의 삶을 다지는 성도 되자.

- 절기, 용도, 장르, 특징: 성찬식.
- Key Word: 성찬.
- Remarks:

본문 : **고전 12:1, 27~31**
제목 : **성령의 은사에 관한 교훈 (Desire Earnestly the Greater Gifts)**

1.형제들아 신령한 것에 대하여 나는 너희가 알지 못하기를 원하지 아니하노니 …… **27.**너희는 그리스도의 몸이요 지체의 각 부분이라 **28.**하나님이 교회 중에 몇을 세우셨으니 첫째는 사도요 둘째는 선지자요 셋째는 교사요 그 다음은 능력을 행하는 자요 그 다음은 병 고치는 은사와 서로 돕는 것과 다스리는 것과 각종 방언을 말하는 것이라 **29.**다 사도이겠느냐 다 선지자이겠느냐 다 교사이겠느냐 다 능력을 행하는 자이겠느냐 **30.**다 병 고치는 은사를 가진 자이겠느냐 다 방언을 말하는 자이겠느냐 다 통역하는 자이겠느냐 **31.**너희는 더욱 큰 은사를 사모하라 내가 또한 가장 좋은 길을 너희에게 보이리라

1. 성도들이 신령한 것을 알기 원한다 함 (= 성령의 은사를 사모해야 함)

12:1= '형제들아 신령한 것에 대하여는 내가 너희의 알지 못하기를 원치 아니하노니"

2. 더욱 큰 은사를 사모하라 함 (= 교회에 큰 덕을 세우는 은사를 사모해야 함)

31절= "너희는 더욱 큰 은사를 사모하라…"

3. 제일 좋은 길을 보이리라 함 (= 제일 좋은 은사인 사랑의 실천에 힘써야 함)

31절= "… 내가 또한 제일 좋은 길을 너희에게 보이리라"

【대지 유형】 주제 설명형 – 본문 수집형 – 대지 진전형
【주제】 성도들은 성령의 은사를 사모하되 교회에 큰 덕을 세우는 은사를 사모하고 특히 사랑 실천에 힘써야 한다.
【FCF】 값싼 은사주의에 함몰되어 있고 사랑 실천에 인색한 현대교회 성도들의 천박함.

【서론】 하나님은 예수 그리스도를 믿는 성도들에게 "생명과 경건에 속한 모든 것"을 주셨다(벧후 1:3). 참 성도는 하나님의 구원 역사를 알아가고 예수 그리스도의 구속의 사랑을 깨달아가고 성령님의 인도하심을 경험해 가는 사람이다. 하나님 나라와 그리스도 십자가의 복음, 그리고 보혜사 성령은 너무나 단단하게 연결되어 있어서 분리할 수 없다. 성령님은 언제나, 그리고 어디서

나 오직 복음만을 지지하시고, 오직 그리스도의 구속을 근거로만 기적을 행하신다.

【우산질문】 본문에서 사도는 우리에게 성령의 은사에 대해 어떤 교훈을 주고 있는가?

【1대지】 신령한 것= 성령의 은사= 성령의 나타남. 이것들을 주신 목적은 지체의 삶을 잘 살고 교회의 덕을 세우기 위함이다. 성도는 마땅히 성령의 나타남을 사모하는 마음을 가져야 한다. 그것이 어떤 은사이든 간에 성령의 은사는 어느 것 하나 귀하지 않은 것이 없고, 중요하지 않은 것이 없다. 왜냐하면 은사는 곧 성령의 나타남이기 때문이다. 성령님 없이 우리의 사역이 진행되어서는 안 되고, 교회의 의사 결정이 이루어져서는 안 된다.

【2대지】 모든 은사는 성령께서 주신 것이므로 귀하나 좀더 나은 은사가 존재한다. 더 큰 은사, 더 나은 은사는 교회에서 가르치기 위한 말씀의 은사이다.

【3대지】 '제일 좋은 길'은 13장이 언급하고 있는 '사랑'이다. 우리가 힘써야 할 '사랑의 길'은 13장 4~7절에서 15가지= 예수님의 삶. 사랑의 은사는 결국 예수 그리스도를 닮아가는 것. 예수님을 본받아가는 삶은 사랑의 은사가 드러나는 삶이요 성도로서의 최고의 삶이다. 13장의 15가지 사랑의 은사는 예수님의 삶의 특징이면서, 동시에 그리스도인의 삶의 특징이 되어야 하는 은사이다.

【결론】 은사는 사모하는 자에게 주신다. 사모하되 더욱 큰 은사, 교회를 더욱 유익케 하는 은사를 사모하자. 15가지 사랑 실천의 삶은 장성한 사람의 것이다.

- 절기, 용도, 장르, 특징:
- Key Word: 사랑, 제일 큰 은사.
- Remarks:

본문 : **고전 15:1~8**
제목 : **성경대로의 복음 (Gospel According to the Scriptures)**

1.형제들아 내가 너희에게 전한 복음을 너희에게 알게 하노니 이는 너희가 받은 것이요 또 그 가운데 선 것이라 2.너희가 만일 내가 전한 그 말을 굳게 지키고 헛되이 믿지 아니하였으면 그로 말미암아 구원을 받으리라 3.내가 받은 것을 먼저 너희에게 전하였노니 이는 성경대로 그리스도께서 우리 죄를 위하여 죽으시고 4.장사 지낸 바 되셨다가 성경대로 사흘 만에 다시 살아나사 5.게바에게 보이시고 후에 열두 제자에게와 6.그 후에 오백여 형제에게 일시어 보이셨나니 그 중에 지금까지 대다수는 살아 있고 어떤 사람은 잠들었으며 7.그 후에 야고보에게 브이셨으며 그 후에 모든 사도에게와 8.맨 나중에 만삭되지 못하여 난 자 같은 내게도 보이셨느니라

1. 성경대로 그리스도께서 우리 죄를 위하여 죽으심 (= 십자가 사건은 성경 예언대로임)

3절= "… 이는 성경대로 그리스도께서 우리 죄를 위하여 죽으시고"

2. 성경대로 장사 지낸 바 되셨다가 부활하심 (= 부활 사건 또한 성경 예언대로임)

4절= "장사 지낸 바 되셨다가 성경대로 사흘 만에 다시 살아나사"

3. 부활하신 예수님은 따르는 무리들을 변화시키심 (= 부활은 변화의 기폭제임)

6절= "그 후에 오백여 형제에게 일시에 보이셨나니 그 중에 지금까지 대다수는 살아 있고 어떤 사람은 잠들었으며"

【대지 유형】주제 설명형 – 본문 분석형 – 대지 혼재형(2+1)
【주제】예수님은 성경대로 우리 죄를 위해 십자가 고난을 받아 죽으시고 부활하사 따르는 무리들을 변화시키신다.
【FCF】예수님의 죽으심과 부활 사건이 성경대로 되었다는 것을 의심하는 그리스도인들.

【서론】예수님의 부활은 인간이 경험한 일 중 가장 위대한 사건이다. 죽음의 권세가 이날 처음으로 깨어졌기 때문이다. A.D. 325년 니케아 회의에서 세계

교회는 매년 춘분 후 만월 다음에 오는 주일을 부활주일로 결의했고, 이후 전 세계 교회가 이날을 부활주일로 지켜오고 있다. 신학자 칼 바르트(Karl Barth)는 부활절과 성탄절의 설교는 짧으면 짧을수록 좋다고 했는데, 이 말은 예수 그리스도의 탄생과 부활이 설명할 필요가 없는 역사적인 사실이라는 말이다. 【우산질문】 본문을 통하여 바울 사도가 전하고자 했던 복음의 진리를 좀 더 깊이 살펴보자.

【1대지】 예수님의 죽으심은 구약 성경 곳곳에서 예언된 사건임(창 22장; 출 12장; 시 22편; 사 53장; 단 9:26; 슥 12:10). 예수 그리스도는 성경대로 우리 죄를 위하여 자원하여 십자가에 달려 죽으셨다. 주님의 죽으신 사건은 많은 사람이 목격한 역사적 사건이고, 이것은 불신 세상도 부정할 수 없는 역사적 사실이다.

【2대지】 부활하신 예수님은 오백 명이 넘는 형제들에게 한 번에 현현(顯現)하셨는데, 바울이 본서를 기록할 당시(A.D. 54~55년) 이들 가운데 거의 대부분의 목격자가 살아 있었고, 그들이 예수님의 부활을 계속 증거하고 있었다. 그리스도의 부활에 대해서 수많은 증인이 있다. 예수님의 부활은 부인할 수 없는 역사적 사실이다. 주님은 성경대로 다시 살아나셨고, 우리 부활의 확실한 소망이 되셨다.

【3대지】 초대 교회의 급속한 성장은 이들을 통하여 이루어졌다. 이 사람들은 자신들이 보고 경험한 것에 대하여 확신을 가지고 증거했다.

【결론】 예수 그리스도는 성경대로 고난을 받으시고 성경대로 골고다 십자가 위에서 찔리시고 상하셔서 우리의 허물과 죄악을 대속하셨다. 죽으시고 부활하신 예수님은 이제 주님을 따르는 자들을 변화시켜 하나님 나라의 일꾼으로 삼으신다.

- 절기, 용도, 장르, 특징:
- Key Word: 부활, 성경대로.
- Remarks:

본문 : 고전 15:12~20
제목 : 만일 죽은 자의 부활이 없으면
(If There Is No Resurrection of the Dead)

12.그리스도께서 죽은 자 가운데서 다시 살아나셨다 전파되었거늘 너희 중에서 어떤 사람들은 어찌
하여 죽은 자 가운데서 부활이 없다 하느냐 13.만일 죽은 자의 부활이 없으면 그리스도도 다시 살아
나지 못하셨으리라 14.그리스도께서 만일 다시 살아나지 못하셨으면 우리가 전파하는 것도 헛것이
요 또 너희 믿음도 헛것이며 15.또 우리가 하나님의 거짓 증인으로 발견되리니 우리가 하나님이 그
리스도를 다시 살리셨다고 증언하였음이라 만일 죽은 자가 다시 살아나는 일이 없으면 하나님이 그
리스도를 다시 살리지 아니하셨으리라 16.만일 죽은 자가 다시 살아나는 일이 없으면 그리스도도
다시 살아나신 일이 없었을 터이요 17.그리스도께서 다시 살아나신 일이 없으면 너희의 믿음도 헛
되고 너희가 여전히 죄 가운데 있을 것이요 18.또한 그리스도 안에서 잠자는 자도 망하였으리니
19.만일 그리스도 안에서 우리가 바라는 것이 다만 이 세상의 삶이면 모든 사람 가운데 우리가 더
욱 불쌍한 자이리라 20.그러나 이제 그리스도께서 죽은 자 가운데서 다시 살아나사 잠자는 자들의
첫 열매가 되셨도다

1. 만일 죽은 자의 부활이 없으면 예수님도 다시 살지 못했을 것임 (= 그리스도의 부활과 최후 부활의 인과 관계)

13절= "만일 죽은 자의 부활이 없으면 그리스도도 다시 살아나지 못하셨으리라"

2. 만일 그리스도의 부활이 없으면 말씀 전파도 믿음도 헛것임 (= 그리스도의 부활은 전도와 믿음의 근거)

14절= "그리스도께서 만일 다시 살아나지 못하셨으면 우리가 전파하는 것도 헛것이요 또 너희 믿음도 헛것이며"

3. 만일 부활 후의 삶이 없으면 예수 믿는 사람은 가장 불쌍한 자일 것임 (= 부활은 성도의 미래 소망의 근거)

19절= "만일 그리스도 안에서 우리가 바라는 것이 다만 이 세상의 삶뿐이면 모든 사람 가운데 우리가 더욱 불쌍한 자이리라"

【대지 유형】주제 증명형 – 본문 묶음형 – 대지 진전형
【주제】그리스도의 부활은 우리 모두의 부활의 근거요 우리 믿음과 전도 사역의 기초이고 에너지원이다.

【FCF】 부활을 확신하지 못하는 현대교회의 안일함과 나태함.

【서론】 기독교는 부활의 종교. 기독교는 무덤과 죽음을 뛰어넘는 참 생명의 종교이다. 부활은 너무나 중요한 주제이다. 성도가 장차 무덤을 깨뜨리고 살아날 것이라는 진리를 선포하는 바울의 마음은 뜨거웠다. 그의 논리는 격렬한 어법을 구사하고 있다. "만일 죽은 자의 부활이 없으면 그리스도도 다시 살아나지 못하셨으리라!"(13절).

【우산질문】 오늘 말씀을 통하여 우리 모두 부활을 증거하는 바울 사도의 뜨거운 심장으로 예수님의 부활, 성도의 부활을 노래하자.

【1대지】 바울 당시 부활교리를 부정하는 자들이 많이 있었음= 헬라 철학의 영향. 죽은 자의 부활을 거부하는 것은 곧 예수님의 부활을 받아들이지도 않고 거부하는 것과 동일하다는 말. 우리 예수님은 사망의 권세를 이기고 부활하셨고, 그리하여 장차 우리 몸의 부활의 보증이 되셨다.

【2대지】 죽은 자의 몸의 부활을 부정하는 것은 복음을 부정하며 신앙을 저버리는 중차대한 문제이다. 기독교 신앙의 초석은 '부활'이라는 것을 잊지 말라.

【3대지】 죽은 자의 부활을 부정하는 이들에 대한 바울 사도의 마지막 항변. 죽은 자의 부활이 없다면 이생 이후의 미래 또한 없다. 죽은 자의 부활이 없다면 그리스도인들은 단순히 '불쌍한 존재'가 아니라 '모든 사람 가운데 우리가 더욱 불쌍한 자(most miserable of all men)'이다.

【결론】 예수님 안에서 죽은 자들이 동시에 무덤을 깨고 살아 일어나는 엄청난 날이 반드시 찾아온다. 마지막 나팔이 울릴 때 주 안에서 죽은 자들이 먼저 살아 일어날 것이다. 그리고 그때 살아있는 성도들도 홀연히 변화하여 부활한 성도들과 함께 구름 속으로 끌어올려 공중에서 주를 영접하게 될 것이다.

- 절기, 용도, 장르, 특징: 부활절.
- Key Word: 부활.
- Remarks:

본문 : **고전 15:12~24**
제목 : **예수 부활 우리의 부활 (Each in His Own Order)**

12.그리스도께서 죽은 자 가운데서 다시 살아나셨다 전파되었거늘 너희 중에서 어떤 사람들은 어찌하여 죽은 자 가운데서 부활이 없다 하느냐 **13.**만일 죽은 자의 부활이 없으면 그리스도도 다시 살아나지 못하셨으리라 **14.**그리스도께서 만일 다시 살아나지 못하셨으면 우리가 전파하는 것도 헛것이요 또 너희 믿음도 헛것이며 **15.**또 우리가 하나님의 거짓 증인으로 발견되리니 우리가 하나님이 그리스도를 다시 살리셨다고 증언하였음이라 만일 죽은 자가 다시 살아나는 일이 없으면 하나님이 그리스도를 다시 살리지 아니하셨으리라 **16.**만일 죽은 자가 다시 살아나는 일이 없으면 그리스도도 다시 살아나신 일이 없었을 터이요 **17.**그리스도께서 다시 살아나신 일이 없으면 너희의 믿음도 헛되고 너희가 여전히 죄 가운데 있을 것이요 **18.**또한 그리스도 안에서 잠자는 자도 망하였으리니

19.만일 그리스도 안에서 우리가 바라는 것이 다만 이 세상의 삶뿐이면 모든 사람 가운데 우리가 더욱 불쌍한 자이리라 **20.**그러나 이제 그리스도께서 죽은 자 가운데서 다시 살아나사 잠자는 자들의 첫 열매가 되셨도다 **21.**사망이 한 사람으로 말미암았으니 죽은 자의 부활도 한 사람으로 말미암는도다 **22.**아담 안에서 모든 사람이 죽은 것 같이 그리스도 안에서 모든 사람이 삶을 얻으리라 **23.**그러나 각각 자기 차례대로 되리니 먼저는 첫 열매인 그리스도요 다음에는 그가 강림하실 때에 그리스도에게 속한 자요 **24.**그 후에는 마지막이니 그가 모든 통치와 모든 권세와 능력을 멸하시고 나라를 아버지 하나님께 바칠 때라

1. 부활의 확실성: 그리스도 부활과 죽은 자의 부활은 뗄 수 없는 관계임

13절= "만일 죽은 자의 부활이 없으면 그리스도도 다시 살아나지 못하셨으리라"

2. 부활의 첫 열매: 예수 그리스도의 부활이 부활의 시작

20절= "… 그리스도께서 죽은 자 가운데서 다시 살아나사 잠자는 자들의 첫 열매가 되셨도다"

3. 부활의 순서: ① 그리스도, ② 그리스도에게 속한 자, ③ 모든 사람

23~24절= "그러나 각각 자기 차례대로 되리니 먼저는 첫 열매인 그리스도요 다음에는 그가 강림하실 때에 그리스도에게 속한 자요 그 후에는 마지막이니…"

【대지 유형】 주제 함축형 – 본문 묶음형 – 대지 병렬형
【주제】 예수님의 부활은 우리 부활의 시작이요 확증이다.

【FCF】 많은 신앙인이 마지막 날의 몸의 부활을 믿지 못함.

【서론】 부활 이야기는 부활절에만 관계되는 것이 아니다. 부활은 우리 신앙의 본질적인 것. 부활 신앙이 없으면 아무 소용없다. 고전 15장은 부활장. 죽은 자의 부활을 의심하는 사람들 속출하는 것은 언제 어디서나 공통적인 현상이다.

【우산질문】 본문을 통해서 부활의 비밀을 좀 더 알고 부활 신앙을 확고히 하자.

【1대지】 격렬한 논법으로 기록된 '만일'의 행렬. '만일 죽은 자의 부활이 없으면' – 4회씩 언급하고 있음. 실제로 부활이 없다면 예수 믿는 사람은 가장 불쌍하다. 우리에게 부활 소망을 자랑할 수 있는 권리가 있다. 본문의 중복법을 보라.

【2대지】 20절의 '그러나' – 이제까지의 이론을 뒤엎는 자신만만한 접속사. 주님의 부활은 우리 부활의 첫 열매. 사람은 정말 중요한 존재임. 사망이 사람으로 연유한 것 같이, 부활도 사람으로 말미암는다. 22절, "아담 안에서 모든 사람이 죽은 것 같이 그리스도 안에서 모든 사람이 삶을 얻으리라."

【3대지】 그러나 각각 자기 차례대로 된다. 두 번째는 그리스도 강림하실 때 그에게 붙은 자= 생명의 접촉을 하고 있는 자= 진액을 빨아먹으며 성장하고 있는 자= 그분의 뜻이 나의 뜻이 되어 있는 자. 그리고 '나중'이라 함은 원수에게 붙어 마귀의 지시대로, 세상 뜻대로, 자신의 욕심대로 사는 자= 하나님과 관계없는 자들. 여기 부활의 순서에 참예하는 자들은 모두 '육체를 가진 자들'이다. 부활은 천사를 위한 것이 아니다.

【결론】 주님은 부활하셨고, 이제 우리 차례이다. 부활의 영광은 각기 다르다!(41절). 우리 모두 그리스도의 장성한 분량으로 달려가자.

- 절기, 용도, 장르, 특징: 부활절.
- Key Word: 부활.
- Remarks:

본문 : **고전 15:16~19, 23~26, 42~44**
제목 : **부활의 확신에서 오는 소망**

16.만일 죽은 자가 다시 살아나는 일이 없으면 그리스도도 다시 살아나신 일이 없었을 터이요 **17.**그리스도께서 다시 살아나신 일이 없으면 너희의 믿음도 헛되고 너희가 여전히 죄 가운데 있을 것이요 **18.**또한 그리스도 안에서 잠자는 자도 망하였으리라 **19.**만일 그리스도 안에서 우리가 바라는 것이 다만 이 세상의 삶뿐이면 모든 사람 가운데 우리가 더욱 불쌍한 자이리라 …… **23.**그러나 각각 자기 차례대로 되리니 먼저는 첫 열매인 그리스도요 다음에는 그가 강림하실 때에 그리스도에게 속한 자요 **24.**그 후에는 마지막이니 그가 모든 통치와 모든 권세와 능력을 멸하시고 나라를 아버지 하나님께 바칠 때라 **25.**그가 모든 원수를 그 발 아래에 둘 때까지 반드시 왕 노릇 하시리니 **26.**맨 나중에 멸망 받을 원수는 사망이니라 …… **42.**죽은 자의 부활도 그와 같으니 썩을 것으로 심고 썩지 아니할 것으로 다시 살아나며 **43.**욕된 것으로 심고 영광스러운 것으로 다시 살아나며 약한 것으로 심고 강한 것으로 다시 살아나며 **44.**육의 몸으로 심고 신령한 몸으로 다시 살아나나니 육의 몸이 있은즉 또 영의 몸도 있느니라

1. 썩을 것으로 심고 썩지 아니할 것으로 다시 살아나리라 함 (= 썩지 않을 것으로 다시 사는 소망)

42절= "죽은 자의 부활도 그와 같으니 썩을 것으로 심고 썩지 아니할 것으로 다시 살아나며"

2. 그리스도 안에서 우리가 바라는 것이 이 세상의 삶만이 아니라 함 (= 하나님 나라를 유업으로 받을 소망)

19절= "만일 그리스도 안에서 우리가 바라는 것이 다만 이 세상의 삶뿐이면 모든 사람 가운데 우리가 더욱 불쌍한 자이리라"

3. 그리스도의 부활로 맨 나중에 멸망 받을 원수는 사망이라 함 (= 승리의 찬가를 부를 소망)

26절= "맨 나중에 멸망 받을 원수는 사망이니라"

【대지 유형】주제 설명형 – 본문 수집형 – 대지 진전형
【주제】 부활을 확신하는 성도는 장차 하나님 나라를 유업으로 받고 승리의 찬가를 부를 꿈을 꾼다.
【FCF】 많은 신앙인이 부활의 확신이 주는 소망을 갖지 못하고 있음.

【서론】 그리스도의 부활은 성도 부활의 근거이다. 부활의 확신은 우리에게 여러 가지 놀라운 소망의 근거를 준다.

【우산질문】 고전 15장에 나타난 부활의 소망에 대해 살펴보자.

【1대지】 농부와 씨앗. 씨앗은 반드시 썩어야 생명이 되고 그래야 싹이 돋아 자라난다. 씨앗일 때는 알기 어렵지만 싹이 돋아 올라오면 씨앗의 원형이 완성된다. 현재 우리의 모습은 완성된 본래의 모습이 아니다. 세마포 흰 옷으로 '왕 같은 제사장'의 복장을 갖춘 영광스럽게 변모된 부활체의 모습!

【2대지】 왜 우리의 몸을 변화체로 만드시는가? 우리가 하나님 나라의 상속자들이기 때문이다. 하늘에 있는 천사들과 같은 모습으로(마 22:30). 그들은 하나님의 뜻에 순종하고 찬양하게 된다.

【3대지】 사망은 장차 멸망 받게 된다. 계 20:14, "사망과 음부도 불 못에 던지우니 이것은 둘째 사망이라." 주 앞에서 부를 승리의 찬가(고전 15:55~57).

【결론】 부활을 확신하는 자는 하나님 나라에 대한 영광스런 소망을 품고 의와 거룩을 좇아 살아야 한다.

- 절기, 용도, 장르, 특징: 장례식.
- Key Word: 부활, 소망.
- Remarks:

본문 : **고전 15:20~34**
제목 : **부활의 비밀 (Each in His Own Order)**

20.그러나 이제 그리스도께서 죽은 자 가운데서 다시 살아나사 잠자는 자들의 첫 열매가 되셨도다 **21.**사망이 한 사람으로 말미암았으니 죽은 자의 부활도 한 사람으로 말미암는도다 **22.**아담 안에서 모든 사람이 죽은 것 같이 그리스도 안에서 모든 사람이 삶을 얻으리라 **23.**그러나 각각 자기 차례대로 되리니 먼저는 첫 열매인 그리스도요 다음에는 그가 강림하실 때에 그리스도에게 속한 자요 **24.**그 후에는 마지막이니 그가 모든 통치와 모든 권세와 능력을 멸하시고 나라를 아버지 하나님께 바칠 때라 **25.**그가 모든 원수를 그 발 아래에 둘 때까지 반드시 왕 노릇 하시리니 **26.**맨 나중에 멸망 받을 원수는 사망이니라 **27.**만물을 그의 발 아래에 두셨다 하셨으니 만물을 아래에 둔다 말씀하실 때에 만물을 그의 아래에 두신 이가 그 중에 들지 아니한 것이 분명하도다 **28.**만물을 그에게 복종하게 하실 때에는 아들 자신도 그 때에 만물을 자기에게 복종하게 하신 이에게 복종하게 되리니 이는 하나님이 만유의 주로서 만유 안에 계시려 하심이라 **29.**만일 죽은 자들이 도무지 다시 살아나지 못하면 죽은 자들을 위하여 세례를 받는 자들이 무엇을 하겠느냐 어찌하여 그들을 위하여 세례를 받느냐 **30.**또 어찌하여 우리가 언제나 위험을 무릅쓰리요 **31.**형제들아 내가 그리스도 예수 우리 주 안에서 가진 바 너희에 대한 나의 자랑을 두고 단언하노니 나는 날마다 죽노라 **32.**내가 사람의 방법으로 에베소에서 맹수와 더불어 싸웠다면 내게 무슨 유익이 있으리요 죽은 자가 다시 살아나지 못한다면 내일 죽을 터이니 먹고 마시자 하리라 **33.**속지 말라 악한 동무들은 선한 행실을 더럽히나니 **34.**깨어 의를 행하고 죄를 짓지 말라 하나님을 알지 못하는 자가 있기로 내가 너희를 부끄럽게 하기 위하여 말하노라

1. 예수께서 부활의 첫 열매가 되심 (= 성도 부활의 근거)

20절= "그러나 이제 그리스도께서 죽은 자 가운데서 다시 살아 잠자는 자들의 첫 열매가 되셨도다"

2. 각각 자기 차례대로 부활함 (= 부활에는 분명한 순서가 있음)

23절= "그러나 각각 자기 차례대로 되리니 먼저는 첫 열매인 그리스도요 다음에는 그리스도 강림하실 때에 그에게 붙은 자요 그 후에는 나중이니…"

3. 부활 신앙은 능력 있는 삶을 가능케 함 (= 순교적 신앙인)

30절= "또 어찌하여 우리가 때마다 위험을 무릅쓰리요"

31절= "형제들아 내가 그리스도 예수 우리 주 안에서 가진바 너희에게 대한 나의 자랑을 두고 단언하노니 나는 날마다 죽노라"

【대지 유형】주제 설명형 – 본문 묶음형 – 대지 진전형
【주제】그리스도께서 부활하심으로 성도 또한 순서를 따라 부활하게 되는데, 이 부활 신앙이 우리를 순교적 신앙인이 되게 한다.
【FCF】부활 신앙의 부족으로 순교적 신앙인을 찾기 어려운 현대 교회의 나약함.

【서론】고전 15장은 부활장. 처음 11절까지는 부활의 확실성, 12~19절에서는 부활의 중요성. 본문을 통해 부활 속에 들어있는 비밀에 대하여 좀 더 깊이 깨닫게 되기를 바란다.
【우산질문】그리스도의 부활이 내포하고 있는 진리는 무엇인가? 부활 진리에 대하여 본문에서 발견할 수 있는 비밀은 무엇인가?

【1대지】'첫 열매가 되셨도다(=아파르케)'라는 말은 일차적으로 출 23:19이나 신 26:2 이하에 언급된 '소산의 첫 열매'= 신앙공동체 내에서 첫 번째로 회심한 자들. 대표성의 원리. 제2의 아담으로 보내주신 예수 그리스도가 이 '사망과 저주의 연결고리'를 끊어버리고 '부활의 산 소망'을 가져다 주셨다. 아담은 사망의 조상이고 그리스도는 생명의 조상이 되셨다.
【2대지】부활은 무작위적(無作爲的)으로 발생하는 것이 아니라 순서에 따라 질서 있게 진행될 것. 예수 그리스도→주안에 있는 자→믿지 않는 자. 이것은 비밀이다. 주님은 이미 부활하셨고, 이제는 우리 차례이다.
【3대지】바울이 확신했던 부활 소망은 그로 하여금 예수 그리스도를 위하여 '날마다 죽는' 삶을 살게 했다. 여러분에게는 복음을 위해 자신을 어려움에 내던질 만한 용기가 얼마나 있는가? 순교적 신앙은 부활의 확신이 있을 때 가능한 것이다.
【결론】부활 속에는 세상이 알지 못하는 비밀이 들어 있다.

- 절기, 용도, 장르, 특징: 부활절.
- Key Word: 부활, 부활의 순서.
- Remarks:

본문 : **고전 15:50~58**
제목 : **부활절의 세 가지 약속 (The Radical Change of the Body)**

50.형제들아 내가 이것을 말하노니 혈과 육은 하나님 나라를 이어 받을 수 없고 또한 썩는 것은 썩지 아니하는 것을 유업으로 받지 못하느니라 **51.**보라 내가 너희에게 비밀을 말하노니 우리가 다 잠 잘 것이 아니요 마지막 나팔에 순식간에 홀연히 다 변화되리니 **52.**나팔 소리가 나매 죽은 자들이 썩지 아니할 것으로 다시 살아나고 우리도 변화되리라 **53.**이 썩을 것이 반드시 썩지 아니할 것을 입겠고 이 죽을 것이 죽지 아니함을 입으리로다 **54.**이 썩을 것이 썩지 아니함을 입고 이 죽을 것이 죽지 아니함을 입을 때에는 사망을 삼키고 이기리라고 기록된 말씀이 이루어지리라 **55.**사망아 너의 승리가 어디 있느냐 사망아 네가 쏘는 것이 어디 있느냐 **56.**사망이 쏘는 것은 죄요 죄의 권능은 율법이라 **57.**우리 주 예수 그리스도로 말미암아 우리에게 승리를 주시는 하나님께 감사하노니 **58.**그러므로 내 사랑하는 형제들아 견실하며 흔들리지 말고 항상 주의 일에 더욱 힘쓰는 자들이 되라 이는 너희 수고가 주 안에서 헛되지 않은 줄 앎이라

1. 죽은 자들이 살아나고 너희도 변화되리라 하심 (= 부활체와 변화체 선물)

51~52절= "보라 내가 너희에게 비밀을 말하노니 우리가 다 잠 잘 것이 아니요 마지막 나팔에 순식간에 홀연히 다 변화되리니 나팔 소리가 나매 죽은 자들이 썩지 아니할 것으로 다시 살아나고 우리도 변화되리라"

2. 사망을 삼키고 이기리라 하심 (= 승리의 선물)

54절= "이 썩을 것이 썩지 아니함을 입고 이 죽을 것이 죽지 아니함을 입을 때에는 사망을 삼키고 이기리라고 기록된 말씀이 이루어지리라"

3. 너희 수고가 주 안에서 헛되지 않으리라 하심 (= 보상의 선물)

58절= "… 항상 주의 일에 더욱 힘쓰는 자들이 되라 이는 너희 수고가 주 안에서 헛되지 않은 줄 앎이라"

【대지 유형】 주제 설명형 – 본문 묶음형 – 대지 병렬형
【주제】 성경은 부활의 교리를 통해 부활체의 선물, 승리의 선물, 보상의 선물을 약속하신다.
【FCF】 부활절을 별다른 확신 없이 맞이하는 현대교회의 나태함.

【서론】 죄로 인해 타락한 인류에게 본문의 부활에 관한 증거는 무엇보다 중

요한 약속이 된다. '혈과 육은 하나님 나라를 이어 받을 수 없고 또한 썩는 것은 썩지 아니하는 것을 유업으로 받지 못하기 때문'이다.

【우산질문】 본문을 통해 부활절을 맞이하는 성도들에게 주시는 주님의 약속을 살펴보자.

【1대지】 부활체로 변화되어 공중에서 주님을 만나게 되는 것! 이것은 인생들에겐 그동안 감추어졌던 '비밀'이다. 언제 이 비밀의 약속이 이루어지는가? 마지막 나팔이 울려 퍼질 때이다. 성도에게 있어서 죽음은 슬픔이나 두려움의 대상이 아니라 도리어 죽음이 하나님 나라를 유업으로 받기 위한 과정이다.

【2대지】 그리스도의 재림 때에 '인류에게 최고의 공포를 가져다 주었던 사망'이 궁극적으로 멸망하게 된다. '죽음을 이기는 것이 곧 죄를 이기는 것이고 죄를 이기는 것이 또한 죄를 정죄하는 율법으로부터 자유케 되는 길'.

【3대지】 부활하신 주님은 하나님 나라의 일에 힘쓰는 성도에게 보상의 선물을 약속하셨다. 부활의 약속에 거하는 성도는 주님께서 반드시 상급을 주실 것을 믿기 때문에 주님의 일에 힘쓰는 자가 될 수 있다.

【결론】 그리스도 재림의 날에 원수 '사망'이 우리 앞에 무릎을 꿇게 될 것이고, 주님은 사랑하는 자녀들에게 영원한 승리의 선물을 안겨주실 것이다.

- 절기, 용도, 장르, 특징: 부활절.
- Key Word: 부활, 부활체, 변화체.
- Remarks:

본문 : **고전 15:50~58**
제목 : **휴거 미스테리 (The Rapture Mystery)**

50.형제들아 내가 이것을 말하노니 혈과 육은 하나님 나라를 이어 받을 수 없고 또한 썩는 것은 썩지 아니하는 것을 유업으로 받지 못하느니라 **51.**보라 내가 너희에게 비밀을 말하노니 우리가 다 잠잘 것이 아니요 마지막 나팔에 순식간에 홀연히 다 변화되리니 **52.**나팔 소리가 나매 죽은 자들이 썩지 아니할 것으로 다시 살아나고 우리도 변화되리라 **53.**이 썩을 것이 반드시 썩지 아니할 것을 입겠고 이 죽을 것이 죽지 아니함을 입으리로다 **54.**이 썩을 것이 썩지 아니함을 입고 이 죽을 것이 죽지 아니함을 입을 때에는 사망을 삼키고 이기리라고 기록된 말씀이 이루어지리라 **55.**사망아 너의 승리가 어디 있느냐 사망아 네가 쏘는 것이 어디 있느냐 **56.**사망이 쏘는 것은 죄요 죄의 권능은 율법이라 **57.**우리 주 예수 그리스도로 말미암아 우리에게 승리를 주시는 하나님께 감사하노니 **58.**그러므로 내 사랑하는 형제들아 견실하며 흔들리지 말고 항상 주의 일에 더욱 힘쓰는 자들이 되라 이는 너희 수고가 주 안에서 헛되지 않은 줄 앎이라

1. 우리가 다 잠 잘 것이 아니라 함 (= 부활체의 비밀)

51절= "보라 내가 너희에게 비밀을 말하노니 우리가 다 잠 잘 것이 아니요…"

2. 마지막 나팔에 홀연히 다 변화되리라 함 (= 변화체의 비밀)

51절= "… 마지막 나팔에 순식간에 홀연히 다 변화되리니"

3. 그러므로 항상 주의 일에 힘써야 함 (= 부활 소망에서 우러나오는 헌신)

58절= "그러므로 내 사랑하는 형제들아 견실하며 흔들리지 말고 항상 주의 일에 더욱 힘쓰는 자들이 되라 이는 너희 수고가 주 안에서 헛되지 않은 줄 앎이라"

【대지 유형】주제 설명형 – 본문 수집형 – 대지 혼재형(2+1)
【주제】마지막 나팔에 부활체와 변화체로 주님 만날 소망을 가지고 주의 일에 더욱 힘쓰는 자가 되자.
【FCF】많은 신앙인이 부활소망에서 우러나오는 헌신의 동력을 갖지 못하고 있음.

【서론】성경 안에는 미스테리(비밀)라고 불리우는 내용을 포함한다. 본문은

주님의 재림에 관련된 비밀들을 밝히 드러내고 있다. 본문의 씨와 식물의 비유= '죽음이란 더 높고 더 나은 삶에로의 전환이다.' 죽은 자가 부활하게 될 때 = 그 인격체의 연속성이 존재함. 이 모두는 하나님의 비밀이며 하나님의 주권에 속한 것이다.

【우산질문】 본문이 보여주는 하나님의 비밀이 무엇인지 살펴보자.

【1대지】 잠잔다= 죽음 의미. 한 번 죽는 것은 사람에게 정하신 것(히 9:27). 인류 역사 이래 죽음과의 전투는 지금도 계속되고 있다. 이런 인류에게 놀라운 소식= 가슴이 터질 만큼 기쁜 소식. 주님 재림 시 믿는 자들 가운데는 살아서 주님을 만나는 사람들도 있을 것이다. 이들은 육신적인 죽음을 맛보지 않고 주님께로 이끌림 받을 것이다.

【2대지】 천국으로 가는 놀라운 여행을 위해 우리 모두 변화될 것이다. 이 변화는 완전히 새로운 변화이다. 순식간에 그리고 홀연히 일어난다. 마지막 나팔에 죽은 자와 산 자가 모두 변화된다. 더 이상 썩음이나 사망이 없다(53~54). 이 모든 위대한 기적이 눈 깜짝할 사이에 일어난다.

【3대지】 주님 주시는 복을 생각해보라. 부활 – 홀연히 일어나는 변화 – 무덤 권세 제거 – 원수의 세력을 이김. 이 모든 승리는 오직 예수 그리스도로 말미암는다. 그러므로 우리는 견고하며 흔들리지 말아야 한다(58절).

【결론】 우리 그리스도인의 죽음은 그리스도의 부활의 빛 안에서 볼 때 결코 패배가 아니라 승리이다. 여러분은 주님의 재림을 맞이할 준비가 되어 있는가?

- 절기, 용도, 장르, 특징:
- Key Word: 휴거, 비밀.
- Remarks:

본문 : **고전 15:55~58; 롬 1:8~11; 살전 5:18**
제목 : **바울의 감사 고백 (Thanksgiving with Paul)**

고전 15:55.사망아 너의 승리가 어디 있느냐 사망아 네가 쏘는 것이 어디 있느냐 **56.**사망이 쏘는 것은 죄요 죄의 권능은 율법이라 **57.**우리 주 예수 그리스도로 말미암아 우리에게 승리를 주시는 하나님께 감사하노니 **58.**그러므로 내 사랑하는 형제들아 견실하며 흔들리지 말고 항상 주의 일에 더욱 힘쓰는 자들이 되라 이는 너희 수고가 주 안에서 헛되지 않은 줄 앎이라
롬 1:8.먼저 내가 예수 그리스도로 말미암아 너희 모든 사람에 관하여 내 하나님께 감사함은 너희 믿음이 온 세상에 전파됨이로다 **9.**내가 그의 아들의 복음 안에서 내 심령으로 섬기는 하나님이 나의 증인이 되시거니와 항상 내 기도에 쉬지 않고 너희를 말하며 **10.**어떻게 하든지 이제 하나님의 뜻 안에서 너희에게로 나아갈 좋은 길 얻기를 구하노라 **11.**내가 너희 보기를 간절히 원하는 것은 어떤 신령한 은사를 너희에게 나누어 주어 너희를 견고하게 하려 함이니
살전 5:18.범사에 감사하라 이것이 그리스도 예수 안에서 너희를 향하신 하나님의 뜻이니라

1. 예수 그리스도로 말미암아 승리를 주시는 하나님께 감사함 (= 그리스도에 관한 감사 고백)

고전 15:57= "우리 주 예수 그리스도로 말미암아 우리에게 승리를 주시는 하나님께 감사하노니"

2. 모든 성도에 관하여 하나님께 감사함 (= 그리스도인들에 관한 감사 고백)

롬 1:8= "먼저 내가 예수 그리스도로 말미암아 너희 모든 사람에 관하여 내 하나님께 감사함은 너희 믿음이 온 세상에 전파됨이로다"

3. 모든 일, 모든 순간에 하나님께 감사함 (= 그치지 않는 감사 고백)

살전 5:18= "범사에 감사하라 이것이 그리스도 예수 안에서 너희를 향하신 하나님의 뜻이니라"

【대지 유형】 주제 설명형 - 본문 수집형 - 대지 혼재형(2+1)
【주제】 (석의) 감사의 사람 바울은 예수님으로 인해, 성도들로 인해, 그치지 않는 감사의 삶을 살았다.
【FCF】 감사의 삶을 잃어버린 현대교인들의 세속화.

【서론】 성경의 위대한 인물들은 감사의 사람들. 예수님도 일생을 감사의 삶

으로 사셨다. 바울도 우리에게 감사 생활의 모범을 보여주었다.

【우산질문】 오늘 말씀을 통하여 바울 사도와 함께 '감사의 길'을 떠나보자.

【1대지】 죄에 대한 승리. 감사의 시작은 예수 그리스도께 대한 감사로부터.

【2대지】 영적 교제의 원리 속에서 가장 중요한 것은 다른 성도들을 사랑하고 그들로 인하여 기뻐하며 감사하는 것. 우리는 성도들이 간절히 보고 싶어지고 성도들과 시간을 함께하고 싶어져야 한다. 여러분은 주위에 앉아 있는 분들로 인하여 하나님께 감사할 수 있나?

【3대지】 범사 감사= 하나님의 선하심을 깊이 깨달을 때에야 비로소 나타날 수 있는 신앙적 태도임. 성도에게 있어 감사는 선택이 아니라 필수이다! 데살로니가 성도들이 감사 생활을 모범적으로 할 수 있었던 비결= 매일 예수님의 재림을 기다리며 천국 소망을 가지고 살았기 때문.

【결론】 매일 매일 구원의 주님께 감사하자.

- 절기, 용도, 장르, 특징: 감사절.
- Key Word: 감사.
- Remarks:

본문 : **고전 16:15~18**
제목 : **주의 종을 시원케 하는 자**

15.형제들아 스데바나의 집은 곧 아가야의 첫 열매요 또 성도 섬기기로 작정한 줄을 너희가 아는
지라 내가 너희를 권하노니 16.이같은 사람들과 또 함께 일하며 수고하는 모든 사람에게 순종하라
17.내가 스데바나와 브드나도와 아가이고가 온 것을 기뻐하노니 그들이 너희의 부족한 것을 채웠음
이라 18.그들이 나와 너희 마음을 시원하게 하였으니 그러므로 너희는 이런 사람들을 알아 주라

1. 스데바나의 집은 아가야의 첫 열매라 함 (= 믿음으로 성숙해진 사람)

15절= "형제들아 스데바나의 집은 곧 아가야의 첫 열매요"

2. 스데바나의 집은 성도 섬기기로 작정한 것이 알려짐 (= 성도를 섬기는 사람)

15절= "… 또 성도 섬기기로 작정한 줄을 너희가 아는지라"

3. 그들은 고린도 교회 성도들의 부족한 부분을 채웠음 (= 말씀의 선한 교훈을 좇아 모범을 보인 사람)

17절= "… 그들이 너희의 부족한 것을 채웠음이라"

【대지 유형】 주제 증명형 – 본문 분석형 – 대지 연결형
【주제】 주의 종과 성도들을 시원케 하는 자는 믿음의 열매를 맺고 성도를 섬기며 선한 모범이 되는 사람이다.
【FCF】 현대 교회에 주의 종의 마음을 시원케 하는 사람이 찾기 힘듦.

【서론】 본문에는 바울과 고린도 교회 성도들의 마음을 시원하게 한 사람들의 이름이 등장한다. 스데바나, 브드나도, 아가이고. 시원하게 한다?= 유쾌하게 하고 상쾌하게 하고 통쾌하게 하는 것.
【우산질문】 본문을 통해 주의 종의 마음을 시원하게 한 자들은 어떤 사람들 인지 살펴보자.

【1대지】 열매를 맺는 사람이 주의 종과 교회를 시원케 한다. 아가야는 마케

도니아 남부지역, 그 수도는 고린도. 이 지역에서는 전도가 잘 안 되어 바울이 속이 상했는데, 그때 스데바나가 복음을 받아들이고 온 가족이 예수님을 영접했다. 첫 열매. 열매는 성숙과 결실을 의미한다. 믿음의 열매, 기도의 열매, 성령의 열매를 맺어 주의 종과 성도들의 마음을 시원케 하자.

【2대지】 성도들과 교회를 잘 섬기는 사람이 주의 종을 시원케 한다. 어떤 종류의 봉사인지 나오지 않지만, 자기 집을 집회 장소로? 가난하고 병든 자를 돕는 일? 성도들을 헌신적으로 섬기는 일? 주님의 모범적인 삶을 기억하자. 마 20:28= "인자가 온 것은 섬김을 받으려 함이 아니라 도리어 섬기려 하고 자기 목숨을 많은 사람의 대속물로 주려 함이니라."

【3대지】 고린도 교회의 부족한 부분 담당= 당파 싸움, 음행, 사랑 나눔 부족, 우상숭배적인 생활 풍습. 성도의 마음을 시원하게 하는 일꾼은 이처럼 부족한 것을 채워주는 사람.

【결론】 16절, "이 같은 사람들과 또 함께 일하며 수고하는 모든 사람에게 순종하라." 18절, "그들이 나와 너희 마음을 시원하게 하였으니 그러므로 너희는 이런 사람들을 알아주라."

- 절기, 용도, 장르, 특징:
- Key Word: 일꾼, 봉사.
- Remarks:

본문 : **고후 1:19~22**

제목 : **그리스도 안에서 예가 되는 약속들**

(The Promises of Our Father)

19.우리 곧 나와 실루아노와 디모데로 말미암아 너희 가운데 전파된 하나님의 아들 예수 그리스도는 예 하고 아니라 함이 되지 아니하셨으니 그에게는 예만 되었느니라 20.하나님의 약속은 얼마든지 그리스도 안에서 예가 되니 그런즉 그로 말미암아 우리가 아멘 하여 하나님께 영광을 돌리게 되느니라 21.우리를 너희와 함께 그리스도 안에서 굳건하게 하시고 우리에게 기름을 부으신 이는 하나님 이시니 22.그가 또한 우리에게 인치시고 보증으로 우리 마음어 성령을 주셨느니라

1. 하나님의 약속은 그리스도 안에서 얼마든지 '예'가 됨 (= 그리스도는 모든 약속의 성취)

20절= "하나님의 약속은 얼마든지 그리스도 안에서 예가 되니"

2. 보증으로 우리 마음에 성령을 주셨음 (= 성령께서 약속하신 모든 것을 적용 하심)

22절= "그가 또한 우리에게 인치시고 보증으로 우리 마음에 성령을 주셨느 니라"

3. 그리스도로 말미암아 '아멘' 하여 하나님께 영광을 돌림 (= 그리스도인은 아 멘의 사람)

20절= "그런즉 그로 말미암아 우리가 아멘 하여 하나님께 영광을 돌리게 되느니라"

【대지 유형】 주제 설명형 – 본문 분석형 – 대지 진전형

【주제】 하나님의 약속은 그리스도 안에서 얼마든지 '예'가 되므로 우리는 감 사함으로 받아야 한다.

【FCF】 약속에 대한 의심 풍조 만연. 매사에 아멘 하지 못하는 신앙인들이 적 지 않음.

【서론】 하나님은 언약의 하나님= 우린 언약의 백성. 하나님과 우리는 언약관 계(covenant relationship, 임마누엘 원리)에 있다. 하나님은 자기 백성에게 기

쁘신 뜻대로 약속들을 주셨다. 아브라함에게 주신 언약의 약속들: 땅, 씨, 복의 약속들. 이것은 반드시 이루어진다. 이 변화무쌍한 세상에서 절대 변하지 않는 하나님의 약속들이다. 성경 전체에 밝혀진 약속들은 우리에게 필요한 모든 종류의 축복을 포함한다. 우리의 기도제목이 될 수 있는 모든 것은 약속되어 있다.

【우산질문】 하나님의 약속이 이루어지는 메카니즘은 무엇인가?

【1대지】 그리스도만이 하나님의 모든 조건을 만족시킴. 하나님의 유일한 기준은 우리가 그리스도 안에 있느냐 없느냐의 여부: 나의 기도, 찬송, 봉사, 헌금, 전도…. 왜냐하면 그리스도만이 하나님의 모든 조건을 만족시키기 때문. 하나님의 최고의 관심은 그리스도의 성육신과 수난, 죽으심에 있다.

【2대지】 주님은 보혜사 성령님을 우리에게 보내셨다. 성령님은 하나님의 약속을 우리에게 직접 이루어지게 하신다. 성령으로 하는 우리의 기도-예배-봉사-전도-사랑…. 우리의 삶이 완전히 달라진다.

【3대지】 우리 주님은 모든 약속의 성취를 이루러 오셨다. 자신은 친히 겸손과 인내의 모범을 보이심. 주님은 '예'만 되신 분(19절). 그런즉 그로 말미암아 '아멘 하여 하나님께 영광'을 돌리자. 당신은 하나님의 약속에 대해 아멘의 사람인가?

【결론】 가나안 땅 정탐꾼 중 10명은 부정적, 2명은 긍정적. 세상은 부정적인 기운이 세다. 우리 교회는 아멘의 교회인가?

- 절기, 용도, 장르, 특징:
- Key Word: 약속.
- Remarks:

본문 : **고후 2:12~17**
제목 : **그리스도의 향기**

12.내가 그리스도의 복음을 위하여 드로아에 이르매 주 안에서 문이 내게 열렸으되 **13.**내가 내 형제 디도를 만나지 못하므로 내 심령이 편하지 못하여 그들을 작별하고 마게도냐로 갔노라 **14.**항상 우리를 그리스도 안에서 이기게 하시고 우리로 말미암아 각처에서 그리스도를 아는 냄새를 나타내시는 하나님께 감사하노라 **15.**우리는 구원 받는 자들에게나 망하는 자들에게나 하나님 앞에서 그리스도의 향기니 **16.**이 사람에게는 사망으로부터 사망에 이르는 냄새요 저 사람에게는 생명으로부터 생명에 이르는 냄새라 누가 이 일을 감당하리요 **17.**우리는 수많은 사람들처럼 하나님의 말씀을 혼잡하게 하지 아니하고 곧 순전함으로 하나님께 받은 것 같이 하나님 앞에서와 그리스도 안에서 말하노라

1. 바울 일행은 각처에서 그리스도를 아는 냄새를 나타냈음 (= 전도자의 영향력)

14절= "항상 우리를 그리스도 안에서 이기게 하시고 우리로 말미암아 각처에서 그리스도를 아는 냄새를 나타내시는 하나님께 감사하노라"

2. 그 냄새는 생명을 분배하고 사망자를 확정하는 그리스도의 향기임 (= 향기의 양면작용)

16절= "이 사람에게는 사망으로부터 사망에 이르는 냄새요 저 사람에게는 생명으로부터 생명에 이르는 냄새라"

3. 바울 일행은 하나님께 받은 것 같이 하나님 앞에서와 그리스도 안에서 복음을 전파함 (= 코람 데오의 자세)

17절= "우리는 수많은 사람처럼 하나님의 말씀을 혼잡하게 하지 아니하고 곧 순전함으로 하나님께 받은 것 같이 하나님 앞에서와 그리스도 안에서 말하노라"

【대지 유형】 주제 설명형 – 본문 묶음형 – 대지 혼재형(2+1), 연결형
【주제】 (석의) 바울 일행은 순전한 말씀 전파로 생명을 전하는 그리스도의 향기가 되었다.
【FCF】 많은 교회의 설교 강단에서 혼합된 말씀이 전해지고 있음.

【서론】 냄새는 냄새를 나타내는 것의 특성을 나타낸다. 예) 동·식물의 냄새, 역사의 향기, 석굴암의 미소 등. 그러나 그리스도의 향기는 현재 실제로 풍기고 있는 냄새이다. 인격적 감화 정도가 아닌 성령의 감화 의미.

【우산질문】 바울 일행이 풍기던 향기는 어떤 것인가?

【1대지】 바울 일행의 특징= 지독히 진한 냄새, 항상 그리고 각처에서. 천하를 어지럽게 하던 사람들(행 17:6), "이 사람은 염병이라"(행 24:5). 사람들은 이 냄새를 안 맡을 수가 없었다. 전도자는 가는 곳마다 시끄럽고 표가 나야. 예수님은 가는 곳마다 화제를 몰고 다녔다. 소금이 맛을 잃으면 쓸모없다. 이 냄새는 그 사람 속에 생명을 얼마나 가지느냐에 따라.

【2대지】 그리스도의 향기의 특징은 양면 작용에 있다. 예) 아라비아 향나무 냄새: 돼지는 죽고 비둘기는 생기를 얻는다고 함. 구원 얻는 자에게는 "생명으로 좇아 생명에 이르는 냄새가 되고, 망하는 자에게는 사망으로 좇아 사망에 이르는 냄새가 된다." 향기가 된다는 것은 타인의 모범이 되는 정도가 아님. 타인에게 그리스도를 알게 하고, 죄를 생각나게 하는 것.

【3대지】 누가 이것을 감당하겠는가?(16절). 향기가 되려면 말로만은 안 됨. 행동으로 나타내야. ① 하나님께 받은 것 같이 복음 전파, ② 하나님 앞에서 복음 전파(코람 데오), ③ 그리스도 안에서, 성령의 감화로.

【결론】 "내 평생 그리스도의 향기가 되리라!"

- 절기, 용도, 장르, 특징:
- Key Word: 향기, 그리스도의 향기.
- Remarks:

본문 : **고후 3:13~18**
제목 : **그리스도 안에서 벗겨지는 수건 (The Veil Taken Away in Christ)**

13.우리는 모세가 이스라엘 자손들에게 장차 없어질 것의 결국을 주목하지 못하게 하려고 수건을 그 얼굴에 쓴 것 같이 아니하노라 **14.**그러나 그들의 마음이 완고하여 오늘까지도 구약을 읽을 때에 그 수건이 벗겨지지 아니하고 있으니 그 수건은 그리스도 안에서 없어질 것이라 **15.**오늘까지 모세의 글을 읽을 때에 수건이 그 마음을 덮었도다 **16.**그러나 언제든지 주께로 돌아가면 그 수건이 벗겨지리라 **17.**주는 영이시니 주의 영이 계신 곳에는 자유가 있느니라 **18.**우리가 다 수건을 벗은 얼굴로 거울을 보는 것 같이 주의 영광을 보매 그와 같은 형상으로 변화하여 영광에서 영광에 이르니 곧 주의 영으로 말미암음이니라

1. 구약은 예수님 안에서 수건이 벗겨짐 (= 예수님으로 해석, 예수님 유일 해석)

14절= "… 그 수건은 그리스도 안에서 없어질 것이라"
16절= "그러나 언제든지 주께로 돌아가면 그 수건이 벗겨지리라"

2. 완고한 자는 수건이 벗겨지지 아니함 (= 예수님으로 보지 못하면 완고한 자임)

14절= "그러나 그들의 마음이 완고하여 오늘까지도 구약을 읽을 때에 그 수건이 벗겨지지 아니하고 있으니…"
15절= "오늘까지 모세의 글을 읽을 때에 수건이 그 마음을 덮었도다"

3. 성경에서 주의 영광을 볼 때 우리도 예수님과 같은 형상으로 변함 (= 예수님으로 볼 때 변화의 삶-성화를 이룸)

18절= "우리가 다 수건을 벗은 얼굴로 거울을 보는 것 같이 주의 영광을 보매 그와 같은 형상으로 변화하여 영광에서 영광에 이르니 곧 주의 영으로 말미암음이니라"

【대지 유형】 주제 설명형 – 본문 분석형 – 대지 반전형
【주제】 우리가 성경에서 율법적 문자적 수건을 걷어내고 예수로 볼 때에야 비로소 영광에서 영광으로 이르게 된다.
【FCF】 성경에서 예수님을 발견하지 못하고 수건을 쓴 자들의 상태.

【서론】 성경이 말하고 있는 핵심은 단언컨대 '예수 그리스도'이다. 그런데 이 시대 교회 강단들은 성경이라는 무궁무진한 영적 보화가 담긴 광산에서 귀한 보배인 예수님의 메시지를 제대로 캐내고 있지 못하다. 바울은 자신의 복음 전파의 개방성을 출 34:29~35에 언급되어 있는 사건, 곧 모세가 얼굴에 수건을 쓴 것과 대조하여 설명한다.

【우산질문】 말씀을 통하여 '모든 성경은 예수님으로 보아야 한다'는 표어를 좀 더 확실히, 그리고 논리적으로 이해하자. 말씀을 받으면서 아직까지 우리에게 덮여 있는 수건이 벗겨지는 기적이 일어나기를 기원한다.

【1대지】 '수건'의 두 가지 의미: 첫째는 율법주의, 둘째는 문자주의. 구약을 읽을 때 철저히 예수님의 관점에서 봐야 한다. 이것이 '그리스도 안에서 수건이 없어짐'의 의미이다.

【2대지】 모세의 얼굴에 하나님의 광채가 나듯 구약성경에는 예수님의 광채가 담겨 있다. 그런데 유대인들은 수건 즉 문자주의, 율법주의로 그 광채를 가려버린 것. 예수님을 덮어버리고 문자주의, 율법주의로 구약을 읽은 것이다. 성경에서, 특히 구약에서 예수님을 만나야 한다. 이러할 때 사도행전 교회의 생명의 역사가 이루어지며, 혼과 영과 관절과 골수를 찔러 쪼개며 마음의 생각과 뜻을 감찰하는 역사를 이루게 된다.

【3대지】 우리가 성경에서 주의 영광을 볼 때 우리도 예수님과 같은 형상으로 변하게 된다. 바울은 아브라함의 처 사라에게서 하늘의 예루살렘을 보았고, 하갈에게서 땅의 예루살렘을 보았다(갈 4:24~26). 온 성경을 예수님으로 보기 시작하라. 구약에서도, 신약에서도, 그리고 계시록에서도 태양과 같은 광명으로 우리의 인생을 인도하시는 예수님의 모습을 발견하라.

【결론】 설교자는 예수님으로 성경을 보고 이를 설교하고 선포해야 한다. 그리고 회중은 설교 말씀을 통하여 예수님의 생수를 마시고 또 마셔야 한다.

- 절기, 용도, 장르, 특징: 상징주의 해석의 근거.
- Key Word: 수건, 영광.
- Remarks:

본문 : **고후 3:13~18; 요 5:39**
제목 : **구약에 감춰진 예수님의 피 (The Blood of Jesus Christ in OT)**

고후 3:13.우리는 모세가 이스라엘 자손들에게 장차 없어질 것의 결국을 주목하지 못하게 하려고 수건을 그 얼굴에 쓴 것 같이 아니하노라 **14.**그러나 그들의 마음이 완고하여 오늘까지도 구약을 읽을 때에 그 수건이 벗겨지지 아니하고 있으니 그 수건은 그리스도 안에서 없어질 것이라 **15.**오늘까지 모세의 글을 읽을 때에 수건이 그 마음을 덮었도다 **16.**그러나 언제든지 주께로 돌아가면 그 수건이 벗겨지리라 **17.**주는 영이시니 주의 영이 계신 곳에는 자유·있느니라 **18.**우리가 다 수건을 벗은 얼굴로 거울을 보는 것 같이 주의 영광을 보매 그와 같은 형상으로 변화하여 영광에서 영광에 이르니 곧 주의 영으로 말미암음이니라

요 5:39.너희가 성경에서 영생을 얻는 줄 생각하고 성경을 연구하거니와 이 성경이 곧 내게 대하여 증언하는 것이니라

1. 아담의 갈빗대로 하와를 지으심 (= 그리스도의 피 흘리심으로 교회 탄생)

창 2:21~22= "여호와 하나님이 아담을 깊이 잠들게 하시니 잠들매 그가 그 갈빗대 하나를 취하고 살로 대신 채우시고 여호와 하나님이 아담에게서 취하신 그 갈빗대로 여자를 만드시고 그를 아담에게로 이끌어 오시니"

2. 아담 부부를 위하여 가죽옷을 지어 입히심 (= 십자가 보혈로 인류의 죄를 덮고 가리심)

창 3:21= "여호와 하나님이 아담과 그의 아내를 위하여 가죽옷을 지어 입히시니라"

3. 양의 첫 새끼를 드린 아벨의 제사 (= 성도가 예수 그리스도 신앙으로 예배함)

창 4:3~4= "세월이 지난 후에 가인은 땅의 소산으로 제물을 삼아 여호와께 드렸고 아벨은 자기도 양의 첫 새끼와 그 기름으로 드렸더니 여호와께서 아벨과 그의 제물은 받으셨으나"

4. 노아 방주의 역청 (= 교회 일군들에게 입혀진 보혈)

창 6:14= "너는 고페르 나무로 너를 위하여 방주를 만들되 그 안에 칸들을 막고 역청을 그 안팎에 칠하라"

5. 유월절 어린양의 피 (= 십자가에서 흘려진 보혈)

출 12:5~7= "너희 어린 양은 흠 없고 일 년 된 수컷으로 하되 양이나 염소 중에서 취하고 이 달 열나흘날까지 간직하였다가 해 질 때에 이스라엘 회중이 그 양을 잡고 그 피를 양을 먹을 집 좌우 문설주와 인방에 바르고"

6. 기생 라합의 붉은 줄 (= 소망을 주는 그리스도의 보혈)

수 2:18= "우리가 이 땅에 들어올 때에 우리를 달아 내린 창문에 이 붉은 줄을 매고 네 부모와 형제와 네 아버지의 가족을 다 네 집에 모으라"

【대지 유형】주제 설명형 – 본문 수집형 – 대지 병렬형

【주제】구약의 모든 기록은 예수님 이야기이며 곳곳에 십자가 보혈을 상징하는 장면들이 있다.

【FCF】많은 신앙인이 구약성경을 읽을 때 수건이 덮여 있어 예수님과 그리스도의 보혈을 보지 못함.

【서론】모든 성경은 예수님 이야기(요 5:39). 구약을 읽을 때에 수건을 벗고 구약에 감춰진 예수님의 영광스런 모습을 볼 수 있어야 한다(고후 3:15~16).

【우산질문】구약에 감춰진 예수님의 피! 오늘 말씀을 통하여 우리의 눈과 마음을 덮고 있는 수건을 벗겨내고, 그리하여 주님의 영광에 한 발 더 다가가자.

【1대지】아담의 갈빗대를 취하신 사건은 '피'라는 단어는 없지만 곧 마지막 아담이신 예수 그리스도의 피 흘림의 사건을 예표한다.

【2대지】하나님은 피 흘림으로 가죽옷을 지어 입히시고 아담 부부의 수치를 가리신 것.

【3대지】아벨의 제사에서 가장 중요한 것은 거기 '희생의 피'가 있다는 점. 이는 십자가 사건과 직결되며, 성도가 예수 그리스도 신앙으로 예배함을 의미.

【4대지】하나님의 인도하심과 보호하심에 전적으로 의존할 수밖에 없는 방주의 모습에서 우리는 신약 교회의 중요한 특징을 발견한다. '역청(코페르)'이란 단어는 '속죄하다'로도 번역되므로 본문은 '속전으로 속죄하라'로도 번역할 수 있다. 따라서 '역청'을 예수님의 보혈로 해석함에 아무런 어려움이 없다.

【5대지】요한복음 1:29에서 "세상 죄를 지고 가는 하나님의 어린 양".

【6대지】정탐꾼들이 라합과 맺은 언약대로 그녀의 가족을 살려주기 위해 창문에 달아놓게 한 붉은 줄의 의미가 바로 '소망'이었음. 라합이 붉은 줄을 통해서만 구원받을 수 있었던 것처럼 오늘을 사는 성도들에게 구원 언약의 성취는 그리스도의 보혈에 의해서만 가능하다.

【결론】아담도, 아벨도, 노아도, 아브라함도, 야곱도 그리고 기생 라합도 모두 예수 그리스도의 피를 통해서만 구원을 받는다. 예수 그리스도의 십자가 보혈은 시간과 공간을 초월해서 과거, 현재, 미래에까지 그 능력이 확대된다.

- 절기, 용도, 장르, 특징: 상징주의 해석.
- Key Word: 피, 보혈.
- Remarks:

본문 : **고후 4:14~18**
제목 : **우리가 낙심할 수 없는 이유**
(The Reason Why We Do Not Lose Heart)

14.주 예수를 다시 살리신 이가 예수와 함께 우리도 다시 살리사 너희와 함께 그 앞에 서게 하실 줄을 아노라 **15.**이는 모든 것이 너희를 위함이니 많은 사람의 감사로 말미암아 은혜가 더하여 넘쳐서 하나님께 영광을 돌리게 하려 함이라 **16.**그러므로 우리가 낙심하지 아니하노니 우리의 겉사람은 낡아지나 우리의 속사람은 날로 새로워지도다 **17.**우리가 잠시 받는 환난의 경한 것이 지극히 크고 영원한 영광의 중한 것을 우리에게 이루게 함이니 **18.**우리가 주목하는 것은 보이는 것이 아니요 보이지 않는 것이니 보이는 것은 잠깐이요 보이지 않는 것은 영원함이라

1. 겉 사람은 후패하나 속 사람은 새롭게 되기 때문 (= 영적 자아가 새로워짐)

16절= "그러므로 우리가 낙심하지 아니하노니 겉 사람은 후패하나 우리의 속은 날로 새롭도다"

2. 환난은 잠깐이나 영광은 영원하기 때문 (= 영원한 복락을 확신함)

17절= "우리의 잠시 받는 환난의 경한 것이 지극히 크고 영원한 영광의 중한 것을 우리에게 이루게 함이니"

3. 보이는 것은 잠깐이나 보이지 않는 것은 영원하기 때문 (= 영원한 것을 보는 영안[靈眼]이 열림)

18절= "우리의 돌아보는 것은 보이는 것이 아니요 보이지 않는 것이니 보이는 것은 잠깐이요 보이지 않는 것은 영원함이니라"

【대지 유형】이유 제시형 – 본문 분석형 – 대지 병렬형
【주제】우리의 속 사람은 날로 새로워지고 우리 앞에는 영원한 영광이 기다리고 있으므로 우리는 결코 낙심할 수 없다.
【FCF】믿음 때문에 오는 작은 환난에도 흔들리는 교인들의 상태.

【서론】'낙심(落心)'은 '무가치하다, 해롭다'는 뜻인데, 인생에 있어 무가치하며 해로운 요소라는 뜻이다. 본문에서 사도는 우리 성도들이 결코 낙심할 수 없는 이유를 분명히 밝히고 있다.

【우산질문】우리가 낙심할 수 없는 이유, 우리가 낙심하지 말아야 하는 이유는 무엇인가?

【1대지】옛사람이란 그리스도로 말미암아 거듭남을 필요로 하는 대상을 의미하지만, 겉 사람이란 단순히 시공간적인 한계를 지니고 살아가는 연약한 육체를 지칭한다. 속 사람은 인간의 영적·도덕적 부분을 일컫는 말로서, 말씀과 성령으로 거듭난 영혼을 가리킨다.

【2대지】사도 바울이 당했던 어려움은 상상할 수 없을 만큼 힘든 것들이었지만, 그는 결코 낙망하지 않았다. 이런 환난들은 사도가 주님으로부터 부름 받은 순간부터 순교하는 날까지 계속되었다. 그럼에도 불구하고 바울이 여기서 현재 당하고 있는 환난이 가볍다고 언급하고 있는 것은 장차 누릴 '크고 영원한 영광의 중한 것'을 100% 확신했기 때문이다.

【3대지】본 절은 '형이상학'이 아니라 '종말론'이다. 바울 사도에게는 세상이 알 수 없는 놀라운 기쁨과 평안이 넘쳐났다. 그것은 그가 현 세대가 일시적인 반면 오는 세대는 영원하다는 사실을 확신했기 때문이다.

【결론】오늘 우리 가운데 자신의 육신의 연약함 때문에 낙심 중에 있는 분은 없는가? 성취하고 싶었지만 이루지 못하여 좌절감에 빠져 있는 분은? 절대 낙심하지 말자.

- 절기, 용도, 장르, 특징:
- Key Word: 낙심.
- Remarks:

본문 : **고후 5:8~10**
제목 : **심판대에서 받을 상급**

8.우리가 담대하여 원하는 바는 차라리 몸을 떠나 주와 함께 있는 그것이라 9.그런즉 우리는 몸으로 있든지 떠나든지 주를 기쁘시게 하는 자가 되기를 힘쓰노라 10.이는 우리가 다 반드시 그리스도의 심판대 앞에 나타나게 되어 각각 선악간에 그 몸으로 행한 것을 따라 받으려 함이라

1. 자랑의 면류관 (= 전도자에게 주시는 상급)

살전 2:19= "우리의 소망이나 기쁨이나 자랑의 면류관이 무엇이냐 그가 강림하실 때 우리 주 예수 앞에 너희가 아니냐"

2. 썩지 아니할 면류관 (= 자기 부인과 경건에 힘쓴 자에게 주시는 상급)

고전 9:25= "이기기를 다투는 자마다 모든 일에 절제하나니 그들은 썩을 승리자의 관을 얻고자 하되 우리는 썩지 아니할 것을 얻고자 하노라"

3. 생명의 면류관 (= 시련을 이기고 충성하는 자에게 주시는 상급)

약 1:12= "시험을 참는 자는 복이 있나니 이는 시련을 견디어 낸 자가 주께서 자기를 사랑하는 자들에게 약속하신 생명의 면류관을 얻을 것이기 때문이라"

4. 영광의 면류관 (= 양무리를 치는 자에게 주시는 상급)

벧전 5:2~4= "너희 중에 있는 하나님의 양 무리를 치되 억지로 하지 말고 하나님의 뜻을 따라 자원함으로 하며 더러운 이득을 위하여 하지 말고 기꺼이 하며 맡은 자들에게 주장하는 자세를 하지 말고 양 무리의 본이 되라 그리하면 목자장이 나타나실 때에 시들지 아니하는 영광의 관을 얻으리라"

5. 의의 면류관 (= 주님의 재림을 사모하며 예비하는 자에게 주시는 상급)

딤후 4:8= "이제 후로는 나를 위하여 의의 면류관이 예비되었으므로 주 곧 의로우신 재판장이 그 날에 내게 주실 것이며 내게만 아니라 주의 나타나심을 사모하는 모든 자에게도니라"

【대지 유형】 주제 함축형 – 본문 수집형 – 대지 병렬형
【주제】 그리스도의 심판대에서 우리는 자랑, 불후(不朽), 생명, 영광 그리고 의의 면류관을 받게 될 것이다.
【FCF】 많은 신앙인이 그리스도의 심판대에 서게 될 자신의 모습을 애써 외면하려는 경향이 있음.

【서론】 기독교는 영원의 종교. 영원에 대해 계시받고 생각하고 소망하고, 실제로 그것을 소유하는 믿음의 체계. "어디서 영원을 보낼 것인가?"도 중요하지만, 보다 중요한 것은 "어떤 영원을 누릴 것인가?"이다. 본문의 그리스도의 심판대에서 우리 모두 선악 간에 보상받는다.
【우산질문】 성경이 약속하고 있는 상급에 대해 살펴보자.

【1대지】 바울에게 있어 데살로니가 교인들은 자신이 전도한 자들로서, 자랑의 면류관이었다. 마 4:19의 사람 낚는 어부.
【2대지】 자기를 쳐 복종시키는 삶. 스스로 훈련하는 삶. 죄의 쾌락을 부인하는 삶. 경건에 힘씀.
【3대지】 시련과 유혹을 이기고 맡은 직분에 충성하는 자에게, 특히 끝까지 충성하는 자에게 주시는 약속.
【4대지】 1차적으로는 교회의 목사 장로들. 나아가서는 제자 삼기에 힘쓰는 자. 제자 되기에서 더 나아가 제자 삼기에 헌신하는 성도를 주님은 원하신다.
【5대지】 마라나타의 신앙. 재림은 나의 삶의 궁극적 소망. 눅 12:37.
【결론】 여러분의 모습은 어떤가? 어떤 상급이 해당되는가? 우리의 상급을 굳게 잡아야 한다. 계 3:11; 요이 1:8. 영원한 것을 위해 투자하라. 그리스도의 심판대를 준비하라.

- 절기, 용도, 장르, 특징:
- Key Word: 심판대, 상급, 면류관.
- Remarks:

본문 : **고후 5:13~15**
제목 : **강권하시는 그리스도의 사랑**
   (The Love of Christ to Ruined Man)

13.우리가 만일 미쳤어도 하나님을 위한 것이요 정신이 온전하여도 너희를 위한 것이니 **14.**그리스도의 사랑이 우리를 강권하시는도다 우리가 생각하건대 한 사람이 모든 사람을 대신하여 죽었은즉 모든 사람이 죽은 것이라 **15.**그가 모든 사람을 대신하여 죽으심은 살아 있는 자들로 하여금 다시는 그들 자신을 위하여 살지 않고 오직 그들을 대신하여 죽었다가 다시 살아나신 이를 위하여 살게 하려 함이라

1. 그리스도께서 죽으신 것은 모든 사람이 범죄하여 죽었기 때문임 (= 온 인류에게 미친 영적 죽음의 상태)
   14절= "… 우리가 생각하건대 한 사람이 모든 사람을 대신하여 죽었은즉 모든 사람이 죽은 것이라"

2. 그리스도의 사랑은 모든 사람을 대신하여 죽으심으로 나타났음 (= 사망에 처한 인류를 향한 그리스도의 사랑)
   15절= "그가 모든 사람을 대신하여 죽으심은 살아 있는 자들로 하여금 다시는 그들 자신을 위하여 살지 않고 오직 그들을 대신하여 죽었다가 다시 살아나신 이를 위하여 살게 하려 함이라"

3. 그리스도의 사랑이 우리를 강권하신다 함 (= 그 사랑에 잡힌 자의 헌신)
   14절= "그리스도의 사랑이 우리를 강권하시는도다…"

【대지 유형】 주제 설명형 - 본문 분석형 - 대지 연결형
【주제】 영적 죽음에 처해 있는 온 인류를 위해 십자가에 죽으신 그리스도의 사랑이 우리를 강권하여 헌신케 한다.
【FCF】 많은 신앙인이 그리스도의 구속의 사랑어 강권되어 헌신하는 수준에 이르지 못하고 있음.

【서론】 본문의 문맥= 바울이 사도로서 확고한 신분적 정체성을 가지고 있음을 변호하고 있는 부분의 연속 기사이다. 바울의 사역의 자세= 그리스도의 사

랑이 자신을 강권하기 때문. 본문에 구속의 진리에 대한 놀라운 설명이 들어 있다.

【우산질문】 본문을 통하여 그리스도의 사랑이 어떠한지, 그 사랑이 우리를 어떻게 강권하시는지 살펴보자.

【1대지】 성경이 묘사하고 있는 인간의 타락= '죽었다'. 성경은 영적인 죽음을 말한다. 성경은 또한 법적인 죽음(judicial death)에 대하여도 언급한다(롬 5:12). 성경은 죄인들에게 영원한 죽음이 기다리고 있다고 경고한다. 이런 영적 죽음의 상태가 온 인류에게 미치고 있다.

【2대지】 사망 가운데 처한 인류를 향한 그리스도의 사랑. 그는 죽으셨다(자원하는, 수치스런, 여러 면에서 특별한 죽음). 우리를 위해, 모든 사람을 위해 죽으셨다. 죽음의 목적= 우리로 하여금 우리 자신을 위하여 살지 않게 하려 하심. 그리스도를 위하여 살게 하려 하심.

【3대지】 13절= 우리가 만일 미쳤어도… 정신이 온전하여도… 그리스도의 사랑이 우리를 강권하여 우리 또한 예수님을 사랑하게 된다. 그의 사랑에 잡힌 자는 그의 일을 하지 않을 수 없다. 그의 사랑은 우리로 하여금 주를 위하여 고난이라도 달게 받도록 강권한다.

【결론】 "우리가 만일 미쳤어도 하나님을 위한 것이요 정신이 온전하여도 너희를 위한 것이니 그리스도의 사랑이 우리를 강권하시는도다."

- 절기, 용도, 장르, 특징:
- Key Word: 그리스도의 사랑, 사랑의 강권.
- Remarks:

본문 : 고후 6:3~10
제목 : 참된 일꾼의 모습

3.우리가 이 직분이 비방을 받지 않게 하려고 무엇에든지 아무에게도 거리끼지 않게 하고 4.오직 모든 일에 하나님의 일꾼으로 자천하여 많이 견디는 것과 환난과 궁핍과 고난과 5.매 맞음과 갇힘과 난동과 수고로움과 자지 못함과 먹지 못함 가운데서도 6.깨끗함과 지식과 오래 참음과 자비함과 성령의 감화와 거짓이 없는 사랑과 7.진리의 말씀과 하나님의 능력으로 의의 무기를 좌우에 가지고 8.영광과 욕됨으로 그러했으며 악한 이름과 아름다운 이름으로 그러했느니라 우리는 속이는 자 같으나 참되고 9.무명한 자 같으나 유명한 자요 죽은 자 같으나 보라 우리가 살아 있고 징계를 받는 자 같으나 죽임을 당하지 아니하고 10.근심하는 자 같으나 항상 기뻐하고 가난한 자 같으나 많은 사람을 부요하게 하고 아무 것도 없는 자 같으나 모든 것을 가진 자로다

1. 무명한 자 같으나 유명한 자임 (= 묵묵히 자기 일에 충실한 일꾼)

9절= "무명한 자 같으나 유명한 자요…"

2. 징계를 받는 자 같으나 죽임을 당하지 아니함 (= 오뚝이 같이 살아나는 일꾼)

9절= "… 징계를 받는 자 같으나 죽임을 당하지 아니하고"

3. 가난한 자 같으나 많은 사람을 부요하게 하는 자임 (= 남을 돕는 일에 부요한 일꾼)

10절= "… 가난한 자 같으나 많은 사람을 부요하게 하고 아무 것도 없는 자 같으나 모든 것을 가진 자로다"

【대지 유형】주제 설명형 - 본문 수집형 - 대지 병렬형
【주제】하나님의 참된 일꾼은 자기 일에 충실하며 환난 속에서 오뚝이처럼 살아나서 남을 돕는 일에 부요한 사람이다.
【FCF】많은 신앙인이 처음 열심히 하다가 약간의 어려움으로 주저앉는 나약한 일꾼의 모습을 보이고 있음.

【서론】신앙인은 겉모습보다 속 중심이 중요하다. 육체보다 영혼, 이 세상보다 내세를 더 소중히 여겨야. 이와 반대의 사람은 참 일꾼이 될 수 없다. 불신

자들의 시각으로 보지 말아야.

【우산질문】 참된 일꾼의 모습은 어떠한가?

【1대지】 세상의 유명한 자 중 별 볼 일 없는 사람 많다. 거창한 명함 – 빈 껍데기 많다. 목수의 아들 – 사실은 하나님의 아들. 큰 교회 건물 – 실상은 하나님 떠난 교회 많다. 유명해지려고 할수록 더 가벼워진다. 묵묵히 자기 일에 충실한 사람 – 진정 유명한 사람이다. 특히 하늘나라에서는.

【2대지】 신앙인은 넘어질 수 있으나, 오뚝이처럼 다시 벌떡 일어난다. 육은 죽일 수 있으나 영혼은 결코 죽일 수 없다. 역사를 보라: 성경의 역사, 교회의 역사, 기독교의 역사. 핍박이 올수록 더욱 왕성해졌다. 예수님은 십자가에서 죽어 망한 것 같았지만 부활로 승리하셨다.

【3대지】 아무리 부자라 해도 나눌 줄 모르면 거지와 같은 사람이다. 사르밧 과부의 마지막 나눔을 보라. 주는 자가 받는 자보다 복이 있다. 세상은 타인에게 인색하고 자신에게 부요하다. 그러나 신앙인은 그 반대이다.

【결론】 그리스도인은 아무것도 없는 자 같으나 모든 것을 가진 자이다. 주님을 소유한 자는 모든 것을 가진 자이다. 우리는 오직 예수님만 소유하면 된다. 우리의 모습은 그리스도의 모습처럼 되어야 한다. 그분은 무명한 자 같으나 유명한 자이다. 그분은 징계를 받았으나 다시 살아나셨다. 그분은 가난한 자였으나 온 인류를 부요하게 하셨다.

- 절기, 용도, 장르, 특징:
- Key Word: 일꾼.
- Remarks:

본문 : **고후 8:9**
제목 : **부요하신 이로서 가난하게 되신 예수님**
　　　(True Richness in Christ)

9.우리 주 예수 그리스도의 은혜를 너희가 알거니와 부요하신 이로서 너희를 위하여 가난하게 되심은 그의 가난함으로 말미암아 너희를 부요하게 하려 하심이라

1. 하늘에서의 자기 보좌와 지위를 포기하심 (= 지극히 가난하게 되심)

9절= "우리 주 예수 그리스도의 은혜를 너희가 알거니와 부요하신 이로서 너희를 위하여 가난하게 되심은 그의 가난함으로 말미암아 너희를 부요하게 하려 하심이라"

2. 우리를 위하여 가난하게 되셨다 함 (= 성도들을 위함)

9절= "… 부요하신 이로서 너희를 위하여 가난하게 되심은…"

3. 우리를 부요케 하려 하심이라 함 (= 구원, 영생, 성령, 평강의 선물 주심)

9절= "… 너희를 위하여 가난하게 되심은 그의 가난함으로 말미암아 너희를 부요하게 하려 하심이라"

【대지 유형】 주제 설명형 - 본문 분석형 - 대지 진전형
【주제】 예수님은 지극히 부요한 자로서 성도를 부요케 하기 위하여 지극히 낮아지셨다.
【FCF】 많은 신앙인이 예수님의 낮아지심에 대해 깊은 성찰이 부족함.

【서론】 육신을 입고 오신 예수 그리스도= 본문은 예수께서 부요하신 이로써 가난하게 되셨다고 공언한다. 예수님의 전기를 기록하고 있는 사복음서는 다양한 각도로 해석하고 있음. 마태복음: 왕으로 오신 예수님. 마가복음: 종으로 오신 예수님. 누가복음: 참사람으로 오신 예수님. 요한복음: 그리스도의 신성 강조. 그리스도의 성탄이 있기까지 큰 희생이 있었다.
【우산질문】 본문에서 부요하신 이로서 가난하게 되신 예수님에 대해 살펴보자.

【1대지】 그리스도께서 버리신 것은 하늘의 최고 영광의 보좌요 하늘의 최고의 지위였다. 성육신은 이 모든 부요함을 포기한 것을 의미함. 그리스도를 진정으로 만난 사람은 자기를 포기할 수 있다.

【2대지】 주님이 가난하게 되신 것은 '우리를 위함'이라 했다. 양 치던 목자에게 천사가 급히 소식을 전함. 동방 박사들의 길을 인도하던 별의 출현도 당연한 것. 그리스도께서 낮아지신 것은 모두가 우리를 위함이다.

【3대지】 '부요케'= 플루테세테, 부정과거 가정법. 성경은 우리에게 주시는 위대한 선물들을 명확히 밝히고 있다. 구원의 선물(엡 2:8~9), 영생의 선물(롬 6:23), 성령의 선물(롬 5:5), 의의 선물(롬 5:17~18), 평강의 선물(요 14:17), 사망 정복의 선물(고전 15:57).

【결론】 지극히 부요하신 자가 지극히 가난하게 되셨다. 전능하신 분이 무능한 자로 오셨고, 천사를 동원할 수 있었으나 나무에 달려 죽으셨다. 주님의 지극한 선물은 갈보리 십자가를 거쳐 우리에게 주어진다. 롬 6:13, "… 너희 지체를 의의 병기로 하나님께 드리라."

- 절기, 용도, 장르, 특징: 성탄절.
- Key Word: 그리스도의 낮아지심.
- Remarks:

본문 : **고후 9:15**
제목 : **말할 수 없는 하나님의 은사 (The Unspeakable Gift)**

15.말할 수 없는 그의 은사로 말미암아 하나님께 감사하노라

1. 바울은 하나님의 은사로 말미암아 감사하였음 (= 하나님의 은사는 예수 그리스도 자체)

15절= "말할 수 없는 그의 은사로 말미암아 하나님께 감사하노라"

2. 예수 그리스도의 위대하심은 말로 표현할 수 없다고 함 (= 예수 그리스도의 가치와 위대하심은 측량할 수 없음)

15절= "말할 수 없는 그의 은사로 말미암아 하나님께 감사하노라"

3. 이 은사를 받은 우리는 감사할 수밖에 없다 함 (= 진정한 감사)

15절= "말할 수 없는 그의 은사로 말미암아 하나님께 감사하노라"

【대지 유형】주제 설명형 – 본문 분석형 – 대지 혼재형(2+1)
【주제】성도는 위대하신 예수 그리스도를 은사로 주신 하나님께 진심으로 감사하는 자이다.
【FCF】많은 성도가 예수님의 가치와 위대하심을 절감하지 못하고 있음.

【서론】맥추감사주일. 본문은 사도 바울의 감사 고백이 진하게 묻어나는 구절이다. 짧지만 매우 풍요한 문장에서 우리의 주의를 끄는 세 가지를 발견한다. 하나님의 은사, 그 은사의 말할 수 없는 가치, 그리고 그 은사를 받은 자들의 감사하는 삶.
【우산질문】본문이 보여주는 감사의 삶에 대해 하나씩 살펴보자.

【1대지】사도의 감격에 넘치는 신앙고백이다. 사도가 감사하는 이유는 하나님이 주신 은사 때문이다. 이 은사는 세상의 구원을 위해 우리에게 주신 하나님의 선물이다. 말할 수 없는 하나님의 은사 – 곧 예수 그리스도이시다. 이 은사를 어떻게 주셨나? 성경은 온통 하나님의 은사인 그리스도를 인류에게 보

내주시는 하나님의 이야기이다. 하나님은 언약을 통하여, 여러 모형과 상징들을 통해, 그리고 선지자들의 수많은 예언을 통해서 그리스도를 보내주실 것을 약속하셨다.

【2대지】 바울은 '말할 수 없는(unspeakable)'이란 단어를 사용한다. 이 말은 '표현할 수 없다(indescribable)'는 뜻이다. 1) 이 은사는 '말할 수 없는 하나님의 사랑'에 뿌리를 두고 있기 때문이다. 은사의 기원 면에서 unspeakable하다. 2) 이 은사의 가치 면에서도, 표현할 수 없을 정도이다. 예수 그리스도 – 그분은 세상의 보화 중의 보화요, 진주 중의 진주이다. 3) 그리스도께서 우리에게 주시는 유익 또한 측량할 수 없다. 모든 복이 주님에게서 흘러나온다. 4) 이 선물은 영원하다. 세상 모든 것이 변하고 스러져가지만, 예수 그리스도는 어제나 오늘이나 영원토록 변하지 않으신다.

【3대지】 감사는 하나님을 기쁘시게 하는 피조물의 여러 행위 중 가장 으뜸가는 것이다. 우리의 감사는 마음에서 끓어오르는 감사여야 하겠고, 지속적이어야 한다. 항상, 언제나 감사하는 마음으로 충만해야겠다.

【결론】 우리도 사도처럼 하나님의 위대한 선물이신 예수 그리스도를 먼저 깊이 생각하자. 주님의 고귀한 가치, 주님이 우리에게 주시는 그 엄청난 유익들에 대하여 깊이 묵상하고, 깊이 연구해야겠다. 주님의 '말할 수 없는 위대하심'을 함께 나누며 주님에 대한 애정과 충성을 다짐하자.

- 절기, 용도, 장르, 특징: 감사절.
- Key Word: 감사, 은혜, 은사.
- Remarks:

본문 : **고후 12:7~10**
제목 : **풍족한 은혜 (The Sufficiency of Grace)**

7.여러 계시를 받은 것이 지극히 크므로 너무 자만하지 않게 하시려고 내 육체에 가시 곧 사탄의 사자를 주셨으니 이는 나를 쳐서 너무 자만하지 않게 하려 하심이라 **8.**이것이 내게서 떠나가게 하기 위하여 내가 세 번 주께 간구하였더니 **9.**나에게 이르시기를 내 은혜가 네게 족하도다 이는 내 능력이 약한 데서 온전하여짐이라 하신지라 그러므로 도리어 크게 기뻐함으로 나의 여러 약한 것들에 대하여 자랑하리니 이는 그리스도의 능력이 내게 머물게 하려 함이라 **10.**그러므로 내가 그리스도를 위하여 약한 것들과 능욕과 궁핍과 박해와 곤고를 기뻐하노니 이는 내가 약한 그 때에 강함이라

1. 육체에 가시를 주심 (= 고난을 통한 은혜)

7절= "여러 계시를 받은 것이 지극히 크므로 너무 자고하지 않게 하시려고 내 육체에 가시 곧 사단의 사자를 주셨으니 이는 나를 쳐서 너무 자고하지 않게 하려 하심이니라"

2. 약한 데서 온전케 하심 (= 고난 자체가 은혜)

8~9절= "이것이 내게서 떠나기 위하여 내가 세번 주께 간구하였더니/ 내게 이르시기를 내 은혜가 네게 족하도다 이는 내 능력이 약한 데서 온전하여짐이라 하신지라"

3. 바울은 약한 것들을 자랑하고 기뻐함 (= 하나님의 은혜는 풍족함)

9~10절= "이러므로 도리어 크게 기뻐함으로 나의 여러 약한 것들에 대하여 자랑하리니 이는 그리스도의 능력으로 내게 머물게 하려함이라 그러므로 내가 그리스도를 위하여 약한 것들과 능욕과 궁핍과 핍박과 곤란을 기뻐하노니 이는 내가 약할 그 때에 곧 강함이니라"

【대지 유형】 주제 설명형 – 본문 묶음형 – 대지 혼재형(2+1)
【주제】 (석의) 바울은 고난과 은혜의 관계를 알고 오히려 약한 것들을 자랑하였다.
【FCF】 가시 앞에서 흔들리는 현대교인들의 연약한 신앙 상태.

【서론】 "내 은혜가 네게 족하도다." 이 말씀은 주님께서 고통 가운데 있는 사

도 바울에게 주신 말씀이다.

【우산질문】 바울이 고백한 '은혜의 풍족함'을 몇 가지 점에서 살펴보자.

【1대지】 주님이 바울에게 허용하신 육체의 가시는 '고난을 통한 은혜'이었고, 이 은혜는 바울에게 풍족한 은혜였다. 바울 사도는 은혜를 많이 받은 사람이 었지만 여전히 은혜를 필요로 하는 연약한 인간이었다. 그리고 그에게는 가시도 필요했다. 하나님은 성도에게 임하는 고난과 고통을 선(善)으로 바꾸시는 분이시다. 육체의 가시와 같은 고난을 통해 은혜를 풍족히 주시는 하나님이시다.

【2대지】 주님은 바울의 연약을 통해서 주님의 능력을 더욱 나타내시기를 원하셨다. 바울 사도에게는 육체의 가시가 곧 은혜가 되었다. 그는 약한 데서 온전하게 되었다. 고난 자체가 곧 은혜가 되었다는 말씀이다. 하나님의 은혜는 가시를 통해 더욱 풍족해지고, 여러분의 입에서는 마침내 고난 자체가 주님의 은혜라는 고백이 터져 나올 것이다.

【3대지】 고통에 대한 인내는 '오직 그리스도를 위한 것'이어야만 가치 있다.

【결론】 "내 은혜가 네게 족하도다." 성도를 향하여 하나님은 자신만만해 하신다. 주님의 은혜는 우리의 필요를 채우기에 충분히 크시며 충분히 풍족하다. 하나님의 은혜는 어떤 환경에서도 풍족하다.

– 절기, 용도, 장르, 특징:
– Key Word: 은혜.
– Remarks:

본문 : **갈 4:1~7**
제목 : **하나님의 때가 찬 경륜 (On Time and On Target)**

1.내가 또 말하노니 유업을 이을 자가 모든 것의 주인이나 어렸을 동안에는 종과 다름이 없어서 2.그 아버지가 정한 때까지 후견인과 청지기 아래에 있나니 3.이와 같이 우리도 어렸을 때에 이 세상의 초등학문 아래에 있어서 종 노릇 하였더니 4.때가 차매 하나님이 그 아들을 보내사 여자에게서 나게 하시고 율법 아래에 나게 하신 것은 5.율법 아래에 있는 자들을 속량하시고 우리로 아들의 명분을 얻게 하려 하심이라 6.너희가 아들이므로 하나님이 그 아들의 영을 우리 마음 가운데 보내사 아빠 아버지라 부르게 하셨느니라 7.그러므로 네가 이 후로는 종이 아니요 아들이니 아들이면 하나님으로 말미암아 유업을 받을 자니라

1. 메시아의 정해진 때를 지키심 (= 주님의 때)

4절= "때가 차매 하나님이 그 아들을 보내사…"

2. 그리스도를 여자에게서 나게하심 (= 도성인신의 겸손)

4절= "때가 차매 하나님이 그 아들을 보내사 여자에게서 나게 하시고 율법 아래에 나게 하신 것은…"

3. 그리스도를 믿는 자들로 아들의 명분을 얻게 하심 (= 양자 삼기)

5절= "율법 아래에 있는 자들을 속량하시고 으리로 아들의 명분을 얻게 하려 하심이라"

【**대지 유형**】 주제 설명형 – 본문 분석형 – 대지 진전형
【**주제**】 (석의) 하나님의 정해진 때가 되었을 때 하나님은 그리스도를 육신을 입혀 이 땅에 보내사 믿는 자들로 아들의 명분을 얻게 하셨다.
【**FCF**】 많은 신앙인이 예수 그리스도의 속죄 사역에 감동이 부족함.

【**서론**】 크리스마스 시즌이다. 본문은 사도 바울이 갈라디아 교회에 보낸 서신서의 일부다. 갈라디아서는 이신득의 구원 원리의 정당성에 대하여 변증하는 서신으로 유명하다. 그중 본문(1~7절)에서는 우리가 그리스도의 구속(救贖) 사역으로 말미암아 율법으로부터 자유함을 얻은 사실을 종과 아들의 신분을 비유로 설명하고 있다. 본문 갈 4:4~5. 사도 바울은 문맥 가운데서 '그리

스도께서 오신 사건'을 하나님의 때가 찬 경륜으로 해석하여 증언하고 있다.

【우산질문】 예수 그리스도를 이 땅에 보내신 하나님의 경륜은 어떠한가?

【1대지】 하나님은 자신이 친히 정하신 때가 되어서야 당신의 아들을 보내셨다는 말씀이다. 이는 예수 그리스도께서 이 땅에 오신 것이 결코 우연히 이루어진 일이 아님을 시사해준다. '때가 차매'= '시간의 충만함이 이르렀을 때'. 새 시대가 도래하였음을 의미. 하나님의 준비: 유대종교와 율법의 무능력함을 드러내심. 세상은 영적 공백 상태 체감, 로마제국의 통치로 교통망 발달, 헬라어의 공용 언어화…. 하나님은 언제나 자신의 때를 정확히 지키신다. 여자의 후손을 보내시기 위한 하나님의 열심. 그리스도의 재림 또한 가장 적절한 때 정확히 진행하실 것이다.

【2대지】 하나님의 정한 때가 이르렀을 때 하나님은 그리스도를 보내사 여자에게서 나게 하셨다. 여기 '아들을 보내사'라는 말에서 예수님의 신성을, '여자에게서 나게 하셨다'라는 말에서 예수님의 인성을 유추할 수 있다. 가장 영광스런 진리는 '그가 하나님에 의해 보내지셨다'는 사실이다. 하나님께서 말씀하셨고 여자는 기적적으로 아들을 잉태하였다. 예수님이 보이신 겸손의 모습은 우리의 상상을 초월한다(빌 2:5~7). 독생자는 율법 아래로 오셨고 말 구유에 자신의 몸을 뉘이셨다.

【3대지】 '속량하신다'는 것은 몸값을 치르고 되찾는다는 뜻. '아들의 명분'이란 양자되게 하셨다는 것. 이제 곧 예수님이 재림하시면 이 모든 양자의 신분과 권리를 완성시켜 주실 것.

【결론】 자녀이면 후사이고 상속자이다. 여러분은 하나님 나라의 온갖 좋은 것을 상속하게 된 가장 복된 자임을 진정으로 감사하고 있는가? 바로 오늘이 여러분을 위한 하나님의 때가 아닌가?

- 절기, 용도, 장르, 특징: 강림절.
- Key Word: 때가 차매.
- Remarks:

본문 : 갈 5:16~26
제목 : 왜 성령의 사람이 되어야 하는가? (Walk in the Spirit)

16.내가 이르노니 너희는 성령을 따라 행하라 그리하면 육체의 욕심을 이루지 아니하리라 17.육체의 소욕은 성령을 거스르고 성령은 육체를 거스르나니 이 둘이 서로 대적함으로 너희가 원하는 것을 하지 못하게 하려 함이니라 18.너희가 만일 성령의 인도하시는 바가 되면 율법 아래에 있지 아니하리라 19.육체의 일은 분명하니 곧 음행과 더러운 것과 호색과 20.우상 숭배와 주술과 원수 맺는 것과 분쟁과 시기와 분냄과 당 짓는 것과 분열함과 이단과 21.투기와 술 취함과 방탕함과 또 그와 같은 것들이라 전에 너희에게 경계한 것 같이 경계하노니 이런 일을 하는 자들은 하나님의 나라를 유업으로 받지 못할 것이요 22.오직 성령의 열매는 사랑과 희락과 화평과 오래 참음과 자비와 양선과 충성과 23.온유와 절제니 이같은 것을 금지할 법이 없느니라 24.그리스도 예수의 사람들은 육체와 함께 그 정욕과 탐심을 십자가에 못 박았느니라 25.만일 우리가 성령으로 살면 또한 성령으로 행할지니 26.헛된 영광을 구하여 서로 노엽게 하거나 서로 투기하지 말지니라

1. 육체의 소욕은 성령을 거스르고 성령은 육체를 거스르기 때문 (= 두 길이 서로 대적함)

17절= "육체의 소욕은 성령을 거스르고 성령은 육체를 거스르나니 이 둘이 서로 대적함으로 너희가 원하는 것을 하지 못하게 하려 함이니라"

2. 육체의 소욕은 지배하는 힘이 강하기 때문 (= 죄의 힘〈성령의 힘)

19~21절= "육체의 일은 분명하니 곧 음행과 더러운 것과 호색과 우상 숭배와 주술과 원수 맺는 것과 분쟁과 시기와 분냄과 당 짓는 것과 분열함과 이단과 투기와 술 취함과 방탕함과 또 그와 같은 것들이라…"

3. 예수의 사람은 옛사람을 십자가에 못 박았기 때문 (= 성령으로 사는 사람)

24절= "그리스도 예수의 사람들은 육체와 함께 그 정욕과 탐심을 십자가에 못 박았느니라"

【대지 유형】 이유 제시형 – 본문 묶음형 – 대지 진전형
【주제】 (석의) 육체의 소욕이 크므로 성령의 사람이 되어야 모든 정욕을 이길 수 있다.
【FCF】 많은 신앙인에게 성령의 사람이 되어야 한다는 의식이 부족.

【서론】 성령강림 사건은 예루살렘 교회를 탄생시킨 계기가 되었고, 이때로부터 초대교회의 위대한 역사가 시작되었다. 초대교회 성도들은 성령을 따라 살았던 '성령의 사람들'이었다. 왜 성령의 사람이 되어야 하는가? 이 질문은 더 이상 미룰 수 없는 화급한 문제다. 이것은 선택이 아니라 반드시 감당해야 하는 소명이다.

【우산질문】 우리는 왜 성령의 사람이 되어야 하는 것인가?

【1대지】 우리는 왜 성령의 사람이 되어야 하나? 우리 속에서 육체는 성령을 거스르고 성령은 육체를 거스려 두 길이 서로 대적하기 때문이고, 우리가 성령을 따라 행하는 성령의 사람이 될 때 육체의 욕망을 이길 수 있기 때문이다.

【2대지】 첫째 그룹에 속하는 본문의 죄악들은 '순결'과 반대되는 것들= '음행'과 '더러운 것'과 '호색'. 두 번째 그룹에 속하는 육체의 일에는 '우상 숭배'와 '주술'= 이것들은 불신앙의 죄, 즉 종교적 범죄이다. 세 번째 그룹에 속하는 것들은 인간관계 속에서 나타나는 인간의 사악한 본성과 관련된 죄악들= 여기에는 '원수 맺는 것과 분쟁과 시기와 분냄과 당 짓는 것과 분열함과 이단과 투기'가 있다. 네 번째 것들은 술과 관련된 것들= '술취함'과 '방탕함'이 있다.

【3대지】 본 절은 그리스도 예수께 속하여 그 십자가의 대속적 은혜 아래 있는 사람들은 죄악된 본성으로부터 솟아 나오는 정욕 및 탐심, 그 근본 본성까지도 십자가에 못 박은 사람임을 강조하고 있는 것.

【결론】 내주하시는 성령님을 철저하게 의지하자. 여러분은 이미 죄 된 육체와 함께 정과 욕심을 십자가에 못 박은 자들이다. 더 이상 육체의 소욕은 여러분의 인도자가 될 수 없다.

- 절기, 용도, 장르, 특징: 성령강림주일.
- Key Word: 성령, 성령의 사람.
- Remarks:

본문 : **갈 5:16~26**

제목 : **사탄이 조장하는 죄의 유형**

16.내가 이르노니 너희는 성령을 따라 행하라 그리하면 육체의 욕심을 이루지 아니하리라 17.육체의 소욕은 성령을 거스르고 성령은 육체를 거스르나니 이 둘이 서로 대적함으로 너희가 원하는 것을 하지 못하게 하려 함이니라 18.너희가 만일 성령의 인도하시는 바가 되면 율법 아래에 있지 아니하리라 19.육체의 일은 분명하니 곧 음행과 더러운 것과 호색과 20.우상 숭배와 주술과 원수 맺는 것과 분쟁과 시기와 분냄과 당 짓는 것과 분열함과 이단과 21.투기와 술 취함과 방탕함과 또 그와 같은 것들이라 전에 너희에게 경계한 것 같이 경계하노니 이런 일을 하는 자들은 하나님의 나라를 유업으로 받지 못할 것이요 22.오직 성령의 열매는 사랑과 희락과 화평과 오래 참음과 자비와 양선과 충성과 23.온유와 절제니 이같은 것을 금지할 법이 없느니라 24.그리스도 예수의 사람들은 육체와 함께 그 정욕과 탐심을 십자가에 못 박았느니라 25.만일 우리가 성령으로 살면 또한 성령으로 행할지니 26.헛된 영광을 구하여 서로 노엽게 하거나 서로 투기하지 말지니라

1. 성적인 죄: 음행과 더러움과 호색은 사탄이 가장 즐겨 사용하는 무기임

19절= "육체의 일은 분명하니 곧 음행과 더러운 것과 호색과"

2. 종교적인 죄: 우상 숭배와 주술은 하나님을 대적하는 악한 죄임

20절= "우상 숭배와 주술과…"

3. 대인관계의 죄: 원수 맺음 · 분쟁 · 시기 · 분냄 · 당 짓는 것 · 분리함 · 이단 · 투기 · 술취함 · 방탕함은 사탄의 다양한 무기가 됨

20~21절= "… 원수 맺는 것과 분쟁과 시기와 분냄과 당 짓는 것과 분열함과 이단과 투기와 술 취함과 방탕함과 또 그와 같은 것들이라…"

【대지 유형】 주제 설명형 – 본문 분석형 – 대지 연결형

【주제】 영적 전쟁에서 사탄은 우리 속의 성적인 죄, 종교적인 죄, 대인 관계의 죄들을 가지고 우리를 공격해 온다.

【FCF】 많은 신앙인이 이런 죄들이 사탄의 무기가 됨을 인지하지 못함.

【서론】 하나님은 전능하신 분. 구하는 자에게 모든 좋은 것을 아끼지 않으신다. 그런데 응답받지 못하게 하는 요인= 기도 응답을 방해하는 요인= 죄. 죄의 배후에 사탄이 있다. 영적 전쟁은 도덕적 죄와의 전쟁이라 할 수 있다.

【우산질문】 본문에서 사탄이 조장하는 구체적인 죄의 유형들을 살펴보자.

【1대지】 음행(포르네이아)= 간음, 근친상간, 동성애, 수간 등 모든 불법적인 성적 관계를 의미. 더러움= 의례적으로나 도덕적으로 불순한 것을 의미. 호색 = 방탕과 방종에 의한 음란을 의미. 이것들은 사탄이 가장 즐겨 사용하는 무기이다.

【2대지】 우상숭배= 천지를 창조하신 하나님을 대적하는 행위. 바울은 이방인의 제사하는 것이 귀신에게 하는 것이며 귀신과 교제하는 것이라 함. 술수= 마법이나 마술을 의미. 은유적으로는 우상숭배의 속임수와 유혹을 의미.

【3대지】 이 목록들은 개인의 죄에서 발달하여 가족들과 공동체에 큰 악영향을 미치는 죄들. 한 사람의 분노나 시기→교회나 그 구역에 영향을 준다.

【결론】 영적 전쟁에서 승리하는 길은 오직 육체의 소욕을 버리고 성령의 소욕이 나를 다스리게 하는 것. 성령 충만해야 한다. 성령의 다스림 가운데 있어야 승리할 수 있다.

- 절기, 용도, 장르, 특징:
- Key Word: 죄 목록, 영적 전쟁.
- Remarks:

본문 : 갈 6:6~10
제목 : **씨 뿌리는 자의 결심 (Sowing to Please the Holy Spirit)**

6.가르침을 받는 자는 말씀을 가르치는 자와 모든 좋은 것을 함께 하라 **7.**스스로 속이지 말라 하나님은 업신여김을 받지 아니하시나니 사람이 무엇으로 심든지 그대로 거두리라 **8.**자기의 육체를 위하여 심는 자는 육체로부터 썩어질 것을 거두고 성령을 위하여 심는 자는 성령으로부터 영생을 거두리라 **9.**우리가 선을 행하되 낙심하지 말지니 포기하지 아니하면 때가 이르매 거두리라 **10.**그러므로 우리는 기회 있는 대로 모든 이에게 착한 일을 하되 더욱 믿음의 가정들에게 할지니라

1. 성령의 뜻을 따라 심는 한 해 (= 성령의 거룩한 씨 뿌림)

8절= "자기의 육체를 위하여 심는 자는 육체로부터 썩어진 것을 거두고 성령을 위하여 심는 자는 성령으로부터 영생을 거두리라"

2. 지치지 않고 열매를 기다리는 한 해 (= 인내로 추수)

9절= "우리가 선을 행하되 낙심하지 말지니 피곤하지 아니하면 때가 이르매 거두리라"

【대지 유형】 주제 적용형 – 본문 수집형 – 대지 연결형
【주제】 성도는 성령의 뜻을 따라 씨를 뿌리고 인내로 추수하는 자이다.
【FCF】 많은 신앙인이 육체를 위해 심고 있음.

【서론】 새해 벽두, 우리 모두는 씨 뿌리는 자로서 단단히 결심해야 하겠다. 성경은 우리를 심고 거두는 농부에 비유한다. 우리 모두는 무엇인가를 심어야 하고, 심은 대로 거두게 된다. 7절, "사람이 무엇으로 심든지 그대로 거두리라."
【우산질문】 하나님께서 내게 주신 금년을 어떤 한 해로 만들 것인가?

【1대지】 '자기의 육체를 위하여 심는 자'= 자기의 육체에 씨를 뿌리는 자= '육신을 좇는 자'. 그는 '육신의 일을 생각'하며 '육신에게 져서 육신대로' 사는 자이다(롬 8:5, 12, 13). 반면에 '성령을 위하여 심는 자'= '성령에' 씨를 뿌리는 자= '영을 좇는 자'. 그는 '영의 일을 생각'하며 '영으로써 몸의 행실을 죽이는' 사람이다(롬 8:5, 13). 성령을 따라서 심는다는 말이 무슨 뜻인가? 이것은 하나

님과의 관계에서 이루어지는 생각들이나 일들을 가리키는 말이다. 하나님께 드리는 우리의 기도, 성도들이 함께 모여 하나님께 드리는 예배, 혹은 성경 말씀을 공부하는 것을 통해서 하나님을 상대하는 우리의 행동, 이런 것들을 통하여 우리는 '성령의 거룩한 씨 뿌림'을 갖게 된다. 여러분은 성령을 따라 살고 있는가? 그렇다면 '기회 있는 대로 모든 이에게 착한 일을 하는' 성도일 것. 그런데 본문은 '더욱 믿음의 가정들'에게 착한 일을 하라고 권면하고 있다. 먼저 우리 구역의 성도들, 우리 교회의 성도들에게 착한 일을 하기를 힘쓰는 은혜가 있어야 한다.

【2대지】 심고 거두는 것은 시간을 요(要)하는 문제이다. 따라서 자칫하면 기다리지 못하고 낙심하기 쉽다. 여기 '낙심하지 말지니'는 문자적으로는 '우리는 지치지 말자'라는 뜻이다. 가정법 현재 능동태로 쓰여 계속적이고 반복적인 행위를 나타낸다. 즉, '선을 행하되 계속해서 지속적으로 지치지 말라'는 권고가 담겨 있는 구절이다. 선한 일 한두 번 하고 그만 두어버리는 것은 열매를 기다리는 자세가 아니다. 우리의 마음을 옥토로 개간해서 거룩한 복음의 씨앗을 뿌리고 열매를 거두는 것에는 참으로 많은 기다림의 날들이 필요하다.

【결론】 먼저 나에게 '성령의 거룩한 씨 뿌림'이 있는가를 살펴보자. 금년 한 해는 여느 해보다 더욱 '성령을 따라 심는 한 해'가 되도록 연초부터 단단히 결심하자. 지치지 말고 인내하며 열매를 맺힐 때까지 전진하는 주님의 제자가 되자.

- 절기, 용도, 장르, 특징: 신년예배.
- Key Word: 씨 뿌리는 자.
- Remarks:

본문 : **갈 6:11~17**

제목 : **바울의 십자가 자랑**

11.내 손으로 너희에게 이렇게 큰 글자로 쓴 것을 보라 12.무릇 육체의 모양을 내려 하는 자들이 억지로 너희에게 할례를 받게 함은 그들이 그리스도의 십자가로 말미암아 박해를 면하려 함뿐이라 13.할례를 받은 그들이라도 스스로 율법은 지키지 아니하고 너희에게 할례를 받게 하려 하는 것은 그들이 너희의 육체로 자랑하려 함이라 14.그러나 내게는 우리 주 예수 그리스도의 십자가 외에 결코 자랑할 것이 없으니 그리스도로 말미암아 세상이 나를 대하여 십자가에 못 박히고 내가 또한 세상을 대하여 그러하니라 15.할례나 무할례가 아무 것도 아니로되 오직 새로 지으심을 받는 것만이 중요하니라 16.무릇 이 규례를 행하는 자에게와 하나님의 이스라엘에게 평강과 긍휼이 있을지어다 17.이 후로는 누구든지 나를 괴롭게 하지 말라 내가 내 몸에 예수의 흔적을 지니고 있노라

1. 사람들이 자랑하는 것들이 사도에게는 '그러나'의 대상이었음 (= 세상적인 것들을 배설물 취급)

13~14절= "그들이 너희의 육체로 자랑하려 함이라 그러나 내게는 우리 주 예수 그리스도의 십자가 외에 결코 자랑할 것이 없으니 그리스도로 말미암아 세상이 나를 대하여 십자가에 못 박히고 내가 또한 세상을 대하여 그러하니라"

2. 사람들이 무시하는 십자가를 사도는 자랑할 유일한 것으로 고백함 (= 십자가만을 자랑)

14절= "내게는 우리 주 예수 그리스도의 십자가 외에 결코 자랑할 것이 없으니…"

3. 사도가 십자가만을 자랑하는 이유

1) 죄로 가득 찬 세상에서 십자가로 말미암아 저주가 제거됨
2) 모든 구원의 축복이 십자가로부터 흘러나옴
3) 십자가에 의지하여 기도로 하나님께 나아감
4) 십자가는 하나님 사랑하는 동기를 부여함
5) 십자가는 믿는 자에게 승리를 알려주는 위대한 도구임

【대지 유형】 주제 설명형 – 본문 수집형 – 대지 혼재형

【주제】 세상이 무시하고 거부한 십자가를 사도는 오히려 그가 자랑하는 유일

한 것으로 주장한다.

【FCF】 십자가만을 자랑하는 신앙인을 찾기 쉽지 않음.

【서론】 그리스도의 십자가와 부활은 양대 산맥. 본문의 십자가의 의미= 예수 그리스도의 수난과 죽으심, 흘리신 보혈. 당시 유대주의자들은 할례를 선호하여 갈라디아 교인들을 할례받도록 – 그 이유는 자랑하려고. 그러나 사도는 이에 대해 담대히 맞서고 있다.

【우산질문】 본문에서 바울 사도의 십자가 자랑을 살펴보자.

【1대지】 사람들은 하나님 외의 여러 가지를 자랑한다. 유대인들은 아브라함의 자손인 것을 자랑. 바리새인들은 구별된 것을 자랑. 사람들은 학식이나 재능, 사회적 지위, 권리, 명예 등을 자랑한다. 바울은 이것들을 그리스도를 위하여 배설물 취급했다(빌 3:4~9).

【2대지】 기독교의 내면적인 것은 불신자들에겐 조소거리이다. 예수님의 출신이나 가르침이나 사역에 대한 세상의 평가는 부정적이다. 가장 경멸의 대상= 십자가. 바울에게는 이 십자가가 최고의 자랑거리가 된다.

【3대지】 바울 서신 전체에서 그가 십자가에 대해 가진 사상을 살펴보자.

【결론】 당신은 십자가의 구원의 능력을 맛본 적이 있나? 십자가를 자랑할 이유를 가지고 있는가? 십자가를 자랑하고 있나? 갈 2:20. No Cross No Crown!

- 절기, 용도, 장르, 특징:
- Key Word: 십자가, 삽자가 자랑.
- Remarks:

본문 : 갈 6:11~17
제목 : 바울이 가진 예수님의 흔적
(The Marks of Jesus on Paul's Body)

11.내 손으로 너희에게 이렇게 큰 글자로 쓴 것을 보라 **12.**무릇 육체의 모양을 내려 하는 자들이 억지로 너희에게 할례를 받게 함은 그들이 그리스도의 십자가로 말미암아 박해를 면하려 함뿐이라 **13.**할례를 받은 그들이라도 스스로 율법은 지키지 아니하고 너희에게 할례를 받게 하려 하는 것은 그들이 너희의 육체로 자랑하려 함이라 **14.**그러나 내게는 우리 주 예수 그리스도의 십자가 외에 결코 자랑할 것이 없으니 그리스도로 말미암아 세상이 나를 대하여 십자가에 못 박히고 내가 또한 세상을 대하여 그러하니라 **15.**할례나 무할례가 아무 것도 아니로되 오직 새로 지으심을 받는 것만이 중요하니라 **16.**무릇 이 규례를 행하는 자에게와 하나님의 이스라엘에게 평강과 긍휼이 있을지어다 **17.**이 후로는 누구든지 나를 괴롭게 하지 말라 내가 내 몸에 예수의 흔적을 지니고 있노라

1. 소유권: 예수님의 소유된 표
　　17절= "… 내가 내 몸에 예수의 흔적을 지니고 있노라"

2. 사명: 예수님이 부여하신 거룩한 사명
　　17절= "… 내가 내 몸에 예수의 흔적을 지니고 있노라"

3. 방어용: 반대자에 대한 바울의 답변
　　17절= "이 후로는 누구든지 나를 괴롭게 하지 말라 내가 내 몸에 예수의 흔적을 지니고 있노라"

【대지 유형】 주제 함축형 – 본문 묵상형 – 대지 병렬형
【주제】 (석의) 바울의 몸에 있는 흔적은 예수님의 소유된 표요 예수님으로부터 받은 사명을 가리킨다.
【FCF】 예수의 흔적을 가진 성도를 찾기 어려운 현대교회 상황.

【서론】 본문은 이 세상에서 믿음을 지키며 복음 전파의 사명을 감당하는 그리스도인에게 핍박으로 인해 생겨나는 상처에 관한 말씀이다. 사도 바울은 이것을 '예수의 흔적'이라고 했다. 1세기에 사용되던 '흔적(痕迹, 스티그마)'이란 단어의 배경: 첫째는 노예들의 이마에 주인의 이름을 화인으로 만들어서 찍은 흔적. 두 번째 배경은 로마의 군인들이 자기 사령관의 흔적을 이마에 받

은 적이 있었음. 또 다른 배경은 당시에 억울하게 죄인으로 몰려 박해받는 사람이 로마의 신전에 들어가서 보호를 받게 되면 신전의 흔적을 이마에 받았음.

【우산질문】 바울이 가지고 있던 예수님의 흔적은 무엇을 의미하나?

【1대지】 이것은 바울 사도가 주님을 위해서 혹은 주님께로부터 받은 바 자기 몸에 가지고 있는 흔적이라 말할 수 있다. 앞에서 살펴본 것처럼 '흔적'이라는 말은 고대 사회에서 주인이 노예에 대한 자신의 소유권을 나타내기 위해 노예의 몸에 찍는 낙인을 뜻하는 말이다. "나는 내 몸에 예수님의 흔적을 가지고 있습니다!" "내 몸에는 예수님의 소유된 표가 있습니다!"

【2대지】 바울이 말하는 '예수의 흔적'은 예수님의 소유된 표일 뿐 아니라 예수님이 그에게 부여하신 복음 전도자의 사명을 가리키는 말이다. 바울은 자신의 몸에 예수님의 일꾼된 표를 지니고 있다고 고백한다. 그는 다메섹 도상에서 예수님을 발견하고 예수님의 소유물이 된 동시에 그리스도의 일꾼이 되었다. 바울에게 있어 '그리스도의 흔적'은 그리스도의 대사의 신임장이었음. 하나님의 자녀로 입양되면 당연히 사명이 주어짐.

【3대지】 "갈라디아 교인들이여, 나를 괴롭게 하지 마십시오. 내가 전한 복음이 진짜니 가짜니 하고 말하지 마십시오. 더 이상 바울이 사도냐 아니냐 떠들지 마십시오. 그런 말도 되지 않은 것으로 나를 괴롭게 하지 마십시오. 내 몸에는 확고한 예수님의 도장이 찍혀 있습니다." 그 흔적은 이제 고난과 박해에 대항하는 무기가 되었음. 그는 사랑이 많고 인내하는 사람이었지만, 자신의 사명 수행을 위해서는 용감하게 박해에 맞서는 용기 있는 일꾼이었음.

【결론】 행 20:23~24= "오직 성령이 각 성에서 내게 증언하여 결박과 환난이 나를 기다린다 하시나 내가 달려갈 길과 주 예수께 받은 사명 곧 하나님의 은혜의 복음을 증언하는 일을 마치려 함에는 나의 생명조차 조금도 귀한 것으로 여기지 아니하노라"

- 절기, 용도, 장르, 특징:
- Key Word: 흔적.
- Remarks:

본문 : 엡 1:3~6; 골 1:15~18
제목 : **창조사역을 주도하신 구속주**
(Jesus on Genesis One through Two)

엡 1:3.찬송하리로다 하나님 곧 우리 주 예수 그리스도의 아버지께서 그리스도 안에서 하늘에 속한 모든 신령한 복을 우리에게 주시되 **4.**곧 창세 전에 그리스도 안에서 우리를 택하사 우리로 사랑 안에서 그 앞에 거룩하고 흠이 없게 하시려고 **5.**그 기쁘신 뜻대로 우리를 예정하사 예수 그리스도로 말미암아 자기의 아들들이 되게 하셨으니 **6.**이는 그가 사랑하시는 자 안에서 우리에게 거저 주시는 바 그의 은혜의 영광을 찬송하게 하려는 것이라

골 1:15.그는 보이지 아니하는 하나님의 형상이요 모든 피조물보다 먼저 나신 이시니 **16.**만물이 그에게서 창조되되 하늘과 땅에서 보이는 것들과 보이지 않는 것들과 혹은 왕권들이나 주권들이나 통치자들이나 권세들이나 만물이 다 그로 말미암고 그를 위하여 창조되었고 **17.**또한 그가 만물보다 먼저 계시고 만물이 그 안에 함께 섰느니라 **18.**그는 몸인 교회의 머리시라 그가 근본이시요 죽은 자들 가운데서 먼저 나신 이시니 이는 친히 만물의 으뜸이 되려 하심이요

1. 창세 전에 구원받을 자를 택하셨음 (= 창조 전 구원계획 수립)
엡 1:4~5= "곧 창세 전에 그리스도 안에서 우리를 택하사 우리로 사랑 안에서 그 앞에 거룩하고 흠이 없게 하시려고 그 기쁘신 뜻대로 우리를 예정하사 예수 그리스도로 말미암아 자기의 아들들이 되게 하셨으니"

2. 구원의 길을 가르치기 위해 세상을 다채롭게 창조하셨음 (= 다양한 구원 교육 교재)
골 1:16= "만물이 그에게서 창조되되 하늘과 땅에서 보이는 것들과 보이지 않는 것들과 혹은 왕권들이나 주권들이나 통치자들이나 권세들이나 만물이 다 그로 말미암고 그를 위하여 창조되었고"

3. 창조 시 구원에 관한 모든 것을 준비하셨음 (= 완벽한 준비)
16절= "만물이 그에게서 창조되되… 만물이 다 그로 말미암고 그를 위하여 창조되었고"

【대지 유형】 주제 설명형 – 본문 수집형 – 대지 심화형
【주제】 (적용) 예수 그리스도는 창조 사역의 전 과정에서 구원 계획을 세우시고 준비하셨다.

【FCF】다양한 창조물을 보면서도 주님의 구원 계획을 알아차리지 못함.

【서론】구약의 기록 중 아마도 가장 그럴성 싶지 않은 부분인 창세기 초두의 창조사역에서 그리스도의 모습을 찾아보고자 한다. 신약성경은 예수님을 창조주로 증언할 뿐 아니라 그분의 '창조사역'을 그분의 '구원사역'과 결부시키고 있다.

【우산질문】그리스도께서는 창조사역을 어떻게 주도하셨나? 창세기 1~2장에 기록된 내용은 구원자이신 그리스도와 그분의 구원을 어떤 식으로 증언하고 있나?

【1대지】예수 그리스도는 창조 이전에 이미 세상을 구원하실 계획을 세우셨다. 하나님이 "빛이 있으라" 말씀하실 때부터 이미 구원의 계획이 수립되어 있었다. 예수님은 창조 사역에서부터 구원 사역을 위한 기초를 확실하게 놓으셨다.

【2대지】예수님께서 자기 자신과 구원을 가르치시기 위해 어떤 피조물들을 만드셨는지 살펴보는 것은 참으로 흥미로운 일이다. 창세기 1~2장에 나타난 창조사역의 순서= 구원사역이 어떻게 전개되고 발전될지를 우리에게 보여주기 위해서였다.

【3대지】주님은 "구원을 계획하셨고, 구원의 무대를 마련하셨으며, 새 창조의 사역을 통해 우리가 어떤 존재가 되어야 하고 또 될 수 있는지를 더 잘 이해하게 하시려는 의도를 가지고" 인간을 창조하셨다.

【결론】모든 것이 준비되고 예비 되었다. 인류 구원의 대 드라마를 위한 모든 것이 완벽하게 마련되었다. 구원의 무대가 완성되었고, 구원의 소품들이 정해졌다. 구원의 배경이 설정되었고, 음악이 연주되고 조명이 켜졌다. 하나님은 예수님 안에서 구원을 얻으라고 우리를 부르신다.

- 절기, 용도, 장르, 특징:
- Key Word: 창조, 구원.
- Remarks:

본문 : 엡 1:3~14
제목 : **성도에게 내리시는 하나님의 복**
(The Blessings of God for Christians)

3.찬송하리로다 하나님 곧 우리 주 예수 그리스도의 아버지께서 그리스도 안에서 하늘에 속한 모든 신령한 복을 우리에게 주시되 4.곧 창세 전에 그리스도 안에서 우리를 택하사 우리로 사랑 안에서 그 앞에 거룩하고 흠이 없게 하시려고 5.그 기쁘신 뜻대로 우리를 예정하사 예수 그리스도로 말미암아 자기의 아들들이 되게 하셨으니 6.이는 그가 사랑하시는 자 안에서 우리에게 거저 주시는 바 그의 은혜의 영광을 찬송하게 하려는 것이라 7.우리는 그리스도 안에서 그의 은혜의 풍성함을 따라 그의 피로 말미암아 속량 곧 죄 사함을 받았느니라 8.이는 그가 모든 지혜와 총명을 우리에게 넘치게 하사 9.그 뜻의 비밀을 우리에게 알리신 것이요 그의 기뻐하심을 따라 그리스도 안에서 때가 찬 경륜을 위하여 예정하신 것이니 10.하늘에 있는 것이나 땅에 있는 것이 다 그리스도 안에서 통일되게 하려 하심이라 11.모든 일을 그의 뜻의 결정대로 일하시는 이의 계획을 따라 우리가 예정을 입어 그 안에서 기업이 되었으니 12.이는 우리가 그리스도 안에서 전부터 바라던 그의 영광의 찬송이 되게 하려 하심이라 13.그 안에서 너희도 진리의 말씀 곧 너희의 구원의 복음을 듣고 그 안에서 또한 믿어 약속의 성령으로 인치심을 받았으니 14.이는 우리 기업의 보증이 되사 그 얻으신 것을 속량하시고 그의 영광을 찬송하게 하려 하심이라

1. 창세 전에 그리스도 안에서 우리를 택하심 (= 선택의 복)

4절= "곧 창세 전에 그리스도 안에서 우리를 택하사 우리로 사랑 안에서 그 앞에 거룩하고 흠이 없게 하시려고…"

2. 기쁘신 뜻대로 그리스도로 말미암아 자기의 아들들이 되게 하심 (= 입양의 복)

5절= "그 기쁘신 뜻대로 우리를 예정하사 예수 그리스도로 말미암아 자기의 아들들이 되게 하셨으니"

3. 그리스도의 보혈로 죄 사함을 받게 하심 (= 구속(救贖)의 복)

7절= "우리는 그리스도 안에서 그의 은혜의 풍성함을 따라 그의 피로 말미암아 속량(구속) 곧 죄 사함을 받았느니라"

4. 모든 지혜와 총명을 우리에게 넘치게 하심 (= 지혜와 총명의 복)

8절= "이는 그가 모든 지혜와 총명을 우리에게 넘치게 하사…"

5. 성령으로 인쳐 주심 (= 성령 인침의 복)

13절= "그 안에서 너희도 진리의 말씀 곧 너희의 구원의 복음을 듣고 그 안에서 또한 믿어 약속의 성령으로 인치심을 받았으니"

【**대지 유형**】 주제 설명형 – 본문 분석형 – 대지 심화형
【**주제**】 하나님은 우리를 선택하시고 입양하시며 구속하셔서 지혜와 총명을

주시고 성령으로 인쳐 주신다.

【FCF】 많은 신앙인이 하나님 주시는 복의 풍성함을 깨닫지 못하고 있음.

【서론】 우리 하나님의 영원한 계획! 이 계획은 하나님께서 성도 위에 부으시는 복으로 나타난다. 성경이 보여주는 하나님의 복은 그리스도 전에는 주로 물질적인 복이었으나 그리스도가 오신 후 신약의 성도들에게 내리시는 하나님의 복은 영적인 복, 신령한 복이다. 성도는 예수님을 통해 오는 하늘의 신령한 복을 바라보고, 그것을 기뻐하며, 그것을 소망하고, 그것으로 인해 감격하는 자이다.

【우산질문】 과연 하나님께서 성도에게 내리시는 복은 어떤 것인가?

【1대지】 불신 세상은 하나님의 선택을 알 필요도, 알아야 할 이유도 없다. 그러나 성도는 분명히 알고 믿어야 한다. 왜 우리를 그리스도 안에서 택하셨나? "거룩하고 흠이 없게 하시려고."

【2대지】 하나님께서는 우리가 그의 아들 예수 그리스도를 믿고 받아들일 때 우리를 자녀로 받아주신다.

【3대지】 '속량= 구속(redemption)'이란 단어는 대가를 치룸으로써 사람을 자유케 해 준다는 뜻이다. 우리가 받은 죄 사함의 은혜는 측량할 수 없이 풍성한 은혜이다. 이 은혜는 주고 또 주는 은혜, 퍼주고 또 퍼주어도 결코 다함이 없는 은혜이다.

【4대지】 '지혜(소피아)'는 진리를 보고 아는 것을 의미하고, '총명(프로네세이)'은 그 진리를 적용하는 능력을 의미한다. 이 복은 9절의 복으로 연결된다. "그 뜻의 비밀을 우리에게 알리신 것이요 그의 기뻐하심을 따라 그리스도 안에서 때가 찬 경륜을 위하여 예정하신 것이니"

【5대지】 하나님은 성도에게 약속대로 성령을 보내셔서 우리 안에 역사케 하신다. 성령께서는 우리로 하여금 그리스도를 확실히 믿게 하고, 그리스도의 구속의 효과를 우리에게 적용하사 우리로 구원에 이르게 하신다. 사도 바울은 이를 성령의 인침으로 표현하고 있다.

【결론】 내게 주신 신령한 복을 세어 보아야겠다. 그리고 더욱 감사하는 성도가 되어야겠다. 하나님의 선택, 양자 삼음, 구속과 죄 용서, 지혜와 총명, 하나님의 비밀에 참여하는 것, 그리고 성령의 인치심….

- 절기, 용도, 장르, 특징:
- Key Word: 하나님의 복.
- Remarks:

본문 : 엡 1:15~19
제목 : **하나님을 알게 되면 (Knowing God)**

15.이로 말미암아 주 예수 안에서 너희 믿음과 모든 성도를 향한 사랑을 나도 듣고 **16.**내가 기도할 때에 기억하며 너희로 말미암아 감사하기를 그치지 아니하고 **17.**우리 주 예수 그리스도의 하나님, 영광의 아버지께서 지혜와 계시의 영을 너희에게 주사 하나님을 알게 하시고 **18.**너희 마음의 눈을 밝히사 그의 부르심의 소망이 무엇이며 성도 안에서 그 기업의 영광의 풍성함이 무엇이며 **19.**그의 힘의 위력으로 역사하심을 따라 믿는 우리에게 베푸신 능력의 지극히 크심이 어떠한 것을 너희로 알게 하시기를 구하노라

1. 하나님의 부르심의 소망을 알게 됨 (= 부활의 소망, 하나님 앞에 완전한 자로 서게 될 우리)

18절= "너희 마음의 눈을 밝히사 그의 부르심의 소망이 무엇이며…"

2. 성도 안에 있는 주님의 기업의 영광의 풍성함을 알게 됨 (= 하나님의 소유인 성도, 그 영광스러운 모습)

18절= "… 성도 안에서 그 기업의 영광의 풍성함이 무엇이며…"

3. 하나님의 능력이 얼마나 큰가를 알게 됨 (= 엄청난 하나님의 능력)

19절= "그의 힘의 위력으로 역사하심을 따라 믿는 우리에게 베푸신 능력의 지극히 크심이 어떠한 것을 너희로 알게 하시기를 구하노라"

【대지 유형】 주제 설명형 - 본문 분석형 - 대지 연결형
【주제】 신자가 하나님을 알게 되면 부르심의 소망과 성도 자신의 영광스런 모습과 하나님의 능력의 위대함을 깨닫게 된다.
【FCF】 많은 신앙인이 자신들이 얼마나 영광스런 존재인가를 잘 알지 못하고 있음.

【서론】 사도 바울, 에베소 교회 성도들의 믿음과 성도들의 사랑 소식을 듣고 감사와 기도를 쉬지 않았다(15, 16절). 바울의 기도는 '하나님을 점점 알아가도록'. 믿음 안에 들어온 신자에게 가장 중요한 것은 하나님을 더 가까이 자세히 알아가는 것. 어떻게 하면 하나님을 더 알아갈 수 있나? 지혜의 영 통해,

계시의 영 통해, 마음의 눈이 밝아져서.

【우산질문】 본문을 통해 하나님을 알게 될 때 뒤따르는 결과에 대해 살펴보자.

【1대지】 앞부분(1:3~14)의 내용: 우리 부르심의 소망은 거룩한 하나님 자녀의 삶, 영원한 구속, 지혜와 총명 소유, 그리스도 안에서 완전한 통일 경험. 하나님의 부르심으로 우리는 그리스도의 의로 하나님 앞에 완전한 자로 서게 된다. 우린 본래 거칠고 지저분한 자들, 이제 그리스도의 은혜로 예수 그리스도를 닮아 간다. 영적 전투를 거치며 그리스도를 닮아 간다. 용감한 영혼의 아름다움. 부활의 소망. 결코 과소평가할 수 없다.

【2대지】 성도들은 곧 하나님의 기업이요 소유이다. 우리가 하나님을 점점 알게 되면 이 위대한 진리를 깨닫는다. 영광스러움, 주님의 영광에 참여.

【3대지】 하나님의 능력이 얼마나 큰가를 알게 되고 경험하게 된다.

【결론】 예수 믿고 하나님의 영적 복에 참여한 자들은 신앙의 초보에서 머뭇거릴 수 없다. 바울의 기도처럼 우리도 하나님 아는 지식에서 자라 가자. 지혜와 계시의 영을 받아야. 마음의 눈이 밝아져야.

- 절기, 용도, 장르, 특징:
- Key Word: 하나님 알아가기.
- Remarks:

본문 : 엡 1:17~23
제목 : **교회에 주신 하나님의 능력**
       (The Church and the Power of God)

17.우리 주 예수 그리스도의 하나님, 영광의 아버지께서 지혜와 계시의 영을 너희에게 주사 하나님을 알게 하시고 18.너희 마음의 눈을 밝히사 그의 부르심의 소망이 무엇이며 성도 안에서 그 기업의 영광의 풍성함이 무엇이며 19.그의 힘의 위력으로 역사하심을 따라 믿는 우리에게 베푸신 능력의 지극히 크심이 어떠한 것을 너희로 알게 하시기를 구하노라 20.그의 능력이 그리스도 안에서 역사하사 죽은 자들 가운데서 다시 살리시고 하늘에서 자기의 오른편에 앉히사 21.모든 통치와 권세와 능력과 주권과 이 세상뿐 아니라 오는 세상에 일컫는 모든 이름 위에 뛰어나게 하시고 22.또 만물을 그의 발 아래에 복종하게 하시고 그를 만물 위에 교회의 머리로 삼으셨느니라 23.교회는 그의 몸이니 만물 안에서 만물을 충만하게 하시는 이의 충만함이니라

1. 그리스도를 부활시키신 능력 (= 새 생명 주심)

　20절= "그의 능력이 그리스도 안에서 역사하사 죽은 자들 가운데서 다시 살리시고…"

2. 그리스도를 하늘 보좌에 앉히신 능력 (= 보좌 인도)

　20절= "그의 능력이 그리스도 안에서 역사하사…하늘에서 자기의 오른편에 앉히사"

3. 그리스도를 만물의 주관자 되게 하신 능력 (= 왕 노릇하게 하심)

　21~22절= "모든 통치와 권세와 능력과 주권과 이 세상뿐 아니라 오는 세상에 일컫는 모든 이름 위에 뛰어나게 하시고 또 만물을 그의 발 아래에 복종하게 하시고…"

4. 그리스도를 교회의 머리로 높이신 능력 (= 그리스도의 사역 계승)

　22~23절= "… 그를 만물 위에 교회의 머리르 삼으셨느니라 교회는 그의 몸이니 만물 안에서 만물을 충만하게 하시는 이의 충만함이니라"

【대지 유형】 주제 설명형 – 본문 분석형 – 대지 진전형
【주제】 하나님은 그리스도를 부활시켜 보좌에 앉히시고 만물의 주관자 되게 하시고 교회의 머리로 높이신 그 능력으로 우리에게 새 생명을 주시고 왕 노

릇하게 하시며 그리스도의 사역을 계승하게 하신다.

【FCF】 현대 교회는 그리스도의 사역을 계승하는 면에서 소극적임.

【서론】 성령께서 우리 마음의 눈을 밝히셔서 알게 하시는 것은 부르심의 소망, 그 기업의 영광의 풍성함, 그리고 성도에게 베푸신 능력의 지극히 크심에 대한 것이다. 하나님은 당신의 크신 능력을 교회 위에 부어주시고, 교회로 하여금 인류에게 위대한 소망이 되게 하신다. 이 능력은 "그리스도 안에서 역사하신" 바로 그 능력이다.

【우산질문】 본문을 통해 그리스도 안에서 역사하신 하나님의 능력을 알아보고, 이 능력으로 하나님께서 교회에 역사하시는 모습을 살펴보자.

【1대지】 교회 위에 부어주시는 하나님의 능력은 예수님을 무덤에서 일으키신 바로 그 능력이다. 이 능력으로 우리에게 새 생명을 주셨고, 우리를 모든 유혹에서 이기게 하신다. 이 능력으로 주님 재림 때에 마지막 나팔소리와 함께 참 믿음을 가진 자를 부활시켜 주실 것이다.

【2대지】 '오른편'은 공간적인 개념이 아니고 주권적인 개념이다. 오른쪽은 상속권과(창 48:17, 18) 주권적 능력(출 15:12), 구원의 능력(시 20:6), 통치권(계 2:1) 등을 상징한다. 하나님은 예수님을 자신의 능력으로 하늘 보좌로 이끄셨고, 바로 그 능력으로 교회의 참 회원들을 하나님의 보좌로 인도하신다.

【3대지】 하나님께서 예수님을 만물의 주관자가 되게 하신 바로 그 능력으로 교회의 참 멤버들을 그리스도와 함께 만물을 다스리는 자로 세우셔서 '왕 노릇 하게 하신다.'

【4대지】 첫째는 교회가 예수님의 몸, 둘째는 교회가 그리스도의 계속적인 성육 사건의 현장이 된다는 의미.

【결론】 어느 교회가 참 교회라면 거기에는 반드시 하나님의 능력이 솟아나고 있을 것이다. 우리 교회는 부활 소망으로 충만한 교회, 예수님과 함께 만물을 통치할 소망으로 충만한 교회, 예수님의 꿈을 실현해나가는 예수님의 몸 된 교회, 온 우주를 통일시키시려는 주님의 뜻을 이루어드리는 교회로 우뚝 서야 하겠다.

- 절기, 용도, 장르, 특징:
- Key Word: 능력, 교회.
- Remarks:

본문 : 엡 2:1~7
제목 : **죄인에게 베푸신 하나님의 긍휼과 사랑**
     (Life w/o Christ vs Life within Christ)

1.그는 허물과 죄로 죽었던 너희를 살리셨도다 2.그 때에 너희는 그 가운데서 행하여 이 세상 풍조를 따르고 공중의 권세 잡은 자를 따랐으니 곧 지금 불순종의 아들들 가운데서 역사하는 영이라 3.전에는 우리도 다 그 가운데서 우리 육체의 욕심을 따라 지내며 육체와 마음의 원하는 것을 하여 다른 이들과 같이 본질상 진노의 자녀이었더니 4.긍휼이 풍성하신 하나님이 우리를 사랑하신 그 큰 사랑을 인하여 5.허물로 죽은 우리를 그리스도와 함께 살리셨고 (너희는 은혜로 구원을 받은 것이라) 6.또 함께 일으키사 그리스도 예수 안에서 함께 하늘에 앉히시니 7.이는 그리스도 예수 안에서 우리에게 자비하심으로써 그 은혜의 지극히 풍성함을 오는 여러 세대에 나타내려 하심이라

1. 허물로 죽은 우리를 그리스도와 함께 살리셨음 (= 사망에서 생명으로 옮기심)

4~5절= "긍휼이 풍성하신 하나님이 우리를 사랑하신 그 큰 사랑을 인하여 허물로 죽은 우리를 그리스도와 함께 살리셨고"

2. 그리스도와 함께 부활시켜 함께 하늘에 앉히셨음 (= 하나님 나라의 상속자)

6절= "또 함께 일으키사 그리스도 예수 안에서 함께 하늘에 앉히시니"

3. 은혜의 풍성함을 성도의 삶을 통해 세상에 나타내심 (= 영광스런 성도의 삶)

7절= "이는 그리스도 예수 안에서 우리에게 자비하심으로써 그 은혜의 지극히 풍성함을 오는 여러 세대에 나타내려 하심이라"

【대지 유형】주제 설명형 – 본문 묶음형 – 대지 심화형
【주제】하나님은 크신 긍휼과 사랑으로 우리를 살리셔서 하나님 나라의 상속자로 세우시고 우리의 삶을 영광스럽게 하셨다.
【FCF】많은 신앙인이 성도의 영광스런 지위와 삶에 대해 인식과 긍지가 부족함.

【서론】엡 2장은 매우 중요한 주제에 집중하고 있다. 그리스도인의 삶에 대

해. 그리스도인이 회심 전과 회심 후의 달라진 모습. 하나님의 눈에 비친 우리의 모습. 회심 전의 모습은 어떠했나? 죽어 있는 삶(1절). 허물과 죄의 삶. 죄가운데 사는 삶은?(2절). 세상 풍조를 따르고, 사탄의 세력을 따르고, 불순종의 삶. 육체의 욕심대로 사는 삶(3절). 4절의 '그러나'= 위대한 반전.

【우산질문】 본문을 통해 회심 후의 우리의 모습을 살펴보자.

【1대지】 회심 전의 우리는 허물로 죽은 자들이었다. 하나님으로부터 우린 단절되어 있었다. 성경의 죽음: 육체적 죽음(영·육의 분리)과 영적 죽음(하나님과 단절된 삶)과 영원한 죽음. 회심 전 우리는 죄 가운데, 육신의 욕심대로 사는 자들이었다. 그런 우리를 주님이 살리셨다. 왜? 그분의 긍휼이 풍성한 성품. '그 큰 사랑을 인하여'.

【2대지】 이것은 매우 담대한 표현이다. 예수님의 죽으심과 부활. 그분의 부활은 믿는 모든 자에게 미친다. 하나님은 그리스도를 믿는 자의 믿음을 보시고 그리스도와 동일시하신다. 함께 하늘에 앉히셨다?= 너무 신비하다. 하나님이 기정사실화 하신다. 믿는 자는 두 개의 주소를 가진다. 하나는 땅의 주소, 또 하나는 그리스도 안.

【3대지】 하나의 위대한 목적= 9절, "그 은혜의 지극히 풍성함을 오는 여러 세대에 나타내려 하심이라"

【결론】 과거 우리의 그리스도 밖의 삶과 지금 그리스도 안의 삶을 비교해 보라. 그리스도 안의 삶은 영광스런 삶. 항상 감사하자. 입으로 몸으로 생활로 헌금으로…. 우리의 삶이 하나님의 풍성한 은혜를 보여주는 모범이 되게 하자. 먼저 우리끼리 진하게 사랑함으로 구체적 사랑의 교제를 가져야.

- 절기, 용도, 장르, 특징:
- Key Word: 회심.
- Remarks:

본문 : 엡 2:11~22
제목 : **그리스도 안에서 지어져 가는 교회**
(A Church Being Built in Christ)

11.그러므로 생각하라 너희는 그 때에 육체로는 이방인이요 손으로 육체에 행한 할례를 받은 무리라 칭하는 자들로부터 할례를 받지 않은 무리라 칭함을 받는 자들이라 12.그 때에 너희는 그리스도 밖에 있었고 이스라엘 나라 밖의 사람이라 약속의 언약들에 대하여는 외인이요 세상에서 소망이 없고 하나님도 없는 자이더니 13.이제는 전에 멀리 있던 너희가 그리스도 예수 안에서 그리스도의 피로 가까워졌느니라 14.그는 우리의 화평이신지라 둘로 하나를 만드사 원수 된 것 곧 중간에 막힌 담을 자기 육체로 허시고 15.법조문으로 된 계명의 율법을 폐하셨으니 이는 이 둘로 자기 안에서 한 새 사람을 지어 화평하게 하시고 16.또 십자가로 이 둘을 한 몸으로 하나님과 화목하게 하려 하심이라 원수 된 것을 십자가로 소멸하시고 17.또 오셔서 먼 데 있는 너희에게 평안을 전하시고 가까운 데 있는 자들에게 평안을 전하셨으니 18.이는 그로 말미암아 우리 둘이 한 성령 안에서 아버지께 나아감을 얻게 하려 하심이라 19.그러므로 이제부터 너희는 외인도 아니요 나그네도 아니요 오직 성도들과 동일한 시민이요 하나님의 권속이라 20.너희는 사도들과 선지자들의 터 위에 세우심을 입은 자라 그리스도 예수께서 친히 모퉁잇돌이 되셨느니라 21.그의 안에서 건물마다 서로 연결하여 주 안에서 성전이 되어 가고 22.너희도 성령 안에서 하나님이 거하실 처소가 되기 위하여 그리스도 예수 안에서 함께 지어져 가느니라

1. 예수께서 중간에 막힌 담을 자기 육체로 허셨음 (= 막힌 담을 허문 공동체)

13~14절= "이제는 전에 멀리 있던 너희가 그리스도 예수 안에서 그리스도의 피로 가까워졌느니라 그는 우리의 화평이신지라 둘로 하나를 만드사 원수 된 것 곧 중간에 막힌 담을 자기 육체로 허시고"

2. 주님 안에서 서로 연결하여 성전이 되어감 (= 연합되어 견고해지는 공동체)

21절= "그의 안에서 건물마다 서로 연결하여 주 안에서 성전이 되어 가고"

3. 예수 안에서 함께 하나님의 처소로 지어져 감 (= 성령이 이끌어 가는 공동체)

22절= "너희도 성령 안에서 하나님이 거하실 처소가 되기 위하여 그리스도 예수 안에서 함께 지어져 가느니라"

【대지 유형】주제 설명형 – 본문 수집형 – 대지 연결형
【주제】예수 그리스도를 터로 삼은 교회는 막힌 담을 헐고 연결되어 성령에 의해 지어져 간다.

【FCF】많은 교회가 막힌 담을 헐지 못하고 성령의 능력을 제대로 경험하지 못하고 있음.

【서론】기초가 중요하다. 잘못 놓여진 기초는 건물의 안전을 보장 못 한다. 본문에서 바울은 교회를 기초공사에 비유한다. 본문 20절에서 모퉁잇돌은 예수 그리스도이시다. 주님이 기초가 되시는 교회는 안전하다.
【우산질문】본문을 통해 그리스도 안에서 지어져 가는 교회에 대해 살펴보자.

【1대지】구약의 성전에는 구별과 차별이 많았음: 이방인의 뜰과 유대인의 뜰. 남자와 여자. 그것은 지금도 여전하다. 인종, 재산, 계급, 남자 여자 등등. 예수님을 모퉁잇돌로 세운 교회는 절대 막힌 담을 가질 수 없다.
【2대지】모퉁잇돌(corner stone): 하나님의 새 운동의 첫돌, 기초석, 방향 제시하는 돌(directional stone). 우린 서로 연결되어 견고하게 지어져 가는 교회의 구성원이다.
【3대지】겉보기에는 사람들이 이끄는 것 같지만, 교회를 세워가는 결정적인 주도자는 성령님이시다. 성령 없는 교회는 콘크리트 덩어리일 뿐. 마귀는 교회가 성장하려 할 때와 은혜받는 사람들이 생겨날 때 적극적으로 방해한다. 하지만 성령이 이끄시는 교회는 반드시 승리한다.
【결론】막힌 담을 헐자. 성도들의 관계는 유기적이어야. 성령으로 충만해야. 모퉁잇돌 위에 견고히 서야.

- 절기, 용도, 장르, 특징:
- Key Word: 모퉁잇돌.
- Remarks:

본문 : 엡 2:19~22
제목 : 성전이 되어가는 신약 교회
(NT Church Growing into a Holy Temple)

19.그러므로 이제부터 너희는 외인도 아니요 나그네도 아니요 오직 성도들과 동일한 시민이요 하나님의 권속이라 **20.**너희는 사도들과 선지자들의 터 위에 세우심을 입은 자라 그리스도 예수께서 친히 모퉁잇돌이 되셨느니라 **21.**그의 안에서 건물마다 서로 연결하여 주 안에서 성전이 되어 가고 **22.**너희도 성령 안에서 하나님이 거하실 처소가 되기 위하여 그리스도 예수 안에서 함께 지어져 가느니라

1. 모퉁잇돌이신 예수님과 사도들의 터 위에 세워짐 (= 견고하고 유일한 토대)

20절= "너희는 사도들과 선지자들의 터 위에 세우심을 입은 자라 그리스도 예수께서 친히 모퉁잇돌이 되셨느니라"

2. 건물마다 서로 연결하여 성전이 되어 감 (= 결속력 있는 공동체)

21절= "그의 안에서 건물마다 서로 연결하여 주 안에서 성전이 되어 가고"

3. 예수님을 통하여 성령님에 의하여 함께 지어져 감 (= 성전이 되어가는 방법)

22절= "너희도 성령 안에서 하나님이 거하실 처소가 되기 위하여 그리스도 예수 안에서 함께 지어져 가느니라"

【대지 유형】 주제 설명형 – 본문 분석형 – 대지 진전형
【주제】 예수님과 사도들의 터 위에 세워진 교회는 성령에 의해 결속력 있는 공동체로 점점 성전이 되어간다.
【FCF】 현대교회는 성령에 의해 지어져 가는 모습을 찾아보기 힘듦.

【서론】 신약 교회는 유대인뿐 아니라 이방인까지 포함된 절대 유일한 하나의 구속 공동체이다. 바울은 본문의 앞 문단(11~18절)에서 그리스도의 구속 공동체인 교회가 이제 신약시대에 이르러 어떻게 이방인들까지 포함하게 되었는지 그 과정을 설명하고 있다. 그리고 본문(19~22절)에서 신약 교회는 이방인과 유대인의 구별 없이 오직 그리스도의 구속 사역을 통하여 구원을 받게 된 성도들을 대상으로, 그리고 오직 그리스도만을 머리로 하여 형성된 단일 공

동체라는 사실을 역설하고 있다. 바울 사도는 신약 교회를 건물(Building)에 비유하고 있다. 그런데 이 건물은 이미 완성된 것이 아니라 지어져 가는 것이고, 그리하여 본문이 보여주는 신약 교회는 '성전이 되어가는 교회'의 모습이다.

【우산질문】 말씀을 통하여 교회의 중요한 속성을 알아보고, 우리에게 그 교회의 멤버 된 특권을 주신 예수님께 깊이 감사하며 헌신하자.

【1대지】 신약 교회는 예수 그리스도의 터 위에 놓여 있으며, 이 교회는 사도들과 선지자들의 복음 전파에 의하여 확장되어 간다. 에베소 교회를 향하여 이처럼 거침없이 표현하고 있는 본문의 말씀을 통해 우리는 교회에 대한 한없는 자부심을 가진다. 사도들과 선지자들은 하나님의 구속의 경륜을 따라 모든 사람을 위해 죽으신 그리스도의 십자가 비밀의 복음을 깨달은 자들이다. 그들은 자신들이 깨달은 복음을 전함으로써 교회의 터를 닦았고, 또 친히 교회 구성원의 구심점이 되어 다른 모든 성도가 그들을 따라 신앙생활 할 수 있도록 본이 되었던 것이다.

【2대지】 본 절은 신약교회를 가리켜 '성전이 되어간다'고 표현하고 있다. 교회와 성도를 건물에 비유하여 논증하는 사도 바울의 결론은 무엇인가? 교회는 성령 충만한 예배 공동체여야 하고 예수님의 삶을 사는 소그룹 공동체여야 한다. 교회는 복음의 씨를 뿌리는 전도 공동체여야 하고 목회자와 온 교인이 동역하는 사역 공동체이다. 예배, 섬김, 전도, 교제, 양육의 제 분야에서 서로 도와 사역하는 일터가 바로 교회이다. 이렇게 단단히 결속력 있게 성도 간에 묶여 있을 때, 그것이 바로 교회요 성도라는 것이다.

【3대지】 성령님은 우리의 모난 부분을 여러 가지 다양한 방법으로 깨뜨려 하나님의 성전을 지어가는 데 합당한 자재가 되게 하신다. 우리의 삶에 다가오는 연단의 시련이나 환난은 모두 우리의 모난 부분을 깨뜨리고 조탁(彫琢)하는 과정이다.

【결론】 왜 우리 교회는 예수님을 통하여 성령에 의하여 성전으로 지어져 가야 하나? 본문 22절은 그 목적을 '하나님이 거하실 처소가 되기 위하여'라고 말한다.

- 절기, 용도, 장르, 특징:
- Key Word: 성전, 교회.
- Remarks:

본문 : 엡 4:11~16

제목 : 주님이 의도하신 교회

11.그가 어떤 사람은 사도로, 어떤 사람은 선지자로, 어떤 사람은 복음 전하는 자로, 어떤 사람은 목사와 교사로 삼으셨으니 12.이는 성도를 온전하게 하여 봉사의 일을 하게 하며 그리스도의 몸을 세우려 하심이라 13.우리가 다 하나님의 아들을 믿는 것과 아는 일에 하나가 되어 온전한 사람을 이루어 그리스도의 장성한 분량이 충만한 데까지 이르리니 14.이는 우리가 이제부터 어린 아이가 되지 아니하여 사람의 속임수와 간사한 유혹에 빠져 온갖 교훈의 풍조에 밀려 요동하지 않게 하려 함이라 15.오직 사랑 안에서 참된 것을 하여 범사에 그에게까지 자랄지라 그는 머리니 곧 그리스도라 16.그에게서 온 몸이 각 마디를 통하여 도움을 받음으로 연결되고 결합되어 각 지체의 분량대로 역사하여 그 몸을 자라게 하며 사랑 안에서 스스로 세우느니라

1. 모든 성도가 그리스도의 몸을 세우는 일에 참여하는 교회 (= 전 성도 동참으로 교회 세움)

11~12절= "그가 어떤 사람은 사도로, 어떤 사람은 선지자로, 어떤 사람은 복음 전하는 자로, 어떤 사람은 목사와 교사로 삼으셨으니 이는 성도를 온전하게 하여 봉사의 일을 하게 하며 그리스도의 몸을 세우려 하심이라"

2. 믿는 것과 아는 것에 하나가 되는 교회 (= 신앙과 지식의 일치)

13절= "우리가 다 하나님의 아들을 믿는 것과 아는 일에 하나가 되어 온전한 사람을 이루어 그리스도의 장성한 분량이 충만한 데까지 이르리니"

3. 각 지체의 분량대로 역사하는 교회 (= 성도들이 은사대로 역사하는 공동체)

16절= "그에게서 온 몸이 각 마디를 통하여 드움을 받음으로 연결되고 결합되어 각 지체의 분량대로 역사하여 그 몸을 자라게 하며 사랑 안에서 스스로 세우느니라"

【대지 유형】 주제 설명형 - 본문 묶음형 - 대지 병렬형

【주제】 주님이 의도하신 교회는 전 성도가 합심하여 은사대로 사역하는 교회이다.

【FCF】 성도들이 합심하지 못하고 개인 위주의 신앙생활을 더 좋아함.

【서론】 교회는 그리스도의 몸이다. 유기체는 항상 변화한다. 몸은 반드시 성

장해야 함(거룩하게, 무성하게). 초신자가 말씀과 훈련으로 교사와 사역자로 성장하는 것은 좋은 일이다. 질적·양적 성장을 이루지 못하면 병든 교회이다. 주님은 교회를 세우실 때 처음부터 분명한 의도를 가지셨다.

【우산질문】 예수님이 의도하신 교회는 어떤 공동체인가?

【1대지】 본문은 교회 내 직분자들을 세우신 분명한 목적을 진술함. 교회의 사역자들(사도, 선지자, 복음 전하는 자, 목사와 교사), 많은 직분 모두 성도를 온전케 하여 봉사의 일을 하게 하며 그리스도의 몸을 세우는 데 목적이 있음. 이 은사들이 어우러져야 온전한 교회를 이룰 수 있다. 그런데 많은 교인은 일요 신자로, 마당만 밟고 가는 신자로 만족해 함. 우린 모두 관람석에서 경기장으로 나가야 한다.

【2대지】 교회 성장의 목표는 그리스도의 장성한 분량이 충만한 데까지이다. 하나가 되는 것의 중요성. 교회는 신앙과 지식의 일치 위에서만 견고하게 세워질 수 있다. 참 교회는 사랑 안에서 하나가 되는 교회임. 하나 됨을 방해하는 것: 좋지 않은 사상들의 침투. 참 교회는 오직 성경을 표준으로 믿는 교회. 사랑이 넘치는 교회= 남을 위해 사는 사람들의 교회.

【3대지】 "각 마디를 통하여"= 교회의 각 지체가 절묘한 연결로 그리스도의 몸을 세워나감. '마디'= 성령의 역사. 주님이 처음부터 의도하신 교회는 지체된 성도들이 주신 은사의 분량대로 역사하는 공동체임. 그러기 위해 위로부터 새 힘을 받아야 한다.

【결론】 지금은 마지막 시대. 우리는 그리스도의 몸의 지체들이다. 우리 교회는 거룩하고 무성하게 성장해야. 주님이 의도하신 모델교회를 향해 달려가자.

- 절기, 용도, 장르, 특징: 교회론.
- Key Word: 교회.
- Remarks:

본문 : 엡 4:25~32

제목 : 성령의 인도를 따라 사는 사람

25.그런즉 거짓을 버리고 각각 그 이웃과 더불어 참된 것을 말하라 이는 우리가 서로 지체가 됨이라 26.분을 내어도 죄를 짓지 말며 해가 지도록 분을 품지 말고 27.마귀에게 틈을 주지 말라 28.도둑질하는 자는 다시 도둑질하지 말고 돌이켜 가난한 자에게 구제할 수 있도록 자기 손으로 수고하여 선한 일을 하라 29.무릇 더러운 말은 너희 입 밖에도 내지 말고 오직 덕을 세우는 데 소용되는 대로 선한 말을 하여 듣는 자들에게 은혜를 끼치게 하라 30.하나님의 성령을 근심하게 하지 말라 그 안에서 너희가 구원의 날까지 인치심을 받았느니라 31.너희는 모든 악독과 노함과 분냄과 떠드는 것과 비방하는 것을 모든 악의와 함께 버리고 32.서로 친절하게 하며 불쌍히 여기며 서로 용서하기를 하나님이 그리스도 안에서 너희를 용서하심과 같이 하라

1. 거짓을 버리고 이웃과 더불어 참된 것을 말함 (= 진실하게 사는 사람)

25절= "그런즉 거짓을 버리고 각각 그 이웃과 더불어 참된 것을 말하라 이는 우리가 서로 지체가 됨이라"

2. 분을 내어도 오래 품지 않음 (= 분노를 오래 품고 있지 않는 사람)

26절= "분을 내어도 죄를 짓지 말며 해가 지도록 분을 품지 말고"

3. 도둑질하지 않고 오히려 구제함 (= 돌이켜 선한 일을 하는 사람)

28절= "도둑질하는 자는 다시 도둑질하지 말고 돌이켜 가난한 자에게 구제할 수 있도록 자기 손으로 수고하여 선한 일을 하라"

4. 더러운 말은 입 밖에도 내지 않음 (= 선한 말로 은혜를 끼치는 사람)

29절= "무릇 더러운 말은 너희 입 밖에도 내지 말고 오직 덕을 세우는 데 소용되는 대로 선한 말을 하여 듣는 자들에게 은혜를 끼치게 하라"

5. 서로 불쌍히 여기며 용서함 (= 용서하는 삶)

32절= "서로 친절하게 하며 불쌍히 여기며 서로 용서하기를 하나님이 그리스도 안에서 너희를 용서하심과 같이 하라"

— ◆◆◆ —

【대지 유형】 주제 증명형 – 본문 분석형 – 대지 병렬형

【주제】 성령의 인도를 받는 사람은 진실하며 분을 오래 품지 않고 서로 용서

하는 삶을 살게 된다.

【FCF】많은 신앙인이 성령의 인도를 받는 삶을 실감하지 못하고 있음.

【서론】성경이 말하는 세 종류의 사람: ① 자연인: 육체적인 본능과 정욕에 따라서 살아가는 사람. ② 육신에 속한 사람: 하나님을 믿는다고 하면서도 자기의 이성과 지식에 의지하여 살아가는 사람. 소위 '지성인'. ③ 성령의 사람: 성령의 인도하심을 따라 살아가는 사람.

【우산질문】오늘 말씀은 성령의 사람이 살아가는 방법이다. 그가 성령의 인도를 받고 있는 성도라면 어떤 삶을 살고 있는가?

【1대지】공동체의 삶이 행복하기 위해 제일 중요한 것이 신뢰이다. '서로 지체'= 한 몸뚱이. 이런 신뢰를 쌓기 위해 투명하게 살라는 말. 거짓말은 하나님과 인간, 인간과 인간 사이를 이간시키는 악한 도구이다.

【2대지】우리는 속에 가진 상처들이 많다. 상처 많은 사람은 화를 자주 낸다. 하나님은 우리의 사정을 아신다. 화를 내더라도 해가 지도록 품지는 말라 하신다.

【3대지】도적질= 부정한 방법으로 재물을 취득하는 모든 행위.

【4대지】언어 사용은 함께 행복하기 위해 조심해야 할 영역이다. 내 말로 누군가 상처받으면 그 상처가 반드시 내게로 돌아온다. 언어의 부메랑. 하나님과 관계되는 말에 조심해야 한다.

【5대지】허물 많은 우리, 서로 불쌍히 여기고 용서해 주는 것 외에 방법이 없다. 마 18장의 '일만 달란트 비유'를 보라.

【결론】우린 성령의 사람들. 세상 사람과는 다르게 살아가는 존재이다. 성령의 인도를 받고 있음을 삶으로 보여주는 사람은 복이 있다.

- 절기, 용도, 장르, 특징: 송구영신.
- Key Word: 성령의 인도.
- Remarks:

본문 : **엡 4:30~32**
제목 : **용서의 5단계 (Five Steps of Forgiveness)**

30.하나님의 성령을 근심하게 하지 말라 그 안에서 너희가 구원의 날까지 인치심을 받았느니라 **31.**너희는 모든 악독과 노함과 분냄과 떠드는 것과 비방하는 것을 모든 악의와 함께 버리고 **32.**서로 친절하게 하며 불쌍히 여기며 서로 용서하기를 하나님이 그리스도 안에서 너희를 용서하심과 같이 하라

1. 나 자신의 죄와 허물을 인정하기 (= 주님께 대한 나의 잘못이 매우 큼을 인정)

31절= "너희는 모든 악독과 노함과 분냄과 떠드는 것과 비방하는 것을 모든 악의와 함께 버리고"

마 7:5= "먼저 네 눈 속에서 들보를 빼어라 그 후에야 밝히 보고 형제의 눈 속에서 티를 빼리라"

2. 타인을 볼 때 하나님이 그를 보듯 하기 (= 잠재적 구원의 대상)

32절= "서로 친절하게 하며 불쌍히 여기며 서로 용서하기를 하나님이 그리스도 안에서 너희를 용서하심과 같이 하라"

3. 기억의 자료를 불태워버리기 (= 타인의 잘못을 잊어버림)

눅 6:37= "비판하지 말라 그리하면 너희가 비판을 받지 않을 것이요 정죄하지 말라 그리하면 너희가 정죄를 받지 않을 것이요 용서하라 그리하면 너희가 용서를 받을 것이요"

4. 나 자신의 권리를 포기하기 (= 권리 포기)

고후 2:10= "너희가 무슨 일에든지 누구를 용서하면 나도 그리하고 내가 만일 용서한 일이 있으면 용서한 그것은 너희를 위하여 그리스도 앞에서 한 것이니"

5. 하나님 안에서 안전함을 누리기 (= 하나님의 뜻에 의존)

롬 8:28= "우리가 알거니와 하나님을 사랑하는 자 곧 그의 뜻대로 부르심을 입은 자들에게는 모든 것이 합력하여 선을 이루느니라"

【대지 유형】 주제 설명형 – 본문 수집형, 묵상형 – 대지 진전형

【주제】그리스도인은 다른 사람의 허물을 하나님의 시선으로 용서해야 한다.

【FCF】많은 신앙인이 자신의 권리를 포기하지 못하고 따라서 용서의 수준에 이르지 못함.

【서론】사람은 용서받아야만 하는 존재이다. 실수, 허점 투성이, 때론 악한 것들로 꽉 차 있다. 하나님이 아들을 파송하신 것은 죄인들을 용서하시기 위해. 그리스도인은 용서받은 자이다. 용서의 중요성= 성경이 강조하고 있다. 32절. 용서는 비싼 대가를 치루지만 치유 효과가 크다. 예) 요셉의 형들 용서, 호세아의 고멜 용서, 예수님의 베드로 용서(요 21). 용서해 주는 자에게 큰 축복= 기도 응답, 예배를 받아주심.

【우산질문】용서의 단계를 묵상해 보자.

【1대지】상대방 눈의 티를 보기 전 자신의 눈의 들보를 볼 수 있어야 한다. 우린 모두 용서받아야 한다. 우린 하나님의 아들을 죽인 자들이다. 내게 대한 남의 잘못이 아무리 커도 예수님에 대한 나의 잘못의 크기와는 비교될 수 없다.

【2대지】내게 잘못하는 사람을 나는 어떤 눈으로 보나? 하나님은 그를 잠재적 구원 대상(potential heir of salvation)으로 보신다. 마 18:23~35 예수님의 비유. 그 사람이 만일 오늘 죽으면 나는 어떻게 느낄까?

【3대지】과거 자료는 변화될 수는 없다. 불태워버려야. 쉽지 않지만 이런 태도를 갖는 것이 중요하다. 망각의 바다. 우리 죄를 기억지도 않는 주님. 이것이 그리스도인의 길이다.

【4대지】용서하는 것은 항복하는 것이다. 내게 잘못한 자에 대한 권리를 포기. 무조건 포기가 아니라 큰 마음으로. 주님을 생각하라. 하나님은 그를 통해 내게 용서를 가르치신다.

【5대지】하나님은 나의 피할 바위이시다. 내 속의 두려움에 귀 기울이지 말고 오직 전능자를 바라보라. 합력하여 선을 이루시는 하나님. 내가 나의 권리마저 항복하고 용서의 영으로 인도받을 때 하나님의 놀라우신 축복! 마 18:15, 우리가 그 형제를 얻게 된다.

【결론】참 그리스도인의 삶의 특성은 '용서'에 있음. 일흔 번씩 일곱 번이라도! 내게 빚진 100 데나리온에 매이지 말자. 큰 마음을 품자.

- 절기, 용도, 장르, 특징:
- Key Word: 용서.
- Remarks:

본문 : 엡 5:8~14
제목 : **빛의 자녀들의 삶**

8.너희가 전에는 어둠이더니 이제는 주 안에서 빛이라 빛의 자녀들처럼 행하라 9.빛의 열매는 모든 착함과 의로움과 진실함에 있느니라 10.주를 기쁘시게 할 것이 무엇인가 시험하여 보라 11.너희는 열매 없는 어둠의 일에 참여하지 말고 도리어 책망하라 12.그들이 은밀히 행하는 것들은 말하기도 부끄러운 것이라 13.그러나 책망을 받는 모든 것은 빛으로 말미암아 드러나나니 드러나는 것마다 빛이니라 14.그러므로 이르시기를 잠자는 자여 깨어서 죽은 자들 가운데서 일어나라 그리스도께서 너에게 비추이시리라 하셨느니라

1. 착함과 의로움과 진실함이 있음 (= 정직한 삶)

9절= "빛의 열매는 모든 착함과 의로움과 진실함에 있느니라"

2. 주를 기쁘시게 함 (= 주님을 기쁘시게 하는 삶)

10절= "주를 기쁘시게 할 것이 무엇인가 시험하여 보라"

3. 열매 없는 어둠의 일에 참여하지 않고 도리어 책망함 (= 악한 일에 참여하지 않는 삶)

11절= "너희는 열매 없는 어둠의 일에 참여하지 말고 도리어 책망하라"

【대지 유형】 주제 적용형 – 본문 분석형 – 대지 연결형
【주제】 빛의 자녀는 정직하고 악한 일에 참여하지 않고 주님을 기쁘시게 하는 삶을 살아야 한다.
【FCF】 많은 신앙인이 성도라고 하면서도 어둠의 문화에서 벗어나지 못하고 있음.

【서론】 예수님은 세상의 빛으로 오셨다, 세상을 가리키는 성경적 단어는 '어두움'이다. 생명이신 주님은 어두움의 세상에 와서 각 사람에게 비취는 참 빛이 되셨다. 우리가 예수님을 믿어 빛 속에 거하게 된 것은 순전히 하나님의 은혜요 사랑이다. 주님은 에베소 교회 성도들에게 "너희가 전에는 어두움이더니 이제는 주 안에서 빛이라"(8절)고 선언하셨고, 모든 천국 백성에게 "너희는 세상의 빛이라"(마 5:14)고 성도의 지위를 격상시키셨다. 그러므로 성도는 빛

의 자녀로서의 삶을 살아야 한다.

【우산질문】 그리스도인은 빛의 자녀로서 어떤 삶을 살아야 하는가?

【1대지】 성도의 삶은 빛의 열매를 맺는 삶이다(9절). 빛의 열매는 모든 착함과 의로움과 진실함이다.

【2대지】 성도의 최고의 관심은 주님을 기쁘시게 하는 것에 있다. 주님은 우리의 어떤 모습, 어떤 삶을 기뻐하시는가?

【3대지】 성경이 말하는 어둠의 일이 무엇인가? 우리는 빛의 갑옷을 입고 어둠의 정체를 백일하에 드러내어 하나님께 영광을 돌려야 한다.

【결론】 복음의 빛, 진리의 빛, 사랑의 빛, 소망의 빛이 되자. 시 27:1, "여호와는 나의 빛이시요 나의 구원이시니 내가 누구를 두려워하리요. 여호와는 내 생명의 능력이시니 내가 누구를 무서워하리요"

- 절기, 용도, 장르, 특징: 송구영신.
- Key Word: 빛의 자녀.
- Remarks:

본문 : 엡 5:15~17
제목 : 지혜 있는 자의 할 일

15.그런즉 너희가 어떻게 행할지를 자세히 주의하여 지혜 없는 자 같이 하지 말고 오직 지혜 있는 자 같이 하여 16.세월을 아끼라 때가 악하니라 17.그러므로 어리석은 자가 되지 말고 오직 주의 뜻이 무엇인가 이해하라

1. 세월을 아끼라 하심 (= 시간을 소중히 여김)

15~16절= "… 지혜 없는 자 같이 하지 말고 오직 지혜 있는 자 같이 하여 세월을 아끼라…"

2. 때가 악하다고 경고하심 (= 시대를 분별할 줄 앎)

16절= "세월을 아끼라 때가 악하니라"

3. 주의 뜻이 무엇인가 이해하라고 하심 (= 주의 뜻을 분별할 줄 앎)

17절= "그러므로 어리석은 자가 되지 말고 오직 주의 뜻이 무엇인가 이해하라"

【대지 유형】주제 적용형 – 본문 분석형 – 대지 심화형
【주제】지혜 있는 자는 세월을 아끼고 시대를 분별하며 종말 성도에게 원하시는 주의 뜻을 분별하는 자이다.
【FCF】많은 성도가 시간 앞에서 지혜롭지 못한 모습을 보이고 있음.

【서론】참다운 지혜는 우리에게 주신 시간을 어떻게 사용하며 지금이 어떤 때인가를 아는 것부터 시작한다.
【우산질문】본문을 통하여 지혜 있는 자에게 주시는 말씀이 무엇인지 살펴보자.

【1대지】인생은 짧고 시간은 빠르다. 인생은 아침 안개와 같고(약 4:14), 밤의 한 경점과 같고(시 90:4), 베틀의 북과 같고(욥 7:6), 손바닥 넓이만큼 짧다(시 39:5)라고 했다. 시간은 경주자보다 빠르고(욥 9:25), 먹이에 날아내리는 독수

리와 같다. 시간은 쉬지 않는다. 한번 지나간 시간은 다시 돌아오지 않는다. 시간 속에 순간순간 심판의 성격이 있다. 남아 있는 시간이 얼마인지 알 수 없다. 그러므로 우리는 시간을 소중히 여겨야 한다.

【2대지】 때를 아는 것은 매우 중요하다. 전 11:4; 마 16:2~3, 천기 분별. 지금은 악한 시대이고, 지금은 밤이 깊어진 때이다. 영적 흑암의 시대에 성도가 해야 할 일이 무엇인지 아는 것이 얼마나 중요한가. 특히 지금은 종말의 때이다. 지금은 시집가고 장가갈 때가 아니다. 지금은 지붕 위에 있는 자가 물건을 가지러 집으로 내려갈 시간도 없는 때이고, 밭에 일하러 나간 자가 겉옷을 가지러 집으로 들어갈 시간이 없는 때이다. 주님의 재림을 준비하는 것보다 더 중요한 것은 없다. 갚아야 할 것이 있으면 빨리 갚자. 나누어 줄 것이 있다면 지금 빨리 나누어 주자.

【3대지】 세상 보는 지혜보다 하나님의 뜻 분별하는 것이 비할 바 없이 중요하다. 그런데 세상 학문에 통달한다 해도 주의 뜻을 모르는 자들이 많다. 롬 12:2. 주의 뜻을 알기 위해 먼저 주님을 사랑해야 한다. 사랑이 있는 곳에 분별이 가능하고, 하나님을 사랑하면 하나님의 뜻을 알 수 있다. 그리고 주의 뜻을 알기 위해 주님과 늘 가까이 해야 한다. 늘 말씀 안에 교회 안에 주의 종과 가까운 곳에 있는 사람은 하나님의 뜻을 알 수 있다.

【결론】 당신은 지혜로운 사람인가?

- 절기, 용도, 장르, 특징:
- Key Word: 지혜 있는 자.
- Remarks:

본문 : 엡 5:18~32
제목 : **성도의 가정 (The Christian Home)**

18.술 취하지 말라 이는 방탕한 것이니 오직 성령으로 충만함을 받으라 **19.**시와 찬송과 신령한 노래들로 서로 화답하며 너희의 마음으로 주께 노래하며 찬송하며 **20.**범사에 우리 주 예수 그리스도의 이름으로 항상 아버지 하나님께 감사하며 **21.**그리스도를 경외함으로 피차 복종하라 **22.**아내들이여 자기 남편에게 복종하기를 주께 하듯 하라 **23.**이는 남편이 아내의 머리 됨이 그리스도께서 교회의 머리 됨과 같음이니 그가 바로 몸의 구주시니라 **24.**그러므로 교회가 그리스도에게 하듯 아내들도 범사에 자기 남편에게 복종할지니라 **25.**남편들아 아내 사랑하기를 그리스도께서 교회를 사랑하시고 그 교회를 위하여 자신을 주심 같이 하라 **26.**이는 곧 물로 씻어 말씀으로 깨끗하게 하사 거룩하게 하시고 **27.**자기 앞에 영광스러운 교회로 세우사 티나 주름 잡힌 것이나 이런 것들이 없이 거룩하고 흠이 없게 하려 하심이라 **28.**이와 같이 남편들도 자기 아내 사랑하기를 자기 자신과 같이 할지니 자기 아내를 사랑하는 자는 자기를 사랑하는 것이라 **29.**누구든지 언제나 자기 육체를 미워하지 않고 오직 양육하여 보호하기를 그리스도께서 교회에게 함과 같이 하나니 **30.**우리는 그 몸의 지체임이라 **31.**그러므로 사람이 부모를 떠나 그의 아내와 합하여 그 둘이 한 육체가 될지니 **32.**이 비밀이 크도다 나는 그리스도와 교회에 대하여 말하노라

1. 성도의 가정은 예수님을 경외하는 곳임 (= 주님이 다스리시는 곳)

20~21절= "범사에 우리 주 예수 그리스도의 이름으로 항상 아버지 하나님께 감사하며 그리스도를 경외함으로 피차 복종하라"

2. 성도의 가정은 예수님의 사랑으로 서로 사랑하는 곳임 (= 사랑의 희생 위에 세워지는 곳)

25절= "남편들아 아내 사랑하기를 그리스도께서 교회를 사랑하시고 그 교회를 위하여 자신을 주심 같이 하라"

28절= "이와 같이 남편들도 자기 아내 사랑하기를 자기 자신과 같이 할지니 자기 아내를 사랑하는 자는 자기를 사랑하는 것이라"

3. 성도의 가정은 말씀으로 거룩하게 세워지는 곳임 (= 말씀에 의해 이끌림 받는 곳)

26~27절= "이는 곧 물로 씻어 말씀으로 깨끗하게 하사 거룩하게 하시고 자기 앞에 영광스러운 교회로 세우사 티나 주름 잡힌 것이나 이런 것들이 없이 거룩하고 흠이 없게 하려 하심이라"

【대지 유형】 주제 설명형 – 본문 수집형 – 대지 병렬형
【주제】 주님이 다스리시는 성도의 가정은 사랑의 희생 위에 세워지고 말씀에 의해 이끌림 받는 곳이다.
【FCF】 성도들의 가정 중 많은 경우 하나님의 말씀으로 인도받지 못하고 있음.

【서론】 가정은 우리 삶의 가장 중요한 단위이다. 가정은 하나님께서 에덴동산에서 인류에게 만들어주신 놀라운 선물이다. 건강한 가정으로 이루어진 사회는 건강한 사회가 된다. 흔들리는 가정은 이 사회를 위협하는 다른 어떤 것보다 더 위협적인 요소이다.
【우산질문】 성경이 말하는 성도의 가정은 어떤 곳인가?

【1대지】 성도의 가정은 예수 그리스도의 이름을 통하여 하나님께 감사하는 사람들의 집이다. 이는 그리스도를 경외하는 마음 없이는 불가능하다. 본문 22~32절은 성령 충만한 가정의 모습이 어떠함을 잘 보여주고 있다.
【2대지】 성도의 가정은 사랑의 희생 위에 세워지는 곳이다. 이것이 크리스찬 가정에 관한 성경의 정의이다. 성도의 가정에는 예수님의 사랑이 넘쳐야 한다. 예수님의 사랑은 십자가 사랑이고 이것은 본질적으로 희생적이다.
【3대지】 성도의 가정은 교회의 예배를 통해 받은 말씀으로 깨끗하고 거룩하게 세워지는 가정이다. 하나님께서 원하시는 가정은 말씀에 의해 이끌림 받고 말씀에 의해 지배당하는 가정이다.
【결론】 예수님께서 좌정하여 다스리셔야 할 자리에 다른 것들로 채워져 있지는 않나? 여러분의 가정은 주님을 진정으로 경외하는 곳인가? 주님을 경외하는 가족들이 쌓는 가정 제단(altar)은 여러분의 가정의 미래와 운명을 바꿔놓을(alter) 것이다.

- 절기, 용도, 장르, 특징: 가정의 달.
- Key Word: 가정.
- Remarks:

본문 : 엡 5:22~33
제목 : **행복한 가정**

22.아내들이여 자기 남편에게 복종하기를 주께 하듯 하라 23.이는 남편이 아내의 머리 됨이 그리스도께서 교회의 머리 됨과 같음이니 그가 바로 몸의 구주시니라 24.그러므로 교회가 그리스도에게 하듯 아내들도 범사에 자기 남편에게 복종할지니라 25.남편들아 아내 사랑하기를 그리스도께서 교회를 사랑하시고 그 교회를 위하여 자신을 주심 같이 하라 26.이는 곧 물로 씻어 말씀으로 깨끗하게 하사 거룩하게 하시고 27.자기 앞에 영광스러운 교회로 세우사 티나 주름 잡힌 것이나 이런 것들이 없이 거룩하고 흠이 없게 하려 하심이라 28.이와 같이 남편들도 자기 아내 사랑하기를 자기 자신과 같이 할지니 자기 아내를 사랑하는 자는 자기를 사랑하는 것이라 29.누구든지 언제나 자기 육체를 미워하지 않고 오직 양육하여 보호하기를 그리스도께서 교회에게 함과 같이 하나니 30.우리는 그 몸의 지체임이라 31.그러므로 사람이 부모를 떠나 그의 아내와 합하여 그 둘이 한 육체가 될지니 32.이 비밀이 크도다 나는 그리스도와 교회에 대하여 말하노라 33.그러나 너희도 각각 자기의 아내 사랑하기를 자신 같이 하고 아내도 자기 남편을 존경하라

1. 남편이 아내의 머리 됨이 그리스도께서 교회의 머리 됨과 같다고 함 (= 거룩한 약속 위에 서 있는 가정)

23절= "남편이 아내의 머리 됨이 그리스도께서 교회의 머리 됨과 같음이니 그가 바로 몸의 구주시니라"

2. 영광스런 교회로 세우사 거룩하고 흠이 없게 하신다고 함 (= 거룩한 목적 위에 서 있는 가정)

26~27절= "이는 곧 물로 씻어 말씀으로 깨끗하게 하사 거룩하게 하시고 27.자기 앞에 영광스러운 교회로 세우사 티나 주름 잡힌 것이나 이런 것들이 없이 거룩하고 흠이 없게 하려 하심이라"

3. 자기 아내를 사랑하는 자는 자기를 사랑하는 것이라고 함 (= 거룩한 사랑 위에 서 있는 가정)

28절= "이와 같이 남편들도 자기 아내 사랑하기를 자기 자신과 같이 할지니 자기 아내를 사랑하는 자는 자기를 사랑하는 것이라"

【대지 유형】 주제 설명형 – 본문 수집형 – 대지 심화형
【주제】 행복한 가정이란 하나님의 약속과 목적 위에 서서 서로를 사랑하는 가정이다.

【FCF】 많은 가정이 단단한 기초 위에 서 있지 못함.

【서론】 가정은 하나님 나라의 출발점이자 그 나라의 모형이다. 하나님의 계획= 가정 통해 왕국을 이루어나감. 인간의 타락으로 가정의 행복이 깨어졌고, 이에 그리스도께서 오셔서 이를 회복하심. 성령 충만케 하셔서 행복한 가정으로 만드신다.

【우산질문】 본문이 말하는 행복한 가정은 어떤 가정인가?

【1대지】 창 2:22~23. 창조언약 중 결혼의 규례. 둘째 아담인 그리스도와 교회와의 관계와 비교된다. 결혼은 하나님의 위대한 축복이다. 여러분의 가정은 이 약속을 믿는 믿음 위에 서 있나?

【2대지】 첫 가정은 온 땅을 정복하고 충만하여 하나님 영광을 드러내는 데 있었음. 가정의 존재 목적= 하나님께 영광. 최초 창조 시, "보시기에 좋았더라"고 하심. 가정은 천국의 모형임. 여러분의 가정은 이 목적 위에 단단히 서 있는가?

【3대지】 그리스도의 사랑은 친히 자기 몸을 주신 사랑이다. 이것이 부부 사랑의 최고 목표이다. 21절, "그리스도를 경외함으로 피차 복종하라" 성령 충만 – 부부관계 원만 – 모범적인 가정으로 성장. 모든 사랑의 능력은 그리스도로부터 온다.

【결론】 행복한 가정을 원한다면, 그리스도와 교회의 관계를 묵상하고, 그리스도의 골고다로 오라.

- 절기, 용도, 장르, 특징: 가정의 달.
- Key Word: 행복한 가정, 부부 사랑.
- Remarks:

본문 : 엡 6:10~18
제목 : **영적 전투 (Spiritual Warfare)**

10.끝으로 너희가 주 안에서와 그 힘의 능력으로 강건하여지고 11.마귀의 간계를 능히 대적하기 위하여 하나님의 전신 갑주를 입으라 12.우리의 씨름은 혈과 육을 상대하는 것이 아니요 통치자들과 권세들과 이 어둠의 세상 주관자들과 하늘에 있는 악의 영들을 상대함이라 13.그러므로 하나님의 전신 갑주를 취하라 이는 악한 날에 너희가 능히 대적하고 모든 일을 행한 후에 서기 위함이라 14.그런즉 서서 진리로 너희 허리 띠를 띠고 의의 호심경을 붙이고 15.평안의 복음이 준비한 것으로 신을 신고 16.모든 것 위에 믿음의 방패를 가지고 이로써 능히 악한 자의 모든 불화살을 소멸하고 17.구원의 투구와 성령의 검 곧 하나님의 말씀을 가지라 18.모든 기도와 간구를 하되 항상 성령 안에서 기도하고 이를 위하여 깨어 구하기를 항상 힘쓰며 여러 성도를 위하여 구하라

1. 이 전투는 어둠의 세력과 악의 영들과의 싸움임 (= 마귀 세력과의 싸움)

12절= "우리의 씨름은 혈과 육을 상대하는 것이 아니요 통치자들과 권세들과 이 어둠의 세상 주관자들과 하늘에 있는 악의 영들을 상대함이라"

2. 이 전투의 아군은 주 안에 있는 자들임 (= 예수님, 천사, 성도들)

10절= "너희가 주 안에서와 그 힘의 능력으로 강건하여지고…"

3. 성도는 하나님의 전신갑주를 입어야 함 (= 전투의 무기는 전신갑주)

13절= "그러므로 하나님의 전신 갑주를 취하라 이는 악한 날에 너희가 능히 대적하고 모든 일을 행한 후에 서기 위함이라"

【대지 유형】주제 설명형 – 본문 분석형 – 대지 병렬형
【주제】우리가 처한 영적 전투의 삶에서 적을 잘 알고 하나님의 전신갑주로 무장하자.
【FCF】많은 신앙인이 영적 전투의 중요성에 대해 무지하거나 외면하고 있음.

【서론】이 세상은 영적 싸움터이다. 하나님 나라와 사탄왕국 간에 치열한 싸움이 일어나고 있음. 성경 기록은 이 싸움의 역사. 이 싸움에 이기려고 힘쓰는 자들은 주님의 특별한 관심하에 있음.

【우산질문】 본문에 나타난 영적 전투의 상대는 누구며, 그리고 우리가 갖춰야 할 무기는 무엇인가?

【1대지】 마귀의 군대는 마귀 자체와 미혹하는 영들, 그리고 불신자들로 구성된다. 벧전 5:8= 우는 사자들처럼 달려든다. 적군은 사탄과 그의 수하 졸개들, 그리고 사탄의 계획대로 움직이는 어둠의 세력들, 사회의 어두운 조직, 세속적 문화의 힘…. 우리는 이들에 대해 잘 알아야 하고 이들의 흉계에 경성하여야 한다.

【2대지】 그리스도의 군대는 그리스도 자신과 천사들, 그리고 그리스도인들임. 딤후 2:3, 그리스도의 군사의 모습. 그리스도의 군대에는 은퇴가 없다! 그런데 사탄은 그리스도인들 가운데 자중지란을 일으키려고 애쓴다.

【3대지】 하나님의 전신갑주는 14~17절. 진리의 허리띠, 복음의 예비한 신발, 의의 흉배, 믿음의 방패, 구원의 투구, 성령의 검….

【결론】 당신은 이 거대한 영적 싸움에 동참하고 있나? 당신은 하나님의 전신갑주를 입고 있나? 주님 오실 때까지 인내하며 이 전투에 올인 하자.

- 절기, 용도, 장르, 특징: 대지의 균형을 위해 3대지의 전신갑주는 간략하게 제시.
- Key Word: 영적 전투, 전신갑주.
- Remarks:

본문 : 엡 6:10~20
제목 : 하나님의 전신갑주 (Full Armour of God)

10.끝으로 너희가 주 안에서와 그 힘의 능력으로 강건하여지고 11.마귀의 간계를 능히 대적하기 위하여 하나님의 전신 갑주를 입으라 12.우리의 씨름은 혈과 육을 상대하는 것이 아니요 통치자들과 권세들과 이 어둠의 세상 주관자들과 하늘에 있는 악의 영들을 상대함이라 13.그러므로 하나님의 전신 갑주를 취하라 이는 악한 날에 너희가 능히 대적하고 모든 일을 행한 후에 서기 위함이라 14.그런즉 서서 진리로 너희 허리 띠를 띠고 의의 호심경을 붙이고 15.평안의 복음이 준비한 것으로 신을 신고 16.모든 것 위에 믿음의 방패를 가지고 이로써 능히 악한 자의 모든 불화살을 소멸하고 17.구원의 투구와 성령의 검 곧 하나님의 말씀을 가지라 18.모든 기도와 간구를 하되 항상 성령 안에서 기도하고 이를 위하여 깨어 구하기를 항상 힘쓰며 여러 성도를 위하여 구하라 19.또 나를 위하여 구할 것은 내게 말씀을 주사 나로 입을 열어 복음의 비밀을 담대히 알리게 하옵소서 할 것이니 20.이 일을 위하여 내가 쇠사슬에 매인 사신이 된 것은 나로 이 일에 당연히 할 말을 담대히 하게 하려 하심이라

1. 진리로 허리 띠를 띠라 하심 (= 진리의 허리띠, 진실한 삶)
14절= "그런즉 서서 진리로 너희 허리 띠를 띠고…"

2. 의의 호심경을 붙이라 하심 (= 의의 호심경, 바른 성품과 행위)
14절= "… 의의 호심경을 붙이고"

3. 평안의 복음이 준비한 것으로 신을 신으라 하심 (= 복음의 신, 복음 증거 준비 태세)
15절= "평안의 복음이 준비한 것으로 신을 신고"

4. 믿음의 방패를 가지라 하심 (= 믿음의 방패, 하나님의 말씀에 대한 신뢰)
16절= "모든 것 위에 믿음의 방패를 가지고 이로써 능히 악한 자의 모든 불화살을 소멸하고"

5. 구원의 투구를 쓰라 하심 (= 구원의 투구, 구원에 대한 소망)
17절= "구원의 투구와…"

6. 성령의 검 곧 하나님의 말씀을 가지라 하심 (= 성령의 검, 하나님의 말씀)
17절= "… 성령의 검 곧 하나님의 말씀을 가지라"

【대지 유형】주제 설명형 – 본문 분석형 – 대지 연결형
【주제】성도는 영적 전투를 위해 하나님의 전신갑주를 입어야 한다.
【FCF】많은 신앙인이 영적 전투에서 전신갑주의 중요성을 인식하지 못하고 있음.

【서론】본문의 배경: 주님 오실 때까지 휴전은 없다. 온 세상이 영적 전투의 장소. 하나님 나라의 침입과 이에 대한 사탄 왕국의 반격. 이 싸움은 갈수록 심해진다. 마귀의 궤계는 매우 간교하다. 이를 대적하기 위해 특별한 준비가 필요하다. 하나님의 전신갑주.
【우산질문】본문에 나타난 하나님의 전신갑주는 어떤 것인가?

【1대지】로마 군인의 허리띠= 싸움에 날렵하도록 옷을 여미고, 무기를 차기 위해. 그리스도인의 벨트= 주님의 말씀대로 사는 삶, 정직 신실의 생활= 진실한 삶으로 허리띠를 삼으라.
【2대지】호심경= 흉배= 군인이 심장을 보호하기 위해 앞뒤로 붙임. 의의 호심경= 바른 성품과 행위. 마귀의 참소에 대한 가장 좋은 방어.
【3대지】군인의 신은 싸움에 필수적이다. 어느 때든지 평안의 복음을 나눌 수 있는 자세. 하나님과의 관계 유지를 통해 항상 영적으로 준비되어 있어야.
【4대지】큰 방패, 가죽으로 입혀 물에 적셔 불화살을 막는다. 원수들은 우리가 영혼구원에 나서면 불화살을 쏜다. 믿음의 방패= 우리를 보호하시는 하나님의 능력에 대한 믿음. 하나님의 말씀에 관한 신뢰와 확신.
【5대지】놋과 철의 합금. 도끼가 뚫지 못해. 투구는 머리를 보호한다. 머리는 우리 생각의 자리. 구원= 악으로부터의 해방.
【6대지】검은 방어용이면서 공격용 무기이다. 짧으면서 좌우에 날선 검. 성령의 검으로서의 말씀= 귀신의 능력을 끊어버리는 믿음의 말씀. 기록된 말씀(로고스)을 가진 자에게 성령께서 주시는 능력의 말씀.
【결론】바울은 로마 군인에게 없는 것 하나를 추가= 성령 안에서 하는 기도. 우리가 이 모든 무기를 잘 사용하면 죄로부터 자유롭고 성령의 능력 안에서 자유로운 삶이 가능하다. 원수의 세력에 승리한다.

- 절기, 용도, 장르, 특징:
- Key Word: 전신갑주.
- Remarks:

본문 : **빌 1:3~11**
제목 : **바울의 감사와 기도**

3.내가 너희를 생각할 때마다 나의 하나님께 감사하며 4.간구할 때마다 너희 무리를 위하여 기쁨으로 항상 간구함은 5.너희가 첫날부터 이제까지 복음을 위한 일에 참여하고 있기 때문이라 6.너희 안에서 착한 일을 시작하신 이가 그리스도 예수의 날까지 이루실 줄을 우리는 확신하노라 7.내가 너희 무리를 위하여 이와 같이 생각하는 것이 마땅하니 이는 너희가 내 마음에 있으며 나의 매임과 복음을 변명함과 확정함에 너희가 다 나와 함께 은혜에 참여한 자가 됨이라 8.내가 예수 그리스도의 심장으로 너희 무리를 얼마나 사모하는지 하나님이 내 증인이시니라 9.내가 기도하노라 너희 사랑을 지식과 모든 총명으로 점점 더 풍성하게 하사 10.너희로 지극히 선한 것을 분별하며 또 진실하여 허물 없이 그리스도의 날까지 이르고 11.예수 그리스도로 말미암아 의의 열매가 가득하여 하나님의 영광과 찬송이 되기를 원하노라

1. 바울은 빌립보 교인들이 첫날부터 복음의 일에 참여함을 감사했음 (= 복음의 교제에 힘써 참여함)

5절= "너희가 첫날부터 이제까지 복음을 위한 일에 참여하고 있기 때문이라"

2. 바울은 빌립보 교인들이 바울의 고난에 동참함을 감사함 (= 은혜에 참여하는 일)

7절= "… 나의 매임과 복음을 변명함과 확정함에 너희가 다 나와 함께 은혜에 참여한 자가 됨이라"

3. 바울은 빌립보 교인들이 선한 것을 분별하도록 기도함 (= 선한 것을 분별하는 일)

10절= "너희로 지극히 선한 것을 분별하며"

4. 바울은 빌립보 교인들이 의의 열매를 맺어 하나님께 영광 돌리기를 기도함 (= 의의 열매를 맺는 일)

11절= "예수 그리스도로 말미암아 의의 열매가 가득하여 하나님의 영광과 찬송이 되기를 원하노라"

【대지 유형】 주제 설명형 – 본문 묶음형 – 대지 심화형

【주제】 (석의) 바울은 빌립보 교인들이 복음의 교제와 은혜에 참여함을 감사드리고 그들이 선한 것을 분별하며 의의 열매를 맺도록 간구한다.
【FCF】 많은 신앙인이 의의 열매를 맺지 못하고 있음.

【서론】 출발이 중요하다. 출발은 스타트가 빨라야 하고, 목적이 분명해야 하며, 최선을 다해야 한다. 본문 6절, "너희 안에서 착한 일을 시작하신 이"= 하나님. 그분이 완성하신다.
【우산질문】 본문을 통해 어떤 일들을 힘써 시작해야 하는가를 살펴보자.

【1대지】 우리의 교제는 복음으로 연결될 때 진정한 교제가 가능하다. 복음의 정신과 그 사랑으로 얽힌 교제라야 참되고 영원한 교제가 된다. 교회는 교제하는 공동체이다. 상대의 입장을 이해하고, 도와주고, 지속성을 가져야 함. 힘써 교제를 시작하자.
【2대지】 빌립보 교회는 바울이 옥에 갇혔을 때도, 반대자들에게 몰릴 때도 바울의 변호자의 자리에 섰다. 그런 태도를 바울은 "나와 함께 은혜에 참예한 자가 되었다"라고 했다. 이것은 은혜의 실천 생활이 무엇인가를 보여 준다 = 주의 종의 고난과 고통을 돕고 전도자의 괴로움을 위로해 주는 일. 빌 4:14, 18. 은혜에 참여한다는 것은= 은혜 베푸신 주님을 위해 헌신하는 것이고, 주님의 고난에 동참하는 것.
【3대지】 우리 주위에 악한 것도 많지만 선한 것도 많다. 부정적인 것도 많지만 긍정적 사건도 많다. 선한 것을 분별하는 것은= 선한 것을 찾고, 선한 일에 힘쓰고, 선과 악을 분별하고, 지고(至高)의 선이신 주님을 찾고 따르라는 뜻. 분별력이 필요하다.
【4대지】 열매란 결론이다. 올바른 행실의 열매, 전도의 열매, 성령의 열매. 의의 열매는 하나님을 기쁘시게 할 뿐 아니라 이웃에게도 유익과 덕을 끼친다.
【결론】 성도가 힘써야 할 네 가지 일들.

- 절기, 용도, 장르, 특징:
- Key Word: 감사, 기도.
- Remarks:

본문 : 빌 2:1~7
제목 : **온전한 협력에 이르는 길**

1.그러므로 그리스도 안에 무슨 권면이나 사랑의 무슨 위로나 성령의 무슨 교제나 긍휼이나 자비가 있거든 2.마음을 같이하여 같은 사랑을 가지고 뜻을 합하며 한마음을 품어 3.아무 일에든지 다툼이나 허영으로 하지 말고 오직 겸손한 마음으로 각각 자기보다 남을 낫게 여기고 4.각각 자기 일을 돌볼뿐더러 또한 각각 다른 사람들의 일을 돌보아 나의 기쁨을 충만하게 하라 5.너희 안에 이 마음을 품으라 곧 그리스도 예수의 마음이니 6.그는 근본 하나님의 본체시나 하나님과 동등됨을 취할 것으로 여기지 아니하시고 7.오히려 자기를 비워 종의 형체를 가지사 사람들과 같이 되셨고 8.사람의 모양으로 나타나사 자기를 낮추시고 죽기까지 복종하셨으니 곧 십자가에 죽으심이라

1. 그리스도의 권면이 있어야 함 (= 그리스도의 마음)

1절= "그러므로 그리스도 안에 무슨 권면이나 사랑의 무슨 위로나 성령의 무슨 교제나 긍휼이나 자비가 있거든"

2. 사랑의 위로가 있어야 함 (= 사랑에서 나오는 위로의 말)

1절= "··· 사랑의 무슨 위로나···"

3. 성령의 교제가 있어야 함 (= 성도를 하나 되게 하시는 성령의 교통)

1절= "··· 성령의 무슨 교제나···"

4. 긍휼과 자비가 있어야 함 (= 이웃을 도와주는 것)

1절= "··· 긍휼이나 자비가 있거든"

【대지 유형】 주제 설명형 – 본문 분석형 – 대지 병렬형
【주제】 교회가 하나가 되려면 성도들이 성령과 그리스도의 마음으로 충만하여 사랑의 위로와 이웃 사랑에 힘써야 한다.
【FCF】 많은 교회가 하나 되지 못하는 많은 이유들을 가지고 있음.

【서론】 함께 일을 할 때 협력해서 일하는 것이 중요하다. 백지장도 맞들면 낫다. 한국인들, 한국교회의 문제점= 협력이 잘 안 된다는 것. 본문은 어떻게 하면 온전히 협력할 수 있는지 교훈을 준다. 배경이 되는 빌립보 교회는 유럽 최

초의 교회다. 루디아가 첫 성도. 이 교회는 여성들의 활동이 대단했고, 유오디아나 순두게 등은 화합할 줄 모르는 여인들의 샘플이다.

【우산질문】 본문을 통해 온전한 협력으로 이를 수 있는 길을 찾아보자.

【1대지】 그리스도의 권면= 그리스도의 마음(5절)을 가져야 한다는 것. 그리스도인이 되었다는 것은 예수의 사람이 되었다는 것(갈 5:24). 우리의 가치관이 예수님의 그것으로 바뀌어야 한다. 우리가 생각하는 것이 예수님이 생각하는 것이어야 한다. 용서의 마음, 다른 사람을 이해하는 마음, 격려하고 소망을 주는 것, 옳은 말과 사리에 합당한 말. 탕자의 비유에서 형의 타입을 보라. 동생을 정죄하는 말 자체는 틀리지 않았지만, 주님의 권면은 다르다. "나도 너를 정죄하지 아니하노니 가서 다시는 죄를 범치 말라"(요 8:11).

【2대지】 진심으로 위로 격려하는 말. 입술뿐인 사람이 되어서는 안 된다. 이사야 40:1, 2, "너희는 위로하라, 내 백성을 위로하라…" 지금은 따뜻한 교회의 사랑이 필요한 시대이다. 어려울 때 위로받고 일어선 사람은 신앙의 곁길로 가지 않는다. 왜 사람들이 교회의 일에 반대하는가? 많은 경우 그들이 교회의 따뜻한 사랑을 받지 못했기 때문이다.

【3대지】 교제= 코이노니아. 고후 13:13, "성령의 교통하심…" 성령님이 역사하시는 곳에 코이노니아 역사가 일어난다. "평안의 매는 줄로 성령의 하나 되게 하신 것을 힘써 지키라"(엡 4:3). 성령 충만하면 예배 봉사 성경공부 모두 즐겁다. 행 2장 42절 이하를 참조하라. 주님은 구하는 자에게 성령을 주신다.

【4대지】 긍휼과 자비(tenderness & compassion). 한 마디로 도와주는 것을 의미한다. 기독교는 이론이 아니다. 이웃을 사랑하라는 계명이 강조된다. 약 2:15, 16, "만일 형제나 자매가 헐벗고 일용할 양식이 없는데 너희 중에 누구든지 그에게 이르되 평안히 가라, 덥게 하라, 배부르게 하라 하며 그 몸에 쓸 것을 주지 아니하면 무슨 유익이 있으리요."

【결론】 참여와 동참, 협력의 문제는 남을 위한 일이 아니다. 개교회주의나 이기주의는 교회와 우리 자신을 병들게 한다. 그리스도의 마음으로 돌아가는 길밖에 없다.

- 절기, 용도, 장르, 특징:
- Key Word: 코이노니아, 성령의 교제.
- Remarks:

본문 : **빌 2:5~11**
제목 : **예수 그리스도의 겸손**
　　　　(The Supreme Example of Humility and Unselfishness)

5.너희 안에 이 마음을 품으라 곧 그리스도 예수의 마음이니 6.그는 근본 하나님의 본체시나 하나님과 동등됨을 취할 것으로 여기지 아니하시고 7.오히려 자기를 비워 종의 형체를 가지사 사람들과 같이 되셨고 8.사람의 모양으로 나타나사 자기를 낮추시고 죽기까지 복종하셨으니 곧 십자가에 죽으심이라 9.이러므로 하나님이 그를 지극히 높여 모든 이름 위에 뛰어난 이름을 주사 10.하늘에 있는 자들과 땅에 있는 자들과 땅 아래에 있는 자들로 모든 무릎을 예수의 이름에 꿇게 하시고 11.모든 입으로 예수 그리스도를 주라 시인하여 하나님 아버지께 영광을 돌리게 하셨느니라

1. 자기를 비워 종의 형체를 가지심 (= 자기를 비우는 마음)

　　6절= "그는 근본 하나님의 본체시나 하나님과 동등됨을 취할 것으로 여기지 아니하시고"
　　7절= "오히려 자기를 비워 종의 형체를 가지사 사람들과 같이 되셨고"

2. 사람의 모양으로 나타나사 자기를 낮추심 (= 자기를 낮추는 마음)

　　8절상= "사람의 모양으로 나타나사 자기를 낮추시고…"

3. 십자가에 죽기까지 복종하심 (= 죽기까지 복종하는 마음)

　　8절하= "죽기까지 복종하셨으니 곧 십자가에 죽으심이라"

【대지 유형】 주제 증명형 – 본문 분석형 – 대지 심화형
【주제】 예수님은 일생을 통하여 자기를 비우고 낮추고 죽기까지 하나님께 복종하는 마음을 가진 분으로 나타나셨다.
【FCF】 예수님의 겸손한 마음을 알면서도 닮아가려 하지 않는 현대 교인들의 이중성.

【서론】 예수 그리스도는 우리의 구주(救主, Savior)이시면서 동시에 우리의 모범(模範, Example)이시다. 사실 '예수님의 마음을 품으라'는 권면은 라오디게아 교회 시대를 살아가는 우리에게 더욱 요긴한 말씀이다. 종말의 흔들리는 시대에 우리가 품어야 할 마음은 예수 그리스도의 마음이다.

【우산질문】 우리가 닮아야 할 예수 그리스도의 마음은 어떤 마음인가?

【1대지】 그리스도께서 자기를 비웠다는 것은 영광스런 지위를 잠시 뒤로 한 채 종의 형체를 입으셨음을 의미한다. 그리스도의 마음을 품는다는 것은 그리스도께서 자기를 비워 종의 형체를 가지신 그 마음을 가진다는 것을 의미한다.

【2대지】 주님의 마음은 자기를 낮추시되 하나님의 영광된 자리에서 피조물인 사람의 '스케마(모양)'를 취하시기까지 낮추셨다. 예수님을 만나기 위해 우리는 높은 곳으로 갈 필요는 없다. 왜냐하면 그분은 가장 낮은 곳에 우리와 함께 계시기 때문이다.

【3대지】 겟세마네의 혈투를 생각해보라. 죽기까지 복종하신 주님의 모습을 살펴보면 우리가 상상하기 어려운 번민과 고통이 그에게 있었다는 것을 알 수 있다. 왜 이렇게 주님은 저주받아 죽기까지 자신을 낮추셨나? 그것은 인간을 하나님의 자녀로 입양시키기 위함이요, 인간이 받을 저주를 대신 받으심으로 영원히 멸망할 수밖에 없는 인간들을 구하시기 위함이었다.

【결론】 주님은 이제 영광의 심판주로 속히 오실 것이다. 그리고 이 땅의 참 일꾼을 찾으실 것이다. 누가 참 일꾼인가? 무엇보다 주님의 마음을 자신 안에 품는 자이다.

- 절기, 용도, 장르, 특징:
- Key Word: 예수님의 마음.
- Remarks:

본문 : 빌 2:5~11; 벧전 5:5~6
제목 : **겸손하신 예수님 (Jesus is Humble)**

빌 2:5.너희 안에 이 마음을 품으라 곧 그리스도 예수의 마음이니 **6.**그는 근본 하나님의 본체시나 하나님과 동등됨을 취할 것으로 여기지 아니하시고 **7.**오히려 자기를 비워 종의 형체를 가지사 사람들과 같이 되셨고 **8.**사람의 모양으로 나타나사 자기를 낮추시고 죽기까지 복종하셨으니 곧 십자가에 죽으심이라 **9.**이러므로 하나님이 그를 지극히 높여 모든 이름 위에 뛰어난 이름을 주사 **10.**하늘에 있는 자들과 땅에 있는 자들과 땅 아래에 있는 자들로 모든 무릎을 예수의 이름에 꿇게 하시고 **11.**모든 입으로 예수 그리스도를 주라 시인하여 하나님 아버지께 영광을 돌리게 하셨느니라
벧전 5:5.젊은 자들아 이와 같이 장로들에게 순종하고 다 서로 겸손으로 허리를 동이라 하나님은 교만한 자를 대적하시되 겸손한 자들에게는 은혜를 주시느니라 **6.**그러므로 하나님의 능하신 손 아래에서 겸손하라 때가 되면 너희를 높이시리라

1. 자기를 비워 종의 형체를 가지심 (= 예수님은 하나님의 참 종)

7절= "… 자기를 비워 종의 형체를 가지사 사람들과 같이 되셨고"

2. 자기를 낮추시고 죽기까지 복종하셨음 (= 예수님은 사람을 섬기셨음)

8절= "사람의 모양으로 나타나사 자기를 낮추시고 죽기까지 복종하셨으니 곧 십자가에 죽으심이라"

3. 자기 백성을 향해 겸손하라 하심 (= 겸손한 자를 높여주심)

벧전 5:5= "젊은 자들아 이와 같이 장로들에게 순종하고 다 서로 겸손으로 허리를 동이라 하나님은 교만한 자를 대적하시되 겸손한 자들에게는 은혜를 주시느니라"

【**대지 유형**】주제 설명형 – 본문 수집형 – 대지 혼재형(2+1)
【**주제**】겸손하신 예수님은 하나님의 참 종이요 죽기까지 인류를 섬기셨다.
【**FCF**】많은 신앙인이 겸손하라는 명령을 들으면서도 실천에 옮기지 못하고 있음.

【**서론**】예수님은 우리의 구주(Savior)요 모범(Example)이시다. 주님의 고난 받으심과 죽으심과 부활은 우리의 구주이심을 확증한다. 주님의 삶 전체는 그리스도인이 닮아가야 할 삶의 모든 것을 보여준다. 우리가 주님을 닮아가려

면 어디서 시작할까? 그분이 시작한 위치로부터= 영광의 자리에서 자원하여 종으로 내려앉으신 겸손의 자리로부터. 본문 5~8절은 주님의 겸손하신 모습. 9~11절은 하나님이 높이시는 모습. 승귀(昇貴, exaltation)는 비하(卑下, humbling)를 따라온다.

【우산질문】 본문을 통하여 겸손하신 예수님에 대하여 살펴보자.

【1대지】 예수님은 하나님의 참 종(bondslave)이시다. 종(slave)과 사환(servant)은 같지 않다. 7절, 종의 형체를 가지심. 자원하여 종 되심. bondslave에 해당되는 구약의 예: 출 21:2~6. 귀에 구멍 뚫은 종= 자원하여 주인의 종 되기로 서약한 종. 오직 주님께만 순종하며 주님을 기쁘시게 하는 일에 올인. 우리 또한 주님의 bondslave가 되어야 함.

【2대지】 예수님은 사람을 섬기러 오셨다. 마 20:25~28. 요 13장에서 제자들의 발을 씻기시는 예수님. 성경을 연구하면 겸손이 얼마나 중요한지 알 수 있다. 마 11:29.

【3대지】 그리스도인들은 서로 겸손으로 허리를 동여야 한다. 눅 14:11, "무릇 자기를 높이는 자는 낮아지고 자기를 낮추는 자는 높아지리라."

【결론】 예수님을 닮아가려는 목표를 바라보고 달려가자. 주님을 바라보자. 주님의 놀라운 위로가 우리에게 온다!

- 절기, 용도, 장르, 특징:
- Key Word: 겸손.
- Remarks:

본문 : 빌 3:7~14

제목 : 경주자의 삶의 자세 (Pressing on toward the Goal)

7.그러나 무엇이든지 내게 유익하던 것을 내가 그리스도를 위하여 다 해로 여길뿐더러 8.또한 모든 것을 해로 여김은 내 주 그리스도 예수를 아는 지식이 가장 고상하기 때문이라 내가 그를 위하여 모든 것을 잃어버리고 배설물로 여김은 그리스도를 얻고 9.그 안에서 발견되려 함이니 내가 가진 의는 율법에서 난 것이 아니요 오직 그리스도를 믿음으로 말미암은 것이니 곧 믿음으로 하나님께로부터 난 의라 10.내가 그리스도와 그 부활의 권능과 그 고난에 참여함을 알고자 하여 그의 죽으심을 본받아 11.어떻게 해서든지 죽은 자 가운데서 부활에 이르려 하노니 12.내가 이미 얻었다 함도 아니요 온전히 이루었다 함도 아니라 오직 내가 그리스도 예수께 잡힌 바 된 그것을 잡으려고 달려가노라 13.형제들아 나는 아직 내가 잡은 줄로 여기지 아니하고 오직 한 일 즉 뒤에 있는 것은 잊어버리고 앞에 있는 것을 잡으려고 14.푯대를 향하여 그리스도 예수 안에서 하나님이 위에서 부르신 부름의 상을 위하여 달려가노라

1. 어찌하든지 부활에 이르려 함 (= 부활 소망으로 현재의 고난을 이김)

10절= "내가 그리스도와 그 부활의 권능과 그 고난에 참예함을 알려하여 그의 죽으심을 본받아"

11절= "어찌하든지 죽은 자 가운데서 부활에 이르려 하노니"

2. 믿음으로 승리한 경주자들의 예 (= 히 11장의 인물들)

3. 뒤에 있는 것은 잊어버리고 푯대를 향하여 좇아감 (= 과거를 잊고 부름의 상을 위해 달려감)

13절= "형제들아 나는 아직 내가 잡은 줄로 여기지 아니하고 오직 한 일 즉 뒤에 있는 것은 잊어버리고 앞에 있는 것을 잡으려고"

14절= "푯대를 향하여 그리스도 예수 안에서 하나님이 위에서 부르신 부름의 상을 위하여 좇아가노라"

【대지 유형】주제 설명형 – 본문 수집형 – 대지 진전형

【주제】(적용) 성도는 부활 소망으로 현재의 고난을 이기고 푯대를 향하여 달려가는 자이다.

【FCF】많은 신앙인이 부활을 믿는다고 하면서도 그 소망의 힘을 받지 못하고 있음.

【서론】 바울은 보통 사람으로서는 상상하기 어려운 고난 속에서도 자신의 새 목표를 향하여 달려가는 경주자의 자세를 남은 생애 동안 한 번도 흐트러뜨리지 않았다. 어떻게 그리할 수 있었겠는가? 그 비결이 본문에 드러나 있다.

【우산질문】 사도 바울이 보여주는 경주자의 삶의 자세는 어떠한가?

【1대지】 "죽은 자 가운데서 부활에"라는 표현은 의인과 죄인 모두의 부활을 말하는 것이 아니고, 믿는 자들만이 부활하는 부분적인 부활, 곧 주님 재림시에 주 안에서 죽은 자들에게 주어질 성도의 부활을 가리킨다(계 20:4~15). 미래의 영광스런 소망은 현재의 고달픈 환경을 초월하는 능력을 가져다 준다. 바울은 그런 의미에서 장래의 소망이 가져다 주는 강력한 힘으로 주님이 원하시는 승리의 삶을 살았던 사람의 전형적인 예가 될 것이다.

【2대지】 히브리서 11장은 성공적인 경주자의 삶을 살았던 신앙의 선진들에 관하여 일목요연하게 언급하고 있다.

【3대지】 이 점에서 현대의 심리학은 성경의 가르침과는 상당한 거리감이 있다. 행동주의 이론은 현재의 문제를 현재적 관점에서 바라보는 접근을 취한다. 정신분석학은 현재의 문제를 과거적 관점에서 바라보고 해석한다. 그러나 성경은 현재의 문제를 미래적 관점에서 바라보고 해석한다. 현재를 해결하는 열쇠는 미래에 있다. 바울이 그토록 멋진 경주자가 될 수 있었던 비결은 그의 마음속에 장차 받을 의의 면류관에 대한 소망이 강렬했기 때문이다.

【결론】 만일 내가 경주자라면, 내가 바라보고 달리는 푯대는 어디인지 분명히 정해야 한다. 그리고 점검해야 할 사항은 '나를 달리게 하는 에너지는 어디에서 나오는가?'이다. 그것은 '하나님이 부르신 부름의 상'에 대한 확신에서 나온다.

- 절기, 용도, 장르, 특징: 송구영신.
- Key Word: 소망, 부름의 상, 푯대.
- Remarks:

본문 : 빌 3:10~14
제목 : 전진하는 교회 (Pressing on toward the Goal)

10.내가 그리스도와 그 부활의 권능과 그 고난에 참여함을 알고자 하여 그의 죽으심을 본받아 11.어떻게 해서든지 죽은 자 가운데서 부활에 이르려 하노니 12.내가 이미 얻었다 함도 아니요 온전히 이루었다 함도 아니라 오직 내가 그리스도 예수께 잡힌 바 된 그것을 잡으려고 달려가노라 13.형제들아 나는 아직 내가 잡은 줄로 여기지 아니하고 오직 한 일 즉 뒤에 있는 것은 잊어버리고 앞에 있는 것을 잡으려고 14.푯대를 향하여 그리스도 예수 안에서 하나님이 위에서 부르신 부름의 상을 위하여 달려가노라

1. 뒤에 있는 것은 잊어버림 (= 과거에 매이지 않음)

13절= "… 나는 아직 내가 잡은 줄로 여기지 아니하고 오직 한 일 즉 뒤에 있는 것은 잊어버리고…"

2. 아직 온전히 이루지 못했음을 고백함 (= 현재의 부족 통감)

12절= "내가 이미 얻었다 함도 아니요 온전히 이루었다 함도 아니라…"

3. 부름의 상을 위하여 달려감 (= 미래의 푯대를 향한 전진)

13~14절= "… 앞에 있는 것을 잡으려고 푯대를 향하여 그리스도 예수 안에서 하나님이 위에서 부르신 부름의 상을 위하여 달려가노라"

【대지 유형】주제 적용형 – 본문 분석형 – 대지 진전형
【주제】(적용) 교회는 과거에 매이지 않고 현재의 부족을 겸손히 인정하고 미래의 푯대를 향해 전진해야 한다.
【FCF】많은 신앙인이 지난 일에 매여 앞을 향해 달려가지 못함.

【서론】본문에서 바울 사도는 푯대를 향하여 달려가는 자신을 말하면서 전진하는 교회의 조건, 전진하는 사람이 명심해야 할 요소들을 보여주고 있다. 무엇보다 지금 우리가 어디에 있는지부터 파악하는 것이 중요하다.
【우산질문】사도가 제시하는 전진하는 교회, 전진하는 성도의 모습은 어떠한가?

【1대지】 과거에 집착하는 자는 진전이 없다. 사 43:18, 19. 바울의 경기 방법 (13절). 롯의 처를 보라. 잊어야 할 과거의 일은 무엇인가? 먼저 우리의 잘한 것들을 잊어버려라. 지난날의 잘못한 것들도 잊어버려라.

【2대지】 '얻었다 함도 아니요'라는 말은 그리스도를 완전히 본받는 것을 아직 얻지 못했다는 말. '온전히 이루었다 함도 아니라'는 말은 영생 부활에 이르는 것을 아직 이루지 못했다는 말. 우리는 완성된 자가 아니라 계속하여 지어져 가야 하는 자들이다. 전진하기 위하여는 지금 우리의 부족을 느끼고 이를 고백하는 것이 필요하다.

【3대지】 '앞에 있는 것'은 복수 명사. 이는 '푯대'가 단수형인 것과 대조된다. '푯대'는 믿음으로 승리하는 자에게 주어지는 면류관(sing), 즉 천국의 소망이다. 반면에 '앞에 있는 것'은 성도가 이 면류관을 향하여 나아가는 중에 이루어야 할 많은 것들(pl.), 즉 보다 성화된 삶을 사는 것, 이웃을 주님의 사랑으로 섬기는 일, 복음을 널리 전하여 하나님 나라를 확장하는 일 등이다.

【결론】 당신은 어떤 목표를 가지고 있나? 우리 교회의 목표는? 주님 오실 때까지 우리 교회는 계속하여 전진하는 교회여야 하겠다. 그리스도 재림의 날까지 쉬지 않고 전진하는 주의 군사들이 되어야 하겠다.

- 절기, 용도, 장르, 특징: 신년.
- Key Word: 전진, 푯대.
- Remarks:

본문 : **빌 3:12~14; 요 3:3~5; 롬 6:4**
제목 : **근하신년**

빌 3:12.내가 이미 얻었다 함도 아니요 온전히 이루었다 함도 아니라 오직 내가 그리스도 예수께 잡힌 바 된 그것을 잡으려고 달려가노라 **13.**형제들아 나는 아직 내가 잡은 줄로 여기지 아니하고 오직한 일 즉 뒤에 있는 것은 잊어버리고 앞에 있는 것을 잡으려고 **14.**푯대를 향하여 그리스도 예수 안에서 하나님이 위에서 부르신 부름의 상을 위하여 달려가노라
요 3:3.예수께서 대답하여 이르시되 진실로 진실로 네게 이르느니 사람이 거듭나지 아니하면 하나님의 나라를 볼 수 없느니라 **4.**니고데모가 이르되 사람이 늙으면 어떻게 날 수 있사옵나이까 두 번째 모태에 들어갔다가 날 수 있사옵나이까 **5.**예수께서 대답하시되 진실로 진실로 네게 이르노니 사람이 물과 성령으로 나지 아니하면 하나님의 나라에 들어갈 수 없느니라
롬 6:4.그러므로 우리가 그의 죽으심과 합하여 세례를 받음으로 그와 함께 장사되었나니 이는 아버지의 영광으로 말미암아 그리스도를 죽은 자 가운데서 살리심과 같이 우리로 또한 새 생명 가운데서 행하게 하려 함이라

1. 물과 성령으로 거듭나야 함 (= 새로운 출생, the New Birth)

요 3:3= "예수께서 대답하여 이르시되 진실로 진실로 네게 이르노니 사람이 거듭나지 아니하면 하나님의 나라를 볼 수 없느니라"

요 3:5= "… 사람이 물과 성령으로 나지 아니하면 하나님의 나라에 들어갈수 없느니라"

2. 새 생명 가운데서 행함 (= 새로운 걸음, the New Walk)

롬 6:4= "… 그리스도를 죽은 자 가운데서 살리심과 같이 우리로 또한 새 생명 가운데서 행하게 하려 함이라"

3. 푯대를 향하여 달려감 (= 새로운 목표, the New Goal)

빌 3:13= "형제들아 나는 아직 내가 잡은 줄로 여기지 아니하고 오직 한 일 즉 뒤에 있는 것은 잊어버리고 앞에 있는 것을 잡으려고"

빌 3:14= "푯대를 향하여 그리스도 예수 안에서 하나님이 위에서 부르신 부름의 상을 위하여 달려가노라"

【대지 유형】 주제 설명형 - 본문 수집형 - 대지 진전형
【주제】 새해 우리는 새롭게 거듭나 새로운 걸음으로 새로운 목표를 향하여 나아가야 한다.

【FCF】 많은 신앙인이 새해를 맞이하고도 새 목표를 분명히 정하지도 못하고 새 걸음 출발의 단호한 결심도 없음.

【서론】 Happy New Year! 어떤 마음으로 시작하느냐가 중요함. 새해를 진실로 새롭게 하는 것이 무엇인가?

【우산질문】 새해를 맞이하는 우리 모두에게 꼭 필요한 삶의 진리는 무엇인가?

【1대지】 중생, 거듭남의 필요성은 아무리 강조해도 지나치지 않다. 많은 사람이 새로운 출발을 꿈꾸며 시도하지만 그 결말은 씁쓸한 실패만 맛보게 될 뿐이다. 중생은 오직 믿음으로만 그리스도를 영접하는 것 외에 다른 어떤 방법으로도 얻을 수 없다.

【2대지】 근하신년이 되려면 우리의 일상생활이 새로운 걸음이 되어야 함. 옛 길과 새로운 길에 대한 성경의 비교와 강조를 보라. 육체의 소욕과 성령의 소욕으로 구분. 새로운 걸음으로 나아가려면 '새 사람'을 순전하고 신령한 젖으로 잘 먹여야 한다. 롬 6:4, 그리스도와 함께 죽어 장사되고 함께 살아났음을 확실히 알아야 한다.

【3대지】 바울은 자기 생애에서 그리스도를 위한 삶에 걸림이 되는 것은 어떤 것이라도 자원하여 잊어버리고자 했다. 여러분은 그리스도인이 된 이후 새로운 목표를 갖고 있는가?

【결론】 새로운 출생으로 우리의 구원이 시작된다. 새로운 걸음으로 세상과 구별된 거룩한 삶이 시작된다. 새로운 목표를 확실히 바라봄으로 우리의 헌신이 열매 맺게 된다.

- 절기, 용도, 장르, 특징: 신년.
- Key Word: 새해.
- Remarks:

본문 : **빌 4:4~13**
제목 : **참 기쁨을 소유한 자의 모습 (Rejoice in the Lord Always)**

4.주 안에서 항상 기뻐하라 내가 다시 말하노니 기뻐하라 **5.**너희 관용을 모든 사람에게 알게 하라 주께서 가까우시니라 **6.**아무 것도 염려하지 말고 다만 모든 일에 기도와 간구로, 너희 구할 것을 감사함으로 하나님께 아뢰라 **7.**그리하면 모든 지각에 뛰어난 하나님의 평강이 그리스도 예수 안에서 너희 마음과 생각을 지키시리라 **8.**끝으로 형제들아 무엇에든지 참되며 무엇에든지 경건하며 무엇에든지 옳으며 무엇에든지 정결하며 무엇에든지 사랑 받을 만하며 무엇에든지 칭찬 받을 만하며 무슨 덕이 있든지 무슨 기림이 있든지 이것들을 생각하라 **9.**너희는 내게 배우고 받고 듣고 본 바를 행하라 그리하면 평강의 하나님이 너희와 함께 계시리라 **10.**내가 주 안에서 크게 기뻐함은 너희가 나를 생각하던 것이 이제 다시 싹이 남이니 너희가 또한 이를 위하여 생각은 하였으나 기회가 없었느니라 **11.**내가 궁핍하므로 말하는 것이 아니니라 어떠한 형편에든지 나는 자족하기를 배웠노니 **12.**나는 비천에 처할 줄도 알고 풍부에 처할 줄도 알아 모든 일 곧 배부름과 배고픔과 풍부와 궁핍에도 처할 줄 아는 일체의 비결을 배웠노라 **13.**내게 능력 주시는 자 안에서 내가 모든 것을 할 수 있느니라

1. 주 안에서 항상 기뻐함 (= 구원, 위로, 상급의 기쁨)

4절= "주 안에서 항상 기뻐하라"

10절= "내가 주 안에서 크게 기뻐함은…"

2. 죄악에 물들지 않는 삶을 살게 됨 (= 경건한 삶의 기쁨)

8절= "무엇에든지 참되며 무엇에든지 경건하며 무엇에든지 옳으며 무엇에든지 정결하며 무엇에든지 사랑 받을 만하며 무엇에든지 칭찬 받을 만하며 무슨 덕이 있든지 무슨 기림이 있든지 이것들을 생각하라"

3. 어떠한 형편에서도 자족함 (= 환경을 초월한 기쁨)

11절= "내가 궁핍하므로 말하는 것이 아니니라 어떠한 형편에든지 나는 자족하기를 배웠노니"

12절= "나는 비천에 처할 줄도 알고 풍부에 처할 줄도 알아 모든 일 곧 배부름과 배고픔과 풍부와 궁핍에도 처할 줄 아는 일체의 비결을 배웠노라"

【대지 유형】 주제 증명형 – 본문 수집형 – 대지 병렬형
【주제】 참 성도는 구원의 기쁨, 경건한 삶의 기쁨, 환경을 초월한 기쁨으로 사는 자이다.
【FCF】 신앙인들 중 참 기쁨을 소유한 사람을 보기가 쉽지 않음.

【서론】 빌립보서는 기쁨의 서신이다. 저자인 사도 바울은 빌립보 교회 성도들에게 주 안에서 항상 기뻐하라고 거듭 권면한다. 이 짧은 편지 속에 기쁨에 대한 표현이 무려 열일곱 번이나 반복되고 있다. 본문이 우리에게 도전하고 있는 것은 '성도는 참 기쁨을 소유한 자여야 한다'는 점이다.

【우산질문】 본문을 통하여 참 기쁨을 소유한 자의 모습이 어떠한지 함께 살펴보자.

【1대지】 주 안에서 항상 기뻐하는 삶은 다름 아닌 바울 자신이 본을 보인 삶이었다. 믿는 자에게 있어서 기쁨은 명령이자 동시에 당연한 결과이다. 우리가 누려야 할 참된 기쁨은 '오직 예수 안에서만' 누려질 수 있다. 구원의 기쁨, 위로의 기쁨, 상급의 기쁨은 오직 예수 안에 있는 자에게 주어지는 것이기 때문이다.

【2대지】 본 절에서 '무엇에든지'(호사)가 6회나 반복 사용되고 있다. 우리 스스로는 바울의 권면을 이룰 수가 없지만 성령님의 능력으로는 가능하다. 성령님을 의지해서 육체의 소욕을 이기고 절대적인 윤리의 삶으로 나아가게 되는 과정을 '성화(Santification)'라고 한다.

【3대지】 참 기쁨을 소유한 사람의 특징은 어떤 고달픈 환경 속에서도 자족할 수 있다는 점이다. 바울의 자족은 단번에 이루어진 것이 아니었다. 크고 작은 일, 이런저런 형편에 처하면서 깨닫고 바로잡아 가는 과정을 거쳤던 것이다.

【결론】 우리 모두 주님 안에 있는 참된 기쁨을 회복하게 되기 바란다. 그 기쁨은 악을 멀리 할 때 누릴 수 있는 것이고, 모든 환경을 뛰어넘는 기쁨이다.

- 절기, 용도, 장르, 특징:
- Key Word: 기쁨.
- Remarks:

본문 : 빌 4:10~13
제목 : **성숙한 성도의 모습**

10.내가 주 안에서 크게 기뻐함은 너희가 나를 생각하던 것이 이제 다시 싹이 남이니 너희가 또한 이를 위하여 생각은 하였으나 기회가 없었느니라 11.내가 궁핍하므로 말하는 것이 아니니라 어떠한 형편에든지 나는 자족하기를 배웠노니 12.나는 비천에 처할 줄도 알고 풍부에 처할 줄도 알아 모든 일 곧 배부름과 배고픔과 풍부와 궁핍에도 처할 줄 아는 일체의 비결을 배웠노라 13.내게 능력 주시는 자 안에서 내가 모든 것을 할 수 있느니라

1. 배고픔과 궁핍에도 처할 수 있음 (= 비천한 환경 속에서의 적응 능력)

12절= "나는 비천에 처할 줄도 알고… 배부름과 배고픔과 풍부와 궁핍에도 처할 줄 아는 일체의 비결을 배웠노라"

2. 배부름과 풍부에도 처할 수 있음 (= 풍부한 환경 속에서도 잘못되지 않는 능력)

12절= "… 풍부에 처할 줄도 알아 배부름과 배고픔과 풍부와 궁핍에도 처할 줄 아는 일체의 비결을 배웠노라"

3. 능력 주시는 자 안에서 모든 것을 할 수 있다고 선언함 (= 주님 안에서 모든 것을 할 수 있다는 고백)

13절= "내게 능력 주시는 자 안에서 내가 모든 것을 할 수 있느니라"

【**대지 유형**】주제 설명형 – 본문 분석형 – 대지 혼재형
【**주제**】성숙한 성도는 어떤 환경 속에서도 주님의 능력으로 진리대로 사는 성도이다.
【**FCF**】많은 신앙인이 비천과 풍부에 처할 줄 모르고 넘어짐.

【**서론**】성도는 세상이 모르는 능력을 가진 사람이다. 행 1:8, "오직 성령이 너희에게 임하시면 권능을 받고…" 이 능력은 하나님이 주신 능력, 성령의 능력이다. 이것은 인생관을 변화시켜주고 세계관을 변화시켜주고 재물관도 변화시켜 준다. 이 편지를 쓴 당시의 바울이 처한 혼경은= 감옥 안, 그는 오히려 밖에 있는 빌립보 교인들에게 기뻐하라고 한다.

【우산질문】 본문이 보여주는 바울의 모습을 살펴보자.

【1대지】 비천= '굴욕을 주다, 멸시하다'라는 뜻. 억압과 굴욕의 환경 속에서 주님을 찬송하고 기도할 수 있다면 그는 능력의 사람. 바울의 일생이 이 능력에 대한 산 증거이다. 이런 능력은 마음만 먹는다고 되는 것이 아니다. 성령님이 주시는 신령한 능력을 소유한 사람만이 누리는 것.

【2대지】 많은 경우 부요해지면 신앙생활에 느슨해지고 충성도가 엷어진다. 많은 대접을 받아도 탈선하지 않는 사람. 유혹에 넘어가지 않는 사람. 이것 또한 마음만 먹는다고 되지 않음. 성령의 능력을 받아야 함. 예) 고넬료가 베드로 앞에 엎드려 절했을 때의 베드로의 태도. 바울과 바나바가 루스드라에서 치유 기적을 일으켰을 때의 무리들의 반응 앞에서 취했던 태도.

【3대지】 '내게 능력 주시는 자'. 많은 사람이 이 구절을 빼고 본 구절을 이용한다. 소위 나폴레옹 콤플렉스. "내 사전에는 불가능이 없다"고 큰소리쳤다. 정주영씨, "시련은 있어도 실패는 없다." 하지만 인간의 큰소리는 허무하다. 그러나 성도에게는 주님의 능력이 절대적 도움이 된다.

【결론】 여러분은 어떤 상황에 놓여 있나? 주님 안에 있는 우리에게는 세상이 알지 못하는 능력이 있다.

- 절기, 용도, 장르, 특징:
- Key Word: 능력.
- Remarks:

본문 : **골 2:6~7**
제목 : **감사함이 넘치는 성도 (Overflowing with Thanksgiving)**

6.그러므로 너희가 그리스도 예수를 주로 받았으니 그 안에서 행하되 **7.**그 안에 뿌리를 박으며 세움을 받아 교훈을 받은 대로 믿음에 굳게 서서 감사함을 넘치게 하라

1. 성도는 그리스도 예수를 주님으로 받은 자임 (= 감사의 뿌리, 주 예수님)

6절= "그러므로 너희가 그리스도 예수를 주로 받았으니…"

2. 성도는 그리스도 안에서 행하여야 함 (= 감사의 줄기, 예수님 안에서 행하는 삶)

6절= "… 너희가 그리스도 예수를 주로 받았으니 그 안에서 행하되 그 안에 뿌리를 박으며 세움을 받아…"

3. 성도는 감사함을 넘치게 해야 함 (= 성도의 확실한 특징, 풍성한 감사)

7절= "… 교훈을 받은 대로 믿음에 굳게 서서 감사함을 넘치게 하라"

【대지 유형】 주제 적용형 – 본문 분석형 – 대지 혼재형(1+2)
【주제】 예수님을 주님으로 받은 성도는 예수님 안에서 행해야 하며 그 삶이 감사함으로 넘쳐야 한다.
【FCF】 성도라 하면서 감사에 인색한 신앙인들의 초라한 모습.

【서론】 추수감사절의 기원= 17세기 신앙의 박해를 피해 자유의 땅 미국으로 건너갔던 청교도들의 감사의 삶에서 유래됨. 1620년 9월 29일 남 72명, 여 29명이 메이플라워호를 타고 대서양을 항해 닻을 올림= 1620년 11월 9일 케이프카드 만에 도착. 그해 겨울 반수 이상이 죽었음. 신대륙에서의 첫 가을, 인디언들을 초청하여 칠면조를 잡고 사슴을 잡았음. 본문은 사도적 권면의 말씀이다. 성도가 어떤 존재이며 어떤 생활을 하는 자인가에 대한 지침. 감사함이 넘치는 성도의 모습으로 성장해 가는 성도가 되어야 함.
【우산질문】 본문이 보여주는 성도의 본분은 무엇인가?

【1대지】 그리스도 예수를 주님으로 받는 것이 무엇보다 우선적임. 예수님은 그리스도, 온전한 인성 취하심, 만유의 주인 되심. 성도는 지적으로 예수님이 하나님이신 것을 고백하는 자이다, 의지적으로 그 예수님이 나의 주인이신 것을 수락하고 내 모든 것의 주인이심을 고백하는 자. 여러분은 예수님을 자신의 주님으로 확실히 영접했나? 예수님이 나의 전 생애, 전 소유, 나의 의지와 시간의 절대적 주권자임을 고백하는가?

【2대지】 그리스도 예수를 주님으로 받은 사람은 그리스도 안에서 행하는 삶을 살아야 한다는 권면. '그 안에서'= 그리스도와의 친밀한 교제를 통한 완전한 일치의 의미를 포함. '행하되'= 명령법 현재시제. 성도의 일상은 그리스도를 주님으로 모신 자다워야 한다는 말. 동시에 성도의 삶의 성숙도가 점진적으로 발전되어 가야 한다는 것을 의미한다. 어떻게 행해야 할까? 7절= 식물비유('뿌리를 박으며')와 건축 비유('세움을 입어'). 그리스도 안에서 세움을 입는다는 것은 예수님을 인생의 기초로 삼고 성경의 가르침에 순응하는 삶을 통하여 영적으로 쉼없이 자라가는 삶.

【3대지】 마지막으로 성도가 가져야 할 덕성은 감사. 그것도 넘치는 감사이다. 지금까지 베풀어주시는 은혜에 대한 감사뿐 아니라 앞으로 베풀어 주실 은혜에 대한 감사는 신실하신 하나님에 대한 절대적 신뢰 없이는 불가능하다. 감사는 성도의 가장 확실한 특징이다.

【결론】 감사 주일. 사도의 권면의 초점은 감사함이 넘치는 교회, 감사함이 넘치는 성도에 있음.

- 절기, 용도, 장르, 특징: 감사주일.
- Key Word: 감사.
- Remarks:

본문 : 골 3:1~11

제목 : 새 세상에 속한 자가 알아야 할 것
(What is in the New World)

1.그러므로 너희가 그리스도와 함께 다시 살리심을 받았으면 위의 것을 찾으라 거기는 그리스도께서 하나님 우편에 앉아 계시느니라 2.위의 것을 생각하고 땅의 것을 생각하지 말라 3.이는 너희가 죽었고 너희 생명이 그리스도와 함께 하나님 안에 감추어졌음이라 4.우리 생명이신 그리스도께서 나타나실 그 때에 너희도 그와 함께 영광 중에 나타나리라 5.그러므로 땅에 있는 지체를 죽이라 곧 음란과 부정과 사욕과 악한 정욕과 탐심이니 탐심은 우상 숭배라 6.이것들로 말미암아 하나님의 진노가 임하느니라 7.너희도 전에 그 가운데 살 때에는 그 가운데서 행하였으나 8.이제는 너희가 이 모든 것을 벗어 버리라 곧 분함과 노여움과 악의와 비방과 너희 입의 부끄러운 말이라 9.너희가 서로 거짓말을 하지 말라 옛 사람과 그 행위를 벗어 버리고 10.새 사람을 입었으니 이는 자기를 창조하신 이의 형상을 따라 지식에까지 새롭게 하심을 입은 자니라 11.거기에는 헬라인이나 유대인이나 할례파나 무할례파나 야만인이나 스구디아인이나 종이나 자유인이 차별이 있을 수 없나니 오직 그리스도는 만유시요 만유 안에 계시니라

1. 그리스도인은 땅의 것과 위의 것 중 선택해야 한다 함 (= 옛 세상과 새 세상의 구분)

1~2절= "그러므로 너희가 그리스도와 함께 다시 살리심을 받았으면 위의 것을 찾으라 거기는 그리스도께서 하나님 우편에 앉아 계시느니라 위의 것을 생각하고 땅의 것을 생각하지 말라"

2. 새 세상에는 옛 세상의 각종 차별이 있을 수 없다 함 (= 옛 세상의 것들 중 새 세상에 속할 수 없는 것들)

11절= "거기에는 헬라인이나 유대인이나 할례파나 무할례파나 야만인이나 스구디아인이나 종이나 자유인이 차별이 있을 수 없나니…"

3. 그리스도는 만유시요 만유 안에 계신다 함 (= 새 세상에 속한 모든 것 위에 계신 그리스도)

11절= "오직 그리스도는 만유시요 만유 안에 계시니라"

【대지 유형】 주제 설명형 – 본문 수집형 – 대지 진전형
【주제】 그리스도인은 새 세상에 속한 자로서 옛 세상의 각종 차별을 버리고 오직 그리스도 안에서 하나가 되어야 한다.

【FCF】 많은 그리스도인이 여전히 옛 세상의 것들에 매여 있음.

【서론】 예수 믿고 처음 맞게 되는 영적 진리 중 하나는 새 세상에 관한 것. 그리스도인의 삶은 새 세상에서 사는 삶이다. 놀라운 삶이다. 그리스도인은 새 창조 새 피조물 새 사람이 되었다. 고후 5:7, "그런즉 누구든지 그리스도 안에 있으면 새로운 피조물이라. 이전 것은 지나갔으니 보라 새 것이 되었도다."

【우산질문】 본문을 통해서 그리스도인이 속하는 새 세상에 대해, 그리고 거기에서 그리스도께서 차지하는 위치와 역할에 대해 살펴보자.

【1대지】 성경의 진리: 옛 세상과 새 세상의 존재와 구분에 관한 것. 땅의 것과 위의 것, 옛사람과 새사람, 이전 것과 새 것. 그리스도인은 옛사람과 그 행위를 벗어버리고 새 사람을 입은 자임. 죄의 옷과 정욕의 옷을 벗고 그리스도의 의의 옷을 입은 사람. 새 세계는 그리스도 안의 세계. 그리스도와 함께 살리심을 받은 자들= 그의 생명을 받은 자들. 그리스도인은 분명하게 택해야 한다.

【2대지】 새 세상에 속할 수 없는 것들: ① 헬라인도 유대인도 없다(racial barrier). 당시로써 이 말은 폭탄적 선언. ② 할례파나 무할례파의 구별도 없다(religious barrier). 그리스도의 십자가로 한몸이 되었다. ③ 야만인이나 문화인의 구별 없다(cultural barrier). 복음 앞에 문화의 구별이 없다. ④ 종이나 자유인의 차별이 없다(social barrier). 당시로는 혁신적인 개념. 이처럼 복음 안에서 사라지는 장벽들= 교회사 2000년에 세계 각처에서 이루어져 왔다.

【3대지】 11절은 의미심장하다. ① 그리스도는 유대 땅에 태어나셨으나 유대인으로서가 아니라 전 인류의 대표자로 오셨다. ② 그리스도는 우리의 문화이다. 그의 지혜나 지식은 측량할 수 없다. 그리스도를 아는 지식의 고상함. ③ 그리스도는 우리의 계시이다. 그분은 하나님의 말씀이시고, 하나님의 영광이시며 하나님의 계시이시다. ④ 그리스도는 우리의 능력이요 자유이시다. "그리스도께서 만유보다 더 존중되지 않는다면 전혀 존중되지 않는 것이다"(어거스틴).

【결론】 그러므로 우리는 그리스도를 높여야. 그분을 소유한 자는 만유를 소유한 자. 그리스도로 옷 입는 자= 새 사람. 새 세상에 사는 새 피조물의 삶을 살자.

- 절기, 용도, 장르, 특징:
- Key Word: 땅의 것 위의 것, 옛사람 새사람.
- Remarks:

본문 : 골 3:12~17
제목 : **택함 받은 자의 풍성한 삶 (Forgiving and Giving Thanks)**

12.그러므로 너희는 하나님이 택하사 거룩하고 사랑 받는 자처럼 긍휼과 자비와 겸손과 온유와 오래 참음을 옷 입고 **13.**누가 누구에게 불만이 있거든 서로 용납하여 피차 용서하되 주께서 너희를 용서하신 것 같이 너희도 그리하고 **14.**이 모든 것 위에 사랑을 더하라 이는 온전하게 매는 띠니라 **15.**그리스도의 평강이 너희 마음을 주장하게 하라 너희는 평강을 위하여 한 몸으로 부르심을 받았나니 너희는 또한 감사하는 자가 되라 **16.**그리스도의 말씀이 너희 속에 풍성히 거하여 모든 지혜로 피차 가르치며 권면하고 시와 찬송과 신령한 노래를 부르며 감사하는 마음으로 하나님을 찬양하고 **17.**또 무엇을 하든지 말에나 일에나 다 주 예수의 이름으로 하고 그를 힘입어 하나님 아버지께 감사하라

1. 서로 용납하고 용서하는 삶을 살아야 함 (= 용서의 삶)

13절= "누가 누구에게 불만이 있거든 서로 용납하여 피차 용서하되 주께서 너희를 용서하신 것 같이 너희도 그리하고"

2. 그리스도의 평강이 지배하는 삶을 살아야 함 (= 평강의 삶)

15절= "그리스도의 평강이 너희 마음을 주장하게 하라"

3. 그리스도의 말씀이 풍성히 거하는 삶을 살아야 함 (= 말씀이 풍성한 삶)

16절= "그리스도의 말씀이 너희 속에 풍성히 거하여 모든 지혜로 피차 가르치며 권면하고 시와 찬송과 신령한 노래를 부르며 감사하는 마음으로 하나님을 찬양하고"

【대지 유형】 주제 적용형 – 본문 분석형 – 대지 병렬형
【주제】 그리스도인은 구별된 존재로서 그리스도의 평강에 의해 지배받으면서 용서의 삶을 사는 자이다.
【FCF】 많은 신앙인이 용서와 평강의 삶의 맛을 잘 모르고 있음.

【서론】 우리 그리스도인들은 세상 사람들과는 달라야. 그리스도인은 뭔가 보여줄 게 있어야. 성경은 어떻게 말하나? 그리스도인은 하나님이 택하신 거룩하고 사랑받는 자임(= 성도의 정체성, 구별된 자). 12절= "너희는 하나님이 택하사 거룩하고 사랑받는 자처럼 긍휼과 자비와 겸손과 온유와 오래 참음을

옷 입고." 성도는 그리스도와 함께 다시 살리심 받았다. 거룩한 품성과 세상과 구별된 존재. 우리의 정체성으로부터 우리가 무슨 일을 하는가가 흘러나온다. 벧전 2:10, "너희가 전에는 백성이 아니더니… 전에는 긍휼을 얻지 못했더니…" 12절에 5가지 덕목. 우리가 정체성을 확립해야 세상을 이길 힘을 가진다. 한 해를 어떻게 마무리하며 어떻게 시작할까?

【우산질문】 본문을 통하여 하나님의 택하심 받은 그리스도인은 어떤 삶을 살아야 하는 존재인가를 살펴보자.

【1대지】 우리는 어떻게 살 것인가? 용서= 그리스도인의 귀한 덕목. 성경적 용서= 판단과 처리는 하나님께 맡기고 우린 중보기도. 용서의 영으로 모든 것을 생각하고 행동한다. 롬 12:19.

【2대지】 샬롬= 그리스도의 속죄와 부활로 이룩한 평강. 선택할 책임이 성도에게. 그 이유는? "한 몸으로 부르심을 받았나니" Body Life(지체의 삶)에 관계되는 말씀.

【3대지】 그리스도의 생명의 말씀. 십자가와 부활의 능력의 말씀. 말씀이 우리 속에 거해야. 이건 우리의 선택이다. 말씀이 아예 우리 속에 둥지를 틀고 살도록. 참 예배와 교회생활.

【결론】 지난 한 해 우리의 삶을 돌아보자. 성도로서 옛사람과 그 행위를 벗었나? 새 사람과 그 행위를 입었나? 용서와 그리스도의 평강이 지배하는 삶은? 이 모든 것은 결국 하나님과 이웃에 대한 감사로 귀결! 한 해를 감사로 마무리하자.

- 절기, 용도, 장르, 특징: 송구영신.
- Key Word: 용서, 평강, 감사.
- Remarks:

본문 : **골 3:15~17**
제목 : **하나님이 기뻐 받으시는 찬양**

15.그리스도의 평강이 너희 마음을 주장하게 하라 너희는 평강을 위하여 한 몸으로 부르심을 받았
나니 너희는 또한 감사하는 자가 되라 **16.**그리스도의 말씀이 너희 속에 풍성히 거하여 모든 지혜로
피차 가르치며 권면하고 시와 찬송과 신령한 노래를 부르며 감사하는 마음으로 하나님을 찬양하고
17.또 무엇을 하든지 말에나 일에나 다 주 예수의 이름으로 하고 그를 힘입어 하나님 아버지께 감사
하라

1. 시와 찬송과 신령한 노래로 찬양하라 함 (=시와 찬송과 신령한 노래의 찬양)

16절= "… 시와 찬송과 신령한 노래를 부르며 감사하는 마음으로 하나님을
찬양하고"

2. 그리스도의 평강이 마음을 주장하게 하라 함 (= 평강의 마음으로 찬양)

15절= "그리스도의 평강이 너희 마음을 주장하게 하라 너희는 평강을 위하
여 한 몸으로 부르심을 받았나니…"

**3. 그리스도의 말씀이 마음 속에 풍성히 거하게 하라 함 (= 풍성한 말씀에서 우
러나오는 찬양)**

16절= "그리스도의 말씀이 너희 속에 풍성히 거하여 모든 지혜로 피차 가
르치며 권면하고 시와 찬송과 신령한 노래를 부르며 감사하는 마음으로 하
나님을 찬양하고"

【대지 유형】 주제 설명형 – 본문 분석형 – 대지 혼재형(1+2)
【주제】 (석의) 시와 찬송과 신령한 노래의 찬양은 마음에 그리스도의 평강과
말씀이 풍성한 자가 할 수 있다.
【FCF】 많은 신앙인이 찬양의 중요성에 무지하고 진정한 찬양을 드리지 못함.

【서론】 하나님을 찬양하는 것은 명령이다. 찬양은 성령의 중요한 사역의 한
부분이다. 우린 찬송할 이유가 있다. 찬양에는 그 대상이 있어야 한다. 하나님
의 무한, 거룩, 영원하심, 우리의 구원자…. 찬송은 히브리인들의 신앙의 중
요 부분이다. 그들은 노래하는 데 인색하지 않았다(창 14:18~20, 출 15장, 다

윗의 노래, 노래하는 자들…). 대상 29:13, "우리 하나님이여, 이제 우리가 주께 감사하오며 주의 영화로운 이름을 찬양하나이다."

【우산질문】 하나님이 기뻐 받으시는 찬양은 어떤 찬양인가?

【1대지】 사도 바울은 찬양의 중요함을 강조함. 시(=시편), 찬송(=하나님 찬양하는 노래), 신령한 노래(=주로 하나님의 사역, 능력 등에 대한 감사)의 구분은 오늘 우리에게는 전반적인 찬송. 교회의 전통 속에 내려오는 찬송들. 찬양은 그리스도의 명령이다. 찬양은 신약의 제사임(히 13:5).

【2대지】 누가 드릴 수 있는가? 그리스도의 평강이 그 마음을 주장하는 자(15절). 그리스도의 평강은 세상의 평강과 다르다. 구원의 확신, 용서받은 기쁨, 놀라운 소망으로 가득한 사람= 그리스도의 말씀이 그 마음에 풍성히 거하는 자.

【3대지】 생기 있는 말씀이 우리 생활에 지혜로 연결되는 자. 진정한 찬양은 하나님의 진리에 거하는 자, 전폭적으로 헌신하는 자가 부를 수 있다.

【결론】 찬양의 능력은 엄청나다. 우린 찬양에 인색하지 않아야! 특히 교회로 모여 찬양해야. 성도들이 영적으로 하나 되고 믿음과 사랑으로 연합하고 감사와 겸손으로 노래할 때 세상에서 가장 고귀한 모임이 된다.

- 절기, 용도, 장르, 특징:
- Key Word: 찬양, 시, 찬미, 신령한 노래.
- Remarks:

본문 : **살전 1:4~10**
제목 : **모범적인 교회의 모습**

4.하나님의 사랑하심을 받은 형제들아 너희를 택하심을 아노라 **5.**이는 우리 복음이 너희에게 말로만 이른 것이 아니라 또한 능력과 성령과 큰 확신으로 된 것임이라 우리가 너희 가운데서 너희를 위하여 어떤 사람이 된 것은 너희가 아는 바와 같으니라 **6.**또 너희는 많은 환난 가운데서 성령의 기쁨으로 말씀을 받아 우리와 주를 본받은 자가 되었으니 **7.**그러므로 너희가 마게도냐와 아가야에 있는 모든 믿는 자의 본이 되었느니라 **8.**주의 말씀이 너희에게로부터 마게도냐와 아가야에만 들릴 뿐 아니라 하나님을 향하는 너희 믿음의 소문이 각처에 퍼졌으므로 우리는 아무 말도 할 것이 없노라 **9.**그들이 우리에 대하여 스스로 말하기를 우리가 어떻게 너희 가운데에 들어갔는지와 너희가 어떻게 우상을 버리고 하나님께로 돌아와서 살아 계시고 참되신 하나님을 섬기는지와 **10.**또 죽은 자들 가운데서 다시 살리신 그의 아들이 하늘로부터 강림하실 것을 너희가 어떻게 기다리는지를 말하니 이는 장래의 노하심에서 우리를 건지시는 예수시니라

1. 교회 지도자들이 능력과 성령과 큰 확신으로 복음을 증거하며 말씀대로 살았음 (= 말씀과 생활에 모범적인 교회 지도자들)

5절= "이는 우리 복음이 너희에게 말로만 이른 것이 아니라 또한 능력과 성령과 큰 확신으로 된 것임이라 우리가 너희 가운데서 너희를 위하여 어떤 사람이 된 것은 너희가 아는 바와 같으니라"

2. 환난 가운데서 말씀을 받아 모든 믿는 자의 본이 되었음 (= 말씀 받아 주를 본받는 성도들)

6~7절= "또 너희는 많은 환난 가운데서 성령의 기쁨으로 말씀을 받아 우리와 주를 본받은 자가 되었으니 그러므로 너희가 마게도냐와 아가야에 있는 모든 믿는 자의 본이 되었느니라"

3. 우상을 버리고 하나님께로 돌아와서 섬겼음 (= 회개의 열매를 보이는 성도들)

9절= "그들이 우리에 대하여 스스로 말하기를 우리가 어떻게 너희 가운데에 들어갔는지와 너희가 어떻게 우상을 버리고 하나님께로 돌아와서 살아 계시고 참되신 하나님을 섬기는지와"

4. 예수 그리스도의 재림을 간절히 기다렸음 (= 재림 신앙으로 무장한 교회)

10절= "또 죽은 자들 가운데서 다시 살리신 그의 아들이 하늘로부터 강림하실 것을 너희가 어떻게 기다리는지를 말하니 이는 장래의 노하심에서 우리를 건지시는 예수시니라"

◆◆◆

【대지 유형】주제 설명형 – 본문 분석형 – 대지 병렬형
【주제】모범적인 교회는 모범적인 지도자들과 모범적인 성도들로 구성된다.
【FCF】많은 교회의 지도자나 성도들이 성경적 기준에 한참 모자란 현상.

【서론】우리는 주님의 사랑에 감동되어 교회로 모였음. 용서받은 자라는 의식이 있을 때 놀라운 모임을 이룰 수 있다. 초대교회 중 특히 데살로니가 교회는 모범적인 교회. 이 교회는 강력한 회심으로 특징지어진다.
【우산질문】바울은 데살로니가 교회의 어떤 모습을 보고 모범적인 교회라 했는가?

【1대지】본 교회의 지도자들= 바울 일행= 말씀, 확신, 설교자의 인격= 로고스, 파토스, 에토스. 바울은 사람들의 평가 따위는 중요하지 않고 오직 복음의 진수를 나누는 데 집중함(로고스). 바울은 성령의 능력으로 증거했다(파토스). 설교자는 오직 주님의 도구 역할. 바울은 설교한 대로 모범적인 삶을 살았다(에토스).
【2대지】이 교회= 유대인들의 계속적인 박해가 극심함. 성령께서 기쁨을 공급. 그들은 어려움 가운데 말씀 영접, 순종= 큰 기쁨. 그리하여 바울과 그리스도를 본받는 자들이 되었음. 먼저 나부터 그리스도를 본받는 자 될 때= 어린 자들이 나를 본받는다. 퍼져나가는 믿음의 소문.
【3대지】'우상'은 무엇인가? 우리 마음이 만들어낸 하나님 상= 형상, 사상. 도려내야 한다. 심장을 바꿔야 한다. 저들의 회개, 확신= 분명히 열매가 있다. "하나님께로 돌아와서" – 살아계신 하나님께 예배하고, 그리스도의 재림을 기다리고, 하나님의 진노의 잔을 피하고… 계속 회심자를 배출하고 – 이런 교회는 세상이 감당 못 하는 교회!
【4대지】이 시대 가장 중요한 것은= 주님의 재림, 그 재림을 기다리며 준비하는 재림 신앙.
【결론】꿈을 꾸자. 마지막 시대, 하나님은 우리를 사용코자 하신다. 우리 모두 능력 있는 소문난 교회를 만드는 일에 최선을 다하자.

- 절기, 용도, 장르, 특징:
- Key Word: 모범적 교회.
- Remarks:

본문 : **살전 2:9~14**
제목 : **행복한 전도자들의 모임**

9.형제들아 우리의 수고와 애쓴 것을 너희가 기억하리니 너희 아무에게도 폐를 끼치지 아니하려고 밤낮으로 일하면서 너희에게 하나님의 복음을 전하였노라 10.우리가 너희 믿는 자들을 향하여 어떻게 거룩하고 옳고 흠 없이 행하였는지에 대하여 너희가 증인이요 하나님도 그러하시도다 11.너희도 아는 바와 같이 우리가 너희 각 사람에게 아버지가 자기 자녀에게 하듯 권면하고 위로하고 경계하노니 12.이는 너희를 부르사 자기 나라와 영광에 이르게 하시는 하나님께 합당히 행하게 하려 함이라 13.이러므로 우리가 하나님께 끊임없이 감사함은 너희가 우리에게 들은 바 하나님의 말씀을 받을 때에 사람의 말로 받지 아니하고 하나님의 말씀으로 받음이니 진실로 그러하도다 이 말씀이 또한 너희 믿는 자 가운데에서 역사하느니라 14.형제들아 너희가 그리스도 예수 안에서 유대에 있는 하나님의 교회들을 본받은 자 되었으니 그들이 유대인들에게 고난을 받음과 같이 너희도 너희 동족에게서 동일한 고난을 받았느니라

1. 전도자들은 끊임없이 하나님께 감사했음 (= 감사의 방법, 쉬지 않고 항상 감사함)

13절= "이러므로 우리가 하나님께 끊임없이 감사함은…"

2. 전도자들은 데살로니가 교인들이 자신들이 전하는 말을 하나님 말씀으로 받음을 감사했음 (= 감사의 내용, 말씀의 거룩한 능력 체험)

13절= "우리가 하나님께 끊임없이 감사함은 너희가 우리에게 들은 바 하나님의 말씀을 받을 때에 사람의 말로 받지 아니하고 하나님의 말씀으로 받음이니…"

3. 전도자들은 복음 전파를 위해 밤낮 일하면서 수고했음 (= 감사의 더 깊은 이유, 전도 위한 힘든 투자)

9절= "우리의 수고와 애쓴 것을 너희가 기억하리니 너희 아무에게도 폐를 끼치지 아니하려고 밤낮으로 일하면서 너희에게 하나님의 복음을 전하였노라"

【대지 유형】 주제 설명형 – 본문 수집형 – 대지 연결형
【주제】 (석의) 사도 바울 일행은 데살로니가 사람들 전도를 위해 밤낮 일하며 전도했고 사람들이 자신들의 설교를 하나님의 말씀으로 받음을 보고 쉬지 않

고 감사했다.

【FCF】많은 신앙인이 전도자로서 자신의 전하는 말씀이 능력 있게 역사하는 것을 체험해보지 못함.

【서론】본문은 바울과 데살로니가 교회의 아름다운 관계를 보여준다. 그의 사랑, 평안, 행복함, 감사…. 본문은 전도자에게 주시는 하나님의 축복이 간접적으로 표현.

【우산질문】데살로니가 교인들이 행복한 전도자들의 모임을 이루는 모습을 살펴보자.

【1대지】전도자들은 언제나 감사하는 삶을 살았음= 그야말로 행복한 자들. 여기 '우리'= 바울, 디모데, 실라. 친교적 성격이 강함. '우리' 전체가 끊임없이 감사한다는 것을 상상해보라. 전도할 때 우애로운 모임, 사랑이 넘치는 모임이 되어간다.

【2대지】바울이 하나님께 감사한 것은 데살로니가 교인들이 바울의 설교를 '하나님의 말씀'으로 받았기 때문이다. 그들은 철학의 공교한 말이나 세상 지혜에 관심 없었다. 교인들은 하나님의 말씀을 진심으로 받았다. 말씀의 권위에 대해 복종.

【3대지】전도자들에게는 전제된 일이 있었다. 아무에게도 누를 끼치지 않으려고 밤낮으로 일했다. 일하면서 전도. 그리고 거룩하고 옳고 흠 없게 행하였다(10절). "우리의 목숨까지도 너희에게 주기를 기뻐함은 너희가 우리의 사랑하는 자 됨이라"(8절). "아버지가 자기 자녀에게 하듯 권면하고 위로하고 경계하노니"(11절).

【결론】하나님은 초자연적으로 전도자에게 기쁨과 행복을 주신다. 비록 전도 때문에 창피·핍박·고난을 당하더라도. 본문의 행복한 전도자들= 우리의 목표. 데살로니가 교회는 성령의 역사하심으로 유대교회를 닮아 갔다(14절). 우리도 행복한 전도자들의 모임을 갖자.

- 절기, 용도, 장르, 특징:
- Key Word: 전도자.
- Remarks:

본문 : **살전 2:13~14**
제목 : **하나님 말씀으로서의 설교**

13.이러므로 우리가 하나님께 끊임없이 감사함은 너희가 우리에게 들은 바 하나님의 말씀을 받을 때에 사람의 말로 받지 아니하고 하나님의 말씀으로 받음이니 진실로 그러하도다 이 말씀이 또한 너희 믿는 자 가운데에서 역사하느니라 14.형제들아 너희가 그리스도 예수 안에서 유대에 있는 하나님의 교회들을 본받은 자 되었으니 그들이 유대인들에게 고난을 받음과 같이 너희도 너희 동족에게서 동일한 고난을 받았느니라

1. 사도는 자신의 설교 말씀을 '하나님의 말씀'으로 표현함 (= 성경 본문의 의도에 충실한 설교 강조)

13절= "… 너희가 우리에게 들은 바 하나님의 말씀을 받을 때에…"

2. 교회는 사도의 설교를 '하나님의 말씀'으로 받았음 (= 설교받는 청중의 자세 강조)

13절= "… 너희가 우리에게 들은 바 하나님의 말씀을 받을 때에 사람의 말로 받지 아니하고 하나님의 말씀으로 받음이니 진실로 그러하도다…"

3. 사도의 설교가 교회 성도들 가운데서 역사함 (= 설교 말씀의 운동력 강조)

13절= "… 이 말씀이 또한 너희 믿는 자 가운데에서 역사하느니라"

【대지 유형】 주제 증명형 – 본문 분석형 – 대지 심화형
【주제】 (적용) 설교 말씀은 하나님의 말씀으로, 성도 속에서 효과적으로 역사한다.
【FCF】 하나님의 말씀인 설교의 운동력에 대해 관심이 부족한 교회 영적 상태.

【서론】 본문은 예배 회중과 하나님의 말씀의 관계를 보여준다. 말씀에 가깝게 지내는 것은 교인의 특권이요 의무이다. 반면에 말씀에 태만한 것은 큰 잘못이다. 데살로니가 교회의 성도들에 대해 바울 일행은 크게 감사하고 있다. 성도들은 바울의 설교를 하나님 말씀으로 받았다. 복음전도자들에게 중요한 가르침을 준다. 성도들은 이러한 감사를 가져야 한다.
【우산질문】 본문에서 사도의 설교와 하나님 말씀의 관계에 대해 살펴보자.

【1대지】 성경 본문을 강조하는 말씀이다. 본문 하나하나는 하나님의 영감으로 기록되었다(딤후 3:16). 성경은 하나님이 우리에게 주신 위대한 선물. 성경 없이는 하나님에 대해 깜깜할 뻔했고, 성경 없이는 예수님의 구속사역에 대해 깜깜할 뻔했고, 또한 지금 우리 속에 역사하시는 성령님에 대해 전혀 모를 뻔했다. 성경 없이는 우리가 죄인임을, 교회의 귀중함을, 장차 올 영광을 모를 뻔했다. 이 귀한 선물을 우리는 지금 너무나 쉽게 가질 수 있다!

【2대지】 말씀을 받는 모습 — 1) with 최상의 경외심. 떨기나무 앞의 모세처럼, 밧모섬의 사도요한처럼. "말씀하옵소서 종이 듣겠나이다." 2) with 말씀대로 이루어지리라는 확신. 의심할 이유 없다. 주님은 진리. 3) with 뜨거운 애정. 이 애정을 가지면 비판하려는 자세가 없어진다.

【3대지】 데살로니가 교회는 말씀 통해 유대 교회처럼 닮아갔다. 말씀의 역사는 위대하다. 행 20:32, 에베소 교회 목회자들을 말씀께 부탁하는 바울 사도의 모습.

【결론】 이 말씀을 주시고 수천 년 동안 보존해 주신 하나님을 찬양하자. 말씀대로 속히 오실 예수님을 간절히 사모하자. 말씀을 받아먹자. 예수님의 살과 피를 먹고 믿음으로 마시는 수단은 오직 말씀밖에 없다. 교회는 하나님 말씀을 사모하는 자들의 모임. 말씀과 더불어 성령으로!

- 절기, 용도, 장르, 특징:
- Key Word: 설교, 하나님의 말씀.
- Remarks:

본문 : **살전 2:13~20**
제목 : **건강한 교회, 건강한 성도**

13.이러므로 우리가 하나님께 끊임없이 감사함은 너희가 우리에게 들은 바 하나님의 말씀을 받을 때에 사람의 말로 받지 아니하고 하나님의 말씀으로 받음이니 진실로 그러하도다 이 말씀이 또한 너희 믿는 자 가운데에서 역사하느니라 14.형제들아 너희가 그리스도 예수 안에서 유대에 있는 하나님의 교회들을 본받은 자 되었으니 그들이 유대인들에게 고난을 받음과 같이 너희도 너희 동족에게서 동일한 고난을 받았느니라 15.유대인은 주 예수와 선지자들을 죽이고 우리를 쫓아내고 하나님을 기쁘시게 하지 아니하고 모든 사람에게 대적이 되어 16.우리가 이방인에게 말하여 구원받게 함을 그들이 금하여 자기 죄를 항상 채우매 노하심이 끝까지 그들에게 임하였느니라 17.형제들아 우리가 잠시 너희를 떠난 것은 얼굴이요 마음은 아니니 너희 얼굴 보기를 열정으로 더욱 힘썼노라 18.그러므로 나 바울은 한번 두번 너희에게 가고자 하였으나 사탄이 우리를 막았도다 19.우리의 소망이나 기쁨이나 자랑의 면류관이 무엇이냐 그가 강림하실 때 우리 주 예수 앞에 너희가 아니냐 20.너희는 우리의 영광이요 기쁨이니라

1. 그들은 바울의 설교를 하나님의 말씀으로 받았음 (= 설교를 하나님의 말씀으로 받음)

13절= "우리가 하나님께 끊임없이 감사함은 너희가 우리에게 들은 바 하나님의 말씀을 받을 때에 사람의 말로 받지 아니하고 하나님의 말씀으로 받음이니 진실로 그러하도다…"

2. 그들은 고난받는 유대 교회들을 본받았음 (= 건강한 교회를 본받음)

14절= "너희가 그리스도 예수 안에서 유대에 있는 하나님의 교회들을 본받은 자 되었으니 그들이 유대인들에게 고난을 받음과 같이 너희도 너희 동족에게서 동일한 고난을 받았느니라"

3. 그들은 바울 일행과 끈끈한 유대관계를 가졌음 (= 끈끈한 교제)

17절= "우리가 잠시 너희를 떠난 것은 얼굴이요 마음은 아니니 너희 얼굴 보기를 열정으로 더욱 힘썼노라"

【대지 유형】주제 설명형 – 본문 묶음형 – 대지 병렬형
【주제】(석의) 데살로니가 교회 성도들은 설교를 하나님 말씀으로 받았고 유대교회를 본받아 핍박에 굴하지 않았고 바울 일행과 깊은 사랑의 교제를 나누는 건강한 성도였다.

【FCF】 많은 교회, 많은 교인이 여러 가지 면에서 건강하지 못한 특징을 보이고 있음.

【서론】 하나님의 최고의 관심은 교회에 있다. 건강한 교회는 건강한 성도들로부터 온다. 예수 그리스도를 자신의 구주요 주님으로 신뢰하고, 주님 안에서 굳건히 믿음으로 계속 서 있는 사람. 데살로니가 성도들은 이 점에서 좋은 예가 된다.

【우산질문】 본문에서 데살로니가 교회 성도들의 건강한 모습을 찾아보자.

【1대지】 데살로니가 성도들은 사람을 통해 하나님 말씀을 받았다. 그들은 그 말씀을 하나님의 말씀으로 인정했다. 현대교회 성도들의 설교 받는 태도와 많이 다르다. 이 말씀이 그들 속에 역사하였다. 좋은 땅에 뿌려진 씨처럼(마 13:23).

【2대지】 어떻게 본받았나? 심한 핍박에도 불구하고 굳건히 서서. 유대의 교회들이 받은 핍박처럼. 마 10:16~20, 주님의 예언과 격려. 오늘 우린 너무 쉽게 믿으려고 하지 않는가? 강한 그리스도인이란? 예수 그리스도의 희생에 감격하여 자신을 송두리째 내어 놓는 사람.

【3대지】 바울 일행과 데살로니가 교인들 간에는 강한 유대감, 강한 사랑의 교제가 있었다. 서로 밀어주고 세워주고 보고 싶어하고…. 사탄은 어찌하든지 이를 막으려 한다(18절). 사도 일행이 데살로니가 교우들에게 고백하는 사랑의 고백을 보라!(19, 20절). 우리도 이런 고백을 할 수 있어야겠다.

【결론】 건강한 교회 건강한 성도들은 확실한 회심 체험을 한 사람들이다. 그들은 설교를 하나님 말씀으로 받음, 핍박 감수, 목회자와 강한 교제….

- 절기, 용도, 장르, 특징:
- Key Word: 건강한 교회.
- Remarks:

본문 : **살전 4:14~5:6**
제목 : **예수님의 재림과 성도의 휴거**
(The 2nd Coming and the Rapture)

4:14.우리가 예수께서 죽으셨다가 다시 살아나심을 믿을진대 이와 같이 예수 안에서 자는 자들도 하나님이 그와 함께 데리고 오시리라 **15.**우리가 주의 말씀으로 너희에게 이것을 말하노니 주께서 강림하실 때까지 우리 살아 남아 있는 자도 자는 자보다 결코 앞서지 못하리라 **16.**주께서 호령과 천사장의 소리와 하나님의 나팔 소리로 친히 하늘로부터 강림하시리니 그리스도 안에서 죽은 자들이 먼저 일어나고 **17.**그 후에 우리 살아 남은 자들도 그들과 함께 구름 속으로 끌어 올려 공중에서 주를 영접하게 하시리니 그리하여 우리가 항상 주와 함께 있으리라 **18.**그러므로 이러한 말로 서로 위로하라 **5:1.**형제들아 때와 시기에 관하여는 너희에게 쓸 것이 없음은 **2.**주의 날이 밤에 도둑 같이 이를 줄을 너희 자신이 자세히 알기 때문이라 **3.**그들이 평안하다, 안전하다 할 그 때에 임신한 여자에게 해산의 고통이 이름과 같이 멸망이 갑자기 그들에게 이르리니 결코 피하지 못하리라 **4.**형제들아 너희는 어둠에 있지 아니하매 그 날이 도둑 같이 너희에게 임하지 못하리니 **5.**너희는 다 빛의 아들이요 낮의 아들이라 우리가 밤이나 어둠에 속하지 아니하나니 **6.**그러므로 우리는 다른 이들과 같이 자지 말고 오직 깨어 정신을 차릴지라

1. 예수님 다시 오실 때 그리스도 안에서 죽은 자들이 먼저 살아남 (= 예수님의 재림과 성도의 부활)

16절= "주께서 호령과 천사장의 소리와 하나님의 나팔 소리로 친히 하늘로부터 강림하시리니 그리스도 안에서 죽은 자들이 먼저 일어나고"

2. 재림 시 살아남은 자들도 공중에서 주를 영접하게 될 것임 (= 성도의 휴거, 그 황홀한 광경)

17절= "그 후에 우리 살아 남은 자들도 그들과 함께 구름 속으로 끌어 올려 공중에서 주를 영접하게 하시리니 그리하여 우리가 항상 주와 함께 있으리라"

3. 성도는 깨어 정신을 차려야 함 (= 재림을 기다리는 성도의 자세)

6절= "그러므로 우리는 다른 이들과 같이 자지 말고 오직 깨어 정신을 차릴지라"

【대지 유형】 주제 설명형 - 본문 수집형 - 대지 연결형
【주제】 예수님 재림 때 그리스도 안에서 죽은 자들이 부활하고 살아있는 성

도들도 변화하여 공중에서 주를 만날 것이므로 깨어 정신을 차려야 한다.

【FCF】 현대교회에서 재림 소망이 점점 시들고 있음.

【서론】 이 시대의 가장 중요한 메시지는 예수님 재림의 소식이다. 신약성경의 여러 서신서 중에 재림을 전체의 주제로 삼은 것은 데살로니가 전서와 후서이다. 우리는 이 두 책에서 종말 성도에게 주시는 주님의 귀한 교훈을 받는다.

【우산질문】 본문을 통하여 주님의 재림에 대해 성경이 말하고 있는 진리를 분명히 깨닫고 가르침을 이행하자.

【1대지】 성경은 이처럼 초자연적인 사건인 예수님의 재림과 성도의 부활을 거침없이 선포하고 있다. 재림 때 땅에서 일어날 현상 가운데 하나는 무덤들이 열리고 죽은 자들이 부활하는 것이다. 엄청난 일이다. 본 절(14절)은 예수 믿고 죽은 성도들의 영혼이 낙원에 올라가 있다가(눅 23:43) 예수님 재림 때에 그와 함께 영으로 내려온다는 표현이고, 16절은 죽은 후 영혼과 분리되어 땅 속에 묻혀 있던 성도들의 육체가 그 영혼을 만나 다시 살아난다는 표현이다.

【2대지】 본 절은 휴거(Rapture) 교리의 근거가 되는 구절이다. '공중에서 주를 영접할 것'이라는 말은 재림의 날 사탄은 완전히 패배할 것이며 주의 성도들은 사탄의 영역을 깨뜨릴 것이라는 사실을 의미한다.

【3대지】 본문에는 재림의 시기를 두 가지 비유로 설명한다. 하나는 주의 날이 '밤에 도둑같이 임한다'(2절), 또 하나는 '임신한 여자에게 해산의 고통이 이름과 같이' 멸망이 갑자기 그들에게 이른다는 것(3절). 한 손에는 주님의 재림을 대비하는 적절한 경각심, 다른 한 손에는 주님의 재림에 대비한 적절한 근신 필요.

【결론】 종말 성도의 가장 아름다운 신앙의 모습은 예수님 다시 오심을 기다리며 어느 순간 주님이 오시든 부끄럽지 않게 주님을 맞이할 수 있도록 준비를 갖추는 것. 그리스도의 재림은 우리에게 최고의 축복이요 최상의 상급이다. 그날 우리 모두 홀연히 변화하여 공중에서 예수님을 만나자.

- 절기, 용도, 장르, 특징:
- Key Word: 재림, 휴거, 부활.
- Remarks:

본문 : 딤전 1:12~17
제목 : 바울의 감사 고백 (The Appreciation of the Apostle Paul)

12.나를 능하게 하신 그리스도 예수 우리 주께 내가 감사함은 나를 충성되이 여겨 내게 직분을 맡기심이니 13.내가 전에는 비방자요 박해자요 폭행자였으나 도리어 긍휼을 입은 것은 내가 믿지 아니할 때에 알지 못하고 행하였음이라 14.우리 주의 은혜가 그리스도 예수 안에 있는 믿음과 사랑과 함께 넘치도록 풍성하였도다 15.미쁘다 모든 사람이 받을 만한 이 말이여 그리스도 예수께서 죄인을 구원하시려고 세상에 임하셨다 하였도다 죄인 중에 내가 괴수니라 16.그러나 내가 긍휼을 입은 까닭은 예수 그리스도께서 내게 먼저 일체 오래 참으심을 보이사 후에 주를 믿어 영생 얻는 자들에게 본이 되게 하려 하심이라 17.영원하신 왕 곧 썩지 아니하고 보이지 아니하고 홀로 하나이신 하나님께 존귀와 영광이 영원무궁하도록 있을지어다 아멘

1. "나를 능하게 하신 주님께 감사한다"고 함 (= 모든 사역의 힘의 원천이 예수님께 있음을 고백)

12절= "나를 능하게 하신 그리스도 예수 우리 주께 내가 감사함은…"

2. 비방자요 박해자요 폭행자인 자신이 긍휼을 입었다고 고백함 (= 자신의 추악한 과거를 용서하신 주님께 감사)

13절= "내가 전에는 비방자요 박해자요 폭행자였으나 도리어 긍휼을 입은 것은 내가 믿지 아니할 때에 알지 못하고 행하였음이라"

3. "나를 충성되이 여겨 직분을 맡겨주심을 감사한다"고 함 (= 자격 없는 자신에게 직분 주신 주님께 감사)

12절= "… 그리스도 예수 우리 주께 내가 감사함은 나를 충성되이 여겨 내게 직분을 맡기심이니"

【대지 유형】 주제 설명형 – 본문 분석형 – 대지 병렬형
【주제】 (석의) 바울은 디모데에게 목회를 권면하는 중에 자신을 받아주신 예수님께 감사한다는 고백을 간증한다.
【FCF】 현대교회 성도들은 오직 예수님께 진심으로 감사하는 마음이 부족함.

【서론】 하나님이 자기 백성에게서 찾아보고 싶어 하시는 덕성 중에 가장 중요한 것이 '감사하는 마음'이다. 바울은 믿음의 아들 디모데에게 목회의 여러

면을 가르치는 가운데, 본문에서 디모데에게 용기를 북돋워 주기 위하여 자신의 신앙 간증을 담담히 기록하고 있다.

【우산질문】 사도는 주님의 어떤 모습에 대하여 감사하고 있는가?

【1대지】 이것은 다메섹 도상에서 예수님과 인격적으로 만난 극적인 사건과 결부된 것이 분명하다. 바울은 회심과 동시에 소명을 부여받았던 것이다. 입으로는 주님의 사역자라고 말하면서 그 능력의 원천을 주님 외의 다른 곳에서 구하려는 사람들이 종종 있다. 그리스도로 말미암아 우리는 능력의 사람이 되었고, 열매 맺는 일꾼이 되었다.

【2대지】 강한 의미를 지닌 세 단어를 사용하여, 과거 자신은 도저히 하나님의 은혜를 받을 수 없는 구제불능의 사람이었음을 잘 드러내었다. 바울의 감사 고백 속에는 과거의 흉악한 죄를 용서받았다는 확신이 묻어 있다. 여러분은 과거 불순종의 모습에도 불구하고 기어이 은혜를 주시고 긍휼을 베푸신 주님의 사랑 앞에 얼마나 감사하고 있는가?

【3대지】 "죄인 중에 내가 괴수니라" - 그는 여전히 현재형을 사용하고 있다. 우리 모두는 자격이 있어 직분을 맡은 것이 아니라, 은혜로 우리를 부르시고 영광스런 하나님 나라 직분을 맡겨 주신 것이다.

【결론】 주님께서 바울을 택하여 긍휼을 베푸셔서 직분을 맡기신 것은 후에 믿는 자들에게 본이 되게 하기 위함이었다. 이 자각이 있을 때 우리도 바울처럼 세월이 주는 타성에 빠져 처음의 신앙과 사명감을 잊어버리는 잘못에 빠지지 않는다.

- 절기, 용도, 장르, 특징:
- Key Word: 감사.
- Remarks:

본문 : 딤전 1:12~17
제목 : **한 전도자의 은혜로운 간증**

12.나를 능하게 하신 그리스도 예수 우리 주께 내가 감사함은 나를 충성되이 여겨 내게 직분을 맡기심이니 13.내가 전에는 비방자요 박해자요 폭행자였으나 도리어 긍휼을 입은 것은 내가 믿지 아니할 때에 알지 못하고 행하였음이라 14.우리 주의 은혜가 그리스도 예수 안에 있는 믿음과 사랑과 함께 넘치도록 풍성하였도다 15.미쁘다 모든 사람이 받을 만한 이 말이여 그리스도 예수께서 죄인을 구원하시려고 세상에 임하셨다 하였도다 죄인 중에 내가 괴수ㅡ라 16.그러나 내가 긍휼을 입은 까닭은 예수 그리스도께서 내게 먼저 일체 오래 참으심을 보이사 후에 주를 믿어 영생 얻는 자들에게 본이 되게 하려 하심이라 17.영원하신 왕 곧 썩지 아니하고 보이지 아니하고 홀로 하나이신 하나님께 존귀와 영광이 영원무궁하도록 있을지어다 아멘

1. 자격 없는 자신에게 직분을 맡기신 예수님께 감사한다 함 (= 전도자의 겸손한 자세, 죄인 중의 괴수)

12절= "나를 능하게 하신 그리스도 예수 우리 주께 내가 감사함은 나를 충성되이 여겨 내게 직분을 맡기심이니"

2. 그리스도께서 죄인을 구원하려고 세상에 임하셨다는 것을 온전한 복음으로 받았음 (= 전도자가 가져야 할 복음의 핵심, 도성인신)

15절= "미쁘다 모든 사람이 받을 만한 이 말`여 그리스도 예수께서 죄인을 구원하시려고 세상에 임하셨다 하였도다 죄인 중에 내가 괴수니라"

3. 후에 예수 믿는 자들에게 본이 되도록 자신에게 오래 참으심을 보이셨다 함 (= 전도자의 사명감, 은혜받은 자의 모범)

16절= "그러나 내가 긍휼을 입은 까닭은 예수 그리스도께서 내게 먼저 일체 오래 참으심을 보이사 후에 주를 믿어 영생 얻는 자들에게 본이 되게 하려 하심이라"

【대지 유형】주제 설명형 – 본문 묶음형 – 대지 심화형
【주제】(석의) 전도자 바울은 육체로 오신 예수님을 복음의 핵심으로 받아 주님의 오래 참으신 은혜를 자신의 삶으로 나타내었다.
【FCF】주님께 은혜받은 것을 삶으로 나타내지 못하는 교인들의 세속화.

【서론】 전도자 바울의 놀라운 간증이 여기에 있다. 그는 현재는 능한 일꾼이지만 과거에는 폭행자였다. 그는 알지 못하고 행하였다. 그는 간증한다: 긍휼을 입어 전도자로서 부름을 받았고, 넘치는 은혜로 그 사명을 계속 감당할 수 있었다. 간증을 통해 디모데에게 권면= 오늘 우리에게도 요구하는 것이 하나님의 의도이다. 이 고백과 증거가 바로 복음 전파의 기초가 된다.

【우산질문】 바울의 간증 속에 나타난 전도자의 은혜받은 모습을 살펴보자.

【1대지】 바울은 자신이 자격 없음을 잘 알고 있었다. 그는 주님이 자신을 충성되이 여겨 직분을 맡기셨다고 간증한다. 직분자의 겸손한 자세가 돋보인다.

【2대지】 이 말씀은 예수 그리스도에 대한 말씀, 죄인을 위한 효과적인 구원의 복음이다. 죄인들을 도와 구원받도록 한다는 것이 아니라 죄인들이 그들의 죄로부터 온전히 효과적으로 구원받는다는 것. 죄인을 위한 good news: 주님의 모든 삶과 죽으심으로 이룬 구속, 지금 천국에서 변호하시는 일도 죄인을 위한 것.

【3대지】 바울의 삶은 주님의 긍휼을 입은 자의 대표적 삶이었다.

【결론】 우리는 이 위대한 소식을 전하지 않을 수 없다.

- 절기, 용도, 장르, 특징:
- Key Word: 직분, 전도자.
- Remarks:

본문 : **딤전 1:12~17**
제목 : **저항할 수 없는 하나님의 은혜 (Irresistable Grace of God)**

12.나를 능하게 하신 그리스도 예수 우리 주께 내가 감사함은 나를 충성되이 여겨 내게 직분을 맡기심이니 **13.**내가 전에는 비방자요 박해자요 폭행자였으나 도리어 긍휼을 입은 것은 내가 믿지 아니할 때에 알지 못하고 행하였음이라 **14.**우리 주의 은혜가 그리스도 예수 안에 있는 믿음과 사랑과 함께 넘치도록 풍성하였도다 **15.**미쁘다 모든 사람이 받을 만한 이 말이여 그리스도 예수께서 죄인을 구원하시려고 세상에 임하셨다 하였도다 죄인 중에 내가 괴수니라 **16.**그러나 내가 긍휼을 입은 까닭은 예수 그리스도께서 내게 먼저 일체 오래 참으심을 보이사 후에 주를 믿어 영생 얻는 자들에게 본이 되게 하려 하심이라 **17.**영원하신 왕 곧 썩지 아니하고 보이지 아니하고 홀로 하나이신 하나님께 존귀와 영광이 영원무궁하도록 있을지어다 아멘

1. 죄인의 괴수까지도 주님의 일꾼으로 받아주심 (= 구속의 은혜는 누구도 막을 수 없음)

12~13절= "나를 능하게 하신 그리스도 예수 우리 주께 내가 감사함은 나를 충성되이 여겨 내게 직분을 맡기심이니 내가 전에는 비방자요 박해자요 폭행자였으나 도리어 긍휼을 입은 것은 내가 믿지 아니할 때에 알지 못하고 행하였음이라"

2. 그리스도 예수께서 모든 죄인을 구하려고 오셨음 (= 구속의 은혜는 모든 사람에게 미침)

15절= "미쁘다 모든 사람이 받을 만한 이 말이여 그리스도 예수께서 죄인을 구원하시려고 세상에 임하셨다 하였도다"

【대지 유형】 주제 증명형 – 본문 수집형 – 대지 연결형
【주제】 누구도 막을 수 없는 하나님의 은혜는 모든 사람에게 미친다.
【FCF】 많은 사람이 내면의 죄책감으로 주님 앞으로 나오지 못하고 있음.

【서론】 하나님의 사랑은 무한= 어리석은 인생에 대하여도. 많은 사람은 자신이 인생의 주인인 것처럼 착각한다. 만일 하나님이 은총을 거두신다면 아무도 잠시도 살 수 없다. 바울 사도의 은혜에 대한 뜨거운 기억= "우리 주의 은혜가 그리스도 예수 안에 있는 믿음과 사랑과 함께 넘치도록 풍성하였도다"(14절). 은혜(성도를 향해 베풀어지고), 믿음(주님을 향한 것), 사랑(주님과

성도, 성도와 성도를 연결해주는 끈). 주님의 구속의 은혜를 진하게 체험한 바울의 간증.

【우산질문】 사도가 말한 저항할 수 없는 주님의 은혜에 대해 살펴보자.

【1대지】 사도의 감사가 절절하다. "능하게 하신"= 성령으로 능력 주심. 적대적인 세상 앞에서 그리스도의 증인 사역에 필수적(믿음의 힘, 참고 견디는 힘, 순교의 힘). "충성되이 ~ 직분을…"= 주님이 능력 주시고 주님이 인정해 주시고 주님이 직분을 맡기셨다. 그가 어떤 자였는데?= 비방자, 핍박자, 폭행자. "긍휼을 입었다"= 하나님이 택하셨다. 전적인 하나님의 긍휼(13, 16절). 그 어떤 훼방자도 하나님의 구속의 은혜를 방해하지 못한다. 그 어떤 핍박자도 하나님의 구원 계획을 지연·방해하지 못한다. 그 어떤 폭행자도 하나님의 섭리를 대적하거나 방해하지 못한다.

【2대지】 하나님은 저항할 수 없는 사랑을 우리에게 부어주시려고 독생자를 주셨다. 말로만이 아니라 직접 행동으로! 15절의 사도의 외침을 들어보라. 사도에게 은혜를 주신 주님의 아름다운 목적= 16절, 후대 사람들에게 본이 되게! 바울 같은 죄인도 용서받았는데! 사도는 부끄럼 없이 외친다. 14절, 17절.

【결론】 주님의 불가항력적 은혜로 우리 여기에! 자신의 옛 모습을 잊지 말자. 주님 앞에 눈물로 무릎 꿇는 영혼이 많을수록 은혜와 사랑이 넘쳐나는 교회가 된다!

딤전후

- 절기, 용도, 장르, 특징:
- Key Word: 은혜.
- Remarks:

본문 : **딤전 3:14~16**
제목 : **경건의 비밀**

14.내가 속히 네게 가기를 바라나 이것을 네게 쓰는 것은 **15.**만일 내가 지체하면 너로 하여금 하나님의 집에서 어떻게 행하여야 할지를 알게 하려 함이니 이 집은 살아 계신 하나님의 교회요 진리의 기둥과 터니라 **16.**크도다 경건의 비밀이여, 그렇지 않다 하는 이 없도다 그는 육신으로 나타난바 되시고 영으로 의롭다 하심을 받으시고 천사들에게 보이시고 만국에서 전파되시고 세상에서 믿은 바 되시고 영광 가운데서 올려지셨느니라

1. 하나님이 육신으로 나타나심 (= 성육신, 도성인신)

　　16절= "그는 육신으로 나타난바 되시고…"

2. 성령에 의해 의롭다 하심을 받으심 (= 그리스도의 의)

　　16절= "… 영으로 의롭다 하심을 받으시고…"

3. 천사들에게 보이심 (= 천사들의 경탄)

　　16절= "천사들에게 보이시고…"

4. 만국에서 전파되심 (= 유대인의 장벽 허물고 복음 전파됨)

　　16절= "… 만국에서 전파되시고…"

5. 세상에서 믿은바 되심 (= 이방세계까지 그리스도인들 많아짐)

　　16절= "… 세상에서 믿은바 되시고…"

6. 영광 가운데서 올려지심 (= 승천)

　　16절= "… 영광 가운데서 올려지셨느니라"

【대지 유형】 주제 설명형 – 본문 분석형 – 대지 진전형
【주제】 예수 그리스도의 낮아지심과 높아지심의 모든 사역인 경건의 비밀을 수호·발전하는 책임이 교회에 있다.
【FCF】 경건의 비밀에 대해 새로움을 잃어버린 세대의 모습.

【서론】예수 그리스도는 하나님의 비밀(골 1:25~27). 구약의 경건은 여호와 경외, 신약의 경건은 복음에 순종. 하나님의 집= 살아계신 하나님의 교회= 진리의 기둥과 터. 교회는 경건의 비밀인 예수 그리스도 복음의 기둥과 터가 되어야 한다. 교회 안에서 외쳐지고 발견되고 배양되어져야 하는 것= 그 비밀.
【우산질문】본문에서 사도가 감탄한 경건의 비밀은 구체적으로 무엇 무엇인가?

【1대지】그리스도는 참 하나님이요 참 사람이시다. 아리우스나 말시온 이단들을 보라. 말씀이 육신이 되었다. 우리는 예수 안에서 무한한 하나님의 영광을 본다.
【2대지】'의롭다'= 하나님의 권능이 인정됨. 육신의 연약이 하나님의 영광에 지장을 주지 않음. 특히 부활하심으로 우리의 의가 되셨다.
【3대지】그의 탄생의 말에 울려 퍼진 천사들의 찬송. 시험받을 때 천사들의 수종. 고난의 현장에서 천사들. 부활과 승천 시 천사들의 나타남.
【4대지】당시로써는 굉장히 어려운 것. 상상하기 어려운 장벽들.
【5대지】위의 상상 이상이다. 최초의 복음 전파에 숱한 비난과 조롱, 박해 - 그러나 2000년이 지난 오늘날 전 세계에 편만한 교회들!
【6대지】지금 보좌 우편에 좌정. 왕중왕으로 이제 다시 오신다.
【결론】우린 이 비밀을 철저히 파악, 확실히 믿고 능력 받아야. 교회의 막중한 책임. 장차 그리스도의 심판대에서 우리 경건의 행위에 대해 심판받는다.

- 절기, 용도, 장르, 특징: 서신, 찬송시, 교회표어, "경건의 능력을 가지자"
- Key Word: 경건, 경건의 비밀.
- Remarks:

본문 : 딤전 6:11~14
제목 : **믿음의 선한 고백 (The Good Confession of Faith)**

11.오직 너 하나님의 사람아 이것들을 피하고 의와 경건과 믿음과 사랑과 인내와 온유를 따르며 **12.**믿음의 선한 싸움을 싸우라 영생을 취하라 이를 위하여 네가 부르심을 받았고 많은 증인 앞에서 선한 증언을 하였도다 **13.**만물을 살게 하신 하나님 앞과 본디오 빌라도를 향하여 선한 증언을 하신 그리스도 예수 앞에서 내가 너를 명하노니 **14.**우리 주 예수 그리스도께서 나타나실 때까지 흠도 없고 책망 받을 것도 없이 이 명령을 지키라

1. 예수께서 빌라도를 향하여 선한 증언을 하심 (= 예수님의 선한 고백)

13절= "본디오 빌라도를 향하여 선한 증언을 하신 그리스도 예수 앞에서 내가 너를 명하노니"

2. 바울은 예수님처럼 믿음의 선한 싸움을 싸웠음 (= 바울의 선한 고백)

13~14절= "… 본디오 빌라도를 향하여 선한 증언을 하신 그리스도 예수 앞에서 내가 너를 명하노니 우리 주 예수 그리스도께서 나타나실 때까지 흠도 없고 책망 받을 것도 없이 이 명령을 지키라"

3. 그리스도인들은 어떤 상황 속에서도 진리에 대해 증언해야 함 (= 우리의 선한 고백)

11~12절= "오직 너 하나님의 사람아 이것들을 피하고 의와 경건과 믿음과 사랑과 인내와 온유를 따르며 믿음의 선한 싸움을 싸우라 영생을 취하라"

【대지 유형】 주제 설명형 – 본문 분석형 – 대지 혼재형(2+1)
【주제】 (적용) 성도는 예수님과 바울의 선한 고백을 배워 믿음의 선한 싸움을 싸워야 한다.
【FCF】 선한 싸움에 주저하는 현대 교인들의 상태.

【서론】 본문은 믿음으로 담대히 증언(證言)하는 문제에 대한 말씀이다. 바울은 디모데의 선한 증언(12절)을 예수 그리스도의 선한 증언과 결부시키고 있다.
【우산질문】 본문에서 예수님과 바울의 선한 고백을 묵상해보고 우리의 신앙을 점검해보자.

【1대지】 예수님의 선한 고백은 십자가 처형 직전의 재판 과정에서 이루어졌다. 예수님의 적대자들은 절망적인 상황에 몰린 예수님을 향하여 확신에 차서 비웃었다. 주님은 자신이 하신 믿음의 선한 고백을 지키셨다.

【2대지】 본문에서 바울은 이렇게 말한다: "디모데야, 나는 예수님처럼 살고 싶다. 나는 가야바와 빌라도 앞에서 예수님께서 하셨던 선한 고백을 늘 기억할 것이다. 디모데야, 너는 늘 이 명령을 지켜야 한다. 그분이 오실 때까지 흠도 없고 점도 없이 이것을 지켜라." 사도 바울은 한평생 믿음의 선한 고백으로 살아왔다. 이제 생의 마지막 단계에서 디모데에게 자신처럼 선한 고백의 사람이 되라고 명하고 있다.

【3대지】 그리스도의 증인들은 예수님처럼 아무리 두렵고 떨리는 상황 속에서도 일관되게 진리와 하나님 나라에 대해 증언해야 한다. 하나님이 다시 살리신 생명 속에는 믿음의 선한 싸움을 싸워 유업을 얻게 하는 능력과 마귀를 무찌르는 능력이 있다.

【결론】 우리의 기도: "주님의 온유하심, 자비하심, 사랑하심을 닮고 싶고, 투지 넘치는 믿음에서 예수님을 닮고 싶습니다. 사도 바울의 선한 고백을 알게 하신 주님께 감사드립니다."

디모전후

- 절기, 용도, 장르, 특징:
- Key Word: 증언, 고백.
- Remarks:

본문 : 딤후 1:3~8; 4:9~11

제목 : 진실한 일꾼 디모데 (Timothy, A Faithful Minister of Christ)

1:3.내가 밤낮 간구하는 가운데 쉬지 않고 너를 생각하여 청결한 양심으로 조상적부터 섬겨 오는 하나님께 감사하고 **4.**네 눈물을 생각하여 너 보기를 원함은 내 기쁨이 가득하게 하려 함이니 **5.**이는 네 속에 거짓이 없는 믿음이 있음을 생각함이라 이 믿음은 먼저 네 외조모 로이스와 네 어머니 유니게 속에 있더니 네 속에도 있는 줄을 확신하노라 **6.**그러므로 너가 나의 안수함으로 네 속에 있는 하나님의 은사를 다시 불일듯 하게 하기 위하여 너로 생각하게 하노니 **7.**하나님이 우리에게 주신 것은 두려워하는 마음이 아니요 오직 능력과 사랑과 절제하는 마음이니 **8.**그러므로 너는 내가 우리 주를 증언함과 또는 주를 위하여 갇힌 자 된 나를 부끄러워하지 말고 오직 하나님의 능력을 따라 복음과 함께 고난을 받으라 …… **4:9.**너는 어서 속히 내게로 오라 **10.**데마는 이 세상을 사랑하여 나를 버리고 데살로니가로 갔고 그레스게는 갈라디아로, 디도는 달마디아로 갔고 **11.**누가만 나와 함께 있느니라 네가 올 때에 마가를 데리고 오라 그가 나의 일에 유익하니라

1. 외할머니와 어머니의 믿음을 물려받음 (= 가정의 철저한 신앙교육)

5절= "이는 네 속에 거짓이 없는 믿음을 생각함이라 이 믿음은 먼저 네 외조모 로이스와 네 어머니 유니게 속에 있더니 네 속에도 있는 줄을 확신하노라"

2. 안수받고 은사를 체험함 (= 성령 은사 체험)

6절= "그러므로 내가 나의 안수함으로 네 속에 있는 하나님의 은사를 다시 불일 듯 하게 하기 위하여 너로 생각하게 하노니"

3. 바울을 끝까지 따랐음 (= 좋은 스승의 영향)

딤후 4:9, 11= "너는 어서 속히 내게로 오라… 누가만 나와 함께 있느니라 네가 올 때에 마가를 데리고 오라"

【대지 유형】 주제 설명형 – 본문 수집형 – 대지 진전형
【주제】 (석의) 디모데는 가정에서의 신앙교육과 스승의 영향, 그리고 성령의 도우심으로 훌륭한 일꾼이 되었다.
【FCF】 성도의 가정마저 신앙교육의 장이 되지 못하고 있는 현실.

【서론】 성경의 여러 인물은 각기 고유한 특징을 나타내는데, 베드로는 반석

같은 믿음의 소유자, 요한은 사랑의 사도, 바울은 십자가를 사랑한 신학자, 바나바는 관용의 목회자, 누가는 숨은 봉사자라 한다면, 디모데는 거짓이 없는 믿음의 소유자라 하겠다.

【우산질문】 말씀을 통하여 디모데를 진실한 일꾼 되게 한 요인(要因)이 무엇인지 살펴보자.

【1대지】 젊은 유대인 어머니들은 아기를 기를 때 두 가지를 유념한다고 한다. 첫째는 하나님에 대한 반석 같은 신앙, 둘째는 아이의 개성을 강력하게 발휘하게 하는 소위 영재교육. 성경은 자녀의 신앙교육의 일차적 책임을 가정에 두고 있다. 신앙은 자녀에게 물려줄 수 있는 가장 값진 유산이다. 신앙이야말로 자녀에게 참된 행복, 곧 구원과 영원한 복락을 가져다주는 참 유산이다.

【2대지】 하나님의 일꾼은 성령의 불을 체험해야 한다. 성령의 은사를 통하여 디모데가 받은 것은 두려워하는 마음이 아니고 '능력의 영'과 '사랑의 영'과 '근신(=절제)의 영'이다.

【3대지】 디모데는 여러 가지 면에서 부족한 사람이었다. 그런데 이런 사람이 끝까지 노력하면서 스승의 영향을 많이 받아 마침내 위대한 업적을 이룩했던 것이다. 그는 처음부터 마지막까지 불변의 정성을 가지고 교회에 봉사하고 불멸의 일꾼이 되었다.

【결론】 이 시대는 진실이 실종된 시대라고들 말한다. 이런 때에 디모데 같은 성도, 디모데 같은 사역자들이 꼭 필요하다. 우리의 가슴 속에 성령의 불이 타올라야 하고, 이 불은 계속하여 충전 받아야 한다.

딤전후

- 절기, 용도, 장르, 특징: 자녀교육.
- Key Word: 디모데, 일꾼.
- Remarks:

본문 : **딤후 2:1~7**
제목 : **복음 사역의 계승 (From the Faithful to Others)**

1.내 아들아 그러므로 너는 그리스도 예수 안에 있는 은혜 가운데서 강하고 2.또 네가 많은 증인 앞에서 내게 들은 바를 충성된 사람들에게 부탁하라 그들이 또 다른 사람들을 가르칠 수 있으리라 3.너는 그리스도 예수의 좋은 병사로 나와 함께 고난을 받으라 4.병사로 복무하는 자는 자기 생활에 얽매이는 자가 하나도 없나니 이는 병사로 모집한 자를 기쁘게 하려 함이라 5.경기하는 자가 법대로 경기하지 아니하면 승리자의 관을 얻지 못할 것이며 6.수고하는 농부가 곡식을 먼저 받는 것이 마땅하니라 7.내가 말하는 것을 생각해 보라 주께서 범사에 네게 총명을 주시리라

1. "내게 들은 바를 사람들에게 부탁하라" 함 (= 배가는 제자 삼기부터)

2절= "또 네가 많은 증인 앞에서 내게 들은 바를 충성된 사람들에게 부탁하라…"

2. "충성된 사람들에게 부탁하라" 함 (= 피스토스: 배가과정의 핵심)

2절= "또 네가 많은 증인 앞에서 내게 들은 바를 충성된 사람(피스토스)들에게 부탁하라…"

3. "그들이 또 다른 사람들을 가르칠 수 있으리라" 함 (= 영적 네 세대: 바울-디모데-충성된 사람들-또 다른 사람들)

2절= "또 네가 많은 증인 앞에서 내게 들은 바를 충성된 사람들에게 부탁하라 그들이 또 다른 사람들을 가르칠 수 있으리라"

【대지 유형】 대지 설명형 – 본문 분석형 – 대지 진전형
【주제】 복음 사역은 영적 네 세대의 흐름을 통해 이루어진다.
【FCF】 지금은 피스토스를 발견하기 어려운 시대.

【서론】 예수님은 제자 삼는 사역을 스스로 실천하셨다. 주님은 다른 사람의 삶을 변화시키는 일에 최선을 다하셨다. 처음 제자들을 부르실 때, "나를 따라 오라. 내가 너희를 사람 낚는 어부가 되게 하리라"고 하셨던 약속을 그대로 지키셨다. 예수님이 세우신 제자들은 이와 같은 예수님의 비전을 가졌고, 이제는 그들도 자신들이 불러 세운 또 다른 제자들을 통해 주님의 지상명령을 이루어 나갔다. 복음 사역의 계승은 제자 삼기로부터 출발되어야 한다. 복

음 사역의 계승은 이와 같이 세대를 이어 계속되는 제자 삼기를 통하여 이루어진다. 이것을 우리는 '배가(倍加, Multiplication)'라고 부른다. 배가의 원리는 우주의 기본 법칙이다.

【우산질문】 본문을 통하여 복음 사역이 계승되는 원리를 살펴보자.

【1대지】 사도 바울은 디모데에게 '예수 안에 있는 은혜 가운데서 강하라'고 격려한 후에, 본 절에서 바울 자신에게 배운 복음의 진리를 다른 사람들에게 '부탁하라'고 명령한다. '부탁하다(파라티데미)'는 복음의 진리를 안전하게 지켜주도록 의뢰하고 위탁한다는 뉘앙스를 지니고 있는 단어이다. 사실 기독교 진리는 이러한 복음의 위탁과 의뢰의 전승으로써 이루어진 것이다. 그러므로 '내게 들은 것을 사람들에게 부탁하라'는 것은 복음 진리를 맡아 전할 사람을 찾아 그를 훈련하고 양육하라는 말이고, 이것은 바로 제자 삼는 사역을 가리키는 말이다. 복음 사역의 계승은 제자 삼기로부터 출발되어야 한다. '그동안 나에게서 배워 알게 된 것들을 이제는 신뢰할 수 있는 사람에게 전달하고, 그에게 너의 삶을 투자하라.' 제자 삼는 것은 지식 전달에 그치는 것이 아니다. 그것은 인격을 전달하는 것이고, 자기를 닮아가게 하는 것이다.

【2대지】 부탁해야 할 대상은 '충성된 사람들'이다. 제자 삼는 일의 성패는 이 두 단어에 달려 있다. 배가를 진행시키는 과정의 핵심은 충성된 사람을 찾는 데 있다. '충성된 사람(피스토스 안드로포스)'이란 '신실한 사람' 곧 '믿음직한 사람'을 뜻한다. 충성된 사람에 대해 세 가지 비유: 군인의 비유, 경기자의 비유, 농부의 비유.

【3대지】 이 단계야말로 제자 삼는 과정의 정점(Climax)이다. 여기에 영적 네 세대(Four Generation)가 나타난다. [바울→디모데→충성된 사람들→또다른 사람들]로 이어지는 네 세대는 모두 충성된 사람의 믿음과 인격과 열정을 가진 사람들이다. 제자 삼는 과정은 강의실에서 이루어지는 것이 아니다. 이것은 배우는 자가 실제 생활을 통해 스승의 믿음, 인격, 열정을 배워 성장하게 되고 재생산의 능력을 갖추게 되는 것이다.

【결론】 배가하는 일에는 반드시 치러야 할 대가(代價)가 따른다. "예루살렘이나 혹 유대나…" 가 아니라 "예루살렘과 온 유대와 사마리아와 땅 끝까지…"

> - 절기, 용도, 장르, 특징:
> - Key Word: 배가, 복음, 제자훈련.
> - Remarks:

본문 : **딤후 2:1~7**
제목 : **자녀 교육을 위한 교훈 (God's Word to Parents for Children)**

1.내 아들아 그러므로 너는 그리스도 예수 안에 있는 은혜 가운데서 강하고 2.또 네가 많은 증인 앞에서 내게 들은 바를 충성된 사람들에게 부탁하라 그들이 또 다른 사람들을 가르칠 수 있으리라 3.너는 그리스도 예수의 좋은 병사로 나와 함께 고난을 받으라 4.병사로 복무하는 자는 자기 생활에 얽매이는 자가 하나도 없나니 이는 병사로 모집한 자를 기쁘게 하려 함이라 5.경기하는 자가 법대로 경기하지 아니하면 승리자의 관을 얻지 못할 것이며 6.수고하는 농부가 곡식을 먼저 받는 것이 마땅하니라 7.내가 말하는 것을 생각해 보라 주께서 범사에 네게 총명을 주시리라

1. **"너는 그리스도 안에 있는 은혜 가운데서 강하라"고 격려함 (= 은혜 안에서 강하도록 키움)**

   1절= "내 아들아 그러므로 너는 그리스도 예수 안에 있는 은혜 가운데서 강하고"

2. **"너는 그리스도의 좋은 병사로 고난을 받으라"고 격려함 (= 고난을 감수토록 격려)**

   3절= "너는 그리스도 예수의 좋은 병사로 나와 함께 고난을 받으라"

3. **"면류관을 얻기 위하여 법대로 경기하라"고 가르침 (= 하나님의 법에 순종하도록 교훈)**

   5절= "경기하는 자가 법대로 경기하지 아니하면 승리자의 관을 얻지 못할 것이며"

4. **"주께서 범사에 네게 총명을 주시리라"고 격려함 (= 영적 무기 사용법 알려줌)**

   7절= "주께서 범사에 네게 총명을 주시리라"

【대지 유형】 주제 설명형 – 본문 묶음형 – 대지 병렬형
【주제】 부모는 영적 전투에 나서는 자녀를 격려하고 법대로 경기하도록 가르쳐야 한다.
【FCF】 많은 부모가 자녀에게 교육하기 전 갖추어야 할 모범 면에서 부족함.

【서론】 이 세상은 격렬한 영적 전투의 현장이다. 그리스도인은 이 전투의 현장에 파견된 그리스도의 군사. 본문은 아들을 전쟁터로 보내는 부모의 모습. "내 아들아!" 부모상에 대한 귀한 교훈. 우리 아이들을 어떻게 키워 어떻게 영적 전투의 현장에 내 보낼 것인가?

【우산질문】 본문에서 자녀를 키우는 최상의 교훈을 찾아보자.

【1대지】 내 아들아, 나는 네가 몸뿐 아니라 영으로도 강건하기를 바란다. 특히 영적 능력. 이것은 그리스도의 위대한 사랑의 복음 안에 있는 것. 주님의 은혜에 대한 오해= 자기 노력이나 힘으로 좀 더 나은 인간이 되어 구원에 도달할 수 있다? 우리 아이들에게 주님의 은혜 강조해야.

【2대지】 내 아들아, 여러 가지 어려움이 있을 것이다. 이 세상에서 십자가의 군사가 되려면 수많은 시험과 시련을 각오해야 하느니라. 가장 현명한 교훈이다. 믿음의 시련이 이 시대 만큼 거센 적이 언제 있었는가? 부모 된 자들은 아이들을 격려해야 한다.

【3대지】 열심히 하되, 면류관 얻도록 법대로 경기하라. 세상의 면류관보다 하나님 앞에 섰을 때 받을 면류관을 생각하라. 그리스도인은 경기장에 나선 선수, 달리기 선수와 같다. 분투 노력. 자기 몸을 쳐 복종. 고전 9:24~27.

【4대지】 특히 영적 무기를 사용할 줄 알아야. 성경 말씀, 기도하는 법. 우리의 모범을 통해 가르치자.

【결론】 부모의 역할이 중요하다. 장차 엄청난 기쁨이 주어진다.

- 절기, 용도, 장르, 특징: 어버이 주일.
- Key Word: 부모.
- Remarks:

본문 : **딤후 3:14~17**
제목 : **유일한 책 (The Book)**

14.그러나 너는 배우고 확신한 일에 거하라 너는 네가 누구에게서 배운 것을 알며 **15.**또 어려서부터 성경을 알았나니 성경은 능히 너로 하여금 그리스도 예수 안에 있는 믿음으로 말미암아 구원에 이르는 지혜가 있게 하느니라 **16.**모든 성경은 하나님의 감동으로 된 것으로 교훈과 책망과 바르게 함과 의로 교육하기에 유익하니 **17.**이는 하나님의 사람으로 온전하게 하며 모든 선한 일을 행할 능력을 갖추게 하려 함이라

1. 성경은 하나님의 감동으로 기록된 책임 (= 신적 영감서)

16절= "모든 성경은 하나님의 감동으로 된 것으로… 유익하니"

2. 성경은 구원에 이르는 지혜를 주는 책임 (= 근본 문제의 해답서)

15절= "… 성경은 능히 너로 하여금 그리스도 예수 안에 있는 믿음으로 말미암아 구원에 이르는 지혜가 있게 하느니라"

3. 성경은 우리를 온전케 하는 책임 (= 성숙 교과서)

17절= "이는 하나님의 사람으로 온전하게 하며 모든 선한 일을 행할 능력을 갖추게 하려 함이라"

【대지 유형】주제 증명형 – 본문 분석형 – 대지 혼재형(1+2)
【주제】신적 영감서인 성경은 우리 구원의 해답서요 우리를 온전케 하는 책이다.
【FCF】교회가 성경의 영감을 부정하는 현대 자유주의에 물들었음.

【서론】인류는 위대한 경전과 고전들을 유산으로 가지고 있다. 예컨대 인도 브라만의 경전인 베다, 불교의 대장경, 이슬람교의 코란경, 조로아스터교의 젠다베스타, 그리스의 일리아드와 오딧세이, 플라톤의 대화, 그리고 유교의 사서오경 등이 있다. 경전이 없는 종교가 오래 존속한 예가 없다. 수많은 신도를 거느린 모든 큰 종교들은 다 오랜 경전을 소유하고 있다. 이 모든 것 중에서 기독교의 경전인 성경과 비견될 만한 것은 단연코 없다. 성경은 모든 면에서 유일무이(唯一無二)한 책이다. 성경은 시대를 초월하여 가장 인기 있는 책이다. 성경은 매년 4천만 권 이상이 팔리고 있다. 성경은 가장 능력 있는 책이다.
【우산질문】본문의 논리적 세 단계를 마음 깊은 곳에 새기면서, 유일한 책 성

경을 더욱 사랑하며 전보다 더 가까이 하기 바란다.

【1대지】 본 절은 성경 전체가 하나님의 감동, 즉 성령의 영감(靈感)으로 기록되었음을 명시적으로 보여주는 매우 유명한 구절이다. 여기 '하나님의 감동으로 된 것으로'라고 번역된 '데오 프뉴토스'는 '하나님'을 뜻하는 '데오스'와 '호흡하다'라는 뜻의 '프네오'가 합쳐진 단어로서, '하나님의 숨결로 만들어진'이란 의미이다. 성경은 100% 사람의 작품임과 동시에 100% 하나님의 영감으로 된 것이다. 성경은 우리가 무엇을 믿을 것인가와 어떻게 행동할 것인가를 결정하는 최고의 근거가 되어야 마땅하다.

【2대지】 본문 15절에서 "그리스도 예수 안에 있는 믿음으로 말미암아"라고 한 것은 그리스도 없는 성경은 아무런 가치가 없다는 것, 곧 그리스도 안에 있는 믿음이란 프리즘을 통해서 바라보는 성경만이 참된 구원의 능력이 된다는 것을 보여준다. 인생의 근본 문제는 죽음 곧 죄로부터의 해방이다. 신구약 성경은 바로 이 문제에 대한 유일한 해답서이다. 성경은 그리스도께서 이룩하신 구원의 사역을 보여 주고, 구하는 자에게 구원 얻는 지혜를 준다.

【3대지】 신적 영감서요 인생의 근본 문제의 해답서인 성경은 또한 우리를 온전케 하는 성숙 교과서이다. 교훈과 책망과 바르게 함과 의로 교육하는 것은 성경뿐이다. 성경은 가장 위대한 인생 교본이다. 성경은 우리를 무신론이나 우상숭배나 미신에서 벗어나게 한다. 성경은 우리를 불의·불효·불충·불신·불화·불평에서 벗어나게 해줄 뿐 아니라 정의·효·충성·화목·감사의 사람으로 만든다. 성경은 우리를 미움·거짓·시기·분노·교만·고집에서 벗어나게 해주고 그 대신에 사랑·진실·관용·겸손·온유의 사람으로 변화시킨다. 성경은 우리에게서 독선·독재·이기심·착취·억압을 없애고 포용·협동·관대·희생·봉사의 사람이 되게 한다. 성경은 우리를 염려·불안·공포·슬픔·절망에서 벗어나 평안·용기·기쁨·소망을 갖게 해준다. 성경은 우리를 가난·질병·전쟁·죽음으로부터 풍요·건강·평화·영생으로 인도한다. 오직 성경으로!(Sola Scriptura!)

【결론】 성경은 세상의 수십 수백만의 책 중에서 하나님의 영감으로 기록된 유일한 책(the Book)이다. 그리스도인의 영적 생활과 신앙 성장에 있어서 규칙적이며 체계적인 성경 공부보다 더 중요한 것은 없다.

- 절기, 용도, 장르, 특징: 성경관.
- Key Word: 성경.
- Remarks:

본문 : **딤후 4:9~13, 21**
제목 : **바울의 월동 준비 (Come to me quickly before winter)**

9.너는 어서 속히 내게로 오라 10.데마는 이 세상을 사랑하여 나를 버리고 데살로니가로 갔고 그레스게는 갈라디아로, 디도는 달마디아로 갔고 11.누가만 나와 함께 있느니라 네가 올 때에 마가를 데리고 오라 그가 나의 일에 유익하니라 12.두기고는 에베소로 보내었노라 13.네가 올 때에 내가 드로아 가보의 집에 둔 겉옷을 가지고 오고 또 책은 특별히 가죽 종이에 쓴 것을 가져오라 …… 21.너는 겨울 전에 어서 오라 으불로와 부데와 리노와 글라우디아와 모든 형제가 다 네게 문안하느니라

1. 디모데를 속히 오게 함 (= 인간적인 정을 나눔)

9절= "너는 어서 속히 내게로 오라"
21절= "겨울 전에 너는 어서 오라"

2. 자기의 겉옷을 가지고 오게 함 (= 가난을 이기는 신앙)

13절= "네가 올 때에 내가 드로아 가보의 집에 둔 겉옷을 가지고 오고…"

3. 가죽 종이 책을 가져오게 함 (= 말씀 사랑)

13절= "또 책은 특별히 가죽 종이에 쓴 것을 가져오라"

【대지 유형】 주제 설명형 – 본문 수집형 – 대지 병렬형
【주제】 (석의) 죽음을 앞둔 바울은 인간적인 정을 그리워하며 가난한 가운데 성경 말씀을 사모했다.
【FCF】 많은 신앙인이 주위 상황에 따라 말씀 사도하는 마음이 쉽게 흔들림.

【서론】 예사롭게 넘겨버리던 구절. 본문 속에서 사도 바울의 지극히 평범하고 인간적인 모습을 발견하는 기쁨을 누리게 된다. 개인적인 감정이 물씬 배어 있는 간증이다. 우리 인생의 겨울, 영혼의 겨울, 신앙의 겨울이 언제 기습해 올지 모른다. 우주적인 대환난의 겨울이 문 앞에 다가오고 있다.
【우산질문】 우리의 사도 바울은 과동(過冬)을 위해서 어떻게 준비했나?

【1대지】 바울은 디모데에게 '빨리 내게 오라'고 반복해서 말하고 있다. 무엇 때문인가? 자신의 삶이 마감될 날이 가까워 옴을 알고 있는 바울은 사랑하는

믿음의 아들 디모데를 속히 곁에 두고 싶어 했다. 이것은 그가 훈훈한 인간적인 정을 나누기 원함을 나타낸다. 신앙과 인간적인 사랑은 불가분의 관계에 있다. 우리의 겨울이 오기 전에 주변의 사람들, 특히 교우들과의 따뜻한 관계를 다시 한 번 다지자.

【2대지】 이것은 바울이 전에 드로아에 갔을 때 더운 날씨 때문에 자기의 겉옷을 '가보'의 집에 맡겨두었던 일을 가리킨다. 당시 유대인들이 사용하던 겉옷(=파일로넨)은 '겉옷으로 사용된 허름한 모포'를 말하는데, 낮에는 몸을 감싸서 두르고, 밤이 되면 이불을 대신해서 덮고 자는 것. 이것은 옥에 갇혀 있는 바울의 가난한 모습을 말해준다. 사도는 가난을 이기는 신앙의 소유자였다. 사도는 주의 복음 때문에 당하는 극한 가난을 극복한 신앙의 승리자였다. 환난의 때, 우주적인 영적 겨울이 다가오고 있다. 이런 때 우리 모두 바울처럼 가난을 이기는 신앙, 가난을 타고 가는 신앙의 소유자가 되자.

【3대지】 춥고 어두운 로마 감옥 속에서 순교를 기다리고 있던 사도 바울이 가장 원했던 것은 하나님의 말씀이었다. 사도는 일생을 통해서 수없이 많은 계시를 받았을 뿐 아니라 수많은 영적 체험을 했던 분이다. 그럼에도 불구하고 그는 계시나 체험에만 만족하지 않고 끝까지 진리를 탐구하는 성경 학도였다.

【결론】 겨울이 오고 있다. 여러분의 월동준비는 제대로 되고 있는가? 이웃과의 사랑의 관계를 돌아보고, 세상과의 구별된 관계를 분명히 정립하고, 말씀과의 긴밀한 관계를 세워나가자.

딤전후

- 절기, 용도, 장르, 특징: 송구영신.
- Key Word: 월동 준비, 말씀 사랑.
- Remarks:

본문 : 히 1:1~3
제목 : 아들로 말씀하시고 행하시는 하나님
(God Speaks and Acts through the Son)

1.옛적에 선지자들을 통하여 여러 부분과 여러 모양으로 우리 조상들에게 말씀하신 하나님이 2.이 모든 날 마지막에는 아들을 통하여 우리에게 말씀하셨으니 이 아들을 만유의 상속자로 세우시고 또 그로 말미암아 모든 세계를 지으셨느니라 3.이는 하나님의 영광의 광채시요 그 본체의 형상이시라 그의 능력의 말씀으로 만물을 붙드시며 죄를 정결하게 하는 일을 하시고 높은 곳에 계신 지극히 크신 이의 우편에 앉으셨느니라

1. 하나님은 옛적에 선지자들을 통하여 말씀해 오심 (= 기독교는 계시의 종교)

1절= "옛적에 선지자들을 통하여 여러 부분과 여러 모양으로 우리 조상들에게 말씀하신 하나님이"

2. 하나님은 마지막 날에 아들을 통하여 말씀하심 (= 그리스도는 계시의 절정)

2절= "이 모든 날 마지막에는 아들을 통하여 우리에게 말씀하셨으니 이 아들을 만유의 상속자로 세우시고 또 그로 말미암아 모든 세계를 지으셨느니라"

3. 아들은 만물을 붙드시며 죄를 정결케 하는 일을 하심 (= 그리스도의 구속 사역)

3절= "그의 능력의 말씀으로 만물을 붙드시며 죄를 정결하게 하는 일을 하시고 높은 곳에 계신 지극히 크신 이의 우편에 앉으셨느니라"

【대지 유형】 주제 설명형 – 본문 분석형 – 대지 진전형
【주제】 하나님은 선지자들과 그리스도를 통하여 인류 구속의 사역을 계시하셨고 이를 행하셨다.
【FCF】 많은 신앙인이 그리스도의 구속사역의 거대한 흐름에 무지함.

【서론】 하나님의 큰 뜻은 인류 구속에 있다. 그 위대한 사역에 대한 이해를 넓히고 믿음의 강도를 높이는 일이 중요하다.
【우산질문】 본문을 통하여 하나님이 말씀으로 계시하시며 이를 실제로 행하

시는 분이신 것을 구체적으로 살펴보자.

【1대지】 성경에서 발견되는 진리: not(인간이 하나님을 찾아가는 역사), but(하나님이 먼저 사람을 찾아오시는 하나님 주도의 역사). 창 1:1, "태초에 하나님이 천지를 창조하시니라." 성경의 하나님은 주권적인 분= 우주 창조에서, 계시를 보이심에서, 인류 구원을 위해 행동하심에서. 기독교는 단순히 경건한 이야기가 아니라 '좋은 소식'= 하나님이 찾아오셨다는 소식. 선지자들을 통하여 말씀해 오심.

【2대지】 하나님의 구속사역은 창 3장에서부터 줄기차게 진행되어 왔다. 마침내 '때가 차매 여인의 몸을 통해 오신 그리스도'. 하나님 계시의 최고의 방법이다. 주님의 존재 자체, 주님의 말씀, 주님의 행동 하나하나가 최고의 계시이다.

【3대지】 하나님은 말씀만 하신 것이 아니라 실제로 행동하셨다. 아들을 보내심, 아들을 통해 사역하심, 아들의 고난, 아들의 죽음과 부활, 아들을 믿고 따르는 자들(교회)을 통해 일하시는 성령의 열심….

【결론】 그러므로 우린 하나님을 부지런히 찾고 겸손한 마음, 순종하는 마음으로 찾아야 하겠다. 하나님은 연구의 대상이 아니라 순종해야 할 분이시다. 하나님은 결코 실망시키지 않으신다. 반드시 당신을 만나 주신다.

- 절기, 용도, 장르, 특징:
- Key Word: 계시.
- Remarks:

본문 : **히 2:1~4**
제목 : **이같이 큰 구원 (The Unanswerable Question)**

1.그러므로 우리는 들은 것에 더욱 유념함으로 우리가 흘러 떠내려가지 않도록 함이 마땅하니라 2.천사들을 통하여 하신 말씀이 견고하게 되어 모든 범죄함과 순종하지 아니함이 공정한 보응을 받았거든 3.우리가 이같이 큰 구원을 등한히 여기면 어찌 그 보응을 피하리요 이 구원은 처음에 주로 말씀하신 바요 들은 자들이 우리에게 확증한 바니 4.하나님도 표적들과 기사들과 여러 가지 능력과 및 자기의 뜻을 따라 성령이 나누어 주신 것으로써 그들과 함께 증언하셨느니라

1. 이 구원은 처음 주님에 의해 선언된 것임 (= 죄의 형벌 · 권세 · 현존으로부터의 해방)

3절= "이 구원은 처음에 주로 말씀하신 바요 들은 자들이 우리에게 확증한 바니"

2. "이같이 큰 구원"이라 함 (= 구원의 위대성)

3절= "우리가 이같이 큰 구원을 등한히 여기면…"

3. "이같이 큰 구원을 등한히 여기면 어찌 그 보응을 피하리요" (= 해답 없는 질문)

3절= "우리가 이같이 큰 구원을 등한히 여기면 어찌 그 보응을 피하리요?"

【대지 유형】 주제 설명형 – 본문 분석형 – 대지 혼재형(2+1)

【주제】 우리의 구원은 죄로부터의 해방인데 이 위대한 구원을 등한히 여긴 자는 결코 형벌을 피할 수 없다.

【FCF】 많은 신앙인이 구원의 그리스도를 무시, 거절, 저주하는 세상과의 영적 싸움에 소극적인 모습.

【서론】 3절, "이같이 큰 구원을 등한히 여기면 어찌 그 보응을 피하리요?" 그 대답은 '결코 피할 수 없다'이다. 본문은 불신앙에 대한 엄중한 경고의 메시지로서 주어진다. 성도 중 이 복음을 고의적으로 단번에 버리는 사람은 별로 없다. 1절, "우리가 흘러 떠내려가지 않도록 함이 마땅하니라." 조금씩 떠내려가다가 나중에 돌이킬 수 없이 된다.

【우산질문】 본문에서 구원에 관해 언급한 부분을 살펴보자.

【1대지】 구원은 그리스도의 속죄사역을 통하여 인류가 죄악 가운데서 건짐을 받는 것을 의미한다. 그러므로 구원은 죄를 떠나서는 설명될 수 없다. 구원은 죄의 형벌(the penalty of sin)로부터의 해방이고, 죄의 권세(the power of sin)로부터의 해방이며, 죄의 현존(the presence of sin)으로부터의 해방이다. 우리는 모두 죄인이므로 구원을 필요로 한다. 엡 2:8, 9. "너희는 그 은혜에 의하여 믿음으로 말미암아 구원을 받았으니 이것은 너희에게서 난 것이 아니요 하나님의 선물이라 행위에서 난 것이 아니니 이는 누구든지 자랑하지 못하게 함이라."

【2대지】 "이같이 큰 구원"이라고 한 것은 강의적 표현이다. ① 구원을 위해 지불된 값(price)이 너무 크다. 오랜 세월 준비, 독생자 희생. ② 믿는 모든 사람의 구원이라는 점에서 위대하다. ③ 구원의 메시지는 단순하다. 그 면에서 위대하다. ④ 구원받은 자의 변화된 삶이 위대하다. ⑤ 구원받은 자에게 주시는 천국이 참으로 위대하다. 그리고 ⑥ 구주 예수님의 신실하심(faithfulness)이 위대하다.

【3대지】 수사학적인 질문이요 해답 없는 질문이다. 3, 4절은 그리스도께서 주시고 복음 증거자들에 의하여 거듭 전하여진 이 복음의 진정성을 피력하는 부분이다. 구원을 등한히 여기는 것은 구원의 주체이신 예수님을 무시하고, 멸시하고, 거절하고, 저주하는 모든 생각과 언행이다. 죄인은 주의 심판을 피할 수 없다. 하나님의 심판대에서 후회하는 모습을 생각해보라.

【결론】 구원이 가져다주는 위대한 도피! 예수 그리스도에게 피하는 자는 복 있을진저! 당신은 이같이 큰 구원의 소식을 이웃에게 전하고 있는가?

- 절기, 용도, 장르, 특징:
- Key Word: 구원.
- Remarks:

본문 : 히 2:14~3:1
제목 : 육체를 입고 오신 예수님 (Jesus Shared in Our Humanity)

2:14.자녀들은 혈과 육에 속하였으매 그도 또한 같은 모양으로 혈과 육을 함께 지니심은 죽음을 통하여 죽음의 세력을 잡은 자 곧 마귀를 멸하시며 **15.**또 죽기를 무서워하므로 한평생 매여 종 노릇 하는 모든 자들을 놓아 주려 하심이니 **16.**이는 확실히 천사들을 붙들어 주려 하심이 아니요 오직 아브라함의 자손을 붙들어 주려 하심이라 **17.**그러므로 그가 범사에 형제들과 같이 되심이 마땅하도다 이는 하나님의 일에 자비하고 신실한 대제사장이 되어 백성의 죄를 속량하려 하심이라 **18.**그가 시험을 받아 고난을 당하셨은즉 시험 받는 자들을 능히 도우실 수 있느니라 **3:1.**그러므로 함께 하늘의 부르심을 받은 거룩한 형제들아 우리가 믿는 도리의 사도이시며 대제사장이신 예수를 깊이 생각하라

1. 자녀들과 같은 모양으로 육체를 입으셨음 (= 성육신의 목적)

14절= "자녀들은 혈과 육에 속하였으매 그도 또한 같은 모양으로 혈과 육을 함께 지니심은…"

2. 죽음을 통하여 마귀를 멸하시려 하심 (= 대속의 죽음, 마귀 무력화)

14절= "… 그도 또한 같은 모양으로 혈과 육을 함께 지니심은 죽음을 통하여 죽음의 세력을 잡은 자 곧 마귀를 멸하시며…"

3. 죽음의 공포로 한평생 종노릇하는 자들을 놓아주려 하심 (= 죄와 사망의 노예로부터 자유케 됨)

15~16절= "또 죽기를 무서워하므로 한평생 매여 종 노릇 하는 모든 자들을 놓아 주려 하심이니 이는 확실히 천사들을 붙들어 주려 하심이 아니요 오직 아브라함의 자손을 붙들어 주려 하심이라"

【대지 유형】 주제 설명형 – 본문 분석형 – 대지 진전형
【주제】 성육신 하신 그리스도는 대속의 죽음으로 마귀를 멸하시고 우리 죄인들을 사망의 노예에서 풀어주셨다.
【FCF】 육체로 오셔서 우리를 자유케 하신 주님을 실감하지 못하는 교인들의 상태.

【서론】 그분은 영원 전부터 계셨던 '말씀'이다. 그분이 육신이 되어 우리 가운

데 오셨다. 그분이 육신으로 오신 것, 그리고 육신으로 고난을 받으신 것은 복음의 핵심이요 우리 믿음의 근거가 된다. 예수께서 육신을 입고 우리 가운데 거하셔서 고난받아 대속의 죽음을 죽으신 것은 우리 신앙의 핵심이고 교회의 중심 메시지다.

【우산질문】 주님은 왜 육체를 입고 오셔야 했나? 주님의 십자가 고난, 주님의 대속의 죽음이 우리에게 가져온 위대한 은혜는 어떤 것인가?

【1대지】 인간의 참된 현실이 무엇인가? 그것은 의식주의 문제가 결코 아니다. 하나님이 인정하시는 인간의 현실문제의 해답은 '하나님이 독생자를 주셨다'는 사실이다. 우리에게 진정으로 필요한 것은 돈이나 권력이나 명예가 아니라 바로 '육체를 입고 오신 그분, 우리를 대신해서 죽어 주신 그분'이다.

【2대지】 마귀를 멸하는 일은 성육신만으로는 완전치 못하고 십자가 대속의 죽음이 있어야만 했다. 주님은 십자가 위에서 마침내 자신의 생명의 피를 흘리셨다. 이 피를 볼 때 마귀는 사망 권세를 빼앗겼고, 주님의 보혈을 의지하는 성도는 자유함을 얻게 되었다.

【3대지】 주님의 성육신과 대속의 죽음이 지니는 두 번째 목적은 죄와 사망의 노예 된 우리를 자유케 하기 위함이다. 우리의 육체는 귀중한 것이다. 육체는 성자께서 직접 입고 오신 것이다. 육체는 비록 연약하나 그 연약 때문에 하나님의 도움을 받을 수 있는 그릇이다. 주님의 도우심은 우리가 육체를 입고 있는 동안에만 가능하다. 육체라는 유일한 기회! 이 기회를 놓치면 다시는 구속이 없다.

【결론】 우리의 기도: 주여, 제게는 오직 주님만이 필요합니다! 주님이 육체로 오신 것이 필요합니다. 육체로 고난받으신 것이 필요합니다. 주님이 매 맞으신 것이 필요합니다. 주님이 피 흘리신 것이 필요합니다. 주님이 육체로 부활하신 것이 제게 정말로 필요합니다! 주님이 죽으신 것은 천사를 위함이 아니라 우리, 육체를 가진 연약한 우리들을 위함입니다!

- 절기, 용도, 장르, 특징:
- Key Word: 육체.
- Remarks:

본문 : 히 4:12~13
제목 : 하나님 말씀의 능력
(The Awesom Power of the Word of God)

12.하나님의 말씀은 살아 있고 활력이 있어 좌우에 날선 어떤 검보다도 예리하여 혼과 영과 및 관절과 골수를 찔러 쪼개기까지 하며 또 마음의 생각과 뜻을 판단하나니 **13.**지으신 것이 하나도 그 앞에 나타나지 않음이 없고 우리의 결산을 받으실 이의 눈 앞에 만물이 벌거벗은 것 같이 드러나느니라

1. 하나님 말씀에는 활력이 담겨 있음 (= 말씀 속의 생기)

12절= "하나님의 말씀은 살아 있고 활력이 있어…"

2. 혼과 영과 관절과 골수를 찔러 쪼갬 (= 전인적 변화를 일으키는 능력)

12절= "하나님의 말씀은… 좌우에 날선 어떤 검보다도 예리하여 혼과 영과 및 관절과 골수를 찔러 쪼개기까지 하며"

3. 마음의 생각과 뜻을 판단함 (= 감정적 이성적 영역에 역사함)

12절= "… 또 마음의 생각과 뜻을 판단하나니"

【대지 유형】 주제 설명형 – 본문 분석형 – 대지 진전형
【주제】 설교 말씀 속에 있는 생기(生氣)가 듣는 이의 전인적인 변화를 가져오고 마음의 생각과 뜻을 판단한다.
【FCF】 말씀 생기에 대한 체험이나 믿음이 없는 현대교회의 서글픈 모습.

【서론】 성경 전체에서 가장 크고 놀라운 단어는 아마도 '말씀'이라는 단어이다. 말씀을 전하는 주의 종들은 오직 살아 있는 하나님 말씀만을 설교해야 한다. 말씀이신 예수님만을 전하는 것이 말씀 설교다. 인간의 말과 생각을 첨가하는 설교에는 생명이 없다. 인공적인 가공품 설교는 얼핏 보기에는 고상하고 품위 있는 것 같으나, 결국에는 교회를 더럽히고 성도들의 신앙의 생명력을 소멸시키는 일만 한다.
【우산질문】 히브리서 본문의 말씀을 통하여 하나님 말씀이 가지고 있는 엄청난 능력을 알아보고, 예배에서의 설교의 중요성에 대해 깊이 살펴보자.

【1대지】 '활력'(운동력)은 헬라어로 '에네르게스'. 이는 '활동, 작용', '힘, 에너지, 효능, 생기' 등의 의미다. 이 생기를 전달하는 것이 하나님 말씀 선포의 핵심. 설교의 핵심은 생기. 설교자나 회중은 설교 말씀 속에 담겨 있는 생기를 마시고자 해야 하고, 마음껏 그 생기에 취하고자 해야 한다. 생기가 들어가면 어떻게 되는가? 죽은 자가 살아나고 약한 자가 강해지고 강한 자가 피곤치 않고 독수리 날개 치듯 거룩한 능력으로 더욱 위대한 비상을 체험하게 된다. 생기가 들어 있는 설교 말씀이 사람들을 구원에 이르게 한다.

【2대지】 본문은 하나님 말씀이 갖고 있는 엄청난 능력을 매우 실감나게 묘사하고 있다. 말씀 속에 있는 생기는 듣는 사람의 혼과 영과 관절과 골수를 찔러 쪼개기까지 한다. 즉 사람의 영혼과 육체를 전인적으로 변화시키는 능력이 하나님 말씀 설교에 있다. 혼을 찔러 쪼개는 것은 정신을 지배하여 온전한 사람이 되게 하는 것과 관련되는데, 이는 주로 일반은총적 삶에 연관된다. 영을 찔러 쪼개는 것은 영을 지배함과 관련되는데, 이는 특별은총적 삶에 연관된다. 관절을 찔러 쪼갠다는 것은 우리의 몸을 지탱하는 뼈, 그 뼈를 연결하는 관절까지도 온전히 꿰뚫고 또 지탱하며 보전해주고, 따라서 건강을 지켜준다. 생기설교는 골수까지도 침투해 들어가며 이를 새롭게 하고 온전히 지탱한다.

【3대지】 생기가 넘치는 말씀이 선포되면 그 말씀이 사람의 혼(정신)과 영(구원), 관절과 골수(건강)를 지킨다. 그리고 생기를 통해 마음의 생각과 뜻을 판단함으로 영혼과 육체를 새롭고 강건하게 보존한다. 여기 '판단하나니(크리티코스)'는 법정적 용어인 '재판하다(크리노)'에서 유래하였다. 인간의 법정은 밖으로 드러난 행동만을 판단하지만 하나님의 말씀은 마음의 생각과 뜻까지 판결한다. '마음의 생각'이란 의식 세계를 뜻하는데, 사람의 '감정적인 영역'을 가리킨다. '마음의 뜻'이란 이성적, 이지적인 면을 표시. 이 위대한 말씀을 붙든 자가 바로 설교자다.

【결론】 여러분은 하나님 말씀 속에 담겨 있는 활력, 즉 생기를 체험해보았는가? 설교 말씀을 듣고 가슴이 뻥 뚫리는 경험, 온 몸에 새로운 기운이 돌아 그동안 못했던 기도 생활을 다시 시작케 된 경험, 삶의 목표가 분명히 세워지고 그 목표를 향해 달려가고 싶은 열심이 불같이 일어나던 경험을 가져본 적 있는가?

- 절기, 용도, 장르, 특징: 성서주일.
- Key Word: 말씀, 생기.
- Remarks:

본문 : 히 4:14~16; 고전 12:25

제목 : 은혜받는 비결 (How to Appropriate God's Grace)

히 4:14.그러므로 우리에게 큰 대제사장이 계시니 승천하신 이 곧 하나님의 아들 예수시라 우리가 믿는 도리를 굳게 잡을지어다 **15.**우리에게 있는 대제사장은 우리의 연약함을 동정하지 못하실 이가 아니요 모든 일에 우리와 똑같이 시험을 받으신 이로되 죄는 없으시니라 **16.**그러므로 우리는 긍휼하심을 받고 때를 따라 돕는 은혜를 얻기 위하여 은혜의 보좌 앞에 담대히 나아갈 것이니라
고전 12:25.몸 가운데서 분쟁이 없고 오직 여러 지체가 서로 같이 돌보게 하셨느니라

1. 은혜의 보좌 앞에 나아감 (= 기도 신앙)

16절= "그러므로 우리가 긍휼하심을 받고 때를 따라 돕는 은혜를 얻기 위하여 은혜의 보좌 앞에 담대히 나아갈 것이니라"

2. 은혜의 말씀에 이끌림 받음 (= 말씀 신앙)

행 20:32= "지금 내가 너희를 주와 및 그 은혜의 말씀께 부탁하노니 그 말씀이 너희를 능히 든든히 세우사..."

3. 하나님의 섭리에 겸손히 순종함 (= 순종 신앙)

벧전 5:5~6= "젊은 자들아 이와 같이 장로들에게 순복하고 다 서로 겸손으로 허리를 동이라 하나님이 교만한 자를 대적하시되 겸손한 자들에게는 은혜를 주시느니라 그러므로 하나님의 능하신 손 아래서 겸손하라 때가 되면 너희를 높이시리라"

4. 성도들의 상호 사역을 통해 은혜 공급하심 (= 지체의 삶, body life)

고전 12:25= "몸 가운데서 분쟁이 없고 오직 여러 지체가 서로 같이하여 돌아 보게 하셨으니"

———————————— ◈◈◈ ————————————

【대지 유형】 주제 설명형 – 본문 수집형 – 대지 병렬형
【주제】 은혜는 기도와 말씀, 순종의 삶과 지체의 삶을 통해 하나님께서 부어 주신다.
【FCF】 주님의 은혜를 받기 위해 갈급한 마음으로 찾는 사람이 많지 않음.

【서론】 우리는 하나님의 은혜로 살아가는 존재임을 잊어서는 안 된다. 우리는 이 은혜를 받아야 한다. 이 은혜를 가능한 한 많이 누려야 한다. 본문 16절은 은혜를 얻기 위해 주님의 보좌 앞에 담대히 나아가라고 권면한다.

【우산질문】 어떻게 하면 주님의 은혜를 마음껏 받을 수 있을까? 믿는 자에게 주시는 성령의 도우심을 힘입는 비결은 무엇인가?

【1대지】 하나님의 은혜를 받는 첫 번째 비결은 기도 신앙. 주님 앞에 담대히 나아가 무릎 꿇고 기도하는 것보다 더 중요한 것은 없다. 하나님은 '모든 은혜의 하나님(God of all grace)'이다. 하나님의 보좌는 은혜의 보좌다. 그곳에서 모든 은혜가 흘러나온다. 주님은 우리의 연약함과 고난과 불행의 처지를 이해해 주시고 연민의 정을 가지신다. 성령님을 통하여 모든 어려움을 이길 수 있는 새로운 능력을 공급해 주신다.

【2대지】 "지금 내가 너희를 주와 및 그 은혜의 말씀께 부탁하노니…" 성령님이 사용하시는 말씀의 형태는 여러 가지다. 예배 시의 설교는 그 대표적인 경우이다. 설교를 통하여 선포되는 말씀이 여러분의 생각과 행동을 지배하도록 하라.

【3대지】 우리를 거룩함으로 이끄시는 주님의 섭리의 손길에 절대 순복하는 믿음을 가진 성도는 복된 자다. 하나님은 우리에게 행복(happiness)을 주시기 전에 먼저 우리를 거룩(holiness)으로 이끄시기 위해 우리의 환경을 조정하신다. 하나님은 오직 겸손한 자에게 은혜를 베푸신다. 주님의 말씀을 기억하자. "그러므로 하나님의 능하신 손 아래서 겸손하라 때가 되면 너희를 높이시리라"

【4대지】 성도들은 서로에게 은혜를 공급하는 은혜의 채널이 되어야 한다. 은혜받는 비결 중 간과하기 쉬운 것이 성도들의 상호 사역. 지체의 삶이야말로 하나님께서 우리를 위해 예비하신 은혜 받는 비결이다. 여기에서 소그룹의 원리를 발견한다. 우리는 모두 서로 서로에게 은혜의 사역을 하도록 부름 받았다.

【결론】 은혜의 하나님은 성도들이 천성문까지 가는 여행에도 낙오되지 않도록 은혜의 수단들을 주셨다. 은혜받는 비결은 이 수단들을 잘 활용하는 데 있다. 기도, 말씀, 우리의 순종, 그리고 성도들의 상호사역이 바로 은혜받는 비결이다.

- 절기, 용도, 장르, 특징:
- Key Word: 은혜.
- Remarks:

본문 : 히 9:1~12
제목 : 교회의 본질 (True Nature of the Church)

1.첫 언약에도 섬기는 예법과 세상에 속한 성소가 있더라 2.예비한 첫 장막이 있고 그 안에 등잔대와 상과 진설병이 있으니 이는 성소라 일컫고 3.또 둘째 휘장 뒤에 있는 장막을 지성소라 일컫나니 4.금 향로와 사면을 금으로 싼 언약궤가 있고 그 안에 만나를 담은 금 항아리와 아론의 싹난 지팡이와 언약의 돌판들이 있고 5.그 위에 속죄소를 덮는 영광의 그룹들이 있으니 이것들에 관하여는 이제 낱낱이 말할 수 없노라 6.이 모든 것을 이같이 예비하였으니 제사장들이 항상 첫 장막에 들어가 섬기는 예식을 행하고 7.오직 둘째 장막은 대제사장이 홀로 일 년에 한 번 들어가되 자기와 백성의 허물을 위하여 드리는 피 없이는 아니하나니 8.성령이 이로써 보이신 것은 첫 장막이 서 있을 동안에는 성소에 들어가는 길이 아직 나타나지 아니한 것이라 9.이 장막은 현재까지의 비유니 이에 따라 드리는 예물과 제사는 섬기는 자를 그 양심상 온전하게 할 수 없나니 10.이런 것은 먹고 마시는 것과 여러 가지 씻는 것과 함께 육체의 예법일 뿐이며 개혁할 때까지 맡겨 둔 것이니라 11.그리스도께서는 장래 좋은 일의 대제사장으로 오사 손으로 짓지 아니한 것 곧 이 창조에 속하지 아니한 더 크고 온전한 장막으로 말미암아 12.염소와 송아지의 피로 하지 아니하고 오직 자기의 피로 영원한 속죄를 이루사 단번에 성소에 들어가셨느니라

1. 언약궤 안에 만나를 담은 금 항아리를 보관함 (= 만나, 일용할 생명의 말씀)

4절= "금 향로와 사면을 금으로 싼 언약궤가 있고 그 안에 만나를 담은 금 항아리와…"

2. 언약궤 안에 아론의 싹난 지팡이를 보관함 (= 싹난 지팡이, 부활의 표적)

4절= "… 아론의 싹난 지팡이와…"

3. 언약궤 안에 언약의 돌판들을 보관함 (= 언약의 돌판, 살아있는 그리스도를 증거)

4절= "… 언약의 돌판들이 있고"

【대지 유형】주제 설명형 – 본문 분석형 – 대지 병렬형
【주제】교회의 본질은 언약궤 안에 담긴 세 가지처럼 생명의 말씀과 부활, 그리고 살아계신 그리스도를 증거하는 데 있다.
【FCF】많은 교회에서 언약궤 안에 보관된 세 가지 내용물이 겨우 기념물 정도로 취급되고 있음.

【서론】 하나님의 구원 경륜= 언약을 통하여 이루어짐. 옛 언약은 새 언약에 의해 완성된다. 특히 Mosaic covenant에서 율법, 성막의 각양 제도, 제사 제도 등은 신약의 눈으로 볼 때 큰 교훈이 됨. 12절의 비교, 6절의 첫 장막과 7절의 둘째 장막. 이 중 언약궤는 핵심적 요소임. 언약궤와 얽힌 많은 사연이 있음. 언약궤는 하나님 임재의 표, 우리 믿음의 본질, 그리스도의 모습, 더 나아가 교회의 본질. 궤의 재료는 싯딤나무= 천하고 쓸모없는 것. 하나님 나라 일꾼 은 비천한 자리에서 불려 나온 자. 궤의 순금 포장= 그리스도의 완전한 순종 을 상징함. 참 교회는 믿음으로 세워지고 믿음으로 하나 되고 믿음으로 역사 하는 교회이다.

【우산질문】 언약궤 속에 담긴 내용물들을 통해 우리에게 주시는 교훈을 살펴 보자.

【1대지】 만나는 이스라엘의 양식. 40년 광야 생활에 가장 중요한 원천. 하나 님의 축복과 인도의 기념물. 처음에는 백성의 천막에 보관= 구더기 발생= 이 제 신령한 곳에 저장= 그리스도 안에. 만나는 생명의 양식. 참 하나님의 교회 의 가장 중요한 특징이다.

【2대지】 민 17장. 아론을 뽑으신 하나님의 권위에 도전하는 이스라엘= 하나 님은 표적으로 지팡이에 싹이 나도록 하심. 하룻밤 만에 움이 돋고 싹이 나고 꽃이 피어 살구열매가 열리는 표적= 그리스도의 부활의 표적, 생명의 역사. 참 교회는 끊임없이 살아 일어나는 역사와 영혼의 부흥이 있다. 이것이 나태 하고 반항적인 사람들에게 표적이 되어야 한다.

【3대지】 언약의 돌비는 영원한 언약의 말씀. 하나님이 직접 기록하신 사랑의 말씀(수직+수평). 살아 있는 그리스도를 증거하고 언약의 말씀을 선포한다. 사탄의 세력을 물리치는 능력의 말씀. 우리의 갈 길을 지시하신다.

【결론】 언약궤와 함께하시던 주님은 지금도 자신의 몸 된 교회를 부르신다. 아카시아 나무 같은 자들을. 주님은 우리가 순금 같은 믿음으로 무장하기를 기뻐하신다. 주님은 구약의 모든 요구를 이루시고 단번에 성소에 들어가셨 다. 만나를 기억하자. 지팡이 앞에서 겸손하자. 언약의 돌비로 우리에게 주님 자신을 주셨다. 이런 교회에 하나님이 함께하신다.

- 절기, 용도, 장르, 특징: 상징주의 해석.
- Key Word: 언약궤, 교회 본질.
- Remarks:

본문 : 히 9:11~22
제목 : **예수님의 보배로운 피**

11.그리스도께서는 장래 좋은 일의 대제사장으로 오사 손으로 짓지 아니한 것 곧 이 창조에 속하지 아니한 더 크고 온전한 장막으로 말미암아 12.염소와 송아지의 피로 하지 아니하고 오직 자기의 피로 영원한 속죄를 이루사 단번에 성소에 들어가셨느니라 13.염소와 황소의 피와 및 암송아지의 재를 부정한 자에게 뿌려 그 육체를 정결하게 하여 거룩하게 하거든 14.하물며 영원하신 성령으로 말미암아 흠 없는 자기를 하나님께 드린 그리스도의 피가 어찌 너희 양심을 죽은 행실에서 깨끗하게 하고 살아 계신 하나님을 섬기게 하지 못하겠느냐 15.이로 말미암아 그는 새 언약의 중보자시니 이는 첫 언약 때에 범한 죄에서 속량하려고 죽으사 부르심을 입은 자로 하여금 영원한 기업의 약속을 얻게 하려 하심이라 16.유언은 유언한 자가 죽어야 되나니 17.유언은 그 사람이 죽은 후에야 유효한즉 유언한 자가 살아 있는 동안에는 효력이 없느니라 18.이러므로 첫 언약도 피 없이 세운 것이 아니니 19.모세가 율법대로 모든 계명을 온 백성에게 말한 후에 송아지와 염소의 피 및 물과 붉은 양털과 우슬초를 취하여 그 두루마리와 온 백성에게 뿌리며 20.이르되 이는 하나님이 너희에게 명하신 언약의 피라 하고 21.또한 이와 같이 피를 장막과 섬기는 일에 쓰는 모든 그릇에 뿌렸느니라 22.율법을 따라 거의 모든 물건이 피로써 정결하게 되나니 피흘림이 없은즉 사함이 없느니라

1. 구약의 언약도 피로 세운 것임 (= 보혈의 역사성)

18절= "이러므로 첫 언약도 피 없이 세운 것이 아니니"

2. 그리스도의 피로 영원한 속죄를 이루사 단번에 성소에 들어가셨음 (= 보혈의 구속성)

12절= "염소와 송아지의 피로 하지 아니하고 오직 자기의 피로 영원한 속죄를 이루사 단번에 성소에 들어가셨느니라"

3. 그리스도의 피는 양심을 깨끗케 하여 하나님을 섬기게 함 (= 보혈의 놀라운 능력)

14절= "하물며 영원하신 성령으로 말미암아 흠 없는 자기를 하나님께 드린 그리스도의 피가 어찌 너희 양심을 죽은 행실에서 깨끗하게 하고 살아 계신 하나님을 섬기게 하지 못하겠느냐"

【대지 유형】주제 설명형 – 본문 수집형 – 대지 진전형
【주제】장구한 역사성을 가진 보혈은 구속의 피이면서 동시에 믿는 자에게 엄청난 능력을 부여한다.

【FCF】 그리스도의 보혈에 무심한 현대 교회의 세속화된 모습.

【서론】 하나님은 언약의 하나님. 언약은 피로 맺어진 결합. 하나님의 구속 계획은 피 흘림의 역사이다. 성경은 온통 피 이야기로 가득하다. 우리는 이 피의 역사에 정통해야겠다. 이 피가 구속의 피인 것을 확신해야겠다. 이 피의 능력을 가져야겠다.

【우산질문】 보혈의 역사성, 구속성, 그리고 놀라운 능력에 대해 알아보고 믿음으로 받아들이자.

【1대지】 구약의 모든 언약은 피로 맺어진 언약임. 언약의 역사가 장구한 것처럼 피 흘림의 역사도 장구하다. 아벨, 노아, 아브라함, 모세, 그리고 성막 제사에 흘려진 피의 오랜 역사는 모두 갈보리 십자가에서 흘려진 그리스도의 보혈을 예표한 것이다.

【2대지】 십자가 피는 구속의 피. 피 흘림을 통해 그분은 우리의 주님이 되셨다. 하나님이 우리를 인정하신 가치는 아들의 피로 우리를 사신 것을 보면 알 수 있다.

【3대지】 보혈의 능력 8가지. 화목제물 – 죄사함 – 정결케 함 – 의롭게 함 – 하나님 섬김 – 기도 – 영생.

【결론】 "내 피를 받아 마셔라! 내 살을 받아 먹으라!"

히

- 절기, 용도, 장르, 특징:
- Key Word: 보혈, 구속, 보혈의 능력.
- Remarks:

본문 : **히 10:19~25**
제목 : **공 예배에 대한 세 가지 권면**
     (Importance of Public Worship)

19.그러므로 형제들아 우리가 예수의 피를 힘입어 성소에 들어갈 담력을 얻었나니 **20.**그 길은 우리를 위하여 휘장 가운데로 열어 놓으신 새로운 살 길이요 휘장은 곧 그의 육체니라 **21.**또 하나님의 집 다스리는 큰 제사장이 계시매 **22.**우리가 마음에 뿌림을 받아 악한 양심으로부터 벗어나고 몸은 맑은 물로 씻음을 받았으니 참 마음과 온전한 믿음으로 하나님께 나아가자 **23.**또 약속하신 이는 미쁘시니 우리가 믿는 도리의 소망을 움직이지 말며 굳게 잡고 **24.**서로 돌아보아 사랑과 선행을 격려하며 **25.**모이기를 폐하는 어떤 사람들의 습관과 같이 하지 말고 오직 권하여 그 날이 가까움을 볼수록 더욱 그리하자

1. 권면 1. "하나님께 나아가자" (= 예배자의 자세)

   22절= "참 마음과 온전한 믿음으로 하나님께 나아가자"

2. 권면 2. "모이기를 힘쓰자" (= 힘써 모여야 함)

   25절= "모이기를 폐하는 어떤 사람들의 습관과 같이 하지 말고..."

3. 권면 3. "그 날이 가까움을 볼수록 더욱 힘쓰자" (= 종말 성도의 예배신앙)

   25절= "… 오직 권하여 그 날이 가까움을 볼수록 더욱 그리하자"

【대지 유형】 주제 적용형 – 본문 분석형 – 대지 진전형
【주제】 성도는 예배자의 온전한 자세로 열심히 모여야 한다.
【FCF】 예배의 자세와 열심에 있어 미지근한 현대교회의 모습.

【서론】 모든 종교는 예배로부터 시작된다. 우리 예배의 대상= 거룩하신 하나님. 예배의 대상이 만일 무능력자라면 무슨 소용이 있나. 하나님은 거룩하고 전능하고 영광이 충만하신 분. 그러므로 죄인들은 접근이 불가하다. 기도할 자격도 없다. 그분의 아들 때문에 하나님 앞에 나아갈 수 있게 되었다.
【우산질문】 본문이 말하는 공 예배에의 권면과 그 이유에 관하여 살펴보자.

【1대지】 with 참마음 · 온전한 믿음 · 깨끗함 받은 양심 · 깨끗이 씻은 몸, 이

하나님은 우리의 경배를 받기에 합당하신 분.

【2대지】 함께 모이는 것= 그리스도인의 의무. 구약의 성도들= 열심히 모였음. 성막에, 성전에, 각 지역에서 회당에 모이기를 힘씀. 예수님과 제자들= 열심히 모임. 제자들의 다락방 모임. 주님의 약속은= "두 세 사람이 내 이름으로 모인 곳에…" 그런데 당시 습관적으로 모이기를 태만히 하는 세태에 대해 권면한다. 오늘날은 점점 모이기를 어려워하는 경향이 강해진다. 힘써 모여야 할 이유는 많다. 모이라는 하나님의 명령, 교회를 위하여 그리고 나 자신을 위하여 모이기를 힘써야. 모이지 않아도 되는 자는 누구인가? 고백할 죄가 없고 더 이상 정복할 원수도 없고 영혼이 성화될 필요가 없는 자….

【3대지】 본문이 제시하는 강력한 동기 부여= "그 날이 가까움을 볼수록…" 마지막 날, 결정의 날, 주님 재림의 날이 가까워지고 있다. 마라나타의 신앙.

【결론】 예배의 중요성, 예배의 유익, 예배의 축복에 대해 눈을 뜨자.

- 절기, 용도, 장르, 특징:
- Key Word: 예배, 예배신앙, 공예배의 중요성.
- Remarks:

본문 : 히 10:19~25
제목 : 참 그리스도인의 삶

19.그러므로 형제들아 우리가 예수의 피를 힘입어 성소에 들어갈 담력을 얻었나니 20.그 길은 우리를 위하여 휘장 가운데로 열어 놓으신 새로운 살 길이요 휘장은 곧 그의 육체니라 21.또 하나님의 집 다스리는 큰 제사장이 계시매 22.우리가 마음에 뿌림을 받다 악한 양심으로부터 벗어나고 몸은 맑은 물로 씻음을 받았으니 참 마음과 온전한 믿음으로 하나님께 나아가자 23.또 약속하신 이는 미쁘시니 우리가 믿는 도리의 소망을 움직이지 말며 굳게 잡고 24.서로 돌아보아 사랑과 선행을 격려하며 25.모이기를 폐하는 어떤 사람들의 습관과 같이 하지 말고 오직 권하여 그 날이 가까움을 볼수록 더욱 그리하자

1. 그리스도인은 서로 돌아보는 삶으로 초청받음 (= 친교의 삶)

24절= "서로 돌아보아…"

2. 그리스도인은 특별히 사랑과 선행을 격려하는 삶으로 초청받음 (= 사랑과 선행을 격려하는 삶)

24절= "서로 돌아보아 사랑과 선행을 격려하며"

3. 모이기를 더욱 힘쓰는 삶으로 초청받음 (= 예배자의 삶)

25절= "모이기를 폐하는 어떤 사람들의 습관과 같이 하지 말고 오직 권하여 그 날이 가까움을 볼수록 더욱 그리하자"

【대지 유형】 주제 설명형 – 본문 분석형 – 대지 연결형
【주제】 참 그리스도인은 서로 돌아보며 사랑과 선행을 격려하는 삶, 나아가 예배에 힘쓰는 삶을 사는 사람이다.
【FCF】 많은 신앙인이 친교와 선행의 삶에 합격점을 받지 못하고 있음.

【서론】 참 그리스도인은 외형적 교인에 대조된다. 본문의 문맥= 그리스도인은 예수의 피를 힘입어 하나님 앞에 나아가는 담력을 가진 자. 그리고 24~25절은 성도 간의 의무에 관해 가르친다.
【우산질문】 참 그리스도인이라면 마땅히 따라야 할 삶의 모습은 어떠한가?

【1대지】 서로 돌아보라= 서로서로 깊이 생각하라. 고려하라. 깊은 관심을 가지고 교제하라. 어떤 면에서 서로 돌아볼 것인가? 구원받은 성도라 하더라도 육신의 연약은 여전하다. 하나님도 우리의 연약을 아신다. 우리가 성도로 부름 받은 것은 한 믿음 안에서. 우린 한 몸의 각 지체다. 우리 모두는 한가지로 사탄의 세력에 노출되어 있다.

【2대지】 사랑과 선행을 격려하는 수준에까지 서로 돌아보라. 서로의 사랑을 격려하라= 하나님에 대한 더 큰 사랑과 서로 간에 대한 큰 사랑. 빛이 없어 죽어가는 세상에 대한 그리스도의 심장을 갖도록. 예) 교회의 분쟁은 이것들과는 정반대의 모습이다. 서로의 선행을 격려하라= 정의로운 행동, 약자와 더불어 짐을 나누는 삶. 예) 선한 사마리아인.

【3대지】 말세가 될수록 믿음이 떨어져. 본문= 습관적으로 모이기를 폐하려한다.

【결론】 우린 계속 권면 받아야. 라오디게아 교회를 보라. 계속적인 자극을 받고, 자기 반성을 하고, 하나님의 권면을 받지 않으면 미지근하게 되고 형식적으로 된다.

- 절기, 용도, 장르, 특징:
- Key Word: 모이기, 격려.
- Remarks:

본문 : **히 10:19~25**
제목 : **하나님께 나아가는 길**

19.그러므로 형제들아 우리가 예수의 피를 힘입어 성소에 들어갈 담력을 얻었나니 **20.**그 길은 우리를 위하여 휘장 가운데로 열어 놓으신 새로운 살 길이요 휘장은 곧 그의 육체니라 **21.**또 하나님의 집 다스리는 큰 제사장이 계시매 **22.**우리가 마음에 뿌림을 받아 악한 양심으로부터 벗어나고 몸은 맑은 물로 씻음을 받았으니 참 마음과 온전한 믿음으로 하나님께 나아가자 **23.**또 약속하신 이는 미쁘시니 우리가 믿는 도리의 소망을 움직이지 말며 굳게 잡고 **24.**서로 돌아보아 사랑과 선행을 격려하며 **25.**모이기를 폐하는 어떤 사람들의 습관과 같이 하지 말고 오직 권하여 그 날이 가까움을 볼수록 더욱 그리하자

1. 그 길은 휘장 가운데로 열어 놓으신 새로운 살 길임 (= 십자가로 열린 생명의 길)

20절= "그 길은 우리를 위하여 휘장 가운데로 열어 놓으신 새로운 살 길이요 휘장은 곧 그의 육체니라"

2. 참 마음과 온전한 믿음으로 나아가야 하는 길임 (= 온전한 믿음의 길)

22절= "우리가 마음에 뿌림을 받아 악한 양심으로부터 벗어나고 몸은 맑은 물로 씻음을 받았으니 참 마음과 온전한 믿음으로 하나님께 나아가자"

3. 주의 날이 가까움을 볼수록 더욱 찾아야 하는 길임 (= 종말 성도에게 더욱 필요한 길)

25절= "모이기를 폐하는 어떤 사람들의 습관과 같이 하지 말고 오직 권하여 그 날이 가까움을 볼수록 더욱 그리하자"

【대지 유형】 주제 설명형 – 본문 묶음형 – 대지 혼재형(1+2)
【주제】 그리스도의 십자가 구속 사역에 의해 열린 하나님께 나아가는 길을 따라 종말 성도는 온전한 믿음으로 나아가야 한다.
【FCF】 하나님께 나아간다고 하는 많은 신앙인이 '참 마음과 온전한 믿음' 면에서 부족함.

【서론】 하나님께 나아간다는 것은 엄청난 이야기다. 세상의 높은 사람 만나기가 얼마나 어려운지 생각해 보라. 그 엄청난 길을 예수님이 육체로 뚫으셨

다. 본문은 우리에게 '그 길로 나아가자'라고 권면한다.

【우산질문】 그 길이 어떤 길이며 어떻게 나아가야 하는가 살펴보자.

【1대지】 휘장 가운데로 열어 놓으신 그 길. 휘장은 그리스도의 육체. 주님은 십자가 대속의 죽으심을 통해 성소에 들어갈 길을 여셨다. 참으로 흥분할 만한 일이다.

【2대지】 '마음에 뿌림을 받아', '몸을 맑은 물로 씻음 받아', '참 마음', '온전한 믿음' 각각에 대해 묵상이 필요하다. 하나님께 나아가는 길은 아무나, 준비되지 않은 몸과 마음으로 나아갈 수 없다.

【3대지】 하나님께 나아간다는 것은 열심히 모이고, 예배하고, 기도회로 모이고, 성도의 교제를 위해 모이는 것. 주님의 재림이 가까울수록 더욱 열심히 모여야 한다. 모여서 사랑과 선행을 더욱 격려하자.

【결론】 성도는 하나님께 나아가는 길에 들어선 자이다. 이 길은 생명의 길이요 영광의 길이다. 동시에 고난의 길이기도 하다. 우리는 어떤 일이 있어도 이 길로 가야 한다.

- 절기, 용도, 장르, 특징:
- Key Word: 길.
- Remarks:

본문 : **히 11:1~6**
제목 : **믿음에 관한 좀 더 깊은 고찰**
         (Faith is the Substance and the Evidence)

1.믿음은 바라는 것들의 실상이요 보이지 않는 것들의 증거니 2.선진들이 이로써 증거를 얻었느니라 3.믿음으로 모든 세계가 하나님의 말씀으로 지어진 줄을 우리가 아나니 보이는 것은 나타난 것으로 말미암아 된 것이 아니니라 4.믿음으로 아벨은 가인보다 더 나은 제사를 하나님께 드림으로 의로운 자라 하시는 증거를 얻었으니 하나님이 그 예물에 대하여 증언하심이라 그가 죽었으나 그 믿음으로써 지금도 말하느니라 5.믿음으로 에녹은 죽음을 보지 않고 옮겨졌으니 하나님이 그를 옮기심으로 다시 보이지 아니하였느니라 그는 옮겨지기 전에 하나님을 기쁘시게 하는 자라 하는 증거를 받았느니라 6.믿음이 없이는 하나님을 기쁘시게 하지 못하나니 하나님께 나아가는 자는 반드시 그가 계신 것과 또한 그가 자기를 찾는 자들에게 상 주시는 이심을 믿어야 할지니라

1. 우리가 믿어야 할 두 가지 사실 (= 하나님의 존재, 하나님의 보상)

6절= "믿음이 없이는 하나님을 기쁘시게 하지 못하나니 하나님께 나아가는 자는 반드시 그가 계신 것과 또한 그가 자기를 찾는 자들에게 상 주시는 이심을 믿어야 할지니라"

2. 믿음의 정의 (= 믿음은 실상이요 증거)

1절= "믿음은 바라는 것들의 실상이요 보이지 않는 것들의 증거니 선진들이 이로써 증거를 얻었느니라"

3. 믿음은 창조할 수 없고 다만 얻을 수 있을 뿐 (= 믿음은 선물)

1절= "믿음은 바라는 것들의 실상이요 보이지 않는 것들의 증거니…"

【대지 유형】 주제 함축형 – 본문 묵상형 – 대지 연결형
【주제】 믿음은 하나님의 존재와 그가 주신 약속의 말씀을 믿을 때 그 약속은 이루어진다.
【FCF】 믿음은 선물임을 알지 못하고 인간 노력으로 대신하려는 어리석음.

【서론】 본문은 소위 '믿음장'으로 불리는 히 11장의 전반부. 믿음이란 하나님의 약속에 대한 전적인 신뢰로서, 보이지 않는 것을 가지고 있는 것처럼 확신하는 것이며(1절), 또한 하나님의 권능을 보지 않고도 인정하는 것(3절)이다.

【우산질문】 우리가 무엇을 믿어야 하는지, 성경이 말하는 믿음이 과연 무엇인지, 그리고 우리가 믿음에 관하여 자주 놓치고 있는 것은 어떤 것인지 살펴보자. 성경 속의 믿음의 정원으로 함께 들어가 보자.

【1대지】 1) 하나님이 계심을 믿어야. 믿음에 구비되어야 할 첫 번째 요소는 하나님의 존재에 대한 확신이다. 이것이 전제되지 않고서는 믿음이 성립될 수가 없다. 2) 우리는 하나님께서 그분을 찾는 자들에게 상 주시는 분이심을 믿어야.

【2대지】 믿음과 유사하지만 믿음이 아닌 것에는 '소망'과 '지식'이 있다. 1) 믿음은 바라는 것들의 실상이다. '실상(substance)'이란 단어는 '확신'이나 '자신감'으로 번역된다. 믿음은 바라는 것들의 권리증서이다. 2) 믿음은 보이지 않는 것들의 증거이다. 여기 '증거(헬, 엘렉코스)'는 '설득력 있는 증언'을 뜻한다.

【3대지】 영적 세계는 상상이 아니라 현실이다. 만일 믿음으로 어떤 일이 이루어진다면, 이것은 자연 세계에서 실현되지 않았을지 모르지만, 영적 세계에서는 틀림없이 하나님의 말씀으로 이루어진 일이다.

【결론】 주님이 말씀하시면 그대로 이루어진다. 구약 시대로부터 지금까지 하나님께서 하신 모든 말씀은 일점일획이라도 어김없이 그대로 이루어져 왔다. 우리는 이 사실을 믿는다. 성경에 기록된 하나님의 말씀은 반드시 이루어진다. 예수님은 약속대로 구하는 자에게 성령님을 보내주신다. 예수님은 약속대로 속히 다시 오셔서 그리스도 왕국을 완성하신다. 하지만 우리는 믿음으로 이 말씀을 붙들어야 한다. 그런 다음 주님이 이미 말씀하신 것은 우리의 삶에 물질로 된 실체가 되고, 우리는 믿음의 행동을 통해 말씀으로 이야기하신 부분을 경험한다.

- 절기, 용도, 장르, 특징:
- Key Word: 믿음.
- Remarks:

본문 : 히 11:4; 창 4:1~8
제목 : 첫 희생자 아벨의 메시지

히 11:4.믿음으로 아벨은 가인보다 더 나은 제사를 하나님께 드림으로 의로운 자라 하시는 증거를 얻었으니 하나님이 그 예물에 대하여 증언하심이라 그가 죽었으나 그 믿음으로써 지금도 말하느니라 **창 4:1.**아담이 그의 아내 하와와 동침하매 하와가 임신하여 가인을 낳고 이르되 내가 여호와로 말미암아 득남하였다 하니라 **2.**그가 또 가인의 아우 아벨을 낳았는데 아벨은 양 치는 자였고 가인은 농사하는 자였더라 **3.**세월이 지난 후에 가인은 땅의 소산으로 제물을 삼아 여호와께 드렸고 **4.**아벨은 자기도 양의 첫 새끼와 그 기름으로 드렸더니 여호와께서 아벨과 그의 제물은 받으셨으나 **5.**가인과 그의 제물은 받지 아니하신지라 가인이 몹시 분하여 안색이 변하니 **6.**여호와께서 가인에게 이르시되 네가 분하여 함은 어찌 됨이며 안색이 변함은 어찌 됨이냐 **7.**네가 선을 행하면 어찌 낯을 들지 못하겠느냐 선을 행하지 아니하면 죄가 문에 엎드려 있느니라 죄가 너를 원하나 너는 죄를 다스릴지니라 **8.**가인이 그의 아우 아벨에게 말하고 그들이 들에 있을 때에 가인이 그의 아우 아벨을 쳐죽이니라

1. 아벨은 시기와 분냄으로 가득한 가인에 의해 죽임을 당함 (= 죄로 가득 찬 인류의 모습)

창 4:8= "가인이 그의 아우 아벨에게 말하고 그들이 들에 있을 때에 가인이 그의 아우 아벨을 쳐죽이니라"

2. 믿음으로 아벨은 의로운 자라 하시는 증거를 얻었음 (= 이신칭의의 진리)

히 11:4= "믿음으로 아벨은 가인보다 더 나은 제사를 하나님께 드림으로 의로운 자라 하시는 증거를 얻었으니 하나님이 그 예물에 대하여 증언하심이라…"

3. 아벨의 믿음은 지금도 증거되고 있음 (= 의로운 삶의 길이는 결코 짧지 않음)

히 11:4= "…그가 죽었으나 그 믿음으로써 지금도 말하느니라"

【대지 유형】 대지 설명형 - 본문 분석형, 수집형 - 대지 심화형
【주제】 아벨의 피 흘림은 죄로 가득 찬 이 땅에서 오직 믿음으로 의로운 삶을 영원히 지속한다는 메시지를 주고 있다.
【FCF】 많은 신앙인이 진정한 믿음에 관하여 무지하거나 이해가 부족함.

【서론】 이 세상은 고통과 눈물, 시기와 질투 등으로 가득 차 있음. 이 모든 비극의 근본 원인은 사회에 만연한 죄와 죄의 오염, 더 나아가서는 죄악 된 인간의 본성 때문. 아벨= 하나님의 의를 위해 희생당한 첫 사람. 이제 우리는 아벨의 무덤에 가서 증거하는 바를 들어보자.

【우산질문】 인류 최초의 희생자 아벨의 죽음이 주는 메시지는 무엇인가?

【1대지】 창 3장, 인간의 범죄와 타락 이야기. 4장에 나타난 가인과 후손들의 폭력 이야기. 우리 사회의 근본 문제는 죄이다. 롬 3:23. 주님 오신 것은 죄의 대가를 지불하고 우리의 마음을 변화시키려 함이다. 고전 5:17.

【2대지】 아벨은 젊었지만 하나님 만날 준비를 이미 갖췄다. 구원에 이르는 다른 길은 없다. 오직 믿음으로! 요 1:12.

【3대지】 그는 비록 짧은 삶을 살고 갔지만 여전히 말하고 있다. 믿음의 삶의 길이는 육체의 죽음으로 제한받지 아니한다. 믿음의 영웅들은 오래오래 많은 사람에게 영향을 끼친다.

【결론】 여러분은 아벨의 메시지를 듣고 있나? 그 메시지에 여러분은 어떻게 대답하나?

히

- 절기, 용도, 장르, 특징:
- Key Word: 아벨.
- Remarks:

본문 : **히 11:6~7; 창 6:8~10; 벧후 2:5**
제목 : **성공적인 가장(家長) 노아**

히 11:6.믿음이 없이는 하나님을 기쁘시게 하지 못하나니 하나님께 나아가는 자는 반드시 그가 계신 것과 또한 그가 자기를 찾는 자들에게 상 주시는 이심을 믿어야 할지니라 **7.**믿음으로 노아는 아직 보이지 않는 일에 경고하심을 받아 경외함으로 방주를 준비하여 그 집을 구원하였으니 이로 말미암아 세상을 정죄하고 믿음을 따르는 의의 상속자가 되었느니라

창 6:8.그러나 노아는 여호와께 은혜를 입었더라 **9.**이것이 노아의 족보니라 노아는 의인이요 당대에 완전한 자라 그는 하나님과 동행하였으며 **10.**세 아들을 낳았으니 셈과 함과 야벳이라

벧후 2:5.옛 세상을 용서하지 아니하시고 오직 의를 전파하는 느아와 그 일곱 식구를 보존하시고 경건하지 아니한 자들의 세상에 홍수를 내리셨으며

1. 노아는 의인이요 하나님과 동행하였음 (= 하나님과 동행하는 성도)

창 6:9= "… 노아는 의인이요 당대에 완전한 자라 그는 하나님과 동행하였으며"

2. 노아는 주위 사람들에게 의(義)를 전파하였음 (= 전도하는 성도)

벧후 2:5= "옛 세상을 용서하지 아니하시고 오직 의를 전파하는 노아와 그 일곱 식구를 보존하시고"

3. 노아는 믿음으로 방주를 준비하여 그 집을 구원하였음 (= 온 집안을 구원시키는 성도)

히 11:7= "믿음으로 노아는 아직 보이지 않는 일에 경고하심을 받아 경외함으로 방주를 준비하여 그 집을 구원하였으니…"

【대지 유형】 주제 설명형 – 본문 수집형 – 대지 심화형
【주제】 (석의) 하나님과 동행하는 삶을 산 노아는 의를 전파하며 방주 짓기에 최선을 다하여 온 집안을 구원한 성공적인 가장이 되었다.
【FCF】 오랜 기간 주위 사람들에게 모범적인 믿음의 삶을 실천하는 성도를 찾아보기 힘듦.

【서론】 노아= 위대한 아버지의 이름. 노아의 일생 중 가장 큰 성공은= 가족들의 믿음. 노아 시대와 같은 악한 세상에서 온 가족을 믿음으로 이끈다는 것은

대단히 어려운 일. 창 6:11~12= "그 때에 온 땅이 하나님 앞에 부패하여 포악함이 땅에 가득한지라 하나님이 보신즉 땅이 부패하였으니 이는 땅에서 모든 혈육 있는 자의 행위가 부패함이었더라"

【우산질문】 믿음의 사람 노아의 삶은 어떠했나?

【1대지】 노아의 구원에 나타난 요소들= 성령의 역사, 여호와께 은혜를 입었음. 그는 하나님이 인정하시는 믿음의 사람이 되었음. 그는 믿음으로 의롭다 함을 받았음. 노아는 하나님과 전심으로 동행하였음. 방주 짓는 오랜 기간 조롱과 손가락질을 참고 견디며 오직 하나님만 의지함. 참 믿음은 예배·실천·동행의 세 가지 삶의 양태를 요구한다.

【2대지】 노아와 이웃들에 대한 성경의 비교를 보라. 타락, 파괴, 강포의 사람들 사이에서 의롭고 완전하고 하나님과 동행하다니! 그러나 노아는 자기 식구 외에 한 명의 회심자도 얻지 못했다. 온갖 악조건에도 믿음의 사람 노아는 절망치 않고 하나님께 충성하였다. 그의 가족들은 이런 노아를 본받았다.

【3대지】 창 7:1, 7절. "너와 네 온 집… 아들들과 아내와 자부들과 함께…" 가족 구원이 중요하다. 특히 세 며느리 전도는 쉬운 일이 아니었다.

【결론】 지금도 한 가정의 가장이 된다는 것은 쉽지 않다. 그러나 하나님의 은혜는 노아 때보다 지금이 훨씬 더 적극적임. 하나님과 동행하자. 전도하자. 모범이 되자.

히

- 절기, 용도, 장르, 특징:
- Key Word: 노아.
- Remarks:

본문 : 히 11:29~12:3
제목 : 신앙의 경주자들 (Let Us Run the Race with Faith)

11:29.믿음으로 그들은 홍해를 육지 같이 건넜으나 애굽 사람들은 이것을 시험하다가 빠져 죽었으며 **30.**믿음으로 칠 일 동안 여리고를 도니 성이 무너졌으며 **31.**믿음으로 기생 라합은 정탐꾼을 평안히 영접하였으므로 순종하지 아니한 자와 함께 멸망하지 아니하였도다 **32.**내가 무슨 말을 더 하리요 기드온, 바락, 삼손, 입다, 다윗 및 사무엘과 선지자들의 일을 말하려면 내게 시간이 부족하리로다 **33.**그들은 믿음으로 나라들을 이기기도 하며 의를 행하기도 하며 약속을 받기도 하며 사자들의 입을 막기도 하며 **34.**불의 세력을 멸하기도 하며 칼날을 피하기도 하며 연약한 가운데서 강하게 되기도 하며 전쟁에 용감하게 되어 이방 사람들의 진을 물리치기도 하며 **35.**여자들은 자기의 죽은 자들을 부활로 받아들이기도 하며 또 어떤 이들은 더 좋은 부활을 얻고자 하여 심한 고문을 받되 구차히 풀려나기를 원하지 아니하였으며 **36.**또 어떤 이들은 조롱과·채찍질뿐 아니라 결박과 옥에 갇히는 시련도 받았으며 **37.**돌로 치는 것과 톱으로 켜는 것과 시험과 칼로 죽임을 당하고 양과 염소의 가죽을 입고 유리하여 궁핍과 환난과 학대를 받았으니 **38.**(이런 사람은 세상이 감당하지 못하느니라) 그들이 광야와 산과 동굴과 토굴에 유리하였느니라 **39.**이 사람들은 다 믿음으로 말미암아 증거를 받았으나 약속된 것을 받지 못하였으니 **40.**이는 하나님이 우리를 위하여 더 좋은 것을 예비하셨은즉 우리가 아니면 그들로 온전함을 이루지 못하게 하려 하심이라 **12:1.**이러므로 우리에게 구름 같이 둘러싼 허다한 증인들이 있으니 모든 무거운 것과 얽매이기 쉬운 죄를 벗어 버리고 인내로써 우리 앞에 당한 경주를 하며 **2.**믿음의 주요 또 온전하게 하시는 이인 예수를 바라보자 그는 그 앞에 있는 기쁨을 위하여 십자가를 참으사 부끄러움을 개의치 아니하시더니 하나님 보좌 우편에 앉으셨느니라 **3.**너희가 피곤하여 낙심하지 않기 위하여 죄인들이 이같이 자기에게 거역한 일을 참으신 이를 생각하라

1. 그들은 믿음으로 어려움을 이기고 승리했음 (= 믿음의 역사는 믿음의 사람들이 일으킴)

33~34절= "그들은 믿음으로 나라들을 이기기도 하며 의를 행하기도 하며 약속을 받기도 하며 사자들의 입을 막기도 하며 불의 세력을 멸하기도 하며 칼날을 피하기도 하며 연약한 가운데서 강하게 되기도 하며 전쟁에 용감하게 되어 이방 사람들의 진을 물리치기도 하며…"

2. 우리에게 증인들의 구름이 되어줌 (= 믿음의 사람들은 증인이 되어 우리를 응원하고 있음)

1절= "우리에게 구름 같이 둘러싼 허다한 증인들이 있으니…"

3. 신앙의 경주자는 예수님만을 바라보아야 함 (= 시선을 예수님께로 고정시켜야 승리함)

2절= "믿음의 주요 또 온전하게 하시는 이인 예수를 바라보자"

【대지 유형】주제 설명형 – 본문 수집형 – 대지 혼재형(2+1)

【주제】우리는 예수님만을 바라볼 때 믿음의 선진들처럼 믿음의 역사를 이루게 된다.

【FCF】많은 신앙인이 예수님께 시선을 고정하지 못하고 있음.

【서론】한국교회는 자랑스런 믿음의 선진들을 보유하고 있다. 이들이 흘린 피와 땀으로 오늘의 한국교회가 번성하고 있는 것임을 알아야겠다. 하나님은 이들의 희생과 헌신을 헛되게 하지 않으시고 열매 맺게 하셨다.

【우산질문】본문 말씀에도 이러한 믿음의 사람들에 대하여 자세하게 소개해 주고 있다. 그들은 믿음의 경주를 하고 있는 이 시대 성도들의 모델로서, 하나님은 본문을 통하여 우리의 달려가는 모습이 어떠해야 하는가를 가르쳐 주신다.

【1대지】히브리서 11장은 믿음의 사람들의 산맥을 이루고 있다. 여기 나오는 여러 인물은 구약의 대표적인 사람들로서, 히브리서 기자는 이들을 믿음이라고 하는 렌즈를 통하여 투영(投影)하고 있다. 그들은 어려운 조건 속에서 위기와 어려움을 믿음으로 이기고 마침내 놀라운 승리를 거둔 사람들이었다. 믿음의 역사는 믿음의 사람들에 의해 이루어진다. 믿음이 없이는 이런 역사를 결코 이룰 수 없다.

【2대지】응원하는 관중들 가운데는 영원한 삶을 위하여 이 땅의 삶을 희생한 사람이 많다. 영광스럽게 믿음을 지키며 승리의 경주를 감당했던 그들은 이제 바통을 우리에게 넘겨주고 있다. 문제는 우리다. 우리는 믿음의 경주를 하고 있는 사람들. 이 경주는 하나님을 신뢰하는 믿음으로 나아가야 하는 경주이고, 끝까지 믿음으로 완주해야 하는 달음질이다. 그들은 경주를 위하여 모든 거추장스런 것들을 벗어던져 버렸다. 이것은 모든 경주자들에게 반드시 필요한 것. 신앙의 경주자들이 벗어버려야 할 것들에는 의심, 교만, 나태 등이 포함된다.

【3대지】예수 그리스도는 믿음의 창시자요 완성자. 친히 십자가의 구속 사역을 감당하심으로써 기독교 신앙의 시작점이 되셨고, 장차 심판주로 다시 오실 것. 주님을 바라보는 것은 환경과 조건을 넘어서서 믿음으로 승리할 수 있는 유일한 비결이다. 그러므로 우리는 예수님을 바라보아야 한다.

【결론】경주장에 선 우리에게는 훌륭한 신앙의 선진들로 구성된 응원단이 있다. 그들은 우리에게 증인이 되어 박수를 보내며 응원하고 있다.

- 절기, 용도, 장르, 특징:
- Key Word: 신앙의 경주.
- Remarks:

본문 : 히 13:7~9
제목 : **영원토록 동일하신 예수님 (Immutability of Christ)**

7.하나님의 말씀을 너희에게 일러 주고 너희를 인도하던 자들을 생각하며 그들의 행실의 결말을 주의하여 보고 그들의 믿음을 본받으라 8.예수 그리스도는 어제나 오늘이나 영원토록 동일하시니라 9.여러 가지 다른 교훈에 끌리지 말라 마음은 은혜로써 굳게 함이 아름답고 음식으로써 할 것이 아니니 음식으로 말미암아 행한 자는 유익을 얻지 못하였느니라

1. 예수 그리스도 외의 모든 것은 변하지 않는 것이 없음 (= 세상은 모두 가변적임)

8절= "예수 그리스도는 어제나 오늘이나 영원토록 동일하시니라"

2. 예수 그리스도는 영원토록 동일하심 (= 예수님의 품성 권세 사랑은 불변임)

8절= "예수 그리스도는 어제나 오늘이나 영원토록 동일하시니라"

3. "너희를 인도하던 자들의 믿음을 본받으라" 하심 (= 불변의 믿음으로 본을 보여야 함)

7절= "하나님의 말씀을 너희에게 일러 주고 너희를 인도하던 자들을 생각하며 그들의 행실의 결말을 주의하여 보고 그들의 믿음을 본받으라"

【대지 유형】 주제 설명형 – 본문 묵상형 – 대지 혼재형
【주제】 우리가 믿고 의지하는 예수님은 영원토록 동일하신 불변의 주님이시다.
【FCF】 많은 신앙인이 예수님의 불변성에 제대로 신뢰와 감사를 보내지 못하고 있음.

【서론】 8절은 쉬운 문장이지만 엄청난 내용이다. 영원토록 변하지 않고 동일하다고 주장하는 것은 인간 세상의 이치에 맞지 않기 때문(열역학 제2법칙 위반). 7절의 '인도하던 자들'은 현재분사= 믿음의 사람들의 가르침과 정신을 기억하라는 뜻. 그들은 불변하신 예수 그리스도를 확실히 붙들었던 사람들. 예수 그리스도의 불변성은 오늘의 가변적인 세상에 엄청난 위로와 신뢰의 대상이 된다.

【우산질문】가변적인 세상에서 예수 그리스도의 불변성을 깊이 살펴보자.

【1대지】자연세계와 관계된 모든 것들은 변화한다. 태산도 변하고 거대한 강 줄기도 결국은 변한다. 인류 역사에서 왕국들과 나라들은 끊임없이 변천되어 왔다. 우리 주위의 사람들= 그 모습, 성품, 결심들이 얼마나 쉽게 변화하는지! 세상에 변하지 않는 게 없다. 그러므로 변하는 세상으로부터 우리의 주의를 돌려 불변하신 예수 그리스도를 바라보아야 한다.

【2대지】예수님은 인성과 신성이 불변이시다. 능력과 권세 면에서 불변이시다. 하늘과 땅의 모든 능력이 예수님께 속해 있다. 그가 가지신 사랑의 광대함에서 불변이시다. 주님은 사랑 자체이시다. 죄인들을 향한 자비와 긍휼 면에서 불변이시다. 십자가 위에서 자신을 향해 저주하는 원수들을 용서하신 주님은 자비와 긍휼이란 단어가 의미하는 모든 것을 보여주신 분이시다. 불변인 것은 단순히 그의 말뿐 아니라 그분 자신! 사랑과 의, 성실을 가지고 영원히 불변하시다.

【3대지】우리는 불변하신 그분을 믿는다. 그분을 우리가 전한다. 주님은 자신의 약속을 지키려고 영문 밖에서 피를 흘리셨다. 피로 우리를 사서 하나님의 소유로 만드셨다.

【결론】예수님의 신성을 다시 한 번 확신하라. 그분을 우리 믿음의 주님으로 의지하는 복된 자임을 확신한다. 우리 믿는 사람들에게 한량없는 위로의 말씀이다. 그러므로 우리, 어제나 오늘이나 또 영원하도록 한결같은 주 예수님을 찬미하자. 시간이 지나고 세상이 변할지라도 영원 불변하신 주 예수님을 찬미하자.

히

- 절기, 용도, 장르, 특징:
- Key Word: 불변하신 예수님.
- Remarks:

본문 : **약 1:16~18**
제목 : **왜 감사해야 하는가? (Why Give Thanks?)**

16.내 사랑하는 형제들아 속지 말라 **17.**온갖 좋은 은사와 온전한 선물이 다 위로부터 빛들의 아버지
께로부터 내려오나니 그는 변함도 없으시고 회전하는 그림자도 없으시니라 **18.**그가 그 피조물 중에
우리로 한 첫 열매가 되게 하시려고 자기의 뜻을 따라 진리의 말씀으로 우리를 낳으셨느니라

1. 진리의 말씀으로 우리를 낳으셨기 때문 (= 자녀 삼으심)

18절= "그가 그 피조물 중에 우리로 한 첫 열매가 되게 하시려고 자기의 뜻
을 따라 진리의 말씀으로 우리를 낳으셨느니라"

2. 온갖 좋은 은사와 선물을 주시기 때문 (= 좋은 은사들 주심)

17절= "온갖 좋은 은사와 온전한 선물이 다 위로부터 빛들의 아버지께로부
터 내려오나니…"

3. 변함 없이 우리에게 은사를 주시기 때문 (= 끊임없이 은혜를 베푸심)

17절= "… 그는 변함도 없으시고 회전하는 그림자도 없으시니라"

【대지 유형】 이유 제시형 – 본문 분석형 – 대지 심화형
【주제】 온갖 좋은 것을 은사로 끊임없이 주시는 하나님께 감사하는 것은 당
연하다.
【FCF】 감사를 잃어버린 세대, 하나님의 은혜를 깨닫지 못하는 사람들의 무지.

【서론】 추수감사절의 유래(다른 설교주제잡기 참조). 성경은 감사에 대해 지
속적으로 강조한다. 누구에게 감사? 하나님께. 그분은 빛들의 아버지, 불변
자, 선물을 주시는 분. 성경의 강조점: 감사의 중요성. 성경은 수많은 구절에
서 감사를 거듭 강조하고 있다. 감사의 기능: 주님을 높이며 영화롭게 한다.
시 69:30, "내가 노래로 하나님의 이름을 찬송하며 감사함으로 하나님을 광대
하시다 하리라." 시 50:23, "감사로 제사를 드리는 자가 나를 영화롭게 하나
니." 감사의 분야는 매우 넓다: 결혼, 가족, 학교, 직업, 교회, 이웃들, 건강….
【우산질문】 본문은 우리에게 하나님께 감사해야 하는 이유를 어떻게 제시하

고 있는가?

【1대지】 우리에게 믿음 주시고, 거듭나게 하시고 자녀 삼아 주신 주님! 모든 구원의 아버지께 오직 감사!

【2대지】 하나님 주신 선물을 인정하지 않는 것이 죄이다. 우리가 그동안 받은 은사들을 헤아려 보라. 우리가 가진 것 중 하나님이 주지 않은 것이 무엇인가? 주님의 은사는 우리에게 최상의 것들이다.

【3대지】 하나님의 은혜는 지속적이다. 과거에 주신 하나님의 은혜는 앞으로도 우리의 믿음에 따라 끊임없이 부어주신다. 하나님은 언약에 신실하신 분. 성경 역사를 보라. 주님은 약속하신 것들을 하나하나 이루어 가신다.

【결론】 시 42:4, "내가 전에 성일을 지키는 무리와 동행하여 기쁨과 감사의 소리를 내며 그들을 하나님의 집으로 인도하였더니 이제 이 일을 기억하고 내 마음이 상하는도다."

약

- 절기, 용도, 장르, 특징: 감사절.
- Key Word: 감사.
- Remarks:

본문 : **벧전 1:3~7**
제목 : **성도의 영원한 산 소망**

3.우리 주 예수 그리스도의 아버지 하나님을 찬송하리로다 그의 많으신 긍휼대로 예수 그리스도를 죽은 자 가운데서 부활하게 하심으로 말미암아 우리를 거듭나게 하사 산 소망이 있게 하시며 4.썩지 않고 더럽지 않고 쇠하지 아니하는 유업을 잇게 하시나니 곧 너희를 위하여 하늘에 간직하신 것이라 5.너희는 말세에 나타내기로 예비하신 구원을 얻기 위하여 믿음으로 말미암아 하나님의 능력으로 보호하심을 받았느니라 6.그러므로 너희가 이제 여러 가지 시험으로 말미암아 잠깐 근심하게 되지 않을 수 없으나 오히려 크게 기뻐하는도다 7.너희 믿음의 확실함은 불로 연단하여도 없어질 금보다 더 귀하여 예수 그리스도께서 나타나실 때에 칭찬과 영광과 존귀를 얻게 할 것이니라

1. 하나님은 성도로 하여금 하늘에 간직하신 유업을 잇게 하심 (= 하늘에 간직된 유업 상속)

4절= "썩지 않고 더럽지 않고 쇠하지 아니하는 유업을 잇게 하시나니 곧 너희를 위하여 하늘에 간직하신 것이라"

2. 성도는 하나님의 능력으로 보호하심을 받았다고 하심 (= 하나님의 능력으로 보호)

5절= "너희는 말세에 나타내기로 예비하신 구원을 얻기 위하여 믿음으로 말미암아 하나님의 능력으로 보호하심을 받았느니라"

3. 여러 시험 때문에 근심하면서도 크게 기뻐하는 것을 격려하심 (= 시련 속에서 기뻐할 수 있음)

6절= "그러므로 너희가 이제 여러 가지 시험으로 말미암아 잠깐 근심하게 되지 않을 수 없으나 오히려 크게 기뻐하는도다"

【대지 유형】 주제 설명형 – 본문 분석형 – 대지 진전형
【주제】 구원받은 성도는 하늘에 간직된 유업을 받기까지 능력으로 보호받으며 시련 가운데서도 기뻐할 수 있도록 힘을 주신다.
【FCF】 많은 신앙인이 시련 속에서 소망이 부족하여 근심하게 됨.

【서론】 인생은 소망의 동물. 그 소망이 다 이루어진다면 얼마나 좋을까! 어느 기업이 절대 부도나지 않고 계속 성장한다면…. 완전히 보장되는 기업은 세

상에 없다. 하지만 하나님 주시는 기업(또는 유업)은 영원한 산 소망이 된다.

【우산질문】 본문을 통해 성도에게 주시는 영원한 산 소망에 대해 살펴보자.

【1대지】 성도가 잇게 되는 유업은 썩지 않고(부도나거나 망하지 않음) 더럽지 않고(윤리적·도덕적으로 깨끗함) 쇠하지 아니하는(적자로 운영되어 기울지 않는) 기업이다. 3절은 '산 소망'이라 했다. 누가 받는가? 거듭난 상속자들. 거듭날 수 있는 근거는 예수 그리스도의 부활 사건.

【2대지】 보호한다= shielded by God's power. 요 10:28= 하나님의 보호하시는 능력은 조금도 부족함이 없다.

【3대지】 현실은 여러 종류의 시험과 시련이 있다. 그러나 산 소망이 있는 자들에게는 이 시련이 잠깐이다. 7절, 크게 기뻐하는 이유.

【결론】 살아 있는 소망을 가지고 산다는 것이 얼마나 행복한지! 시련의 풍랑이 이는 바다에서 산 소망의 돛을 달고 가는 우리는 결코 파손되지 않고 영광의 기업에 이르게 된다.

- 절기, 용도, 장르, 특징:
- Key Word: 소망.
- Remarks:

본문 : 벧전 1:3~9
제목 : 부활 신앙으로 무장한 성도의 삶
(Our Abundant Life through the Resurrection of Christ)

3.우리 주 예수 그리스도의 아버지 하나님을 찬송하리로다 그의 많으신 긍휼대로 예수 그리스도를 죽은 자 가운데서 부활하게 하심으로 말미암아 우리를 거듭나게 하사 산 소망이 있게 하시며 4.썩지 않고 더럽지 않고 쇠하지 아니하는 유업을 잇게 하시나니 곧 너희를 위하여 하늘에 간직하신 것이라 5.너희는 말세에 나타내기로 예비하신 구원을 얻기 위하여 믿음으로 말미암아 하나님의 능력으로 보호하심을 받았느니라 6.그러므로 너희가 이제 여러 가지 시험으로 말미암아 잠깐 근심하게 되지 않을 수 없으나 오히려 크게 기뻐하는도다 7.너희 믿음의 확실함은 불로 연단하여도 없어질 금보다 더 귀하여 예수 그리스도께서 나타나실 때에 칭찬과 영광과 존귀를 얻게 할 것이니라 8.예수를 너희가 보지 못하였으나 사랑하는도다 이제도 보지 못하나 믿고 말할 수 없는 영광스러운 즐거움으로 기뻐하니 9.믿음의 결국 곧 영혼의 구원을 받음이라

1. 거듭나 산 소망(a living hope)이 넘침 (= 영생에 대한 소망)
3절= "그의 많으신 긍휼대로 예수 그리스도를 죽은 자 가운데서 부활하게 하심으로 말미암아 우리를 거듭나게 하사 산 소망이 있게 하시며"

2. 시련 중에도 크게 기뻐함 (= 보호받는 성도의 기쁨)
6절= "그러므로 너희가 이제 여러 가지 시험으로 말미암아 잠깐 근심하게 되지 않을 수 없으나 오히려 크게 기뻐하는도다"

3. 재림 때 칭찬과 영광과 존귀를 얻게 됨 (= 상급에 대한 소망)
7절= "너희 믿음의 확실함은 불로 연단하여도 없어질 금보다 더 귀하여 예수 그리스도께서 나타나실 때에 칭찬과 영광과 존귀를 얻게 할 것이니라"

【대지 유형】주제 설명형 – 본문 수집형 – 대지 진전형
【주제】부활 신앙을 확고히 가진 성도는 구원의 확신과 기쁨, 그리고 상급에 대한 소망이 충만하다.
【FCF】많은 신앙인이 시련을 어려워 함.

【서론】본문은 사도 베드로가 소아시아 일대에 흩어져 살던 성도들에게 보낸 편지 〈베드로전서〉의 첫 부분이다. 교회사의 전승에 따르면 베드로는 자신의

마지막 수년간을 로마에서 보냈으며, A.D. 68년 네로에 의해 순교했다.

【우산질문】 하나님은 부활 신앙으로 무장한 성도에게 어떤 삶을 약속하시는가?

【1대지】 '거듭나게 하사(아나겐네사스)'는 '다시 낳다' 동사의 부정과거 분사인데, 이것은 중생(重生, rebirth)이 계속 반복되지 않고 단회적으로 끝나는 사건임을 시사한다. '산 소망(a living hope)'은 소망이 살아 있다는 단순한 묘사가 아니라 소망 자체가 행동하며 움직인다는 강력한 의미를 지니고 있다. 그것은 예수님 재림 후 이루어질 새 하늘과 새 땅, 천년왕국의 삶을 가리킨다.

【2대지】 부활 신앙으로 무장한 성도는 여러 가지 시험을 당한다 하더라도 거기 좌절하지 않고 오히려 크게 기뻐할 수 있다. 여러분은 자신이 성도라는 신분 때문에 극한 고통을 받을지라도 하나님의 보호하심을 확신하는가?

【3대지】 부활 신앙이 확고한 성도의 삶에는 장차 받을 상급에 대한 소망이 넘치게 되어 있다.

【결론】 여러분은 예수 그리스도의 부활이 모든 믿는 자들의 부활의 첫 열매 됨을 믿는가? 여러분은 마지막 나팔에 순식간에 홀연히 변화되어 공중에서 주님을 맞이하게 될 것을 믿는가? 여러분은 과연 거듭나 산 소망으로 넘치는 삶을 살고 있는가?

- 절기, 용도, 장르, 특징:
- Key Word: 부활.
- Remarks:

본문 : 벧전 1:13~19
제목 : **말세 성도들에게 주시는 권면**

13.그러므로 너희 마음의 허리를 동이고 근신하여 예수 그리스도께서 나타나실 때에 너희에게 가져다 주실 은혜를 온전히 바랄지어다 14.너희가 순종하는 자식처럼 전에 알지 못할 때에 따르던 너희 사욕을 본받지 말고 15.오직 너희를 부르신 거룩한 이처럼 너희도 모든 행실에 거룩한 자가 되라 16.기록되었으되 내가 거룩하니 너희도 거룩할지어다 하셨느니라 17.외모로 보시지 않고 각 사람의 행위대로 심판하시는 이를 너희가 아버지라 부른즉 너희가 나그네로 있을 때를 두려움으로 지내라 18.너희가 알거니와 너희 조상이 물려 준 헛된 행실에서 대속함을 받은 것은 은이나 금 같이 없어질 것으로 된 것이 아니요 19.오직 흠 없고 점 없는 어린 양 같은 그리스도의 보배로운 피로 된 것이니라

1. "재림 때 주님이 주실 은혜를 바라라"고 하심 (= 재림 소망)

13절= "그러므로 너희 마음의 허리를 동이고 근신하여 예수 그리스도께서 나타나실 때에 너희에게 가져다 주실 은혜를 온전히 바랄지어다"

2. "모든 행실에 주님처럼 거룩한 자가 되라"고 하심 (= 성결한 삶)

15절= "오직 너희를 부르신 거룩한 이처럼 너희도 모든 행실에 거룩한 자가 되라"

3. "너희가 나그네로 있을 때를 두려움으로 지내라"고 하심 (= 두려움 가운데 사는 삶)

17절= "외모로 보시지 않고 각 사람의 행위대로 심판하시는 이를 너희가 아버지라 부른즉 너희가 나그네로 있을 때를 두려움으로 지내라"

【대지 유형】 주제 적용형 – 본문 묶음형 – 대지 연결형
【주제】 말세 성도에 꼭 필요한 것은 재림 소망과 성결한 삶, 그리고 자신을 쳐 복종케 하는 두려움의 삶이다.
【FCF】 많은 신앙인이 재림의 확신이 부족하여 거룩에 대한 열심이 부족함.

【서론】 베드로 서신= 말세 성도들을 위한 교훈을 준다. 특히 말씀에 대한 강조가 대단하다. 말씀의 거울에 비친 성도의 신앙을 조명하는 것이 중요하다.
【우산질문】 본문을 통해 말세 성도들에게 주시는 주님의 권면의 말씀을 살펴

보자.

【1대지】 여러분은 주님의 은혜를 간절히 바라고 있는가? 은혜받는 일이 쉽지 않다. 은혜받기 위해 먼저 마음의 허리를 동이고 근신하라고 하신다. 값싼 은혜가 아니다. 예수 그리스도의 생명을 희생하시고 주시는 은혜다. 우리가 해야 할 일은 자기를 비우고 은혜의 바다에 뛰어드는 일이다. 말씀의 거울에 여러분의 지금 신앙을 비춰보라. 은혜를 사모하고 있는가?

【2대지】 신앙생활의 본질은 교회 안에 있는 것이 아니고 교회 예배를 통해 주시는 능력을 붙잡고 교회 밖으로 나가는 것이다. 말씀에 순종하는 삶. 남을 실족하지 않는 삶. 주님처럼 세상을 이기는 삶. 말씀의 거울 앞에 선 당신은 부끄럽지 않은 신앙생활 모습인가?

【3대지】 우린 다 하나님을 위해 살다가 하나님께로 간다. 하나님 나라와 그의 영광을 위한 삶. 두렵지 않을 수 없다. 진정한 은혜는 고통 중에 감사할 수 있는 것. 제자 되어 제자 삶는 삶은 만만치 않다. 두렵고 떨리는 마음으로 제자의 길을 떠나야 한다.

【결론】 말씀의 거울에 비춰보라. 나는 은혜를 바라고 있는가? 나의 행실은 거룩한가? 나는 두려움으로 살고 있는가?

- 절기, 용도, 장르, 특징: 성서주일.
- Key Word: 말씀의 거울.
- Remarks:

본문 : **벧전 1:13~21**
제목 : **거룩하신 예수님 (You Shall Be Holy)**

13.그러므로 너희 마음의 허리를 동이고 근신하여 예수 그리스도께서 나타나실 때에 너희에게 가져다 주실 은혜를 온전히 바랄지어다 14.너희가 순종하는 자식처럼 전에 알지 못할 때에 따르던 너희 사욕을 본받지 말고 15.오직 너희를 부르신 거룩한 이처럼 너희도 모든 행실에 거룩한 자가 되라 16.기록되었으되 내가 거룩하니 너희도 거룩할지어다 하셨느니라 17.외모로 보시지 않고 각 사람의 행위대로 심판하시는 이를 너희가 아버지라 부른즉 너희가 나그네로 있을 때를 두려움으로 지내라 18.너희가 알거니와 너희 조상이 물려 준 헛된 행실에서 대속함을 받은 것은 은이나 금 같이 없어질 것으로 된 것이 아니요 19.오직 흠 없고 점 없는 어린 양 같은 그리스도의 보배로운 피로 된 것이니라 20.그는 창세 전부터 미리 알린 바 되신 이나 이 말세에 너희를 위하여 나타내신 바 되었으니 21.너희는 그를 죽은 자 가운데서 살리시고 영광을 주신 하나님을 그리스도로 말미암아 믿는 자니 너희 믿음과 소망이 하나님께 있게 하셨느니라

1. 예수님을 "거룩한 이"라 함 (= 예수님은 거룩의 원천)

15절= "오직 너희를 부르신 거룩한 이처럼…"
16절= "기록되었으되 내가 거룩하니…"

2. 성도는 "거룩한 자가 되라"는 명령을 받고 있음 (= 개인의 성화 명령)

15~16절= "… 너희도 모든 행실에 거룩한 자가 되라 기록되었으되 내가 거룩하니 너희도 거룩할지어다 하셨느니라"

3. 성도는 두려움으로 힘써야 함 (= 거룩한 삶에로의 결단 필요)

17절= "외모로 보시지 않고 각 사람의 행위대로 심판하시는 이를 너희가 아버지라 부른즉 너희가 나그네로 있을 때를 두려움으로 지내라"

【대지 유형】주제 설명형 – 본문 수집형 – 대지 혼재형(1+2)
【주제】거룩하신 예수님을 닮아가려면 우리도 거룩한 삶에로의 결단이 필요하다.
【FCF】많은 신앙인이 거룩한 삶에 대한 인식과 노력이 부족함.

【서론】그리스도인들은 예수님을 닮아가는 자들. 우리의 구주요 우리의 모범이신 예수님. 그분이 거룩하신 것처럼 우리도 거룩해야 한다.

【우산질문】 본문을 통해 예수님의 거룩과 우리의 거룩에 대해 가르치는 바를 살펴보자.

【1대지】 거룩에 대해 오해가 많다. 성경에서 말하는 거룩이란 더러운 것에서 구별, 하나님을 위해 따로이 세움받는 것. 예) 성막의 여러 물건들이 거룩. 구약 이스라엘은 거룩한 민족. 레 11:44~45, 거룩의 정의. 하나님은 거룩을 해치는 자들을 결코 버려두지 않으신다. 거룩의 원천은 하나님이시고 예수님이시다.

【2대지】 히 3:1, "하늘의 부르심을 입은 거룩한 형제들아" 거룩한 자만이 주님을 본다. 히 12:14, 개인의 거룩은 율법적 의미에서가 아니라 성령님을 통한 자유함. 개인의 거룩에 가장 놀라운 말씀: 롬 12:1, "… 너희 몸을 하나님이 기뻐하시는 거룩한 산 제사로 드리라…" 우리 몸을 하나님께 드리기 위해 철저히 구별해야. 딤후 2:21~23.

【3대지】 우리의 모든 행실에 대해 결단이 필요하다. 아론과 그 아들들을 거룩한 기름으로 구별하듯, 우리 몸을 거룩히 구별해야.

【결론】 고후 7:1, 육과 영의 온갖 더러운 것에서 자신을 깨끗게 하자.

- 절기, 용도, 장르, 특징:
- Key Word: 거룩.
- Remarks:

본문 : **벧전 1:18~22**
제목 : **성도들의 사랑**

18.너희가 알거니와 너희 조상이 물려 준 헛된 행실에서 대속함을 받은 것은 은이나 금 같이 없어질 것으로 된 것이 아니요 19.오직 흠 없고 점 없는 어린 양 같은 그리스도의 보배로운 피로 된 것이니라 20.그는 창세 전부터 미리 알린 바 되신 이나 이 말세에 너희를 위하여 나타내신 바 되었으니 21.너희는 그를 죽은 자 가운데서 살리시고 영광을 주신 하나님을 그리스도로 말미암아 믿는 자니 너희 믿음과 소망이 하나님께 있게 하셨느니라 22.너희가 진리를 순종함으로 너희 영혼을 깨끗하게 하여 거짓이 없이 형제를 사랑하기에 이르렀으니 마음으로 뜨겁게 서로 사랑하라

1. 거짓이 없이 사랑해야 함 (= 거짓 없는 사랑)

22절="너희가 진리를 순종함으로 너희 영혼을 깨끗하게 하여 거짓이 없이 형제를 사랑하기에 이르렀으니…"

2. 마음으로 사랑해야 함 (= 마음에서 우러나는 사랑)

22절="… 마음으로 뜨겁게 서로 사랑하라"

3. 뜨겁게 서로 사랑해야 함 (= 뜨겁게 피차 사랑)

22절="… 뜨겁게 서로 사랑하라"

【대지 유형】 주제 적용형 – 본문 분석형 – 대지 병렬형
【주제】 성도의 사랑은 거짓 없이 마음에서 우러나는 사랑으로 뜨겁게 피차 사랑하는 것이다.
【FCF】 많은 신앙인이 마음에서 우러나는 사랑의 순도(純度) 면에서 부족함.

【서론】 22절, "너희가 진리를 순종함으로 너희 영혼을 깨끗하게 하여 거짓이 없이 형제를 사랑하기에 이르렀으니 마음으로 뜨겁게 서로 사랑하라" 벧전, 벧후서는 박해받는 그리스도인들에게 위로와 소망을 주고 그들의 신앙을 북돋아 주기 위해 기록했다. 근거 없는 중상, 직장에서 쫓겨나고, 재산을 빼앗기고, 감옥에 투옥, 순교하기도 했다. 베드로의 편지는 이때 기록되었다. 어떤 사랑? 그리스도의 고귀한 희생적 사랑, 자기를 포기하신 사랑, 자기 생명을 버리신 사랑.

【우산질문】 어떻게 사랑해야 하나?

【1대지】 사랑엔 거짓이 없다(롬 12:9). 속이는 것은 참사랑이 아니다. 참사랑은 거짓이 없다. 사랑은 정직하고 사랑은 진실하다.

【2대지】 사랑의 원산지는 마음이다. 마음으로 미워하면서 입술로 사랑한다? 마음에서 우러나오는 진실한 사랑을 하라. 주님은 요구하신다. "네 마음을 내게 달라."

【3대지】 "뜨겁게"= 긴장감을 가지고 열심히. 사랑은 뜨거워야 한다. 라오디게아 교회에 요구하시는 주님의 명령이다(계 3:15~16). 성도들은 피차 사랑해야 한다. 사랑은 해도 안 해도 되는 것이 아니라 필수적인 것. 엡 6:24, "예수 그리스도를 변함없이 사랑하는 모든 자에게 은혜가 있을지어다." 요일 4:11, "하나님이 이같이 우리를 사랑하셨은즉 우리도 서로 사랑하는 것이 마땅하도다."

【결론】 사랑하면 막혔던 기도문이 열리고 아름다운 공동체가 형성된다. 사랑을 회복하자.

- 절기, 용도, 장르, 특징:
- Key Word: 사랑.
- Remarks:

본문 : **벧전 2:1~2, 21**
제목 : **영적 성장 가이드 (Guides for Spiritual Growth)**

1.그러므로 모든 악독과 모든 기만과 외식과 시기와 모든 비방하는 말을 버리고 **2.**갓난 아기들 같이 순전하고 신령한 젖을 사모하라 이는 그로 말미암아 너희로 구원에 이르도록 자라게 하려 함이라 …… **21.**이를 위하여 너희가 부르심을 받았으니 그리스도도 너희를 위하여 고난을 받으사 너희에게 본을 끼쳐 그 자취를 따라오게 하려 하셨느니라

1. 모든 악독과 기만과 외식과 시기와 비방하는 말을 버려야 함 (= 모든 악을 철저히 소제해야 함)

1절= "그러므로 모든 악독과 모든 기만과 외식과 시기와 모든 비방하는 말을 버리고"

2. 갓난 아기들 같이 순전하고 신령한 젖을 사모해야 함 (= 하나님의 말씀을 사모해야 함)

2절= "갓난 아기들 같이 순전하고 신령한 젖을 사모하라…"

3. 그리스도께서 성도들에게 본을 끼쳐 그 자취를 따라오게 하심 (= 그리스도 의 삶의 모범을 본받아야 함)

21절= "그리스도도 너희를 위하여 고난을 받으사 너희에게 본을 끼쳐 그 자취를 따라오게 하려 하셨느니라"

【대지 유형】 주제 적용형 – 본문 수집형 – 대지 진전형
【주제】 성도가 영적 성장을 하려면 모든 악을 버리고 말씀을 사모하며 예수 님을 닮아가야 한다.
【FCF】 많은 신앙인이 순전하고 신령한 젖을 사모하라는 권면에 소극적으로 대응하고 있음.

【서론】 기독교는 단지 믿는 것으로 끝나는 것이 아니라 삶으로 나타나는 것. 삶은 중생으로 시작되고, 교회로 모여 공동체의 삶을 통해 성장하는 것. 모든 생명체= 성장함= 성장은 유기체의 본질임. 갓난 아기는 매일 성장= 부모의 큰 기쁨이 됨. 영적 세계도 동일하다. 거듭남과 성장. 만일 새신자가 안 자라

면 큰 비극이다.

【우산질문】 본문에서 영적 성장을 위한 지침을 살펴보자.

【1대지】 거듭난 성도= 버리는 것으로부터 시작. 여기에는 단호한 결단이 필요하다. 무엇을 소제해야 하나? 옛사람에게 있던 것들. 유치한 모습, 내 속의 악취 나는 모든 악을 철저히 소제해야. 사도 바울의 고백= 고전 13:11, "내가 어렸을 때는… 장성한 사람이 되어서는 어린아이의 일을 버렸노라." 영적으로 성장하는 교회는 이 모든 악을 철저히 소제하는 교회이다.

【2대지】 우리가 사모해야 할 것은 신령한 젖 곧 말씀이다. 어떤 말씀? 우리를 거듭나게 한 말씀이요 살아 있고 항상 있는 말씀이다(히 4:12). 이 젖은 순전한 말씀, 불순물이 섞이지 않은 말씀이다. 말씀= 영의 양식. 영적 성장에는 말씀 사모가 필수. 말씀은 먹는 내시경 같음= 우리 속 질병 원인 알아냄.

【3대지】 예수님은 우리의 구주이시면서 우리 삶의 모범(example)이시다. 예수님의 모범 된 삶 본받기 – 영적 성장의 비결이다. 주님의 마음, 주님의 대인 관계, 주님의 말씀 사모, 주님의 기도, 주님의 거룩, 주님의 열심, 주님의 제자 사랑…. 예수님처럼 되기를 원하며 사모할 때 우리의 성장도 시작된다.

【결론】 여러분은 성숙한 자인가? 어린 아기인가? 성장하기를 원하는가? 여러분은 버리고 사모하고 따라가는 자인가?

- 절기, 용도, 장르, 특징:
- Key Word: 성장.
- Remarks:

본문 : **벧전 2:1~3**
제목 : **갓난 아기에 비유되는 성도 (Like New-Born Babies)**

1.그러므로 모든 악독과 모든 기만과 외식과 시기와 모든 비방하는 말을 버리고 **2.**갓난 아기들 같이 순전하고 신령한 젖을 사모하라 이는 그로 말미암아 너희로 구원에 이르도록 자라게 하려 함이라 **3.**너희가 주의 인자하심을 맛보았으면 그리하라

1. 성도는 여러 면에서 갓난 아기들과 같음 (= 참 성도의 중생과 품성과 의존적 삶)

2절= "갓난 아기들 같이 순전하고 신령한 젖을 사모하라…"

2. 성도는 아기가 자라듯이 구원에 이르도록 자라가야 함 (= 성장은 성도의 위대한 목표)

2절= "갓난 아기들 같이 순전하고 신령한 젖을 사모하라 이는 그로 말미암아 너희로 구원에 이르도록 자라게 하려 함이라"

3. 성도는 순전하고 신령한 젖인 말씀을 사모해야 함 (= 성장의 방법은 말씀을 사모하는 것)

2절= "갓난 아기들 같이 순전하고 신령한 젖을 사모하라"

【**대지 유형**】 주제 적용형 – 본문 분석형 – 대지 연결형
【**주제**】 참 성도는 갓난 아기가 젖을 먹고 자라듯이 말씀을 통하여 성장해야 한다.
【**FCF**】 많은 신앙인이 말씀을 먹고 성장하는 법을 모르거나 무관심함.

【**서론**】 기독교는 믿는 것에서 나아가 삶으로 나타나는 것. 삶은 중생으로 출발. 본문의 앞(1:23~25)에서는 성도들을 거듭나게 한 하나님 말씀의 영원성. 여기서는 거듭난 성도의 영적 성장을 위한 말씀 사모에 대한 권면이 주어지고 있다.
【**우산질문**】 갓난 아기에 비유되는 성도의 모습에 대하여 살펴보자.

【**1대지**】 참 성도는 말씀으로 거듭난 사람. 종교적 깨우침이나 윤리적 노력으로가 아니라 하나님에 의해 새로 태어나야 한다. 참 성도의 품성은 신생아처럼 깨끗하고 꾸밈없는 모습. 악독과 궤휼과 외식과 시기와 비방하는 말을 버린 자. 성도가 비록 하나님의 말씀으로 거듭나 새 출발을 했지만 육신이 있는 동안에는 옛사람의 모습을 완전히 떨쳐버리지 못하는 연약한 인간일 수밖에 없음을 인정하라. 갓난 아기가 엄마를 온전히 의지하듯 참 성도는 하나님만을 의지하는 자이다.

【**2대지**】 어떤 면에서 자라가야 하나? 지식에서(하나님의 뜻과 하나님의 구원 경륜을 아는 것), 힘에서(주 안에서 큰 일을 할 수 있도록 강건해지는 것), 거룩한 형상을 닮아가는 면에서(신의 성품에 참여하는 자의 모습).

【**3대지**】 우리가 사모해야 할 것은 신령한 젖, 곧 말씀이다. 불순물이 섞이지 않은 말씀. 우리는 이 말씀을 사모해야 한다.

【**결론**】 3절, "너희가 주의 인자하심을 맛보았으면 그리하라." 이처럼 위대한 말씀을 주신 하나님을 찬양하자. 지식과 거룩에서 자라가자.

- 절기, 용도, 장르, 특징:
- Key Word: 갓난 아기.
- Remarks:

본문 : **벧전 2:1~3**
제목 : **영적 건강의 비결**

1.그러므로 모든 악독과 모든 기만과 외식과 시기와 모든 비방하는 말을 버리고 2.갓난 아기들 같이 순전하고 신령한 젖을 사모하라 이는 그로 말미암아 너희로 구원에 이르도록 자라게 하려 함이라 3.너희가 주의 인자하심을 맛보았으면 그리하라

1. 순전하고 신령한 젖을 사모하라 하심 (= 하나님 말씀을 충족히 먹어야)

2절= "갓난 아기들 같이 순전하고 신령한 젖을 사모하라"

2. 모든 악독과 기만 외식 시기 비방하는 말을 버리라 하심 (= 악습을 버려야)

1절= "그러므로 모든 악독과 모든 기만과 외식과 시기와 모든 비방하는 말을 버리고 "

3. 주의 인자하심을 맛본 대로 그리하라 하심 (= 주의 은혜를 베풀어야)

3절= "너희가 주의 인자하심을 맛보았으면 그리하라"

【대지 유형】 주제 적용형 – 본문 분석형 – 대지 심화형
【주제】 성도가 영적으로 건강하려면 하나님 말씀을 충족히 먹고 악한 습성을 버리고 은혜받은 대로 베풀어야 한다.
【FCF】 많은 신앙인이 영적 건강의 비결을 알지 못해 성장하지 못하고 있음.

【서론】 건강한 삶은 우리 모두의 소원이다. 육체·정신·영혼의 건강. 신앙인들에게 가장 중요한 것은 영적 건강. 건강해야 믿음의 생활이 즐겁고 복스럽다. 건강한 신앙인이 되지 않고는 하나님 나라의 일꾼이 될 수 없다,
【우산질문】 우리가 영적으로 건강하려면 어떻게 해야 하나?

【1대지】 갓난 아이= 신생아. 순전(속임 없는 진실한 것), 신령한 젖(세상을 창조한 원동력인 하나님의 말씀). 현대교회는 말씀과 기도가 식어가는 이상기온으로 허덕이고 있다.
【2대지】 건강에 안 좋은 것 중 하나는 나쁜 습관이다. 세속적인 것들로 자신

을 더럽히는 행위들을 조심해야. 롬 13:13. 악습의 옷을 벗어라. 고전 6:9.

【3대지】 우린 주님의 은혜를 받고 있는 존재. 받은 것을 계산해보라. 그리고 이것을 주위 어려운 이웃들, 죄에 허덕이는 불쌍한 자들에게 베풀어라.

【결론】 사람은 떡으로만 살지 않는다. 영적 건강을 위해 말씀을 먹어야. 악습을 버려야. 영적인 좋은 습관들을 가져야. 받은 은혜를 나누어 주어야. 그리고 기도해야.

- 절기, 용도, 장르, 특징:
- Key Word: 영적 건강, 영적 성장.
- Remarks:

본문 : **벧전 2:1~5**
제목 : **신령한 성도로 성장하려면?**

1.그러므로 모든 악독과 모든 기만과 외식과 시기와 모든 비방하는 말을 버리고 2.갓난 아기들 같이 순전하고 신령한 젖을 사모하라 이는 그로 말미암아 너희로 구원에 이르도록 자라게 하려 함이라 3.너희가 주의 인자하심을 맛보았으면 그리하라 4.사람에게는 버린 바가 되었으나 하나님께는 택하심을 입은 보배로운 산 돌이신 예수께 나아가 5.너희도 산 돌 같이 신령한 집으로 세워지고 예수 그리스도로 말미암아 하나님이 기쁘게 받으실 신령한 제사를 드릴 거룩한 제사장이 될지니라

1. 갓난 아기들 같이 신령한 젖을 사모해야 함 (= 신령한 복음의 말씀을 사모함)

2절= "갓난 아기들 같이 순전하고 신령한 젖을 사모하라 이는 그로 말미암아 너희로 구원에 이르도록 자라게 하려 함이라"

2. 산 돌 같이 신령한 집으로 세워져야 함 (= 여러 성도들이 합력하여 교회를 이룸)

4절= "사람에게는 버린 바가 되었으나 하나님께는 택하심을 입은 보배로운 산 돌이신 예수께 나아가"
5절= "너희도 산 돌 같이 신령한 집으로 세워지고…"

3. 신령한 제사를 드리는 제사장이 되어야 함 (= 성도 모두가 예배의 사역을 감당함)

5절= "… 예수 그리스도로 말미암아 하나님이 기쁘게 받으실 신령한 제사를 드릴 거룩한 제사장이 될지니라"

【대지 유형】 주제 적용형 – 본문 분석형 – 대지 진전형
【주제】 신령한 성도로 성장하려면 말씀을 사모하고 다른 성도들과 합력하여 교회를 이루며 예배의 사역에 헌신해야 한다.
【FCF】 많은 신앙인이 다른 성도들과 합력하여 교회를 이루는 일의 중요성과 가치를 간과하고 있음.

【서론】 이 세상의 살아있는 모든 유기체는 자라게 되어 있다. 성장하는 것은 하나님이 창조하신 우주 만물의 법칙이다. 이것은 영적인 면에서도 마찬가

지. 살아 있는 성도는 날마다 성장해야 한다. 성도의 성장= 예수님도 관심 크심. 2절= 구원에 이르도록 자라는 문제 제기. 성도는 예수 그리스도를 목표로 성장해야.

【우산질문】 거듭난 성도가 주님 기뻐하시는 신령한 성도로 성장하려면 어떻게 해야 하나?

【1대지】 성도의 영성이 자라기 위해서는 신령한 복음의 말씀을 사모해야 한다. 갓난 아기에게 중요한 것은= 엄마 젖 빨아 먹는 것. 성도는 규칙적으로 말씀을 먹어야. 갓난 아기는 연약한 존재임= 말씀 아니면 죽는다는 각오가 필요하다.

【2대지】 성도들이 합력하여 교회를 이루는 것은 성도의 성장에 필수적이다. 산 돌= 예수 그리스도, 베드로는 그리스도인들에게도 산 돌이라 함. 돌에는 부활의 이미지. 신령한 집= 성전= 교회. 그러므로 그리스도인들이 구원받은 것은 그리스도의 몸으로 세워지는 것을 위해. 고전 3:16~17; 엡 2:20~22. 우리는 교회론을 분명히 정립할 필요가 있다.

【3대지】 구약시대에 제사장의 사역은 특권. 이제 우리는 하나님께 직접 나아가 예배를 드릴 수 있게 됨. 롬 12:1, "그러므로 형제들아 내가 하나님의 모든 자비하심으로 너희를 권하노니 너희 몸을 하나님이 기뻐하시는 거룩한 산 제물로 드리라 이는 너희가 드릴 영적 예배니라."

【결론】 우리는 질적 양적으로 성장해야 함. 말씀 사모. 지체의 사역에 충성.

- 절기, 용도, 장르, 특징:
- Key Word: 성장.
- Remarks:

본문 : 벧전 2:9~10
제목 : **교회의 신분과 사명 (어두운 데서 기이한 빛으로)**
(Out of Darkness into His Marvellous Light)

9.그러나 너희는 택하신 족속이요 왕 같은 제사장들이요 거룩한 나라요 그의 소유가 된 백성이니 이는 너희를 어두운 데서 불러 내어 그의 기이한 빛에 들어가게 하신 이의 아름다운 덕을 선포하게 하려 하심이라 10.너희가 전에는 백성이 아니더니 이제는 하나님의 백성이요 전에는 긍휼을 얻지 못하였더니 이제는 긍휼을 얻은 자니라

1. 우리는 본래 어두운 곳에 있던 자들임 (= 과거의 신분, 비참한 죄인의 신분)

9절= "그러나 너희는 택하신 족속이요 왕 같은 제사장들이요 거룩한 나라요 그의 소유가 된 백성이니 이는 너희를 어두운 데서 불러 내어…"

2. 하나님의 택하신 족속이요 왕 같은 제사장이 되었음 (= 현재의 신분, 하나님의 거룩한 나라)

9절= "너희는 택하신 족속이요 왕 같은 제사장들이요 거룩한 나라요 그의 소유가 된 백성이니 이는 너희를 어두운 데서 불러 내어 그의 기이한 빛에 들어가게 하신 이의 아름다운 덕을 선포하게 하려 하심이라"

3. 하나님의 아름다운 덕을 선포하게 하심 (= 특권 가진 자의 의무, 전도하는 것)

9절= "… 이는 너희를 어두운 데서 불러 내어 그의 기이한 빛에 들어가게 하신 이의 아름다운 덕을 선포하게 하려 하심이라"

【대지 유형】 주제 설명형 – 본문 분석형 – 대지 진전형
【주제】 교회는 과거 어두운 데서 하나님의 거룩한 백성으로 부름 받았으니 전도의 사명을 완수해야 한다.
【FCF】 많은 교회가 특권 가진 자의 의무에 충실하지 못하고 있음.

【서론】 참 종교는 인격 수정에서 나아가 완전한 변화(인생관, 세계관, 목표, 실생활 태도)를 목표로 한다. 여긴 능력과 생명력 필요하다. 엄청난 변화이다 (비참에서 행복으로, 빈곤에서 부요함으로, 어두움에서 기이한 빛으로). 그리

스도인이 된 것이 바로 이 변화이다. 마귀의 백성에서 하나님 나라의 시민이 된 것. 국민에게 권리와 의무가 있듯이 하나님 나라에도 동일하다. 주님은 우리에게 엄청난 특권을 주셨다. 그 특권을 가진 자인 교회는 마땅히 사명을 감당해야 한다.

【우산질문】 본문이 보여주는 교회의 신분과 사명을 살펴보자.

【1대지】 우리의 본래 위치는 darkness. 거기에 죄와 사탄의 세력. 예수 믿기 전 우리의 신분은 사탄의 노예요 비참한 삶 영위. 인간은 본래 하나님의 형상으로 창조됨. 범죄, 배반, 불순종의 결과로 하나님의 긍휼을 받지 못할 정도가 되었다. 영적인 모든 것에 깜깜. 불행과 비참. 영적 죽음의 늪. 갈수록 어두워지고 있는 삶. 사망과 지옥의 멸망을 향해 가고 있다.

【2대지】 이러한 어두움에서 불러내어 그의 기이한 빛으로 들어가게 하셨다. 택하신 족속으로, 하나님의 소유된 백성으로, 하나님의 거룩한 나라로, 왕 같은 제사장의 지위를 부여하심. 교회에 주신 놀라운 특권. 이것은 새로운 빛(지식, 자유, 기쁨, 소망)으로 들어가는 변화. 본문은 이것을 '기이한 빛'(말할 수 없는 기쁨, 영광 가득)이라고 함. 엄청난 변화이다. 무엇으로? 복음으로. 주님의 소명.

【3대지】 "그의 아름다운 덕을 선포하게 하려 하심이라." 주님의 자비를 노래하는 성도가 되자. 그분의 형상을 본받자. 그분의 모든 권위에 철저히 순종하자. 특권을 받은 교회에 부여하신 사명은 '전도'. 이 특권을 다른 사람에게 나누어 줄 줄 알아야.

【결론】 어두운 데서 기이한 빛으로 옮겨온 우리들! 엄청난 특권을 받은 우리는 전도의 사명에 헌신해야 한다. 이것이 교회의 본질적인 사명이다.

벧전후

- 절기, 용도, 장르, 특징:
- Key Word: 교회의 신분, 교회의 사명.
- Remarks:

본문 : **벧전 2:18~25**
제목 : **나의 구주, 나의 모범 (Become Like Jesus)**

18.사환들아 범사에 두려워함으로 주인들에게 순종하되 선하고 관용하는 자들에게만 아니라 또한 까다로운 자들에게도 그리하라 **19.**부당하게 고난을 받아도 하나님을 생각함으로 슬픔을 참으면 이는 아름다우나 **20.**죄가 있어 매를 맞고 참으면 무슨 칭찬이 있으리요 그러나 선을 행함으로 고난을 받고 참으면 이는 하나님 앞에 아름다우니라 **21.**이를 위하여 너희가 부르심을 받았으니 그리스도도 너희를 위하여 고난을 받으사 너희에게 본을 끼쳐 그 자취를 따라오게 하려 하셨느니라 **22.**그는 죄를 범하지 아니하시고 그 입에 거짓도 없으시며 **23.**욕을 당하시되 맞대어 욕하지 아니하시고 고난을 당하시되 위협하지 아니하시고 오직 공의로 심판하시는 이에게 부탁하시며 **24.**친히 나무에 달려 그 몸으로 우리 죄를 담당하셨으니 이는 우리로 죄에 대하여 죽고 의에 대하여 살게 하심이라 그가 채찍에 맞음으로 너희는 나음을 얻었나니 **25.**너희가 전에는 양과 같이 길을 잃었더니 이제는 너희 영혼의 목자와 감독 되신 이에게 돌아왔느니라

1. 그리스도께서 본을 끼쳐 그 자취를 따라오게 하심 (= 우리의 모범이신 예수님)
21절= "… 그리스도도 너희를 위하여 고난을 받으사 너희에게 본을 끼쳐 그 자취를 따라오게 하려 하셨느니라"

2. 그리스도께서 친히 나무에 달려 그 몸으로 우리 죄를 담당하심 (= 우리의 구주이신 예수님)
24절= "친히 나무에 달려 그 몸으로 우리 죄를 담당하셨으니 이는 우리로 죄에 대하여 죽고 의에 대하여 살게 하심이라"

3. 그리스도는 우리의 구주이신 동시에 모범이 되심 (= 우리의 구주 우리의 모범)
24절= "친히 나무에 달려 그 몸으로 우리 죄를 담당하셨으니…"
21절= "… 그리스도도 너희를 위하여 고난을 받으사 너희에게 본을 끼쳐 그 자취를 따라오게 하려 하셨느니라"

【대지 유형】 주제 설명형 – 본문 수집형 – 대지 혼재형(2+1)
【주제】 예수 그리스도는 우리의 구주이시며 우리의 모범이 되신다.
【FCF】 많은 교회가 둘 중 한쪽에 치우치는 경향이 있음.

【서론】 그리스도인들은 예수 믿는 자= 예수님과 함께 십자가에 못 박힌 자들.

그러므로 훌륭한 그리스도인= 얼마나 예수님처럼 되어 있는가에 따라. 예수님 닮아가는 것= 쉬운 문제가 아니다. 그동안 한쪽에 치우치는 경향이 있어 왔다.

【우산질문】 모범이시요 구주이신 예수님을 닮아가는 면에서의 편향된 모습을 돌아보고 진정으로 주님을 따르는 길이 무엇인지 살펴보자.

【1대지】 19C 말, 20C 초 자유로운 교회들은 예수님이 우리의 모범이심을 강조하여 가르치기 시작했다. 선행의 중요성 강조(가난한 자를 돕고 연약한 자의 편에 섬) – 점점 선행에 의한 구원을 강조해 왔음. 말로는 구주임을 언급하지만, 실제로는 복음의 핵심이 빠짐.

【2대지】 많은 복음주의 교회들은 여기 대해 크게 반발. 더욱더 전통적 가르침에로(구원은 행함의 결과가 아니라 하나님의 선물). 자유주의 교회들의 주장과는 반대편 극단으로. 엡 2:8, 9= 오직 은혜로! 믿음으로!

【3대지】 만일 예수님이 단지 구주이실 뿐이라면 훨씬 어려서 십자가에 못 박혀도 되었을 것. 왜 33세까지? 우리에게 그리스도인이라면 어떤 사람이 되어야 하는지, 하나님이 어떤 그리스도인을 기대하시는지 보여주시기 위해. 예수님은 인자로 계실 때 성령 충만하여 오직 우리가 사용 가능한 그 능력만을 사용하셨음. 그분은 우리의 모범이심= 그리스도인으로서 우리는 반드시 그를 닮아가야 한다. 그러나 먼저 우리는 그분을 구주로 영접해야. 물과 성령으로 거듭나지 않으면! 이것이 전제 조건임. 여기서부터 그분을 닮아가는 일이 시작된다.

【결론】 당신의 목표는 무엇인가? Become like Jesus! 예수님처럼 되자! 그 목표가 설정되었다면 그 푯대를 향하여 달려가야(빌 2:7~14). 그분의 영광의 모습, 겸손한 모습, 온전한 모습!

- 절기, 용도, 장르, 특징:
- Key Word: 모범이신 그리스도, 구주.
- Remarks:

본문 : 벧전 4:7~11
제목 : 성도에게 주시는 세 가지 권면

7.만물의 마지막이 가까이 왔으니 그러므로 너희는 정신을 차리고 근신하여 기도하라 8.무엇보다도 뜨겁게 서로 사랑할지니 사랑은 허다한 죄를 덮느니라 9.서로 대접하기를 원망 없이 하고 10.각각 은사를 받은 대로 하나님의 여러 가지 은혜를 맡은 선한 청지기 같이 서로 봉사하라 11.만일 누가 말하려면 하나님의 말씀을 하는 것 같이 하고 누가 봉사하려면 하나님이 공급하시는 힘으로 하는 것 같이 하라 이는 범사에 예수 그리스도로 말미암아 하나님이 영광을 받으시게 하려 함이니 그에게 영광과 권능이 세세에 무궁하도록 있느니라 아멘

1. "근신하여 기도하라" 하심 (= 기도)

7절= "만물의 마지막이 가까이 왔으니 그러므로 너희는 정신을 차리고 근신하여 기도하라"

2. "뜨겁게 서로 사랑하라" 하심 (= 서로 사랑)

8절= "무엇보다도 뜨겁게 서로 사랑할지니 사랑은 허다한 죄를 덮느니라"

3. "선한 청지기 같이 서로 봉사하라" 하심 (= 서로 봉사)

10절= "각각 은사를 받은 대로 하나님의 여러 가지 은혜를 맡은 선한 청지기 같이 서로 봉사하라"

【대지 유형】주제 적용형 – 본문 분석형 – 대지 병렬형
【주제】주님은 성도에게 기도하고 사랑하고 봉사하라고 권면하신다.
【FCF】많은 성도가 기도와 사랑과 봉사에 인색함.

【서론】벧전과 벧후는 당시 박해받고 고통당하는 그리스도인들에게 위로와 소망을 주기 위해 보낸 편지이다. 본문에 세 가지를 교훈하고 있다.
【우산질문】본문에서 성도에게 주시는 세 가지 권면은 무엇인가?

【1대지】7절에 기도할 이유와 기도의 자세가 잘 설명되어 있다. 왜 기도해야 하는가? 만물의 마지막이 가까웠기 때문에 기도해야 한다. 종말에 대한 확고한 태도가 필요한 때이다. 우린 기도하고 기다려야 한다. 어떻게 기도할까?

정신을 차리고 근신하여야 한다. 고속도로에서 가장 위험한 것이 졸음운전인 것처럼, 신앙생활도 깜빡 정신을 잃으면 안 된다.

【2대지】 사랑이 제일이다(고전 13:13). 열심히 사랑해야 한다. 자신의 모든 능력과 가능성을 총동원하여 최선을 다하는 것. 본문에서 열심히 서로 사랑하라는 것은 내가 할 수 있는 모든 행동과 언어를 총동원하여 사랑을 실천하라는 것. 그리고 서로 사랑해야 한다. 팀웍이 중요하다. 서로 사랑할 때 그곳에 웃음이 있고 기쁨이 있고 평화가 있다.

【3대지】 봉사의 네 가지 원리: ① 은사를 받은 대로 봉사해야(10절), ② 선한 청지기 같이 봉사해야, ③ 서로 봉사해야, ④ 하나님이 공급하시는 힘으로 봉사해야(11절).

【결론】 그리스도인이 힘써 봉사하고 교회가 힘써 봉사하면 하나님이 영광을 받으시게 된다(11절). 기도하고 사랑하고 봉사하자.

- 절기, 용도, 장르, 특징:
- Key Word: 권면, 기도, 사랑, 봉사.
- Remarks:

본문 : **벧전 5:5~10**
제목 : **성도에게 주시는 권면**

5.젊은 자들아 이와 같이 장로들에게 순종하고 다 서로 겸손으로 허리를 동이라 하나님은 교만한 자를 대적하시되 겸손한 자들에게는 은혜를 주시느니라 6.그러므로 하나님의 능하신 손 아래에서 겸손하라 때가 되면 너희를 높이시리라 7.너희 염려를 다 주께 맡기라 이는 그가 너희를 돌보심이라 8.근신하라 깨어라 너희 대적 마귀가 우는 사자 같이 두루 다니며 삼킬 자를 찾나니 9.너희는 믿음을 굳건하게 하여 그를 대적하라 이는 세상에 있는 너희 형제들도 동일한 고난을 당하는 줄을 앎이라 10.모든 은혜의 하나님 곧 그리스도 안에서 너희를 부르사 자기의 영원한 영광에 들어가게 하신 이가 잠깐 고난을 당한 너희를 친히 온전하게 하시며 굳건하게 하시며 강하게 하시며 터를 견고하게 하시리라

1. "겸손하라" 하심 (= 겸손)

5절= "젊은 자들아 이와 같이 장로들에게 순종하고 다 서로 겸손으로 허리를 동이라 하나님은 교만한 자를 대적하시되 겸손한 자들에게는 은혜를 주시느니라"

2. "모든 염려를 주께 맡기라" 하심 (= 염려를 맡김, 주님 전적 의지)

7절= "너희 염려를 다 주께 맡기라 이는 그가 너희를 돌보심이라"

3. "근신하고 깨어 있으라" 하심 (= 믿음의 절제와 인내 필요)

8절= "근신하라 깨어라 너희 대적 마귀가 우는 사자 같이 두루 다니며 삼킬 자를 찾나니"

【대지 유형】 주제 설명형 – 본문 묶음형 – 대지 심화형
【주제】 주님은 성도에게 겸손과 전적 의지, 그리고 깨어 있을 것을 권면하신다.
【FCF】 많은 신앙인이 겸손하지 못하고 염려를 맡기지도 못하고 사탄의 공격에 취약함.

【서론】 처음 은혜받았을 때의 열심은 점점 약해지기 쉽다. "왕년에 나도…"라는 말이 많다. 청년 시절의 믿음을 약화시켜서는 안 된다. 청년의 신앙을 항상 유지해야.
【우산질문】 본문에서 모든 성도들에게 주시는 권면을 살펴보자.

【1대지】 겸손은 하나님의 저울에 자신을 달아보는 것. 모자람을 느낄 수밖에 없다. 겸손은 생명을 일으키는 힘이다. 겸손은 육체를 신뢰하지 않고 죄에 대해 깊이 있는 통찰을 하는 것. 눅 18:14; 마 20:26~27. 어떻게 겸손할 수 있나? 자신을 죽여야. 육신의 소욕을 포기해야.

【2대지】 염려(메리므나)= 어수선하다. 감정과 결심이 나뉘어져서 불안하고 초조한 나머지 어수선한 것. 시 37:5, "너희 길을 여호와께 맡기라. 저를 의지하면 저가 이루시고…" 왜 염려를 맡기지 못하나? 믿음이 적고, 내일 염려까지 하기 때문이고, 기도하지 않기 때문.

【3대지】 이것은 권면이라기보다 경고이다. 대적 마귀가 두루 다닌다. 근신하라= 말과 행동을 조심하라. 경계의 필수 조건은 깨어 있는 것이다.

【결론】 우리의 모든 삶의 영역에서 사탄에게 노출되어 있다. 그래서 더 기도하고 더 겸손하게 살아야. 근신하고 깨어 있어야.

- 절기, 용도, 장르, 특징:
- Key Word: 신앙의 권면, 겸손, 염려.
- Remarks:

본문 : 벧후 1:1~4
제목 : **보배로운 믿음 (The Preciousness of Faith)**

1.예수 그리스도의 종이며 사도인 시몬 베드로는 우리 하나님과 구주 예수 그리스도의 의를 힘입어 동일하게 보배로운 믿음을 우리와 함께 받은 자들에게 편지하노니 2.하나님과 우리 주 예수를 앎으로 은혜와 평강이 너희에게 더욱 많을지어다 3.그의 신기한 능력으로 생명과 경건에 속한 모든 것을 우리에게 주셨으니 이는 자기의 영광과 덕으로써 우리를 부르신 이를 앎으로 말미암음이라 4.이로써 그 보배롭고 지극히 큰 약속을 우리에게 주사 이 약속으로 말미암아 너희가 정욕 때문에 세상에서 썩어질 것을 피하여 신성한 성품에 참여하는 자가 되게 하려 하셨느니라

1. 믿음의 대상은 하나님과 예수 그리스도이심 (= 너무도 고귀하신 분)

2절= "하나님과 우리 주 예수를 앎으로 은혜와 평강이 너희에게 더욱 많을 지어다"

2. 주님은 우리에게 생명과 경건에 속한 모든 것을 주셨음 (= 너무도 고귀한 생명의 말씀)

3절= "그의 신기한 능력으로 생명과 경건에 속한 모든 것을 우리에게 주셨으니…"

3. 주님은 우리로 신의 성품에 참여케 하기 위해 지극히 큰 약속을 주셨음 (= 너무도 고귀한 약속)

4절= "이로써 그 보배롭고 지극히 큰 약속을 우리에게 주사 이 약속으로 말미암아 너희가 정욕 때문에 세상에서 썩어질 것을 피하여 신성한 성품에 참여하는 자가 되게 하려 하셨느니라"

【대지 유형】 주제 설명형 – 본문 분석형 – 대지 병렬형
【주제】 믿음이 보배로운 것은 그 대상과 약속이 너무도 고귀하기 때문이다.
【FCF】 많은 신앙인이 우리 믿음의 대상과 수단과 약속이 얼마나 고귀한 것인가를 잘 알지 못하고 있음.

【서론】 기독교는 믿음의 진리 체계이다. 1절= 보버로운 믿음. 세상 모든 종교가 인간의 의지와 노력에 의해 진리에 도달하려 애쓰는 것과는 달리 하나님은 먼저 구원을 이루시고 사람으로 하여금 이를 단순히 인정하고 신뢰하도록

원하셨다.

【우산질문】 본문에서 "보배로운 믿음"이라고 한 것이 무슨 의미인지 살펴보자.

【1대지】 믿음의 대상이신 그리스도는 영광과 위엄과 권세 면에서 비할 바 없으시다. 그분이 그토록 고귀하시기 때문에 우리의 믿음도 귀한 것이다.

【2대지】 예수님을 증거하는 진리의 말씀 또한 그 귀중함을 측량할 수 없다. 세상의 어떤 책이 성경과 감히 비교될 수 있나? 성경 안에 있는 엄청난 진리의 가치와 무게는 그 무엇으로도 측량할 수 없다.

【3대지】 믿는 자에게 주시는 성경의 위대한 약속들: 칭의(롬 5:1), 가족, 자녀의 권세(요 1:12), 거룩(요 17:17), 영원한 구원(벧전 1:9). 믿음으로 얻는 승리의 삶, 소망의 삶, 부요한 삶. 여기 중요한 점은 믿음 그 자체에 merit가 있는 것이 아니다.

【결론】 당신은 이 고귀한 믿음을 소유하고 있나? 이 믿음으로 인해 위로가 넘치고 있나? 믿음이 성장 안 된 것= 핑계할 수 없다. 불순종의 결과일 뿐. 당신은 과연 그리스도를 믿는 믿음으로 얻는 승리의 삶, 소망의 삶이 얼마나 부요한 삶인가를 아는가?

- 절기, 용도, 장르, 특징:
- Key Word: 믿음.
- Remarks:

본문 : 벧후 1:3~11
제목 : 신의 성품에 참여하는 자

3.그의 신기한 능력으로 생명과 경건에 속한 모든 것을 우리에게 주셨으니 이는 자기의 영광과 덕으로써 우리를 부르신 이를 앎으로 말미암음이라 4.이로써 그 보배롭고 지극히 큰 약속을 우리에게 주사 이 약속으로 말미암아 너희가 정욕 때문에 세상에서 썩어질 것을 피하여 신성한 성품에 참여하는 자가 되게 하려 하셨느니라 5.그러므로 너희가 더욱 힘써 너희 믿음에 덕을, 덕에 지식을, 6.지식에 절제를, 절제에 인내를, 인내에 경건을, 7.경건에 형제 우애를, 형제 우애에 사랑을 더하라 8.이런 것이 너희에게 있어 흡족한즉 너희로 우리 주 예수 그리스도를 알기에 게으르지 않고 열매 없는 자가 되지 않게 하려니와 9.이런 것이 없는 자는 맹인이라 멀리 보지 못하고 그의 옛 죄가 깨끗하게 된 것을 잊었느니라 10.그러므로 형제들아 더욱 힘써 너희 부르심과· 택하심을 굳게 하라 너희가 이것을 행한즉 언제든지 실족하지 아니하리라 11.이같이 하면 우리 주 곧 구주 예수 그리스도의 영원한 나라에 들어감을 넉넉히 너희에게 주시리라

1. 신의 성품은 믿음-덕-지식-절제-인내-경건-형제우애-사랑으로 연결된다.

5~7절= "너희가 더욱 힘써 너희 믿음에 덕을, 덕에 지식을, 지식에 절제를, 절제에 인내를, 인내에 경건을, 경건에 형제 우애를, 형제 우애에 사랑을 더하라"

2. 이 모든 신의 성품들은 사랑과 연결시킬 때 열매를 맺는다.

8절= "이런 것이 너희에게 있어 흡족한즉 너희로 우리 주 예수 그리스도를 알기에 게으르지 않고 열매 없는 자가 되지 않게 하려니와"

【대지 유형】주제 함축형 – 본문 묵상형 – 대지 연결형
【주제】성도는 하나님의 성품을 닮아가는 자이고 그 성품은 사랑과 연결될 때 열매를 맺는다.
【FCF】많은 신앙인이 구체적인 신의 성품들의 고리들에 무지하거나 무관심하다.

【서론】하나님의 위대한 계획= 성도를 불러내어 신의 성품에 참여케 하신다. 타락한 우리, 멸망을 향해 달음질하는 우리를 구원시키시고, 생명과 경건에 속한 모든 것을 주시고(3절), 그 결과 신의 성품에 참여케 하시고, 하나님의 아들들 되게 하신다.

【우산질문】 신의 성품들의 고리에 대해 자세히 살펴보자.

【1대지】 첫째 상자인 믿음: 모든 축복의 근원. 그 안에는 생명과 경건에 속한 모든 것이 있다. 하나님의 모든 약속을 믿고 성령의 능력을 중시하게 될 때 믿음 안에 덕을 더하게 된다. 여기서 아름다운 덕이 창출된다(자제력+간곡한 위로). 덕에 지식= 경험으로부터 오는 지식. 지식에 절제를. 절제에 인내를= 인내하는 힘은 앞의 자원들에서 온다. 인내에 경건을, 경건에 형제우애를, 형제우애에 사랑을= 성도 간의 사랑에서 주위사람들에게로.

【2대지】 사랑과 연결되는 신의 상품들: 믿음= 길잃은 자에게 복음 전파. 아름다운 덕= 어려운 자에게 연민의 정을 가짐. 경험적 지식= 축복에서 제외된 자들에게 동정심. 절제= 타인의 격분에 대해 자비함으로. 인내= 타인을 향한 이해력 있는 사랑을 일으킨다. 경건함=그 초점은 하나님께. 형제우애= 성도의 친교에서 타인 사랑으로.

【결론】 10절, "그러므로 형제들아 더욱 힘써 너희 부르심과 택하심을 굳게 하라" 당신은 신의 성품에 참여하는 자가 되고 있나? 당신은 최후의 상자 속까지 열어 그 보화를 내 것으로 소유하고 있는가?

벤전후

- 절기, 용도, 장르, 특징:
- Key Word: 신의 성품.
- Remarks:

본문 : **벧후 1:16~21**
제목 : **변화산 사건의 교훈 (The Transfiguration of Christ)**

16.우리 주 예수 그리스도의 능력과 강림하심을 너희에게 알게 한 것이 교묘히 만든 이야기를 따른 것이 아니요 우리는 그의 크신 위엄을 친히 본 자라 **17.**지극히 큰 영광 중에서 이러한 소리가 그에게 나기를 이는 내 사랑하는 아들이요 내 기뻐하는 자라 하실 때에 그가 하나님 아버지께 존귀와 영광을 받으셨느니라 **18.**이 소리는 우리가 그와 함께 거룩한 산에 있을 때에 하늘로부터 난 것을 들은 것이라 **19.**또 우리에게는 더 확실한 예언이 있어 어두운 데를 비추는 등불과 같으니 날이 새어 샛별이 너희 마음에 떠오르기까지 너희가 이것을 주의하는 것이 옳으니라 **20.**먼저 알 것은 성경의 모든 예언은 사사로이 풀 것이 아니니 **21.**예언은 언제든지 사람의 뜻으로 낸 것이 아니요 오직 성령의 감동하심을 받은 사람들이 하나님께 받아 말한 것임이라

1. 제자들은 예수님의 크신 위엄을 직접 보았다고 함 (= 예수님이 하나님의 아들이심을 확증)
　16절= "우리 주 예수 그리스도의 능력과 강림하심을 너희에게 알게 한 것이 교묘히 만든 이야기를 따른 것이 아니요 우리는 그의 크신 위엄을 친히 본 자라"

2. 성경 예언은 성령의 감동으로 말한 것임 (= 성경 말씀은 진리임을 확증)
　21절= "예언은 언제든지 사람의 뜻으로 낸 것이 아니요 오직 성령의 감동하심을 받은 사람들이 하나님께 받아 말한 것임이라"

3. 고난받으신 예수께서 존귀와 영광을 받으셨다 함 (= 고난과 영광은 함께 감)
　17절= "지극히 큰 영광 중에서 이러한 소리가 그에게 나기를 이는 내 사랑하는 아들이요 내 기뻐하는 자라 하실 때에 그가 하나님 아버지께 존귀와 영광을 받으셨느니라"

【대지 유형】 주제 설명형 – 본문 수집형, 묵상형 – 대지 연결형
【주제】 변화산의 체험은 제자들에게 예수님과 성경에 대한 믿음을 공고히 하는 계기가 되었다.
【FCF】 많은 교인이 성경의 영감에 대한 믿음을 갖지 못하고 있음.

【서론】 변화산 사건은 예수님의 3년 공생애의 전환점이 됨. 공관복음서에 모

두 기록. 마 11장, 막 9장, 눅 9장. 본문은 베드로의 경험담. 베드로의 관심은 16절에 잘 표현됨. 그는 예수 그리스도의 능력과 재림에 대한 확실성을 강조한다. 이를 위해 그 많은 간증거리 중 선택한 이야기= 변화산 사건. 엄청난 사건이다. 베드로는 수십 년 이후에도 생생히 기억.

【우산질문】 변화산 사건을 통해 우리에게 주시는 하나님의 교훈은?

【1대지】 이것은 공교히 만든 이야기가 아니다. 우리가 직접 목격했다. 소리까지 들었다. 베드로는 이 사건을 통해 주님의 영광을 바라보았다. 무엇하러 오셨는가? 눅 9:11. 모세와 엘리야가 출현, '장차 예수께서 예루살렘에서 별세하실 것'을 말했다. 주님은 약속대로 죄 문제를 해결하기 위해 십자가에 죽으심. 참 메시아임을 보이셨다.

【2대지】 19~21절. 모세의 율법과 엘리야의 예언= 예수 그리스도는 율법과 예언을 성취. 눅 24:27, "이에 모세와 및 모든 선지자의 글로 시작하여…" 성경은 자신의 분명한 체험보다 '더 확실한 예언'이다. 성경 없이 교회의 존재 이유나 사명을 알 수 없다. 성경 없이 예수님의 사역·교훈·십자가의 도의 깊은 맛을 알 수 없다. 성경 없이 하나님의 구속의 역사를 어떻게 이해하나? 우리는 성령의 조명의 빛 아래서 성경에 침잠해야 한다.

【3대지】 주님은 고난의 골짜기를 지나 부활의 영광을 얻으셨다. 주님을 위해 고난받는 자들에게 영광이 주어질 것이다. 세상 이치가 다 그러하다. 변화산의 세 제자는 실제적인 교훈을 얻어야 했다. 야고보는 첫 순교자, 요한은 핍박, 베드로도 고난받고 순교했다. 주님의 왕국이 권능으로 임한다. 우리도 주님처럼 영광에 이르기 전 고난을 감수해야 한다.

【결론】 No Cross No Crown. 오늘 내게도, 우리 교회에도 이 사건이 있어야겠다. 순수하고 역동적인 공동체 회복이 필요하다.

벧전후

- 절기, 용도, 장르, 특징:
- Key Word: 변화산, 체험적 신앙.
- Remarks:

본문 : 요일 1:1~10
제목 : 하나님의 가족에게 주신 특권

1.태초부터 있는 생명의 말씀에 관하여는 우리가 들은 바요 눈으로 본 바요 자세히 보고 우리의 손으로 만진 바라 2.이 생명이 나타내신 바 된지라 이 영원한 생명을 우리가 보았고 증언하여 너희에게 전하노니 이는 아버지와 함께 계시다가 우리에게 나타내신 바 뢴 이시니라 3.우리가 보고 들은 바를 너희에게도 전함은 너희로 우리와 사귐이 있게 하려 함이니 으리의 사귐은 아버지와 그의 아들 예수 그리스도와 더불어 누림이라 4.우리가 이것을 씀은 우리의 기쁨이 충만하게 하려 함이라 5.우리가 그에게서 듣고 너희에게 전하는 소식은 이것이니 곧 하나님은 빛이시라 그에게는 어둠이 조금도 없으시다는 것이니라 6.만일 우리가 하나님과 사귐이 있다 하고 어둠에 행하면 거짓말을 하고 진리를 행하지 아니함이거니와 7.그가 빛 가운데 계신 것 같이 우리도 빛 가운데 행하면 우리가 서로 사귐이 있고 그 아들 예수의 피가 우리를 모든 죄에서 깨끗하게 하실 것이요 8.만일 우리가 죄가 없다고 말하면 스스로 속이고 또 진리가 우리 속에 있지 아니할 것 요 9.만일 우리가 우리 죄를 자백하면 그는 미쁘시고 의로우사 우리 죄를 사하시며 우리를 모든 불의에서 깨끗하게 하실 것이요 10.만일 우리가 범죄하지 아니하였다 하면 하나님을 거짓말하는 이로 만드는 것이니 또한 그의 말씀이 우리 속에 있지 아니하니라

1. 죄 용서함 받음 (= 사죄의 은총을 누리는 특권)
   7절= "… 그 아들 예수의 피가 우리를 모든 죄에서 깨끗하게 하실 것이요"
   9절= "… 우리 죄를 사하시며 우리를 모든 불의에서 깨끗하게 하실 것이요"

2. 하나님과 사귐이 있게 하심 (= 친교의 특권)
   3절= "… 너희로 우리와 사귐이 있게 하려 함이니 우리의 사귐은 아버지와 그의 아들 예수 그리스도와 더불어 누림이라"

3. 기쁨이 충만케 됨 (= 신령한 기쁨을 누리는 특권)
   4절= "우리가 이것을 씀은 우리의 기쁨이 충만하게 하려 함이라"

【대지 유형】 주제 설명형 – 본문 수집형 – 대지 병렬형
【주제】 하나님의 가족에게는 죄 사함과 친교의 은총을 통해 신령한 기쁨을 누리는 특권을 주신다.
【FCF】 그리스도인이라 하면서 특권에 대해, 특히 기쁨을 누리지 못하는 교인들이 많음.

【서론】요한일서는 하나님의 가족에게 주는 편지. 저자인 요한은 100세 가까이 살아 당시 유일한 생존자. 사랑이 넘치는 사도. 동시에 그는 영지주의 이단을 경고한다. 본문에서 우리는 놀라운 특권을 부여받은 자들이다.

【우산질문】성도에게 주시는 특권에는 어떤 것들이 있는가?

【1대지】"사하시며… 깨끗하게 하실 것이요" – 죄 용서뿐 아니라 죄의 더러움에서 벗어난다는 의미. 롬 5:9, "우리가 예수의 피를 인하여 의롭다 하심을 받았다."

【2대지】사귐= 코이노니아 공동체의 삶. 주님과의 교제는 모든 다른 교제의 기초석임. 그리스도 안에서 얻은 새 생명, 성도라면 회복된 교제를 마음껏 누려야 함. 여러분의 사귐의 수준은? 실제로는 하나님 아닌 다른 것과 사귀지 않나?

【3대지】하나님의 가족이면서 기쁨 없이 사는 사람이 많다. 세상의 기쁨은 참다운 기쁨이 아닌 쾌락임. 쾌락은 주로 관능적인 것. 기쁨은 도덕적 영적인 것. 기쁨은 하나님의 속성. 믿는 자에게 주시는 성령의 열매임.

【결론】우리에게 주신 사죄의 은총의 특권, 교제의 특권, 기쁨 충만의 특권. 여러분은 얼마나 누리고 있나?

- 절기, 용도, 장르, 특징:
- Key Word: 하나님의 가족.
- Remarks:

본문 : **요일 2:3~11, 15~17**
제목 : **참 그리스도인이라면 결코**

3.우리가 그의 계명을 지키면 이로써 우리가 그를 아는 줄로 알 것이요 4.그를 아노라 하고 그의 계명을 지키지 아니하는 자는 거짓말하는 자요 진리가 그 속에 있지 아니하되 5.누구든지 그의 말씀을 지키는 자는 하나님의 사랑이 참으로 그 속에서 온전하게 되었나니 이로써 우리가 그의 안에 있는 줄을 아노라 6.그의 안에 산다고 하는 자는 그가 행하시는 대로 자기도 행할지니라 7.사랑하는 자들아 내가 새 계명을 너희에게 쓰는 것이 아니라 너희가 처음부터 가진 옛 계명이니 이 옛 계명은 너희가 들은 바 말씀이거니와 8.다시 내가 너희에게 새 계명을 쓰노니 그에게와 너희에게도 참된 것이라 이는 어둠이 지나가고 참빛이 벌써 비침이니라 9.빛 가운데 있다 하면서 그 형제를 미워하는 자는 지금까지 어둠에 있는 자요 10.그의 형제를 사랑하는 자는 빛 가운데 거하여 자기 속에 거리낌이 없으나 11.그의 형제를 미워하는 자는 어둠에 있고 또 어둠에 행하며 갈 곳을 알지 못하나니 이는 그 어둠이 그의 눈을 멀게 하였음이라 …… 15.이 세상이나 세상에 있는 것들을 사랑하지 말라 누구든지 세상을 사랑하면 아버지의 사랑이 그 안에 있지 아니하니 16.이는 세상에 있는 모든 것이 육신의 정욕과 안목의 정욕과 이생의 자랑이니 다 아버지께로부터 온 것이 아니요 세상으로부터 온 것이라 17.이 세상도, 그 정욕도 지나가되 오직 하나님의 뜻을 행하는 자는 영원히 거하느니라

1. 참 그리스도인이라면 결코 주의 계명을 지키지 아니할 수 없음 (= 계명 순종)

4절= "그를 아노라 하고 그의 계명을 지키지 아니하는 자는 거짓말하는 자요 진리가 그 속에 있지 아니하되"

5절= "누구든지 그의 말씀을 지키는 자는 하나님의 사랑이 참으로 그 속에서 온전하게 되었나니 이로써 우리가 그의 안에 있는 줄을 아노라"

2. 참 그리스도인이라면 결코 형제를 미워할 수 없음 (= 형제 사랑)

9절= "빛 가운데 있다 하면서 그 형제를 미워하는 자는 지금까지 어둠에 있는 자요"

10절= "그의 형제를 사랑하는 자는 빛 가운데 거하여 자기 속에 거리낌이 없으나"

11절= "그의 형제를 미워하는 자는 어둠에 있고 또 어둠에 행하며 갈 곳을 알지 못하나니 이는 그 어둠이 그의 눈을 멀게 하였음이라"

3. 참 그리스도인이라면 결코 이 세상을 사랑할 수 없음 (= 향락, 탐욕, 공명심을 버림)

15절= "이 세상이나 세상에 있는 것들을 사랑하지 말라 누구든지 세상을 사랑하면 아버지의 사랑이 그 안에 있지 아니하니"

【대지 유형】주제 설명형 - 본문 묶음형 - 대지 병렬형
【주제】참 그리스도인인가의 여부는 계명 순종 여부, 형제 사랑 여부, 그리고 세상 사랑 여부로 결정된다.
【FCF】많은 신앙인에게서 흔히 볼 수 있는 계명 불순종, 형제간의 반목.

【서론】이 시대는 진짜와 가짜를 구별하기 어려운 시대이다. 영적 세계도 마찬가지. 빛과 어둠의 문제.
【우산질문】본문이 말하는 참 그리스도인은 어떤 사람인가?

【1대지】요일 3:24; 눅 6:46, "너희는 나를 불러 주여 주여 하면서도 어찌하여 내가 말하는 것을 행하지 아니하느냐" 우리는 주님께 속해 있고, 주님과 연합되어 있음을 성령을 통해 안다. 진실한 종이라면 주의 계명을 결코 고의적으로 거역할 수 없다.
【2대지】그리스도의 빛에 대한 또 하나의 테스트. 예수님은 죄는 미워하시되 죄인은 사랑하셨다. 서로를 정죄하고 미워해서 상대에게 해를 입히려는 마음을 품는 자들은 빛 가운데 행하는 그리스도인이 아니다.
【3대지】'세상'= 세속적인 것. 우리의 세상 사랑은 참으로 대단한 수준이다. 사도의 강조점= "세상에 대해 십자가에 못박혀라." 육신의 정욕= 향락. 안목의 정욕= 탐욕. 이생의 자랑= 공명심. 이것들은 무익하고 사라진다. 진실한 그리스도인은 결코 세상을 사랑할 수 없다.
【결론】나는 진실한 그리스도인인가? 나는 빛 가운데 행하고 있는가?

- 절기, 용도, 장르, 특징:
- Key Word: 참 그리스도인.
- Remarks:

본문 : **요일 2:15~17**

제목 : **세상을 사랑하지 말라는 주님의 경고**

15.이 세상이나 세상에 있는 것들을 사랑하지 말라 누구든지 세상을 사랑하면 아버지의 사랑이 그 안에 있지 아니하니 **16.**이는 세상에 있는 모든 것이 육신의 정욕과 안목의 정욕과 이생의 자랑이니 다 아버지께로부터 온 것이 아니요 세상으로부터 온 것이라 **17.**이 세상도, 그 정욕도 지나가되 오직 하나님의 뜻을 행하는 자는 영원히 거하느니라

1. 육신의 정욕을 사랑하지 말라 하심 (= 탐욕, 본능적 욕망, 안으로부터의 욕망)

15~16절= "이 세상이나 세상에 있는 것들을 사랑하지 말라 누구든지 세상을 사랑하면 아버지의 사랑이 그 안에 있지 아니하니 이는 세상에 있는 모든 것이 육신의 정욕과…"

2. 안목의 정욕을 사랑하지 말라 하심 (= 명예욕, 밖으로부터의 욕망)

16절= "세상에 있는 모든 것이 육신의 정욕과 안목의 정욕과…"

3. 이생의 자랑을 사랑하지 말라 하심 (= 교만, 현세의 헛된 자랑)

16절= "세상에 있는 모든 것이 육신의 정욕과 안목의 정욕과 이생의 자랑이니 다 아버지께로부터 온 것이 아니요 세상으로부터 온 것이라"

【대지 유형】 주제 적용형 – 본문 분석형 – 대지 병렬형

【주제】 세상으로부터 오는 육신의 정욕과 안목의 정욕과 이생의 자랑을 사랑하지 말라.

【FCF】 많은 신앙인이 육신의 정욕과 안목의 정욕과 이생의 자랑에서 헤어나지 못하고 있음.

【서론】 성경은 세상에 대해 어떻게 말하고 있나? 죄로 인해 멸망하는 인류를 사랑하신 하나님은 구원받은 성도들에게 세상을 사랑하지 말라고 하신다. 본문의 세상은 범죄한 세상, 하나님을 대적하는 세상이다. 우리가 이겨야 할 대상: 악, 세상, 사탄이다. 세상 문화는 사탄의 문화로 오염. 유혹의 문화, 편의 위주의 삶, 쾌락과 자기 만족의 삶. "누구든지 세상을 사랑하면 아버지의 사랑이 그 안에 있지 아니하니."

【우산질문】 세상을 사랑하지 말라는 주님의 경고를 좀 더 세분화시켜 생각해 보자.

【1대지】 정욕= 금지된 것에 대한 강한 동경과 욕망을 의미. 육신(몸)의 욕심. 예) 여리고 전투에서의 아간의 행위. 딤후 2:22. 우리의 모든 약점을 하나님께 고백하자(벧전 2:11).

【2대지】 안목의 정욕= 외적인 것을 봄으로 유혹을 일으키는 모든 욕망. 예) 다윗의 경우, 목욕하는 여인의 아름다움에 넘어감(삼하 11:2). 마 19장의 부자 청년의 예.

【3대지】 이생=현세. 생명= 함축적으로는 생계의 수단인 의식주를 의미. 마 4:8의 사탄의 유혹(만일 내게 엎드려 경배하면…). 교만(잠 13:10; 마 23:12).

【결론】 세상에 있는 것을 따르면 순간은 좋아도 곧 영원한 멸망과 저주를 받는다는 사실. 우리는 하나님의 문화를 만들어가는 멋있는 신앙의 성공자가 되자. How overcoming? 계 12:10~11. 하나님의 참 백성들= 이기는 자.

- 절기, 용도, 장르, 특징:
- Key Word: 영적 전쟁, 세상 사랑.
- Remarks:

본문 : **요일 2:28~3:3**
제목 : **정결한 삶을 결심한 성도**

2:28.자녀들아 이제 그의 안에 거하라 이는 주께서 나타내신 바 되면 그가 강림하실 때에 우리로 담대함을 얻어 그 앞에서 부끄럽지 않게 하려 함이라 29.너희가 그가 의로우신 줄을 알면 의를 행하는 자마다 그에게서 난 줄을 알리라 3:1.보라 아버지께서 어떠한 사랑을 우리에게 베푸사 하나님의 자녀라 일컬음을 받게 하셨는가, 우리가 그러하도다 그러므로 세상이 우리를 알지 못함은 그를 알지 못함이라 2.사랑하는 자들아 우리가 지금은 하나님의 자녀라 장래에 어떻게 될지는 아직 나타나지 아니하였으나 그가 나타나시면 우리가 그와 같을 줄을 아는 것은 그의 참모습 그대로 볼 것이기 때문이니 3.주를 향하여 이 소망을 가진 자마다 그의 깨끗하심과 같이 자기를 깨끗하게 하느니라

1. 주님 재림 시 주님 앞에서 부끄럽지 않아야 하기 때문에 (= 그리스도의 심판대에서의 당당함)

28절= "자녀들아 이제 그의 안에 거하라 이는 즈께서 나타내신 바 되면 그가 강림하실 때에 우리로 담대함을 얻어 그 앞에서 부끄럽지 않게 하려 함이라"

2. 하나님의 자녀라 일컬음 받게 하신 사랑에 감사했기 때문에 (= 자녀 됨의 감격)

1절= "보라 아버지께서 어떠한 사랑을 우리에게 베푸사 하나님의 자녀라 일컬음을 받게 하셨는가, 우리가 그러하도다…"

3. 주님의 참모습 그대로 볼 것이기 때문에 (= 재림주 만날 소망)

2절= "…장래에 어떻게 될지는 아직 나타나지 아니하였으나 그가 나타나시면 우리가 그와 같을 줄을 아는 것은 그의 참도습 그대로 볼 것이기 때문이니"

【대지 유형】 이유 제시형 - 본문 수집형 - 대지 병렬형
【주제】 요한이 정결한 삶을 결심한 것은 주님 재림 때에 부끄러움 없이 주님을 직접 만날 소망을 가졌고, 자녀 됨의 감격으로 감사했기 때문이다.
【FCF】 많은 신앙인이 주님 재림 시 주님을 직접 만나는 엄위함에 대해 무지 또는 무신경하다.

【서론】 3절, "주를 향하여 이 소망을 가진 자마다 그의 깨끗하심과 같이 자기를 깨끗하게 하느니라." 요한의 강조점= 주님과의 사귐, 주님의 계명 지키기. 이 모든 것은 재림 신앙으로부터 연유된 것. 자기를 깨끗하게 하고자 하는 열망은 이처럼 주님 다시 만날 소망에서 비롯된다.

【우산질문】 사도가 정결한 삶을 결심한 이유는 무엇인가?

【1대지】 예수 재림보다 더 확실한 것은 없다. 예수님 자신의 약속, 천사들의 약속, 사도들의 기록. 주의 재림은 순식간에 홀연히 되어질 것. 요한은 주님 안에 거하여 부끄러움을 당하지 않기로 결심.

【2대지】 본 절의 강조점: 하나님의 사랑과 죄인들을 자녀로 삼아주심. 바울은 이것에 대하여 감사한 마음이 가득했다.

【3대지】 주님이 재림하면 우리도 주님처럼 될 것. 요한은 주님 뵙기를 그리도 소원했다. 이 소망이 그를 정결한 삶을 살도록 지키는 원동력이 되었다.

【결론】 여러분은 주님 재림의 소망을 확실히 붙잡고 있는가? 거룩한 삶을 살게 되기를 열망하고 있나? 지금은 주님의 재림을 준비할 때이다.

요
1
2
3

- 절기, 용도, 장르, 특징:
- Key Word: 재림, 정결한 삶.
- Remarks:

본문 : **요일 3:1~3**
제목 : **주를 향한 소망 (The Hope in the Lord)**

1.보라 아버지께서 어떠한 사랑을 우리에게 베푸사 하나님의 자녀라 일컬음을 받게 하셨는가, 우리가 그러하도다 그러므로 세상이 우리를 알지 못함은 그를 알지 못함이라 **2.**사랑하는 자들아 우리가 지금은 하나님의 자녀라 장래에 어떻게 될지는 아직 나타나지 아니하였으나 그가 나타나시면 우리가 그와 같을 줄을 아는 것은 그의 참모습 그대로 볼 것이기 때문이니 **3.**주를 향하여 이 소망을 가진 자마다 그의 깨끗하심과 같이 자기를 깨끗하게 하느니라

1. 하나님의 사랑으로 자녀로 부름 받았음을 확신함 (= 소망의 출발점, 하나님의 자녀 됨)

1절= "보라 아버지께서 어떠한 사랑을 우리에게 베푸사 하나님의 자녀라 일컬음을 받게 하셨는가, 우리가 그러하도다"

2. 주님이 나타나시면 자녀들은 주님처럼 될 것을 안다고 함 (= 소망의 성취, 부활체와 변화체)

2절= "우리가 지금은 하나님의 자녀라 장래에 어떻게 될지는 아직 나타나지 아니하였으나 그가 나타나시면 우리가 그와 같을 줄을 아는 것은 그의 참모습 그대로 볼 것이기 때문이니"

3. 자녀에게 주신 소망으로 자기를 깨끗하게 한다고 함 (= 소망의 에너지, 성결한 삶)

3절= "주를 향하여 이 소망을 가진 자마다 그의 깨끗하심과 같이 자기를 깨끗하게 하느니라"

【대지 유형】 주제 설명형 – 본문 분석형 – 대지 진전형
【주제】 하나님의 자녀로 부름 받은 우리는 장차 주님처럼 변화될 것을 확신하여 이 소망으로 성결한 삶에 힘쓰게 된다.
【FCF】 많은 신앙인이 소망이 부족하여 영적 싸움에 약한 모습을 보이고 있음.

【서론】 하나님은 창조주, 구원자, 섭리자, 그리고 영원하신 분···. 그중 우리와의 관계에서 가장 적합한 명칭은 '아버지'이다. 어떤 면에서? 그의 은혜, 사

랑, 보호, 자비 면에서. 우리가 하나님의 자녀 된 것은 '아버지의 사랑' 때문이다.

【우산질문】 본문을 통해 주님 안에 있는 소망에 대해 좀 더 자세히 살펴보자.

【1대지】 보라! '어떠한 사랑을'= 그 사랑이 경탄할 만하다. '일컬음을 받게 하셨는고'= 하나님은 자신의 입으로 우리를 자녀라 선언하셨다. 이 놀라운 하나님의 사랑. 그러므로 세상은 우리를 모른다. 세상은 우릴 이해 못 해.

【2대지】 지금은 제한적으로 안다. 장래 일은 아직 나타나지 않았다. 주님의 영광, 신성, 능력, 부요…. 그가 육체를 입으심으로 세상은 그의 진면목을 알지 못했다. "그가 나타내심이 되면!"= 가슴 떨리는 말이다. "우리가 그와 같을 줄을 안다"= 주님의 몸과 같이, 영혼과 같이, 주님의 영광과 위엄을 받는다.

【3대지】 이 소망만으로도 충분하다. 아직 감춰진 것에 대한 소망, 장차 우리가 누릴 것에 대한 소망, 그 황홀한 광경에 대한 소망. 이 소망으로 장차 받을 우리의 모습을 우리 내부에서 현재 이루어지게 하자.

【결론】 그가 나타내심이 되면 우리는 그와 같이 된다!

- 절기, 용도, 장르, 특징:
- Key Word: 소망.
- Remarks:

요
1
·
2
·
3

본문 : **요일 3:1~10**

제목 : **그리스도인의 긍정적인 자아상 (The Noble Children of God)**

1.보라 아버지께서 어떠한 사랑을 우리에게 베푸사 하나님의 자녀라 일컬음을 받게 하셨는가, 우리가 그러하도다 그러므로 세상이 우리를 알지 못함은 그를 알지 못함이라 **2.**사랑하는 자들아 우리가 지금은 하나님의 자녀라 장래에 어떻게 될지는 아직 나타나지 아니하였으나 그가 나타나시면 우리가 그와 같을 줄을 아는 것은 그의 참모습 그대로 볼 것이기 때문이니 **3.**주를 향하여 이 소망을 가진 자마다 그의 깨끗하심과 같이 자기를 깨끗하게 하느니라 **4.**죄를 짓는 자마다 불법을 행하나니 죄는 불법이라 **5.**그가 우리 죄를 없애려고 나타나신 것을 너희가 아나니 그에게는 죄가 없느니라 **6.**그 안에 거하는 자마다 범죄하지 아니하나니 범죄하는 자마다 그를 보지도 못하였고 그를 알지도 못하였느니라 **7.**자녀들아 아무도 너희를 미혹하지 못하게 하라 의를 행하는 자는 그의 의로우심과 같이 의롭고 **8.**죄를 짓는 자는 마귀에게 속하나니 마귀는 처음부터 범죄함이라 하나님의 아들이 나타나신 것은 마귀의 일을 멸하려 하심이라 **9.**하나님께로부터 난 자마다 죄를 짓지 아니하나니 이는 하나님의 씨가 그의 속에 거함이요 그도 범죄하지 못하는 것은 하나님께로부터 났음이라 **10.**이러므로 하나님의 자녀들과 마귀의 자녀들이 드러나나니 무릇 의를 행하지 아니하는 자나 또는 그 형제를 사랑하지 아니하는 자는 하나님께 속하지 아니하니라

1. 자신이 하나님의 자녀라는 믿음을 가짐 (= 하나님의 자녀라는 인식으로부터)

1절= "보라 아버지께서 어떠한 사랑을 우리에게 베푸사 하나님의 자녀라 일컬음을 받게 하셨는가, 우리가 그러하도다"

2. 하나님의 사랑을 받고 있다는 믿음을 가짐 (= 하나님 사랑의 대상이라는 인식으로부터)

1절= "보라 아버지께서 어떠한 사랑을 우리에게 베푸사 하나님의 자녀라 일컬음을 받게 하셨는가"

3. 재림 시 주님같이 될 것이라는 소망을 가짐 (= 위대한 부활의 소망을 가진 자라는 인식으로부터)

2~3절= "… 우리가 지금은 하나님의 자녀라 장래에 어떻게 될지는 아직 나타나지 아니하였으나 그가 나타나시면 우리가 그와 같을 줄을 아는 것은 그의 참모습 그대로 볼 것이기 때문이니 주를 향하여 이 소망을 가진 자마다 그의 깨끗하심과 같이 자기를 깨끗하게 하느니라"

4. 예수께서 오신 것은 마귀의 일을 멸하려 하심이라는 믿음을 가짐 (= 승리의 복음을 확신함으로부터)

8절= "죄를 짓는 자는 마귀에게 속하나니 마귀는 처음부터 범죄함이라 하나님의 아들이 나타나신 것은 마귀의 일을 멸하려 하심이라"

【대지 유형】주제 설명형 – 본문 분석형 – 대지 심화형
【주제】그리스도인이 갖게 되는 긍정적인 자아상은 자신이 하나님의 자녀요 사랑의 대상이며 재림 시 부활할 것이라는 소망으로부터 온다.
【FCF】많은 신앙인이 그리스도인이 가져야 할 긍정적인 자아상을 갖지 못하고 있음.

【서론】우리 삶의 모습은 마음의 생각과 사고방식이 만들어 낸다. 부정적 안경을 쓰면 세상이 온통 부정적으로 보인다. 세상을 보는 내면의 안경은 자신의 자아상으로부터 얻어진다. 우린 거룩한 피조물. 하나님의 형상을 가진 자. 하나님은 우리가 긍정적인 자아상을 갖기를 원하신다. 그리스도인의 자존심을 가지고 당당하게 살아가기를 원하신다. 본문 1절은 묵상하기도 전에 말씀 자체에서 감동을 받는다. 요한은 요한일서 전체에서 우리의 자아상을 긍정적으로 묘사한다.
【우산질문】본문을 통하여 그리스도인이 갖는 긍정적인 자아상은 어디로부터 오는 것인가를 살펴보자.

【1대지】"보라!"는 세상 사람이 아니라 예수 믿는 우리를 향해 하신 말씀이다. 세상은 십자가에 달린 예수만을 보았지만 성도는 믿음의 눈으로 부활하신 그리스도의 영광을 본다. 하나님의 영광을 보는 자들이다. 우리에게 변치 않는 자랑거리= 하나님이 우리 아버지라는 사실.
【2대지】'어떠한 사랑'= 포타포스= 말로 표현할 수 없는 일에 대해 놀라움과 경탄을 표현할 때 쓰임. 온 우주의 주인이신 주님으로부터 사랑을 받는다는 인식. 우리 구원을 위해 독생자를 보내신 하나님 사랑. 십자가에서 나타나신 엄청난 하나님의 사랑. 그 사랑을 받고 있다!
【3대지】예수님의 다시 오심과 부활체 변화체의 약속. 이 얼마나 우리를 흥분케 하는 소망인가! 우리의 모습은 부활하신 그리스도처럼 될 것.
【4대지】거듭난 자는 그 속에 죄의 씨가 제거되고 하나님의 씨가 생성된다. 9절의 놀라운 원리. 우린 계속 승리할 수 있다. 우린 죄에 대해 이길 수 있다.
【결론】하나님의 아들이 오셔서 죄인을 구원하시고 마귀의 일을 멸하셨다. 성도는 하나님의 자녀로서 하나님께 존귀한 자로 여김 받는다. 우리 모두 거룩한 자로서의 자존심을 갖자. 거룩한 꿈을 꾸자.

- 절기, 용도, 장르, 특징:
- Key Word: 긍정적 자아상, 하나님의 자녀, 하나님의 사랑.
- Remarks:

본문 : **요일 3:13~16**
제목 : **사랑과 생명**

13.형제들아 세상이 너희를 미워하여도 이상히 여기지 말라 14.우리는 형제를 사랑함으로 사망에서 옮겨 생명으로 들어간 줄을 알거니와 사랑하지 아니하는 자는 사망에 머물러 있느니라 15.그 형제를 미워하는 자마다 살인하는 자니 살인하는 자마다 영생이 그 속에 거하지 아니하는 것을 너희가 아는 바라 16.그가 우리를 위하여 목숨을 버리셨으니 우리가 이로써 사랑을 알고 우리도 형제들을 위하여 목숨을 버리는 것이 마땅하니라

1. 우리는 본래 사망에 머물러 있던 자들이었음 (= 모든 영혼은 죄로 인해 죽어 있었음)

14절= "우리는 형제를 사랑함으로 사망에서 옮겨 생명으로 들어간 줄을 알거니와 사랑하지 아니하는 자는 사망에 머물러 있느니라"

2. 사망에서 생명으로 옮겨 온 자들은 형제를 사랑하게 됨 (= 형제 사랑하는 자는 생명 있는 자임)

14절= "우리는 형제를 사랑함으로 사망에서 옮겨 생명으로 들어간 줄을 알거니와…"

3. 형제들을 위해 목숨을 버리는 것이 마땅하다 함 (= 그리스도의 사랑으로 이웃을 사랑해야 함)

16절= "그가 우리를 위하여 목숨을 버리셨으니 우리가 이로써 사랑을 알고 우리도 형제들을 위하여 목숨을 버리는 것이 마땅하니라"

【대지 유형】주제 설명형 – 본문 분석형 – 대지 진전형
【주제】죄로 인해 죽은 자들이 생명으로 옮겨와 형제를 사랑하게 되는 것이 주님의 뜻이다.
【FCF】많은 신앙인이 생명으로 형제를 사랑하는 수준을 이해하지 못하고 있음.

【서론】요한일서 1장에서 '생명'으로 시작, 본문에서 사랑과 생명을 연결시키고 있다. 14절 중심. '알거니와'= 경험하다. 깊은 뜻.
【우산질문】사랑과 생명의 관계를 깊이 살펴보자.

【1대지】 우리 모두는 죽어 있었다는 사실을 알아야 한다. 복음에 대해 무지했고, 의로움에 대한 갈망 없음, 회개할 힘 없음. 그중 얼마 안 되는 사람들 중 우리는 진지한 변화를 받았다는 것을 안다.

【2대지】 여기 우리= 형제를 사랑하는 자. 변화= 사망에서 생명에로의 변화. 진지한 변화.

【3대지】 변화 받은 자의 할 일. 형제애는 내 속에 생명이 있다는 증거. 그리스도께서 우리를 사랑하신 것처럼, 우리도 목숨을 걸고 형제를 사랑하라는 부름을 받는다.

【결론】 우린 모두 이 사랑을 발견한 자들. 이 사랑을 과시하자. 그래서 생명을 입증하자. 사랑은 생명을 입증하는 수단임.

- 절기, 용도, 장르, 특징:
- Key Word: 사랑과 생명.
- Remarks:

본문 : 요일 4:1~6
제목 : 하나님께 속한 자와 세상에 속한 자

1.사랑하는 자들아 영을 다 믿지 말고 오직 영들이 하나님께 속하였나 분별하라 많은 거짓 선지자가 세상에 나왔음이라 2.이로써 너희가 하나님의 영을 알지니 곧 예수 그리스도께서 육체로 오신 것을 시인하는 영마다 하나님께 속한 것이요 3.예수를 시인하지 아니하는 영마다 하나님께 속한 것이 아니니 이것이 곧 적그리스도의 영이니라 오리라 한 말을 너희가 들었거니와 지금 벌써 세상에 있느니라 4.자녀들아 너희는 하나님께 속하였고 또 그들을 이기었나니 이는 너희 안에 계신 이가 세상에 있는 자보다 크심이라 5.그들은 세상에 속한 고로 세상에 속한 말을 하매 세상이 그들의 말을 듣느니라 6.우리는 하나님께 속하였으니 하나님을 아는 자는 우리의 말을 듣고 하나님께 속하지 아니한 자는 우리의 말을 듣지 아니하나니 진리의 영과 미혹의 영을 이로써 아느니라

1. 예수님을 시인하지 않는 영은 세상에 속한 자임 (= 세상에 속한 자)

3절= "예수를 시인하지 아니하는 영마다 하나님께 속한 것이 아니니 이것이 곧 적그리스도의 영이니라 오리라 한 말을 너희가 들었거니와 지금 벌써 세상에 있느니라"

2. 예수님을 영접하는 자는 하나님께 속한 자임 (= 하나님께 속한 자)

4절= "자녀들아 너희는 하나님께 속하였고 또 그들을 이기었나니 이는 너희 안에 계신 이가 세상에 있는 자보다 크심이라"

3. 영들이 하나님께 속하였나 분별하라 하심 (= 소속을 분명히 해야 함)

1절= "사랑하는 자들아 영을 다 믿지 말고 오직 영들이 하나님께 속하였나 분별하라 많은 거짓 선지자가 세상에 나왔음이라"

【대지 유형】 주제 설명형 – 본문 분석형 – 대지 혼재형
【주제】 우리는 세상에 속한 자가 아니라 하나님께 속한 자임을 선언해야 한다.
【FCF】 많은 신앙인이 소속을 분명히 하지 않고 있음.

【서론】 우리 모두는 어딘가에 소속하게 되어 있다. 성경의 영적 존재: 하나님, 천사, 사람. 천사는 본래 선하게 창조됨. 인간보다 먼저 창조됨(욥 38:7). 지·정·의를 가진 인격적 존재. 천사 중 최고의 위치에 있던 루시엘의 반란. 사탄이 됨. 많은 추종자를 거느림. 세상을 지배하는 세력이 됨.

【우산질문】 본문을 통해 하나님께 속한 자와 세상에 속한 자에 대해 살펴보자.

【1대지】 세상에 속한 영은 예수 그리스도를 인정하지 않음. 적그리스도의 영. 하나님에 대해 적대적. 하나님의 계획을 방해. 불신자에 대해 진리를 못 받게 막는다. 거짓 것(종교, 세상 풍속)으로 유혹한다. 그리스도인에 대하여는 싸움·참소·의심·죄로 유혹·핍박·교회 침투 등. 모든 인류를 자기 휘하에 소속시켰다. 어두움 속에 가두었다. 5절= "그들은 세상에 속한 고로 세상에 속한 말을 하매 세상이 그들의 말을 듣느니라."

【2대지】 요일 3:8, "하나님의 아들이 나타난 것은 마귀의 일을 멸하려 하심이라." 주님은 빛으로, 강력한 하나님의 능력으로 오심. 사탄 왕국에 일대 혼란이 일어남. 귀신이 쫓겨나기 시작. 하나님 나라가 사탄 왕국을 침입. 우리를 하나님의 자녀로 삼으셨다. 소속이 변경됨. 우린 사탄의 세력과 싸우는 자들. 귀신들과 투쟁하는 자들. 4~6절= 소속에 대해 분명한 교훈을 준다.

【3대지】 영을 분별할 줄 알아야. 그리고 자신의 소속을 분명히 해야. 하나님께 속했느냐 세상에 속했느냐 둘 중 하나이다. 우리의 믿음을 공개해야. 소속을 밝힐 때부터 우리는 세상과 원수가 된다. 사탄의 세력들에 대해 선전 포고. 성령께서 우리와 함께하신다.

【결론】 소속을 분명히 하자. '나는 주님 편입니다.' 주님 오셔서 자기 편을 불러 모으신다.

- 절기, 용도, 장르, 특징:
- Key Word: 소속.
- Remarks:

본문 : **요일 4:7~13**
제목 : **하나님의 사랑**

7.사랑하는 자들아 우리가 서로 사랑하자 사랑은 하나님께 속한 것이니 사랑하는 자마다 하나님으로부터 나서 하나님을 알고 8.사랑하지 아니하는 자는 하나님을 알지 못하나니 이는 하나님은 사랑이심이라 9.하나님의 사랑이 우리에게 이렇게 나타난 바 되었으니 하나님이 자기의 독생자를 세상에 보내심은 그로 말미암아 우리를 살리려 하심이라 10.사랑은 여기 있으니 우리가 하나님을 사랑한 것이 아니요 하나님이 우리를 사랑하사 우리 죄를 속하기 위하여 화목 제물로 그 아들을 보내셨음이라 11.사랑하는 자들아 하나님이 이같이 우리를 사랑하셨은즉 우리도 서로 사랑하는 것이 마땅하도다 12.어느 때나 하나님을 본 사람이 없으되 만일 우리가 서로 사랑하면 하나님이 우리 안에 거하시고 그의 사랑이 우리 안에 온전히 이루어지느니라 13.그의 성령을 우리에게 주시므로 우리가 그 안에 거하고 그가 우리 안에 거하시는 줄을 아느니라

1. "하나님은 사랑이심이라" 함 (= 아가페 사랑)

7~8절= "…사랑은 하나님께 속한 것이니 사랑하는 자마다 하나님으로부터 나서 하나님을 알고 사랑하지 아니하는 자는 하나님을 알지 못하나니 이는 하나님은 사랑이심이라"

2. 하나님의 사랑은 독생자를 화목 제물로 보내신 사랑임 (= 십자가 사랑)

10절= "사랑은 여기 있으니 우리가 하나님을 사랑한 것이 아니요 하나님이 우리를 사랑하사 우리 죄를 속하기 위하여 화목 제물로 그 아들을 보내셨음이라"

3. 하나님의 사랑은 우리를 서로 사랑하게 함 (= 코이노니아 사랑)

11절= "사랑하는 자들아 하나님이 이같이 우리를 사랑하셨은즉 우리도 서로 사랑하는 것이 마땅하도다"

【**대지 유형**】주제 설명형 - 본문 묶음형 - 대지 심화형
【**주제**】십자가에서 나타난 하나님의 아가페 사랑을 받은 자는 서로 사랑함이 마땅하다.
【**FCF**】많은 신앙인과 교회에 하나님의 사랑에 대한 깊은 인식과 감사가 턱없이 부족함.

【서론】 인류 역사는 하나님의 사랑을 떠나 방황하는 역사, 하나님이 사랑을 가지고 찾아오시는 역사, 그리고 마침내 하나님이 사랑의 왕국을 완성하게 될 것. 오늘의 세계는 이기심이 난무하는 사랑 없는 세계. 율법사의 질문에 답하시는 예수님, "어느 계명이 크니이니이까?", 마 22:36~40.

【우산질문】 본문에서 하나님의 사랑은 어떻게 나타나고 있는가?

【1대지】 에로스-필레오-아가페 사랑. 하나님이 우리를 사랑하심은 우리의 본성, 가치 때문이 아니라 하나님 본성이 아가페이기 때문.

【2대지】 하나님은 관심에 그치지 않고 직접 행하심. 독생자를 희생하심. 십자가. 무조건적 사랑, 희생적 사랑. 하나님의 도우심 없이는 다른 사랑들은 결국 변질된다.

【3대지】 이 사랑이 우리를 예수님으로 가득 채운다. 성도는 십자가 사랑을 담는 그릇. 그런 다음 우리는 서로 사랑해야 한다. 하나님은 서로 사랑하는 사람에게 성령을 주신다.

【결론】 사랑은 그리스도로 충만한 것. 사랑이란 모든 일에 그리스도를 나타내는 것. 먼저 그리스도로 가득 채우자. 그리고 서로 사랑하기 시작하자.

- 절기, 용도, 장르, 특징:
- Key Word: 사랑.
- Remarks:

본문 : **요삼 1:1~4**
제목 : **진정한 강건**

1.장로인 나는 사랑하는 가이오 곧 내가 참으로 사랑하는 자에게 편지하노라 2.사랑하는 자여 네 영혼이 잘됨 같이 네가 범사에 잘되고 강건하기를 내가 간구하노라 3.형제들이 와서 네게 있는 진리를 증언하되 네가 진리 안에서 행한다 하니 내가 심히 기뻐하노라 4.내가 내 자녀들이 진리 안에서 행한다 함을 듣는 것보다 더 기쁜 일이 없도다

1. 가이오의 '영혼의 잘됨'은 그의 '범사 형통'과 '강건'의 전제조건이 됨 (= 영적 강건이 외부적 번영의 표준이 됨)

　　2절= "사랑하는 자여 네 영혼이 잘됨 같이 네가 범사에 잘되고 강건하기를 내가 간구하노라"

2. 성경은 영혼이 잘못된 상태에 대해 분명한 기준을 제공함 (= 영적 초상화 점검 필요)

3. 성경은 영혼이 병들게 되는 이유를 분명히 밝혀줌 (= 죄는 하나님과의 통로를 막는 장애물)

【대지 유형】 주제 설명형 – 본문 묵상형 – 대지 심화형
【주제】 영혼을 병들게 하는 것들을 제거하고 영적 강건을 회복하면 외부적 번영을 주신다.
【FCF】 많은 신앙인이 자신의 병든 영혼에 대해 인지하지 못함.

【서론】 본문에서 "범사에"는 "네가 잘되고(번영) 강건하기를(건강)"에 동시에 걸린다. "내가 간구하노라" – 본문은 기도임. 거룩한 소원. 사도는 가이오가 번영하기를 기도했다.
【우산질문】 본문에 묘사된 영혼의 잘됨과 그렇지 못한 경우를 묵상해보자.

【1대지】 "네 영혼이 잘됨 같이" – 사도가 보기에 가이오의 영혼은 잘되고 있었다. 가이오의 영적 강건은 그의 외부적 번영의 표준이 되었다. 우리는 주위

사람들을 위해 사도 요한처럼 기도해야 한다. 흔히 영혼 – 사업 – 건강의 순으로 생각 없이 말하는 것은 본문의 의도가 아니다.

【2대지】 하나님의 기준= 성경의 기준: ① 내적 평안 없음. 작은 문제에도 항상 초조. 빛과 어두움의 싸움, 선한 양심과 악한 생각의 다툼이 끊임없이 진행된다. ② 영적인 일에 미온적임. 어떤 일에도 미온적인 것은 좋지 못하다. 특히 신앙적인 면. 그 결과 위선자의 생활로 빠진다. ③ 인색한 마음. 마음이 좁고 편협하다. 관용 부족. 남의 결점을 잘 파악하는 자가 된다. ④ 신령한 양식을 사모하는 마음이 없음. ⑤ 영혼의 호흡기관이 고장남. ⑥ 구령의 열정이 없음 등. 여러분 영혼의 초상화는 어느 쪽인가?

【3대지】 왜 허약해지는가? 성경에 그 답이 있다. 생명력 넘치는 영혼은= 하나님과 친밀히 교제하는 영혼. 그런데 죄가 이 통로를 막고 숨막히게 한다. 시 66:18. 내게 있는 죄들은 어떤 것인가. 구체적으로 점검해 보라: 분노, 증오, 시기, 교만, 부정직, 인격 훼손, 비방, 경건치 못한 습관들…. 이런 것들을 정직하게 죄라고 인정하자. 십자가 앞으로. 고백. 신령한 양식 사모.

【결론】 영혼이 잘 되어 있는 자에게 이 모든 문제는 쉽게 풀어진다.

- 절기, 용도, 장르, 특징:
- Key Word: 영적 강건.
- Remarks:

본문 : **계 1:1~3**

제목 : **계시록의 6대 특성 (The Importance of the Revelation)**

1.예수 그리스도의 계시라 이는 하나님이 그에게 주사 반드시 속히 일어날 일들을 그 종들에게 보이시려고 그의 천사를 그 종 요한에게 보내어 알게 하신 것이라 2.요한은 하나님의 말씀과 예수 그리스도의 증거 곧 자기가 본 것을 다 증언하였느니라 3.이 예언의 말씀을 읽는 자와 듣는 자와 그 가운데에 기록한 것을 지키는 자는 복이 있나니 때가 가까움이라

1. 계시록은 복을 주는 예언의 말씀임 (= 복을 주는 예언서)

3절= "이 예언의 말씀을 읽는 자와 듣는 자와 그 가운데에 기록한 것을 지키는 자는 복이 있나니 때가 가까움이라"

2. 계시록은 종말에 될 일을 기록한 예언서임 (= 종말 예언서)

1:19= "그러므로 네 본 것과 이제 있는 일과 장차 될 일을 기록하라"

3. 계시록은 종말 성도가 먹어버려야 할 작은 책임 (= 종말 성도의 필독서)

10:9= "내가 천사에게 나아가 작은 책을 달라 한즉 천사가 가로되 갖다 먹어버리라 네 배에는 쓰나 네 입에는 꿀 같이 달리라 하거늘"

4. 계시록은 전 세계에 전할 영원한 복음임 (= 영원한 복음서)

14:6= "또 보니 다른 천사가 공중에 날아가는데 땅에 거하는 자들 곧 여러 나라와 족속과 방언과 백성에게 전할 영원한 복음을 가졌더라"

5. 계시록은 인봉하지 말아야 할 책임 (= 열려 있는 책)

22:10= "또 내게 말하되 이 책의 예언의 말씀을 인봉하지 말라 때가 가까우니라"

6. 계시록은 절대로 더하거나 빼서는 안 되는 말씀임 (= 가감 불가의 책)

22:18~19= "내가 이 책의 예언의 말씀을 듣는 각인에게 증거하노니 만일 누구든지 이것들 외에 더하면 하나님이 이 책에 기록된 재앙들을 그에게 더하실 터이요 만일 누구든지 이 책의 예언의 말씀에서 제하여 버리면 하나님이 이 책에 기록된 생명 나무와 및 거룩한 성에 참예함을 제하여 버리시리라"

【대지 유형】 주제 설명형 – 본문 수집형 – 대지 병렬형

【주제】 계시록은 종말 성도에게 주시는 가장 중요하고 적절한 말씀이다.

【FCF】 많은 신앙인과 목회자가 계시록의 중요성을 모르고 있음.

【서론】 요한계시록은 성경 66권 중 맨 마지막 책이면서 가장 적게 읽혀지고 있는 책이다. 종말을 향한 거대한 시나리오: ① 이스라엘이 2천 년 동안의 유랑생활 후에 독립한 사건. ② 적그리스도가 일어나게 될 다니엘 2장의 금신상 예언의 성취 사건. ③ 살후 2장에서 언급하고 있는 교회의 배도 사건. 이 시대 종교다원주의 ④ 계 13장에 나오는 짐승의 표(666)에 관한 것. ⑤ 만국복음운동. 그러므로 계시록의 말씀을 읽고 듣고, 그 가운데 기록된 말씀대로 지켜 행하여야 한다.

【우산질문】 계시록의 특성을 알고 계시록의 중요함을 깊이 인식하자. 계시록은 어떤 책인가?

【1대지】 '읽는 자(호 아나기노스콘)'는 단수형을 사용하고 '듣는 자들(호이 아쿠온테스)'과 '지키는 자들(테룬테스)'은 복수형으로 사용한 것은 요한이 예배적 정황을 염두에 두고 본서를 저술했기 때문이다. 계시록을 가르치는 자에게 복이 있다. 계시록을 배우는 자에게 주님의 복이 주어진다. 계시록의 말씀을 깨닫고 그 가운데 기록된 것들을 지키는 자에게 복이 임한다.

【2대지】 '본 것'은 1장에 기록된 것. '이제 있는 일'이란 소아시아 일곱 교회의 현재와 교회 시대의 일반적인 사건인데, 2~3장에 기록된 것. 4장 이하는 미래 대환란과 재림 이후의 사건으로서, 지금 이 시대의 이야기.

【3대지】 '먹어버리라(카타파게)'는 '내용을 완전히 소화하라'는 의미이다. 계시록이 왜 중요한가? 이것은 주님께서 우리에게 통째로 삼켜버리라고 명령하신 책이기 때문이다. 계시록을 '갖다 먹어버린' 성도 되자.

【4대지】 이것이 '영원한 복음'인 것은 예수 그리스도로 말미암는 구원의 복된 소식이 영원불변의 진리이기 때문이다.

【5대지】 따라서 계시록을 연구하면 이단시하는 풍토는 속히 바뀌어야 한다. 우리가 계시록을 멀리할 때 이단들이 오히려 이것을 절호의 기회로 삼고 이리떼처럼 달려든다는 것을 명심해야 한다.

【6대지】 더하는 자들= 광신자, 이단들, 신비주의자들, 그리고 로마 가톨릭의 지도자들이다. 계시록의 내용을 빼는 자들= 급진적 자유주의자들과 혼합주의자들. 이들은 거룩한 성 안에 들어갈 수 없다. 천국에 들어가지 못한다. 우리 모두 '말씀대로 믿는' 신앙, '말씀이 가는 데까지 가고 멈추는 데서 멈추는' 신앙의 사람들이 되자.

【결론】 계시록은 잠자는 신앙을 깨어나게 하는 강력한 복음이다. (참조) 마 24:42, "그러므로 깨어 있으라 어느 날에 너희 주가 임할는지." 계시록이 왜 중요한가? 주님께서 사랑하는 성도에게 주신 최후의 러브레터이기 때문이다.

- 절기, 용도, 장르, 특징:
- Key Word: 계시록.
- Remarks:

본문 : **계 1:4~8**

제목 : **삼위 하나님께 영광**

(Glory to God the Father, Son, and the Spirit)

4.요한은 아시아에 있는 일곱 교회에 편지하노니 이제도 계시고 전에도 계셨고 장차 오실 이와 그의 보좌 앞에 있는 일곱 영과 5.또 충성된 증인으로 죽은 자들 가운데에서 먼저 나시고 땅의 임금들의 머리가 되신 예수 그리스도로 말미암아 은혜와 평강이 너희에게 있기를 원하노라 우리를 사랑하사 그의 피로 우리 죄에서 우리를 해방하시고 6.그의 아버지 하나님을 위하여 우리를 나라와 제사장으로 삼으신 그에게 영광과 능력이 세세토록 있기를 원하노라 아멘 7.볼지어다 그가 구름을 타고 오시리라 각 사람의 눈이 그를 보겠고 그를 찌른 자들도 볼 것이요 땅에 있는 모든 족속이 그로 말미암아 애곡하리니 그러하리라 아멘 8.주 하나님이 이르시되 나는 알파와 오메가라 이제도 있고 전에도 있었고 장차 올 자요 전능한 자라 하시더라

1. 성부 하나님은 "나는 알파와 오메가라"고 친히 말씀하심 (= 영존하신 아버지께 영광)

8절= "주 하나님이 이르시되 나는 알파와 오메가라 이제도 있고 전에도 있었고 장차 올 자요 전능한 자라 하시더라"

2. 성령 하나님은 "그 보좌 앞의 일곱 영"으로 나타나심 (= 우리와 동행하시는 성령님께 영광)

4절= "… 그의 보좌 앞에 있는 일곱 영과"

3. 성자 하나님은 "구름을 타고 오시리라"는 약속을 이루실 것임 (= 다시 오실 예수님께 영광)

7절= "볼지어다 그가 구름을 타고 오시리라 각 사람의 눈이 그를 보겠고 그를 찌른 자들도 볼 것이요 땅에 있는 모든 족속이 그로 말미암아 애곡하리니 그러하리라 아멘"

【대지 유형】 주제 설명형 – 본문 수집형 – 대지 연결형

【주제】 우리는 영존하시는 하나님, 우리를 인도하시는 성령님, 장차 오실 재림주 예수님을 소망하며 찬송과 영광을 돌리자.

【FCF】 삼위 하나님의 사역에 대한 이해 부족과 인격적 경배 부족.

【서론】 본문= 삼위일체 하나님의 이해와 인식에 결정적으로 기여할 수 있는

말씀. 순서= 알파이신 하나님의 창조 – 일곱 영의 다양한 활동 – 오메가로서 임하실 그리스도의 재림.

【우산질문】 본문에 나타난 삼위 하나님에 대한 말씀을 살펴보고 뜨거운 찬송과 영광을 돌리자.

【1대지】 요한이 하나님에 대해 서술하는 표현은 대단히 장엄하다. "이제도 계시고 전에도 계시고 장차 오실 이"(4절). 하나님은 스스로 "나는 알파와 오메가"라고 말씀하심.

【2대지】 여기 일곱 영은 슥 14장의 '성령에 대한 상징적 묘사'이다. 성령님의 다양한 사역을 나타냄. 그 사역이 완전함. 일곱 영은 일곱 교회와 관련된다.

【3대지】 요한의 강조점은 종말론적인 재림에 있음. 5절의 세 가지 칭호= 충성된 증인, 죽은 자들 가운데서 먼저 나신 분, 공개적으로 재림하실 만왕의 왕.

【결론】 이 하나님께 영광을 돌리자. 찬양은 구원받은 성도가 영원토록 하게 될 사역임.

계

- 절기, 용도, 장르, 특징:
- Key Word: 삼위일체.
- Remarks:

본문 : **계 1:7**
제목 : **마라나타의 신앙**

7.볼지어다 그가 구름을 타고 오시리라 각 사람의 눈이 그를 보겠고 그를 찌른 자들도 볼 것이요 땅에 있는 모든 족속이 그로 말미암아 애곡하리니 그러하리라 아멘

1. 주님은 구름을 타고 반드시 오신다고 함 (= 재림의 확실성)

　　7절= "볼지어다 그가 구름을 타고 오시리라…"

2. 주님의 오심이 모든 사람에게 보일 것이라고 함 (= 공개적인 재림의 광경)

　　7절= "… 각 사람의 눈이 그를 보겠고 그를 찌른 자들도 볼 것이요…"

3. 주님의 재림으로 애곡할 사람들이 있을 것이라 함 (= 인류가 보편적으로 회개하지 않을 것임)

　　7절= "땅에 있는 모든 족속이 그로 말미암아 애곡하리니 그러하리라 아멘"

【대지 유형】 주제 설명형 – 본문 분석형 – 대지 반전형
【주제】 예수님의 재림은 준비되지 않은 많은 사람까지 볼 수 있도록 공개적일 것이다.
【FCF】 재림에 무관심한 현대 교회의 나약한 영적 상태.

【서론】 계시록은 예수 그리스도의 계시를 요한이 기록한 것임. 이것은 반드시 속히 될 일이다. 7절은 짧지만 예수님의 재림에 대해 분명히 증거한다.
【우산질문】 본문이 말하고 있는 재림의 모습은 어떠한가?

【1대지】 볼지어다! 주님의 오심은 감탄사를 써야 할 정도이다. "오시리라(에르케타이)"= 현재 진행형= 너무나 확실한 진리임. 주님의 오심은 불변의 진리로 주장되어야 함. "구름을 타고"= 구름은 재림의 표시이다. 위엄의 상징이고 심판의 경고이다(계 19:14).
【2대지】 이것은 여자적으로 이루어진다. 각인의 눈이 본다. 아무도 방해할 수 없다. 영광의 빛과 함께 나팔소리 – 모든 눈이 주님을 직시할 것이다. 주님 보

기를 원치 않는 사람들에게도 이루어질 것이다. 우리의 눈이 한번 재림주를 보았을 때 더 이상 다른 것들(세상의 책들, 정원의 꽃들, 세상의 재미들)을 볼 수 없을 것이다. 우리의 눈과 마음이 주님을 볼 것이다.

【3대지】 재림을 기뻐할 사람에 대하여는 침묵하고 있다. 왜 침묵하는가? 이런 슬픔이 땅의 모든 족속에게 미칠 것이기 때문. 이 슬픔은 대단하여 '애곡'이라 했다. 주님의 눈이 그들을 볼 때 일생 동안의 자신들의 모든 죄악이 동영상처럼 재현될 것. 그들의 마음을 심히 찌를 것. 그리고 그들은 예수님의 면전에서 무자비하게 쫓겨날 것. 아무에게서도 위로받지 못할 것. 피눈물을 흘리게 될 것이다. 이 애곡은 인류가 보편적으로 회개하지 않을 것을 증명한다.

【결론】 신앙 생활은 천로역정. "내가 진실로 속히 오리라." 계 22:20; 살전 4:17.

- 절기, 용도, 장르, 특징:
- Key Word: 재림.
- Remarks:

본문 : 계 1:7; 22:7, 12, 20

제목 : 구름을 타고 속히 오시리라 (He is Coming Soon with the Clouds)

1:7.볼지어다 그가 구름을 타고 오시리라 각 사람의 눈이 그를 보겠고 그를 찌른 자들도 볼 것이요 땅에 있는 모든 족속이 그로 말미암아 애곡하리니 그러하리라 아멘 …… **22:7.**보라 내가 속히 오리니 이 두루마리의 예언의 말씀을 지키는 자는 복이 있으리라 하더라 …… **12.**보라 내가 속히 오리니 내가 줄 상이 내게 있어 각 사람에게 그가 행한 대로 갚아 주리라 …… **20.**이것들을 증언하신 이가 이르시되 내가 진실로 속히 오리라 하시거늘 아멘 주 예수여 오시옵소서

1. '오시리라'의 상황적 의미 (= 예수님의 재림)

1:7= "…그가 구름을 타고 오시리라 각 사람의 눈이 그를 보겠고 그를 찌른 자들도 볼 것이요 땅에 있는 모든 족속이 그로 말미암아 애곡하리니…"

2. '오시리라'의 축복의 의미 (= 천국 인도)

22:7= "보라 내가 속히 오리니 이 두루마리의 예언의 말씀을 지키는 자는 복이 있으리라 하더라"

3. '오시리라'의 보상적 의미 (= 상급의 면류관)

22:12= "보라 내가 속히 오리니 내가 줄 상이 내게 있어 각 사람에게 그가 행한 대로 갚아 주리라"

4. '속히 오시리라'의 의미 (= 마라나타 신앙)

22:20= "이것들을 증언하신 이가 이르시되 내가 진실로 속히 오리라 하시거늘 아멘 주 예수여 오시옵소서"

【대지 유형】 주제 함축형 – 본문 수집형 – 대지 진전형
【주제】 성경은 '속히 오시리라'는 말씀을 통해 주님 오셔서 우리를 천국으로 인도하며 상급 주실 것을 강조하고 있다.
【FCF】 예수 재림 신앙이 점점 퇴색해지고 있는 현대교회의 세속화.

【서론】 예수님의 두 번째 오심(재림)은 전 세계적으로 오시는 것을 말한다. 만일 주님의 재림 약속이 없었다면 우리는 이 광야와 같은 삭막한 세상을 어떻

게 건너갈 수 있겠는가! 주님은 계시록의 말씀을 통하여 거듭하여 다시 오실 것을 천명하신다. "보라 내가 속히 오리라!"

【우산질문】 "오시리라"는 말씀 속에 담겨 있는 여러 가지 의미를 살펴보자.

【1대지】 예수 그리스도의 종말론적인 재림. 단 7:13= "내가 또 밤 환상 중에 보니 인자 같은 이가 하늘 구름을 타고 와서 옛적부터 항상 계신 이에게 나아가 그 앞으로 인도되매" 제자들이 본 모습 그대로 우리 곁으로 다시 오신다. '모든 사람이 눈으로 본다', '구원받지 못할 자들도 본다'.

【2대지】 '오시리라'의 축복은 계시록의 말씀을 지키고 순종하는 자에게 주어진다.

【3대지】 주님은 빈손으로 오시지 않고 우리에게 주실 상급의 면류관을 가지고 오신다. 우리가 행한 대로 갚아 주십니다. "내가 줄 상이 내게 있어 각 사람에게 그가 행한 대로 갚아 주리라." 주님이 장차 주실 상급에는 분명한 등급이 있다.

【4대지】 마라나타, 이 말은 예수 그리스도의 재림에 대한 소망과 모든 인간사를 주관하시는 그리스도의 주권에 대한 고백을 나타낸다. 주님의 재림은 너무도 임박했다.

【결론】 주님 앞에 고백하자: "나는 속히 오실 예수님만을 소망하며 살겠습니다." "내 목에 칼이 겨누어질지라도 다시 오실 예수님의 이름만은 결코 버리지 않겠습니다." "물 속에라도 불 속에라도 뛰어들어가서 재림 신앙을 전하겠습니다."

- 절기, 용도, 장르, 특징: 종말론.
- Key Word: 재림.
- Remarks:

본문 : **계 2:1~7**
제목 : **에베소 교회에 주신 편지**

1.에베소 교회의 사자에게 편지하라 오른손에 있는 일곱 별을 붙잡고 일곱 금 촛대 사이를 거니시는 이가 이르시되 2.내가 네 행위와 수고와 네 인내를 알고 또 악한 자들을 용납하지 아니한 것과 자칭 사도라 하되 아닌 자들을 시험하여 그의 거짓된 것을 네가 드러낸 것과 3.또 네가 참고 내 이름을 위하여 견디고 게으르지 아니한 것을 아노라 4.그러나 너를 책망할 것이 있나니 너의 처음 사랑을 버렸느니라 5.그러므로 어디서 떨어졌는지를 생각하고 회개하여 처음 행위를 가지라 만일 그리하지 아니하고 회개하지 아니하면 내가 네게 가서 네 촛대를 그 자리에서 옮기리라 6.오직 네게 이것이 있으니 네가 니골라 당의 행위를 미워하는도다 나도 이것을 미워하노라 7.귀 있는 자는 성령이 교회들에게 하시는 말씀을 들을지어다 이기는 그에게는 내가 하나님의 낙원에 있는 생명나무의 열매를 주어 먹게 하리라

1. 주님은 에베소 교회가 진리수호를 위해 싸운 것을 안다고 하심 (= 주님의 칭찬)

2~3절= "내가 네 행위와 수고와 네 인내를 알고 또 악한 자들을 용납하지 아니한 것과 자칭 사도라 하되 아닌 자들을 시험하여 그의 거짓된 것을 네가 드러낸 것과 또 네가 참고 내 이름을 위하여 견디고 게으르지 아니한 것을 아노라"

2. 주님은 에베소 교회가 처음 사랑을 버린 것을 책망하심 (= 주님의 책망)

4절= "그러나 너를 책망할 것이 있나니 너의 처음 사랑을 버렸느니라 "

3. 주님은 에베소 교회가 회개하여 처음 행위를 가지라고 명하심 (= 주님의 회개 명령)

5절= "그러므로 어디서 떨어졌는지를 생각하고 회개하여 처음 행위를 가지라 만일 그리하지 아니하고 회개하지 아니하면 내가 네게 가서 네 촛대를 그 자리에서 옮기리라"

【대지 유형】 주제 설명형 – 본문 묶음형 – 대지 반전형
【주제】 (적용) 주님은 교회의 진리수호 노력을 칭찬하시고 사랑을 잃은 것을 책망하시며 회개를 촉구하신다.
【FCF】 첫사랑이 희미해진 현대교회의 영성.

【서론】 밧모섬의 요한. 주님으로부터 계시를 받는다. 먼저 소아시아 일곱 교회에 대한 것. 첫 번째로 에베소 교회에 대하여. 에베소 지역의 중요성. 간략한 역사. 예수님의 특성= 일곱 별, 일곱 금촛대.

【우산질문】 에베소 교회에 주신 편지에서 주님은 무엇을 칭찬하시고 무엇을 책망하시는가?

【1대지】 진리를 위해 싸운 그 수고와 인내를 아신다고 하셨다. 특히 교계 내의 악한 자들. 사도적 권능을 가졌다고 하는 자들. 흉악한 이리. 에베소 교회는 이들을 시험하여 드러내었다. 주님의 큰 칭찬.

【2대지】 그러나 주님은 교회의 잘못도 놓치지 않고 책망하신다. "너의 처음 사랑을 버렸다" – 주님의 관심이 여기에(렘 2:1~2). 이 사랑은 계속 훈련, 개발하지 않으면 식어버린다. 주님은 이를 슬퍼하시고 노여워하신다.

【3대지】 ① 어디서 떨어진 것을 생각하라. ② 회개하라. 처음 열심을 되찾으라. 그렇지 않으면 촛대를 옮긴다. 주님의 은혜와 성령의 역사와 말씀의 생기를 거두어버린다! 무서운 경고이다. 동시에 격려도 잊지 않으신다(6절).

【결론】 신앙 생활은 이겨야 하는 삶. 만일 주님이 우리 교회에 편지를 보내 오신다면 어떤 내용일까?

계

- 절기, 용도, 장르, 특징:
- Key Word: 교회, 처음 사랑.
- Remarks:

본문 : **계 2:1~17**

제목 : **이길 수밖에 없는 이유**

1.에베소 교회의 사자에게 편지하라 오른손에 있는 일곱 별을 붙잡고 일곱 금 촛대 사이를 거니시는 이가 이르시되 2.내가 네 행위와 수고와 네 인내를 알고 또 악한 자들을 용납하지 아니한 것과 자칭 사도라 하되 아닌 자들을 시험하여 그의 거짓된 것을 네가 드러낸 것과 3.또 네가 참고 내 이름을 위하여 견디고 게으르지 아니한 것을 아노라 4.그러나 너를 책망할 것이 있나니 너의 처음 사랑을 버렸느니라 5.그러므로 어디서 떨어졌는지를 생각하고 회개하여 처음 행위를 가지라 만일 그리하지 아니하고 회개하지 아니하면 내가 네게 가서 네 촛대를 그 자리에서 옮기리라 6.오직 네게 이것이 있으니 네가 니골라 당의 행위를 미워하는도다 나도 이것을 미워하노라 7.귀 있는 자는 성령이 교회들에게 하시는 말씀을 들을지어다 이기는 그에게는 내가 하나님의 낙원에 있는 생명나무의 열매를 주어 먹게 하리라 8.서머나 교회의 사자에게 편지하라 처음이며 마지막이요 죽었다가 살아나신 이가 이르시되 9.내가 네 환난과 궁핍을 알거니와 실상은 네가 부요한 자니라 자칭 유대인이라 하는 자들의 비방도 알거니와 실상은 유대인이 아니요 사탄의 회당이라 10.너는 장차 받을 고난을 두려워하지 말라 볼지어다 마귀가 장차 너희 가운데에서 몇 사람을 옥에 던져 시험을 받게 하리니 너희가 십 일 동안 환난을 받으리라 네가 죽도록 충성하라 그리하면 내가 생명의 관을 네게 주리라 11.귀 있는 자는 성령이 교회들에게 하시는 말씀을 들을지어다 이기는 자는 둘째 사망의 해를 받지 아니하리라 12.버가모 교회의 사자에게 편지하라 좌우에 날선 검을 가지신 이가 이르시되 13.네가 어디에 사는지를 내가 아노니 거기는 사탄의 권좌가 있는 데라 네가 내 이름을 굳게 잡아서 내 충성된 증인 안디바가 너희 가운데 곧 사탄이 사는 곳에서 죽임을 당할 때에도 나를 믿는 믿음을 저버리지 아니하였도다 14.그러나 네게 두어 가지 책망할 것이 있나니 거기 네게 발람의 교훈을 지키는 자들이 있도다 발람이 발락을 가르쳐 이스라엘 자손 앞에 걸림돌을 놓아 우상의 제물을 먹게 하였고 또 행음하게 하였느니라 15.이와 같이 네게도 니골라 당의 교훈을 지키는 자들이 있도다 16.그러므로 회개하라 그리하지 아니하면 내가 네게 속히 가서 내 입의 검으로 그들과 싸우리라 17.귀 있는 자는 성령이 교회들에게 하시는 말씀을 들을지어다 이기는 그에게는 내가 감추었던 만나를 주고 또 흰 돌을 줄 터인데 그 돌 위에 새 이름을 기록한 것이 있나니 받는 자 밖에는 그 이름을 알 사람이 없느니라

1. 예수께서 오른손에 일곱 별을 붙잡고 계시기 때문 (= 주님의 손에 붙잡힌 종)

1절="에베소 교회의 사자에게 편지하라 오른손에 있는 일곱 별을 붙잡고 일곱 금 촛대 사이를 거니시는 이가 이르시되"

2. 예수께서 죽었다가 살아나셨기 때문 (= 사망권세를 이기신 주님을 믿는 믿음)

8절="… 처음이며 마지막이요 죽었다가 살아나신 이가 이르시되"

3. 예수께서 좌우에 날선 검을 가지셨기 때문 (= 세상을 이길 수 있는 말씀)

12절="… 좌우에 날선 검을 가지신 이가 이르시되"

◆◆◆

【대지 유형】이유 제시형 – 본문 수집형 – 대지 병렬형
【주제】주님의 손에 붙잡힌 우리는 부활하신 주님을 믿고 능력의 말씀을 믿음으로 반드시 이길 수 있다.
【FCF】많은 신앙인이 영적 전투에 이길 수 있다는 확신이 부족함.

【서론】신앙생활은 항상 순탄한 것은 아니다. 어려움이 온다. 이때 잊지 말아야 할 것은 "우리가 세상에서 어떤 일을 당하든지 하나님께서는 우리를 이기게 하신다"는 말씀. 본문은 에베소 서머나 버가모 교회에 주신 말씀이다.
【우산질문】본문에서 우리가 이길 수밖에 없는 이유를 찾아보자.

【1대지】교회가 겉으로는 사람들의 노력으로 움직이는 것 같지만 실은 주님이 붙들고 계신다. 에베소 교인들은 자신들의 힘을 의지하고 있었다. "주님이 우리를 붙잡아 주시면 우리는 승리할 수 있다."
【2대지】서머나 교인들은 예수 믿는다는 것 때문에 무기력하게 쫓겨나고 감옥에 갇혀야 했다. 다가올 고난이 아직도 남아 있다. 그러나 죽음에서 승리하신 주님을 믿는 믿음으로 말미암아 이길 수 있다. 내가 싸워서 사탄을 굴복시키는 것이 아니라 주님께서 사탄을 굴복시키신 그 승리를 쟁취하는 것이다.
【3대지】싸울 때 중요한 것은 어느 쪽이 더 좋은 무기를 가지고 있느냐 하는 것. 영적 전쟁에서의 최고의 무기는 하나님의 말씀이다. 말씀을 읽고 공부해야 한다. 시편 1편.
【결론】성도는 패배할 이유가 없는 사람이고, 넉넉히 이길 수 있는 사람이다.

계

- 절기, 용도, 장르, 특징:
- Key Word: 이기는 자.
- Remarks:

본문 : **계 3:7~13**
제목 : **빌라델비아 교회에 주시는 메시지**

7.빌라델비아 교회의 사자에게 편지하라 거룩하고 진실하사 다윗의 열쇠를 가지신 이 곧 열면 닫을 사람이 없고 닫으면 열 사람이 없는 그가 이르시되 8.볼지어다 내가 네 앞에 열린 문을 두었으되 능히 닫을 사람이 없으리라 내가 네 행위를 아노니 네가 작은 능력을 가지고서도 내 말을 지키며 내 이름을 배반하지 아니하였도다 9.보라 사탄의 회당 곧 자칭 유대인이라 하나 그렇지 아니하고 거짓말 하는 자들 중에서 몇을 네게 주어 그들로 와서 네 발 앞에 절하게 하고 내가 너를 사랑하는 줄을 알게 하리라 10.네가 나의 인내의 말씀을 지켰은즉 내가 또한 너를 지켜 시험의 때를 면하게 하리니 이는 장차 온 세상에 임하여 땅에 거하는 자들을 시험할 때라 11.내가 속히 오리니 네가 가진 것을 굳게 잡아 아무도 네 면류관을 빼앗지 못하게 하라 12.이기는 자는 내 하나님 성전에 기둥이 되게 하리니 그가 결코 다시 나가지 아니하리라 내가 하나님의 이름과 하나님의 성 곧 하늘에서 내 하나님께로 부터 내려오는 새 예루살렘의 이름과 나의 새 이름을 그이 위에 기록하리라 13.귀 있는 자는 성령이 교회들에게 하시는 말씀을 들을지어다

1. "내가 네 앞에 열린 문을 두었다"고 하심 (= 교회의 사역에 막힘이 없음)

8절= "볼지어다 내가 네 앞에 열린 문을 두었으되 능히 닫을 사람이 없으리라 내가 네 행위를 아노니 네가 작은 능력을 가지고서도 내 말을 지키며 내 이름을 배반하지 아니하였도다"

2. "너를 지켜 시험의 때를 면하게 하리라" 하심 (= 환난에서 보호)

10절= "네가 나의 인내의 말씀을 지켰은즉 내가 또한 너를 지켜 시험의 때를 면하게 하리니 이는 장차 온 세상에 임하여 땅에 거하는 자들을 시험할 때라"

3. "네가 가진 것을 굳게 잡아 네 면류관을 빼앗지 못하게 하라" 하심 (= 영적 전투의 승리자)

11절= "내가 속히 오리니 네가 가진 것을 굳게 잡아 아무도 네 면류관을 빼앗지 못하게 하라"

【대지 유형】 주제 설명형 – 본문 묶음형 – 대지 혼재형(2+1)
【주제】 주님은 빌라델비아 교회의 사역을 칭찬하시면서 영적 전투에 승리하도록 격려하신다.
【FCF】 많은 교회들가 믿음과 사역 면에서 주님의 칭찬을 받을 만한 모습이

되지 못하고 있음.

【서론】 교회의 머리 되신 예수 그리스도. 절대적인 권한. 주님의 최대 관심은 자기 교회 위에 있음. 빌라델비아 교회에 주신 메시지를 통해 주님의 권세, 주님의 관심, 주님의 심정을 읽을 수 있다. 교회 역사는 짧지만 주님으로부터 책망 없이 칭찬만 받은 교회이다. 말씀하시는 예수님에 대한 묘사= 거룩하고 진실하신 분, 다윗의 열쇠를 가지신 이.

【우산질문】 빌라델비아 교회에 주신 메시지를 살펴보자.

【1대지】 주님은 교회에 기회의 문을 여신다. 설교자에게는 말씀의 문을, 일꾼들에게는 봉사의 문을, 사모하는 자들에게는 은혜의 문을, 회개하는 자들에게는 눈물의 샘을 터뜨려주신다. 열린 문을 두신 주님. 작은 능력의 교회지만 계명 순종. 시련 기간을 신실한 믿음으로 이김. 건강한 교회임을 주님이 인정하심.

【2대지】 시험의 때= 대환난(the Great Tribulation). 엄청난 시련 가운데서도 주님은 보호해 주신다. 교회의 영적 보호. 계 7:1ff; 12:6. 대환난은 반드시 온다. 성도들의 믿음과 인내를 나타내도록 준비해야. 불신자들과 악한 자들이 정죄 되도록. 11절, "내가 속히 오리니"= 주님의 오심이 여러 교회들에는 위협이 되었지만 빌라델비아 교회에는 위로와 축복이 된다. 영생의 면류관.

【3대지】 주님의 엄숙한 명령이다. 우리 원수들은 우리가 받을 면류관을 빼앗으려고 여러 가지 방법을 동원하여 공격해 온다. 이겨야 한다. 믿음과 말씀과 성령으로 무장하자. 이기는 자에게 주시는 축복을 잊지 말자.

【결론】 우리 교회를 향한 주님의 메시지는 어떤 것일까? 축복과 칭찬의 말씀을 받는 교회인가?

- 절기, 용도, 장르, 특징:
- Key Word: 교회, 열린 문, 선교하는 교회.
- Remarks:

본문 : 계 3:14~22
제목 : 라오디게아 교회에 주신 권면

14.라오디게아 교회의 사자에게 편지하라 아멘이시요 충성되고 참된 증인이시요 하나님의 창조의 근본이신 이가 이르시되 15.내가 네 행위를 아노니 네가 차지도 아니하고 뜨겁지도 아니하도다 네가 차든지 뜨겁든지 하기를 원하노라 16.네가 이같이 미지근하여 뜨겁지도 아니하고 차지도 아니하니 내 입에서 너를 토하여 버리리라 17.네가 말하기를 나는 부자라 부요하여 부족한 것이 없다 하나 네 곤고한 것과 가련한 것과 가난한 것과 눈 먼 것과 벌거벗은 것을 알지 못하는도다 18.내가 너를 권하노니 내게서 불로 연단한 금을 사서 부요하게 하고 흰 옷을 사서 입어 벌거벗은 수치를 보이지 않게 하고 안약을 사서 눈에 발라 보게 하라 19.무릇 내가 사랑하는 자를 책망하여 징계하노니 그러므로 네가 열심을 내라 회개하라 20.볼지어다 내가 문 밖에 서서 두드리노니 누구든지 내 음성을 듣고 문을 열면 내가 그에게로 들어가 그와 더불어 먹고 그는 나와 더불어 먹으리라 21.이기는 그에게는 내가 내 보좌에 함께 앉게 하여 주기를 내가 이기고 아버지 보좌에 함께 앉은 것과 같이 하리라 22.귀 있는 자는 성령이 교회들에게 하시는 말씀을 들을지어다

1. "불로 연단한 금을 사서 부요하게 하라" 하심 (= 참된 회개)

18절= "내가 너를 권하노니 내게서 불로 연단한 금을 사서 부요하게 하고…"

2. "안약을 사서 눈에 발라 보게 하라" 하심 (= 기도함으로 영적 눈을 뜸)

18절= "안약을 사서 눈에 발라 보게 하라 "

3. "흰 옷을 사서 입어 벌거벗은 수치를 보이지 않게 하라" 하심 (= 성결한 삶)

18절= "…흰 옷을 사서 입어 벌거벗은 수치를 보이지 않게 하고…"

【대지 유형】주제 설명형 – 본문 분석형 – 대지 병렬형
【주제】주님은 성도가 옳지 않은 습관을 버리고 기도로 눈을 떠 성결한 성도의 삶을 살기를 원하신다.
【FCF】많은 현대 교회가 라오디게아 교회의 모습으로 남아 있음.

【서론】계시록 2,3 장에 나온 교회들의 형편= 일곱 교회 중 두 교회는 칭찬만 받았고, 세 교회는 칭찬과 책망을 동시에. 그리고 두 교회는 책망만 받았다. 라오디게아 교회= 미지근한 상태. 스스로 부요하다고 자만에 빠져. 재정은 넉

넉하였으나 믿음에는 가난함. 눈먼 것도 알지 못함. 실상은 곤고하고 가련한 자라는 주님의 평가.

【우산질문】 주님은 죄를 깨닫게 하시고 그 해결책을 내어놓으신다. 주님의 해결책은?

【1대지】 금덩어리에 붙어 있는 이물질= 신앙을 변질시키는 옳지 않은 행위. 속사람의 바르지 않은 생각들과 습관들. 참된 회개는 삶의 태도에 대한 180도의 전환. 우리는 스스로 가난해져야. 오직 예수님으로 부요해야.

【2대지】 안약으로 눈을 치료하는 것처럼 기도함으로 영의 눈을 떠서 하나님을 보라. 기도는 영의 눈을 뜨게 하는 안약과 같다. 예) 엘리사, 사환의 눈을 뜨게 함. 눈을 떠야 죄의 굴레에서 벗어날 수 있고, 세상을 이길 능력을 갖춘다.

【3대지】 흰옷= 성도임을 나타내는 표적. 성결한 삶. 흰옷을 입으라= 죄를 회개하고 깨끗한 살아, 부끄럽지 않게 살라. 성도의 삶은 구원 받으려고 바둥거리는 삶이 아니다. 하나님 앞에서 마땅히 할 일 하는 것. 주님은 중요한 약속을 주심= 식탁 공유. 은혜의 초대이며 용서의 손길이다.

【결론】 성령은 지금도 우리를 위해 탄식하시며 간구하신다.

- 절기, 용도, 장르, 특징:
- Key Word: 회개, 성결.
- Remarks:

본문 : 계 5:6~10
제목 : 천국 찬송의 내용 (Heaven's Song)

6.내가 또 보니 보좌와 네 생물과 장로들 사이에 한 어린 양이 서 있는데 일찍이 죽임을 당한 것 같더라 그에게 일곱 뿔과 일곱 눈이 있으니 이 눈들은 온 땅에 보내심을 받은 하나님의 일곱 영이더라 7.그 어린 양이 나아와서 보좌에 앉으신 이의 오른손에서 두루마리를 취하시니라 8.그 두루마리를 취하시매 네 생물과 이십사 장로들이 그 어린 양 앞에 엎드려 각각 거문고와 향이 가득한 금 대접을 가졌으니 이 향은 성도의 기도들이라 9.그들이 새 노래를 불러 이르되 두루마리를 가지고 그 인봉을 떼기에 합당하시도다 일찍이 죽임을 당하사 각 족속과 방언과 백성과 나라 가운데에서 사람들을 피로 사서 하나님께 드리시고 10.그들로 우리 하나님 앞에서 나라와 제사장들을 삼으셨으니 그들이 땅에서 왕 노릇 하리로다 하더라

1. "어린 양은 인봉을 떼기에 합당하시도다" (= 구속주 예수 그리스도에 대한 찬송)

9절= "그들이 새 노래를 불러 이르되 두루마리를 가지고 그 인봉을 떼기에 합당하시도다…"

2. "사람들을 피로 사서 하나님께 드리셨도다" (= 그리스도의 구속 사역을 찬송)

9절= "… 일찍이 죽임을 당하사 각 족속과 방언과 백성과 나라 가운데에서 사람들을 피로 사서 하나님께 드리시고"

3. "성도들이 땅에서 왕노릇 하리로다" (= 천년왕국에서 주님과 함께 왕노릇 할 것 찬양)

10절= "그들로 우리 하나님 앞에서 나라와 제사장들을 삼으셨으니 그들이 땅에서 왕 노릇 하리로다 하더라"

【대지 유형】주제 설명형 – 본문 분석형 – 대지 혼재형(1+2)
【주제】하나님의 보좌에서 울려 퍼지는 찬송은 예수님의 구속 사역과 그 결과 성도들이 왕 노릇 하게 된 것에 대한 감사의 찬송이다.
【FCF】많은 신앙인이 예수님 찬양에 대한 열정을 잃어버리고 있음.

【서론】천국은 어떤 곳? 노래하는 곳. 사도 요한이 본 환상= 어린양이 일곱 인을 떼기 직전의 모습.

【우산질문】본문 통해 지금 하나님 보좌에서 울려 퍼지고 있는 새 노래의 내용을 살펴보자.

【1대지】네 생물과 24 장로들이 부르는 새 노래= "어린 양은 책의 인봉을 떼기에 합당하시도다." 어린 양은 심판 주 예수. 천국 성도들의 영원한 찬송 주제는 죽임당하신 예수!

【2대지】종말의 때에 하늘에서는 구속의 노래가 울려 퍼지고 있음. 이 노래를 새 노래라고 함. 우리도 더욱 힘써 구속의 은혜를 찬송하자.

【3대지】왕 노릇 할 자가 누구? 계 20:4, 6. 새 피조물 된 자들. 이 소망을 지닌 자는 주님께 충성치 않을 수 없음.

【결론】믿음의 눈으로 천상 보좌를 보라. 믿음의 귀를 열고 천국 찬양대의 찬양을 들어보라. 주님은 우리의 모든 찬양과 헌신을 받기에 합당하시도다.

- 절기, 용도, 장르, 특징:
- Key Word: 천국 찬송, 어린 양.
- Remarks:

본문 : 계 8:1~6; 12:10~12
제목 : **최후의 준비 (The Great and Final Preparation)**

8:1.일곱째 인을 떼실 때에 하늘이 반 시간쯤 고요하더니 **2.**내가 보매 하나님 앞에 일곱 천사가 서 있어 일곱 나팔을 받았더라 **3.**또 다른 천사가 와서 제단 곁에 서서 금 향로를 가지고 많은 향을 받았으니 이는 모든 성도의 기도와 합하여 보좌 앞 금 제단에 드리고자 함이라 **4.**향연이 성도의 기도와 함께 천사의 손으로부터 하나님 앞으로 올라가는지라 **5.**천사가 향로를 가지고 제단의 불을 담아다가 땅에 쏟으매 우레와 음성과 번개와 지진이 나더라 **6.**일곱 나팔을 가진 일곱 천사가 나팔 불기를 준비하더라 …… **12:10.**내가 또 들으니 하늘에 큰 음성이 있어 이르되 이제 우리 하나님의 구원과 능력과 나라와 또 그의 그리스도의 권세가 나타났으니 우리 형제들을 참소하던 자 곧 우리 하나님 앞에서 밤낮 참소하던 자가 쫓겨났고 **11.**또 우리 형제들이 어린 양의 피와 자기들이 증언하는 말씀으로써 그를 이겼으니 그들은 죽기까지 자기들의 생명을 아끼지 아니하였도다 **12.**그러므로 하늘과 그 가운데에 거하는 자들은 즐거워하라 그러나 땅과 바다는 화 있을진저 이는 마귀가 자기의 때가 얼마 남지 않은 줄을 알므로 크게 분내어 너희에게 내려갔음이라 하더라

1. 하늘의 준비: 일곱 나팔 불기를 준비하는 천사들

6절= "일곱 나팔을 가진 일곱 천사가 나팔 불기를 준비하더라"

2. 마귀의 준비: 최후의 도전을 준비하는 어둠의 영들.

12절= "… 이는 마귀가 자기의 때가 얼마 남지 않은 줄을 알므로 크게 분내어 너희에게 내려갔음이라 하더라"

3. 성도의 준비: 주님의 재림을 기다리며 기도하는 성도들

3절= "… 이는 모든 성도의 기도와 합하여 보좌 앞 금 제단에 드리고자 함이라"

【대지 유형】 주제 함축형 – 본문 수집형 – 대지 진전형
【주제】 종말에 하늘과 지옥의 준비들이 한창일 때 성도 또한 기도로 주님의 재림을 준비해야 한다.
【FCF】 재림 신앙의 퇴조현상.

【서론】 종말론 열풍. 문제는 이런 사건 이후 사람들이 종말에 대한 무감각으로 이어진다는 데 있다. 사실 하늘과 지옥과 이 땅에서 종말을 향한 각종 준비

가 진행되고 있다.

【우산질문】 성경이 말하는 마지막 때의 하늘과 지옥의 준비 모습, 그리고 성도의 자세를 알아보자.

【1대지】 계 4:1 이후에 마땅히 될 일. 영적 눈을 뜨자. 하나님은 단지 마지막 영혼이 구원받기를 기다리는 것이 아니라 바쁘게 준비하고 계신다. 반 시간쯤 조용. 폭풍전야. 주님의 명령에 따라 나팔 불기를 준비. 엄청난 사건들을 지금 준비 중에 있다. 하늘에서는 어린양 혼인잔치 준비 중. 바쁘다. 그런데 사람들은 이것과 아랑곳없이 계속 먹고 마시고….

【2대지】 마귀는 자기 시간이 얼마 남지 않은 줄 알고 크게 분내어…. 사탄의 주공격대상= 택한 자. 사탄의 속임수. 아마겟돈 전쟁 준비. 계 9:2, 무저갱으로부터 황충이…. 사탄의 속임수는 철저함= 무서운 재앙에도 회개치 못하도록. 16:12~14, 아마겟돈 준비. 흑암의 세력들은 쉬지 않고, 게으름도 없다. 하늘과 지옥에서는 이처럼 준비에 바쁜데, 수백 수천만의 그리스도인들은 졸고 있다는 사실!

【3대지】 하나님의 백성들은 세상의 것들에 집착해서는 안 된다(요일 2:15). 하나님의 백성들은 주님의 재림에 더욱 관심 가져야 한다(살전 4:16~18).

【결론】 주님 말씀은 확실하다. "내가 너희를 위하여 처소를 예비하러 간다."

계

- 절기, 용도, 장르, 특징: 종말론.
- Key Word: 재림, 종말.
- Remarks:

본문 : **계 14:1~5**
제목 : **십사만 사천의 자격**

1.또 내가 보니 보라 어린 양이 시온 산에 섰고 그와 함께 십사만 사천이 서 있는데 그들의 이마에는 어린 양의 이름과 그 아버지의 이름을 쓴 것이 있더라 2.내가 하늘에서 나는 소리를 들으니 많은 물 소리와도 같고 큰 우렛소리와도 같은데 내가 들은 소리는 거문고 타는 자들이 그 거문고를 타는 것 같더라 3.그들이 보좌 앞과 네 생물과 장로들 앞에서 새 노래를 부르니 땅에서 속량함을 받은 십사만 사천 밖에는 능히 이 노래를 배울 자가 없더라 4.이 사람들은 여자와 더불어 더럽히지 아니하고 순결한 자라 어린 양이 어디로 인도하든지 따라가는 자며 사람 가운데에서 속량함을 받아 처음 익은 열매로 하나님과 어린 양에게 속한 자들이니 5.그 입에 거짓말이 없고 흠이 없는 자들이더라

1. 여자와 더불어 더럽히지 않음 (= 음녀와 타협하지 않음, 다원주의 거부)

　　4절= "이 사람들은 여자와 더불어 더럽히지 아니하고 순결한 자라…"

2. 어린 양의 인도를 따라감 (= 순종)

　　4절= "… 어린 양이 어디로 인도하든지 따라가는 자며…"

3. 거짓말이 없고 흠이 없음 (= 진리 증거)

　　5절= "그 입에 거짓말이 없고 흠이 없는 자들이더라"

【대지 유형】 주제 설명형 – 본문 분석형 – 대지 병렬형
【주제】 주님의 신부는 음녀와 타협하지 않고 주님께 순종하며 오직 진리를 증거하는 자이다.
【FCF】 주님의 신부 될 자격에 대해 관심이나 노력이 없는 현대 교인들의 모습.

【서론】 어린양과 함께 시온 산에 십사만 사천= 참 종들을 뜻함. 새 노래를 부를 수 있는 구별된 일꾼들이다. 이들은 하나님께 인정받는 참 종임.
【우산질문】 본문에 나타난 십사만 사천의 자격은 무엇인가?

【1대지】 '여자'는 원문에서 복수로 되어 있음= 여자들. 영적 간음을 조장하는 음녀를 의미. 십사만 사천은 적그리스도의 영적 음행 요구에 타협하지 않고 영육 간에 순결을 지킴. 예) 계 3:4, 사데 교회에 그 옷을 더럽히지 아니한 사

람들. 죽은 교회라고 하신 사데 교회에도 믿음의 정절을 더럽히지 아니한 자는 합당한 자라 인정하심. 오늘날은 육체의 정조 개념이 거의 허물어진 시대이다. 영적인 정절, 신앙의 정조도 무너져 가고 있다. 이런 시대에 육적·영적 신앙적 정절을 더럽히지 않은 144,000의 반열에 서야 하지 않겠는가.

【2대지】 "어디로 인도하든지" – 앞길에 무엇이 온다 하든지 어린 양께 모든 것을 맡기는 모습. 철저한 순종, 절대 순종을 의미. 종말 세상은 더욱 어려워진다. 마귀의 세력, 불순종의 영이 창궐한 시대에 우리 혼자서는 방향 감각을 제대로 잡을 수 없다. 아브라함의 순종을 기억하자. 참 신앙인의 최고의 덕목은 '순종'. 예) 요한 웨슬리, "저의 모든 요청은 이제 이 말 한마디에 잊혀졌습니다. '아버지여, 나의 뜻대로 마옵시고 당신의 뜻대로 하옵소서'."

【3대지】 참 종은 거짓말과 전혀 관계없는 사람이어야 한다. 거짓말= 단순한 거짓말이 아니라 진리에 관한 거짓 증언. 비진리를 베푸는 것을 의미함. 기억하자. 사탄은 처음부터 거짓의 아비임(요 8:44). 사탄은 속임수와 감언이설로 비진리를 좇게 하고 따르게 한다. 참 종의 최우선 사명은 진리를 증거하는 것. 말세의 음녀= 가톨릭, WCC. 종교 다원주의를 증거. 세계 종교를 목적으로.

【결론】 십사만 사천의 자격은 음녀와 타협하지 않고 순종하며 진리 증거에 목숨을 거는 일꾼.

- 절기, 용도, 장르, 특징:
- Key Word: 십사만 사천.
- Remarks:

본문 : **계 17:1~6; 18:1~3**
제목 : **음녀의 세 가지 모습**
(The Great Prostitute and the Church in the End Time)

17:1.또 일곱 대접을 가진 일곱 천사 중 하나가 와서 내게 말하여 이르되 이리로 오라 많은 물 위에 앉은 큰 음녀가 받을 심판을 네게 보이리라 **2.**땅의 임금들도 그와 더불어 음행하였고 땅에 사는 자들도 그 음행의 포도주에 취하였다 하고 **3.**곧 성령으로 나를 데리고 광야로 가니라 내가 보니 여자가 붉은 빛 짐승을 탔는데 그 짐승의 몸에 하나님을 모독하는 이름들이 가득하고 일곱 머리와 열 뿔이 있으며 **4.**그 여자는 자주 빛과 붉은 빛 옷을 입고 금과 보석과 진주로 꾸미고 손에 금 잔을 가졌는데 가증한 물건과 그의 음행의 더러운 것들이 가득하더라 **5.**그의 이마에 이름이 기록되었으니 비밀이라, 큰 바벨론이라, 땅의 음녀들과 가증한 것들의 어미라 하였더라 **6.**또 내가 보매 이 여자가 성도들의 피와 예수의 증인들의 피에 취한지라 내가 그 여자를 보고 놀랍게 여기고 크게 놀랍게 여기니 …… **18:1.**이 일 후에 다른 천사가 하늘에서 내려 오는 것을 보니 큰 권세를 가졌는데 그의 영광으로 땅이 환하여지더라 **2.**힘찬 음성으로 외쳐 이르되 무너졌도다 무너졌도다 큰 성 바벨론이여 귀신의 처소와 각종 더러운 영이 모이는 곳과 각종 더럽고 가증한 새들이 모이는 곳이 되었도다 **3.**그 음행의 진노의 포도주로 말미암아 만국이 무너졌으며 또 땅의 왕들이 그와 더불어 음행하였으며 땅의 상인들도 그 사치의 세력으로 치부하였도다 하더라

1. 땅의 임금들과 음행하였음 (= 세상을 사랑하는 영적 간음자 된 교회)

17:2= "땅의 임금들도 그와 더불어 음행하였고 땅에 사는 자들도 그 음행의 포도주에 취하였다 하고"

2. 많은 물 위에 앉아 있음 (= 혼합주의 사상으로 타락한 배교 교회)

17:1= "또 일곱 대접을 가진 일곱 천사 중 하나가 와서 내게 말하여 이르되 이리로 오라 많은 물 위에 앉은 큰 음녀가 받을 심판을 네게 보이리라"

3. 큰 성 바벨론처럼 무참히 무너지게 됨 (= 하나님의 심판을 받는 배교 교회)

18:2= "힘찬 음성으로 외쳐 이르되 무너졌도다 무너졌도다 큰 성 바벨론이여 귀신의 처소와 각종 더러운 영이 모이는 곳과 각종 더럽고 가증한 새들이 모이는 곳이 되었도다"

【대지 유형】주제 설명형 – 본문 수집형 – 대지 혼합형(2+1)
【주제】종말에 배도하는 교회는 세속화와 종교 다원주의에 빠져 결국 하나님의 심판을 받게 된다.

【FCF】 많은 신앙인이 종말의 배도하는 교회에 대한 경각심을 갖지 못하고 있음.

【서론】 이 시대= 마지막 시대임. 계시록은 반드시 속히 될 일에 대한 예수님의 계시. 계시록의 두 여자= 12장의 해 입은 여자. 둘째 여자는 본문의 음녀.
【우산질문】 본문에 나타난 음녀의 세 가지 모습을 살펴보자.

【1대지】 음녀는 간음하는 여자= 세상과 벗된 세속화된 교회. 성도는 예수 그리스도의 신부 될 자. 구약에는 하나님은 남편으로, 이스라엘은 아내로. 음녀는 음행의 포도주에 취했음= 육적으로는 세상 향락에 취함을 말하고, 영적으로는 비진리에 취함을 말한다.
【2대지】 많은 물 위에 앉아 있음= 많은 더러운 사상. 마지막 때의 음녀는 세상을 사랑하고 종교 다원주의 배교 교회. 살후 2:3. 로마가톨릭, WCC.
【3대지】 음녀의 최후 모습. 메네 메네 데겔 우바르신. 배교하는 교회는 반드시 하나님의 심판을 받음.
【결론】 하나님은 영적 간음을 가장 싫어하심.

계

- 절기, 용도, 장르, 특징:
- Key Word: 음녀.
- Remarks:

본문 : **계 19:1~8**
제목 : **천국에서 우리가 부를 찬송 (Heaven, The Praising Place)**

1.이 일 후에 내가 들으니 하늘에 허다한 무리의 큰 음성 같은 것이 있어 이르되 할렐루야 구원과 영광과 능력이 우리 하나님께 있도다 2.그의 심판은 참되고 의로운지라 음행으로 땅을 더럽게 한 큰 음녀를 심판하사 자기 종들의 피를 그 음녀의 손에 갚으셨도다 하고 3.두 번째로 할렐루야 하니 그 연기가 세세토록 올라가더라 4.또 이십사 장로와 네 생물이 엎드려 보좌에 앉으신 하나님께 경배하여 이르되 아멘 할렐루야 하니 5.보좌에서 음성이 나서 이르시되 하나님의 종들 곧 그를 경외하는 너희들아 작은 자나 큰 자나 다 우리 하나님께 찬송하라 하더라 6.또 내가 들으니 허다한 무리의 음성과도 같고 많은 물 소리와도 같고 큰 우렛소리와도 같은 소로로 이르되 할렐루야 주 우리 하나님 곧 전능하신 이가 통치하시도다 7.우리가 즐거워하고 크게 기뻐하며 그에게 영광을 돌리세 어린 양의 혼인 기약이 이르렀고 그의 아내가 자신을 준비하였으므로 8.그에게 빛나고 깨끗한 세마포 옷을 입도록 허락하셨으니 이 세마포 옷은 성도들의 옳은 행실이로다 하더라

1. 하늘의 허다한 무리가 "구원과 영광과 능력이 우리 하나님께 있도다"라고 노래함 (= 구원과 영광과 능력을 찬송함)

1절= "이 일 후에 내가 들으니 하늘에 허다한 무리의 큰 음성 같은 것이 있어 가로되, 할렐루야 구원과 영광과 능력이 우리 하나님께 있도다"

2. "하나님이 음녀를 심판하사 자기 종들의 피 값을 갚으셨도다"라고 노래함 (= 음녀 심판을 찬송함)

2절= "그의 심판은 참되고 의로운지라 음행으로 땅을 더럽게 한 큰 음녀를 심판하사 자기 종들의 피를 그의 손에 갚으셨도다"

3. "하나님 곧 전능하신 이가 통치하시도다"라고 노래함 (= 하나님의 영원한 통치를 찬양함)

6절= "또 내가 들으니 허다한 무리의 음성도 같고 많은 물 소리도 같고 큰 뇌성도 같아서 가로되, 할렐루야 주 우리 하나님 곧 전능하신 이가 통치하시도다"

【대지 유형】 주제 설명형 – 본문 수집형 – 더지 심화형
【주제】 천국에서 우리는 하나님의 존재와 사역, 그리고 영원한 통치를 노래할 것이다.

【FCF】 찬양에 인색한 우리, 진실 된 믿음의 찬양을 잃어버린 현대교회.

【서론】 그리스도인은 '찬송하는 존재'. 우리는 장차 어린양의 보좌 앞에서 큰 무리가 되어 주님을 찬송하게 될 것임.

【우산질문】 본문을 통하여 '장차 천국에서 저와 여러분이 부르게 될 찬송의 내용'을 함께 생각하자.

【1대지】 찬송은 하나님의 존재 자체에 초점 맞춰야. 하나님은 구원의 하나님이요 영광의 하나님이다.

【2대지】 '하나님께서 순교자들의 피를 갚아주시는 분'. 우리의 찬송은 하나님의 위대한 사역에 초점을 맞추어야. 마지막 시대의 라오디게아 교회처럼 무기력해진 종말 교회에 침투해 들어올 음녀, 곧 종교 다원주의의 세력을 일거에 멸하시고 순교자들의 억울함을 풀어주실 하나님의 심판은 참으로 의로운 일이다.

【3대지】 이것은 문자 그대로 보아야. 여러분의 눈에 '만물이 하나님을 찬양하는 모습'이 보여야 정상적인 성도의 눈이라 할 수 있다.

【결론】 말씀과 기도와 찬송만은 절대로 양보하지 않아야 한다. 주님 오실 때 우리는 이 영광스러운 찬송에 동참하게 될 것이다. 여러분의 가슴에서 찬송이 터져 나오게 하라. 여러분의 영혼이 찬송의 깊은 세계에 사로잡히게 하라.

- 절기, 용도, 장르, 특징:
- Key Word: 찬송, 찬양.
- Remarks:

본문 : **계 19:6~10**
제목 : **어린 양의 혼인 잔치**

6.또 내가 들으니 허다한 무리의 음성과도 같고 많은 물 소리와도 같고 큰 우렛소리와도 같은 소리로 이르되 할렐루야 주 우리 하나님 곧 전능하신 이가 통치하시도다 **7.**우리가 즐거워하고 크게 기뻐하며 그에게 영광을 돌리세 어린 양의 혼인 기약이 이르렀고 그의 아내가 자신을 준비하였으므로 **8.**그에게 빛나고 깨끗한 세마포 옷을 입도록 허락하셨으니 이 세마포 옷은 성도들의 옳은 행실이로다 하더라 **9.**천사가 내게 말하기를 기록하라 어린 양의 혼인 잔치에 청함을 받은 자들은 복이 있도다 하고 또 내게 말하되 이것은 하나님의 참되신 말씀이라 하기로 **10.**내가 그 발 앞에 엎드려 경배하려 하니 그가 나에게 말하기를 나는 너와 및 예수의 증언을 받은 네 형제들과 같이 된 종이니 삼가 그리하지 말고 오직 하나님께 경배하라 예수의 증언은 예언의 영이라 하더라

1. "어린 양의 혼인 기약이 이르렀다"고 함 (= 혼인 잔치의 주인은 예수 그리스도)

7절= "우리가 즐거워하고 크게 기뻐하며 그에게 영광을 돌리세 어린 양의 혼인 기약이 이르렀고…"

2. "그의 아내가 준비하였고 빛난 세마포 옷을 입도록 하셨다"고 함 (= 교회는 마침내 완성될 것임)

7~8절= "… 그의 아내가 자신을 준비하였으므로 그에게 빛나고 깨끗한 세마포 옷을 입도록 허락하셨으니 이 세마포 옷은 성도들의 옳은 행실이로다"

3. "혼인 잔치에 청함을 받은 자들은 복이 있다"고 함 (= 교회 성도들은 복 받은 자들)

9절= "… 어린 양의 혼인 잔치에 청함을 받은 자들은 복이 있도다…"

【대지 유형】 주제 설명형 - 본문 분석형 - 대지 진전형
【주제】 교회는 장차 예수 그리스도와 혼인 잔치에 참여하는 복을 받게 된다.
【FCF】 많은 신앙인이 어린양 혼인잔치에 대한 설레임이 없음.

【서론】 마지막 때. 대단원의 막이 오른다. 종말에 어린양 혼인잔치가 시작된다. 본문에는 할렐루야로 시작. 이스라엘의 혼인은 1단계(부모들에 의한 계약, 지참금), 2단계(신랑 친구들이 신부 집으로, 신부 맞이), 3단계(신랑 집에

서 잔치). 본문은 2단계. 그리고 3단계는 20장, 21장에.
【우산질문】 본문이 말하는 어린양의 혼인잔치에 대하여 살펴보자.

【1대지】 어린 양으로서의 그리스도는 죄를 속하는 영원한 희생 제물. 그 고통과 그 낮아짐을 생각해보라. 그리하여 그는 특별히 영광을 받는다. 그는 교회에 사랑을 풍성히 나타내신다. 마침내 마지막 날에 신랑의 모습으로! 날에 우리는 말하기를, "보라, 그가 죽기까지 우리를 사랑하셨도다!"
【2대지】 혼인잔치의 의미는 교회의 완성. 이것은 우리의 소망이다. 교회는 결코 망하지 않고 마침내 완성된다. 8절, 신부의 속옷(칭의)과 겉옷(세마포: 행실). 이 잔치의 시작은 곧 영원한 안식의 시작이다.
【3대지】 부르심 받은 자들, 잔치에 들어가는 예복(칭의) 입은 자들은 복이 있다. 등불을 예비한 자들, 교회의 멤버들, 동시에 그리스도의 신부. 영원한 신부가 되는 축복. 그러므로 상대적으로 초대받지 못하는 이들의 불행은 크다.
【결론】 이 잔치는 사랑의 잔치, 승리의 잔치. 우린 빛나고 깨끗한 세마포를 준비해야.

계

- 절기, 용도, 장르, 특징: 종말론.
- Key Word: 혼인 잔치.
- Remarks:

본문 : 계 19:11~21
제목 : 오시는 왕 (The King Is Coming)

11.또 내가 하늘이 열린 것을 보니 보라 백마와 그것을 탄 자가 있으니 그 이름은 충신과 진실이라 그가 공의로 심판하며 싸우더라 12.그 눈은 불꽃 같고 그 머리에는 많은 관들이 있고 또 이름 쓴 것 하나가 있으니 자기밖에 아는 자가 없고 13.또 그가 피 뿌린 옷을 입었는데 그 이름은 하나님의 말씀이라 칭하더라 14.하늘에 있는 군대들이 희고 깨끗한 세마포 옷을 입고 백마를 타고 그를 따르더라 15.그의 입에서 예리한 검이 나오니 그것으로 만국을 치겠고 친히 그들을 철장으로 다스리며 또 친히 하나님 곧 전능하신 이의 맹렬한 진노의 포도주 틀을 밟겠고 16.그 옷과 그 다리에 이름을 쓴 것이 있으니 만왕의 왕이요 만주의 주라 하였더라 17.또 내가 보니 한 천사가 태양 안에 서서 공중에 나는 모든 새를 향하여 큰 음성으로 외쳐 이르되 와서 하나님의 큰 잔치에 모여 18.왕들의 살과 장군들의 살과 장사들의 살과 말들과 그것을 탄 자들의 살과 자유인들이나 종들이나 작은 자나 큰 자나 모든 자의 살을 먹으라 하더라 19.또 내가 보매 그 짐승과 땅의 임금들과 그들의 군대들이 모여 그 말 탄 자와 그의 군대와 더불어 전쟁을 일으키다가 20.짐승이 잡히고 그 앞에서 표적을 행하던 거짓 선지자도 함께 잡혔으니 이는 짐승의 표를 받고 그의 우상에게 경배하던 자들을 표적으로 미혹하던 자라 이 둘이 산 채로 유황불 붙는 못에 던져지고 21.그 나머지는 말 탄 자의 입으로부터 나오는 검에 죽으매 모든 새가 그들의 살로 배불리더라

1. 백마를 타고 오심 (= 성실과 진실로 심판하실 주님)

11절= "또 내가 하늘이 열린 것을 보니 보라 백마와 그것을 탄 자가 있으니 그 이름은 충신과 진실이라 그가 공의로 심판하며 싸우더라"

2. 하늘 군대를 이끌고 오심 (= 하늘 군대의 사령관)

14절= "하늘에 있는 군대들이 희고 깨끗한 세마포 옷을 입고 백마를 타고 그를 따르더라"

3. 예리한 검과 철장을 가지고 오심 (= 원수를 응징하는 심판주)

15절= "그의 입에서 예리한 검이 나오니 그것으로 만국을 치겠고 친히 그들을 철장으로 다스리며 또 친히 하나님 곧 전능하신 이의 맹렬한 진노의 포도주 틀을 밟겠고"

【대지 유형】주제 설명형 – 본문 분석형 – 대지 진전형
【주제】재림주로 오시는 주님은 하늘 군대를 이끄시고 오셔서 원수의 세력을 철저히 응징하신다.

【FCF】 많은 신앙인이 재림주로 오실 주님을 간절한 마음으로 기다리지 않고 있음.

【서론】 본문은 예수님 재림 장면을 묘사하고 있음. 우리의 관심은 이제 아기 예수가 아니라 왕이신 주님, 주님의 왕국에. 예수님은 이제 약속된 나라를 완성하시려고 오심.

【우산질문】 재림 예수, 그분은 어떤 모습으로 오시는가?

【1대지】 백마와 탄 자= 심판주. 충신과 진실= 심판주 그리스도의 성실하심과 진실하심. 초림의 주님은 마리아의 태에 들어오심. 그런데 재림의 주님은 하늘 보좌를 떠나 오실 것임. 그분은 만왕의 왕으로 성실과 진실로 심판하심.

【2대지】 본 절은 그분의 추종 세력에 대한 묘사임= 주님은 하늘 군대의 사령관으로 오심. 주님을 따르는 성도는 승리하고 또 승리함. 이 소망을 가지고 끝까지 달려가야 할 것임.

【3대지】 "이한 검"= 심판의 치명적인 힘 상징. "철장"= 강하고 확고한 심판의 상징. "맹렬한 진노의 포도주 틀을 밟겠고" 오시는 왕은 원수의 세력을 철저히 응징하는 심판주이심.

【결론】 속히 오실 왕은 만왕의 왕= 아마겟돈 전쟁을 승리하실 왕.

- 절기, 용도, 장르, 특징: 대림절기.
- Key Word: 재림주.
- Remarks:

계

본문 : 계 20:1~6
제목 : **천년왕국의 비밀 (Secrets of the Millennium)**

1.또 내가 보매 천사가 무저갱의 열쇠와 큰 쇠사슬을 그의 손에 가지고 하늘로부터 내려와서 **2.**용을 잡으니 곧 옛 뱀이요 마귀요 사탄이라 잡아서 천 년 동안 결박하여 **3.**무저갱에 던져 넣어 잠그고 그 위에 인봉하여 천 년이 차도록 다시는 만국을 미혹하지 못하게 하였는데 그 후에는 반드시 잠깐 놓이리라 **4.**또 내가 보좌들을 보니 거기에 앉은 자들이 있어 심판하는 권세를 받았더라 또 내가 보니 예수를 증언함과 하나님의 말씀 때문에 목 베임을 당한 자들의 영혼들과 또 짐승과 그의 우상에게 경배하지 아니하고 그들의 이마와 손에 그의 표를 받지 아니한 자들이 살아서 그리스도와 더불어 천 년 동안 왕 노릇 하니 **5.**(그 나머지 죽은 자들은 그 천 년이 차기까지 살지 못하더라) 이는 첫째 부활이라 **6.**이 첫째 부활에 참여하는 자들은 복이 있고 거룩하도다 둘째 사망이 그들을 다스리는 권세가 없고 도리어 그들이 하나님과 그리스도의 제사장이 되어 천 년 동안 그리스도와 더불어 왕 노릇 하리라

1. 천년왕국의 속성과 진행순서

4절= "또 내가 보좌들을 보니 거기에 앉은 자들이 있어 심판하는 권세를 받았더라 또 내가 보니 예수를 증언함과 하나님의 말씀 때문에 목 베임을 당한 자들의 영혼들과 또 짐승과 그의 우상에게 경배하지 아니하고 그들의 이마와 손에 그의 표를 받지 아니한 자들이 살아서 그리스도와 더불어 천 년 동안 왕 노릇 하니"

5절= "(그 나머지 죽은 자들은 그 천 년이 차기까지 살지 못하더라) 이는 첫째 부활이라"

6절= "이 첫째 부활에 참여하는 자들은 복이 있고 거룩하도다 둘째 사망이 그들을 다스리는 권세가 없고 도리어 그들이 하나님과 그리스도의 제사장이 되어 천 년 동안 그리스도와 더불어 왕 노릇 하리라"

2. 천년왕국의 내용

2.1. 사탄의 결박.

1~3절= "또 내가 보매 천사가 무저갱의 열쇠와 큰 쇠사슬을 그의 손에 가지고 하늘로부터 내려와서 용을 잡으니 곧 옛 뱀이요 마귀요 사탄이라 잡아서 천 년 동안 결박하여 무저갱에 던져 넣어 잠그고 그 위에 인봉하여 천 년이 차도록 다시는 만국을 미혹하지 못하게 하였는데 그 후에는 반드시 잠깐 놓이리라"

2.2. 천년왕국에 들어갈 자.

4절= "또 내가 보좌들을 보니 거기에 앉은 자들이 있어 심판하는 권세를 받았더라 또 내가 보니 예수를 증언함과 하나님의 말씀 때문에 목 베임을 당

한 자들의 영혼들과 또 짐승과 그의 우상에게 경배하지 아니하고 그들의 이마와 손에 그의 표를 받지 아니한 자들이 살아서 그리스도와 더불어 천 년 동안 왕 노릇 하니"

3. 천년왕국의 해석
무천년설, 후천년설, 세대주의 전천년설, 그리고 역사적 전천년설.

【대지 유형】주제 함축형 - 본문 분석형 - 대지 심화형
【주제】성경이 말하는 천년왕국은 예수님 재림하여 사탄을 결박하고 믿는 자들과 함께 만들어가는 완전한 하나님의 나라이다.
【FCF】천년왕국에 대한 관심이나 믿음이 부족한 현대교회.

【서론】성경 종말론이 기독교의 면류관이라 한다면 그 면류관 중앙에 박힌 보석과 같은 역할을 하는 것이 '천년왕국'이다.
【우산질문】종말론의 보석과 같은 '천년왕국'에 대하여, 그 왕국의 속성과 중요성, 왕국이 진행되는 순서, 왕국의 내용, 그리고 왕국의 해석 등을 다루면서 우리의 재림 신앙을 공고히 하자.

【1대지】천년왕국의 명칭들: ① 장차 오는 세상 ② 때가 찬 시대 ③ 천국 ④ 하나님의 나라 ⑤ 새롭게 되는 날. 천년왕국의 진행순서: ① 재림의 징조들 ② 예수 그리스도의 재림 ③ 성도의 부활 ④ 성도의 휴거 ⑤ 사탄의 결박 ⑥ 천년왕국의 시대 ⑦ 곡과 마곡의 전쟁 ⑧ 악인의 부활 및 심판 ⑨ 영원세계.
【2대지】대환난 때 믿음을 지킨 성도들은 '살아서' 그리스도와 더불어 천 년 동안 왕노릇 하지만, 그 나머지 '죽은' 자들은 그 천 년이 차기까지 살지 못하고 그 영혼이 음부에서 고통받게 된다.
【3대지】천년왕국의 일은 시기적으로는 미래의 일, 방법적으로는 '될 일'.
【결론】지금은 종말의 7대 징조가 속속 나타나고 있는 시점.

- 절기, 용도, 장르, 특징: 종말론.
- Key Word: 천년왕국.
- Remarks:

본문 : **계 21:1~4**
제목 : **천국에서 성도가 누릴 복된 삶**
(New Jerusalem Coming down out of Heaven)

1.또 내가 새 하늘과 새 땅을 보니 처음 하늘과 처음 땅이 없어졌고 바다도 다시 있지 않더라 **2.**또 내가 보매 거룩한 성 새 예루살렘이 하나님께로부터 하늘에서 내려오니 그 준비한 것이 신부가 남편을 위하여 단장한 것 같더라 **3.**내가 들으니 보좌에서 큰 음성이 나서 이르되 보라 하나님의 장막이 사람들과 함께 있으매 하나님이 그들과 함께 계시리니 그들은 하나님의 백성이 되고 하나님은 친히 그들과 함께 계셔서 **4.**모든 눈물을 그 눈에서 닦아 주시니 다시는 사망이 없고 애통하는 것이나 곡하는 것이나 아픈 것이 다시 있지 아니하리니 처음 것들이 다 지나갔음이러라

1. 새 하늘과 새 땅의 삶 (= 죄로 물든 모든 것이 사라지는 복)

1절= "또 내가 새 하늘과 새 땅을 보니 처음 하늘과 처음 땅이 없어졌고 바다도 다시 있지 않더라"

2. 거룩한 새 예루살렘 성(城)의 삶 (= 구속받은 백성의 승리의 복)

2절= "또 내가 보매 거룩한 성 새 예루살렘이 하나님께로부터 하늘에서 내려오니 그 준비한 것이 신부가 남편을 위하여 단장한 것 같더라"

3. 하나님의 장막과 함께 거하는 삶 (= 하나님의 임재의 복)

3절= "… 하나님의 장막이 사람들과 함께 있으매 하나님이 그들과 함께 계시리니 그들은 하나님의 백성이 되고 하나님은 친히 그들과 함께 계셔서"

4. 눈물·사망·애통·아픔이 없는 삶 (= 고통이 없는 천국의 복)

4절= "모든 눈물을 그 눈에서 닦아 주시니 다시는 사망이 없고 애통하는 것이나 곡하는 것이나 아픈 것이 다시 있지 아니하리니 처음 것들이 다 지나갔음이러라"

【대지 유형】 주제 설명형 – 본문 분석형 – 대지 병렬형
【주제】 성도는 죄 없는 천국에서 하나님과 함께 고통 없는 복된 삶을 영원히 살게 된다.
【FCF】 천국의 복된 삶에 대한 소망이 희미한 현대 교회 성도들의 세속화.

【서론】모든 그리스도인의 최고 최후의 소망은 천국이다.

【우산질문】본문에서는 천국에서 성도가 누릴 축복의 삶이 4가지로 나타난다. 천국에서 우리의 삶은 어떤 모습일까?

【1대지】질적으로 변한 세상= 갱신설. 죄가 없는 세상에서 사는 것이 첫 번째 복이다. 썩어 없어질 이 땅의 것을 버리고 오직 영원한 하나님의 나라, 새 하늘과 새 땅의 축복을 소유하자.

【2대지】새 예루살렘의 두 가지 특성: ① 새 예루살렘은 인간의 능력과 수단에 의해 만들어진 것이 아님. ② 새 예루살렘이 지리적인 것이거나 공간적인 것이 아님. 새 예루살렘은 구속받은 하나님의 백성의 공동체. 새 예루살렘이 하늘에서 내려오는 것은 교회의 승리를 상징.

【3대지】요 1:14. 우리가 늙고 병들고 힘들어도 소망을 가지고 사는 것은 천국이 있기 때문이다. 주님 재림하심으로 우리에게 임하는 영광의 천국!

【4대지】주님의 위로로 인해 사망이나 애통하는 것, 곡하는 것, 아픈 것이 다시 있지 않게 된다.

【결론】우리에게 천국의 소망이 있기에 우리는 이리도 행복하다. 그곳은 죄로 물든 모든 것이 사라지고, 구속받은 백성들이 승리의 개가를 부르는 곳이다.

- 절기, 용도, 장르, 특징:
- Key Word: 천국.
- Remarks:

본문 : **계 22:10~16**
제목 : **종말 성도의 할 일 (The Time is at Hand)**

10.또 내게 말하되 이 두루마리의 예언의 말씀을 인봉하지 말라 때가 가까우니라 **11.**불의를 행하는 자는 그대로 불의를 행하고 더러운 자는 그대로 더럽고 의로운 자는 그대로 의를 행하고 거룩한 자는 그대로 거룩하게 하라 **12.**보라 내가 속히 오리니 내가 줄 상이 내게 있어 각 사람에게 그가 행한 대로 갚아 주리라 **13.**나는 알파와 오메가요 처음과 마지막이요 시작과 마침이라 **14.**자기 두루마기를 빠는 자들은 복이 있으니 이는 그들이 생명나무에 나아가며 문들을 통하여 성에 들어갈 권세를 받으려 함이로다 **15.**개들과 점술가들과 음행하는 자들과 살인자들과 우상 숭배자들과 및 거짓말을 좋아하며 지어내는 자는 다 성 밖에 있으리라 **16.**나 예수는 교회들을 위하여 내 사자를 보내어 이것들을 너희에게 증언하게 하였노라 나는 다윗의 뿌리요 자손이니 곧 광명한 새벽 별이라 하시더라

1. "이 책의 예언의 말씀을 인봉하지 말라" 하심 (= 계시록의 말씀을 널리 알려야 함)

10절= "또 내게 말하되 이 두루마리의 예언의 말씀을 인봉하지 말라 때가 가까우니라"

2. "각 사람에게 행한 대로 갚아 주리라" 하심 (= 의와 거룩을 굳게 지켜야 함)

12절= "내가 속히 오리니 내가 줄 상이 내게 있어 각 사람에게 그가 행한 대로 갚아 주리라"

3. "자기 두루마기를 빠는 자들은 복이 있다" 하심 (= 회개하는 자는 영생의 복을 받음)

14절= "자기 두루마기를 빠는 자들은 복이 있으니 이는 그들이 생명나무에 나아가며 문들을 통하여 성에 들어갈 권세를 받으려 함이로다"

【**대지 유형**】주제 적용형 – 본문 수집형 – 대지 병렬형
【**주제**】때가 가까웠으므로 성도는 계시록의 말씀을 널리 전하고 의와 거룩을 굳게 지키고 회개하는 삶을 살아야 함.
【**FCF**】많은 신앙인이 때가 가까운 것을 실감하지 못하고 준비하지 않고 있음.

【**서론**】본문은 계시록의 결론 부분. 동시에 성경 전체의 결론 부분이다. 하나님이 인류에게 주시는 사랑의 편지의 마지막 부분. 10절의 "때가 가까우니

라"= 어느 누구도 거역할 수 없는, 엄청난 힘으로 한 발 한 발 다가오는 그분의 때. 1:3, "때가 가까웠음이라." 3:11, "내가 속히 임하리니." 주님이 속히 오신다는 것은 성경 전체의 분위기이다. 이렇게 때가 가까웠으므로 성도가 해야 할 일이 있다.

【우산질문】 종말 성도가 반드시 해야 할 일은 무엇인가?

【1대지】 주의 날이 가까웠으므로 이 예언의 말씀을 숨겨 두지 말라. 재림의 때가 가까웠으므로 말씀을 널리 open 시켜라. 때가 아직 멀었다면 인봉해도 괜찮았을 것. 구약 다니엘에게, 단 12:9, "다니엘아… 대저 이 말은 마지막 때까지 간수하고 봉함할 것이니라." 지금이 그 마지막 때이다.

【2대지】 11절, 지금 그 상태대로 두어야 할 정도로 가깝다. 이제는 강퍅한 자에게 회개를 더 권면할 여유가 없다. 때가 가까웠으므로 의로운 자와 거룩한 자는 그것을 굳게 지키라. 말씀이 인봉되지 않고 공개되고 가르쳐지게 되면 두 가지 부류의 사람이 형성된다: 믿는 자는 더욱 믿게 되고 불신자는 더욱 강퍅해짐. 왜냐하면 그리스도의 말씀은 생명이 있고 향기가 있어, 이 사람에게는 사망으로 좇아 사망에 이르는 향기가 되고 저 사람에게는 생명으로 좇아 생명에 이르는 향기가 되기 때문(고후 2:16).

【3대지】 두루마기는 그리스도의 보혈로 속죄받은 인격. 두루마기를 그의 보혈로 빠는 자= 회개하여 사죄받은 자. 이런 사람이 받는 복= 생명나무에 나아가며 성에 들어갈 권세를 받음. 이와 반대되는 자들= 개들(불결한 자들), 술객들(magic), 행음자들, 살인자들, 우상숭배자들. 성에 못 들어온다.

【결론】 때가 가까웠다고 하신 분은 예수님. 주님은 시작과 끝, 다윗의 뿌리요 광명한 새벽별(16절). 주님의 재림을 간절히 사모하자.

- 절기, 용도, 장르, 특징:
- Key Word: 종말, 재림.
- Remarks:

본문 : **계 22:16~17**
제목 : **성경의 최후 초청 (The Last Invitation in the Bible)**

16.나 예수는 교회들을 위하여 내 사자를 보내어 이것들을 너희에게 증언하게 하였노라 나는 다윗의 뿌리요 자손이니 곧 광명한 새벽 별이라 하시더라 **17.**성령과 신부가 말씀하시기를 오라 하시는도다 듣는 자도 오라 할 것이요 목마른 자도 올 것이요 또 원하는 자는 값없이 생명수를 받으라 하시더라

1. 성령님이 죄인들을 초청하심 (= 성령님의 최대 부담)

17절= "성령과 신부가 말씀하시기를 오라 하시는도다"

2. 신부가 죄인들을 초청함 (= 교회의 최대 과업)

17절= "… 신부가 말씀하시기를 오라 하시는도다"

3. 목마른 자에게 생명수를 받으라 하심 (= 인류의 최대 선물)

17절= "… 목마른 자도 올 것이요 또 원하는 자는 값없이 생명수를 받으라 하시더라"

【**대지 유형**】 주제 설명형 – 본문 분석형 – 대지 혼재형(2+1)
【**주제**】 인류의 최대 선물인 복음의 해갈은 성령님과 교회의 최대 과업이다.
【**FCF**】 세상을 향한 초청에 열심을 잃어버린 교회의 나태와 안일.

【**서론**】 교회는 예배 공동체이다. 교회로 모인 성도들이 가장 역점을 두어야 할 사역은 예배이다. 예배를 통해 우리는 하나님을 만나게 되고, 예배를 통해 우리는 함께 참여한 성도들과 공동체의 숨결을 느낄 수 있다. 예배에서의 초청은 죄인들을 구원으로 부르는 초청이고, 믿음을 잃어버린 타락한 자들을 산 믿음에로 부르는 초대이다. 예배를 통하여 수고하고 무거운 짐진 자들을 부르시는 하나님의 사랑의 음성을 들을 수 있고, 예배하는 회중 가운데서 하나님의 사랑에 감동하여 자신의 삶을 헌신하는 아름다운 모습을 볼 수 있다. 우리 주님은 죄인을 부르시는 초청의 하나님이시다! 성경에는 죄인들을 부르시는 2,000번 이상의 초청 기록이 있다. 본문은 성경의 수많은 초청 가운데 마지막 초청의 말씀이다.

【우산질문】 본문에 나타난 초청을 통하여 성령 하나님의 마음, 교회에 주신 사명, 그리고 인류에게 주신 축복과 선물을 살펴보자.

【1대지】 본 절은 예수님의 재림 선언에 대한 성령님과 교회의 화답이다. 본 절에 두 차례 언급된 '오라(에르쿠)'는 초청은 세상을 향하여 구령의 열정을 토하는 모습이다. 오늘도 성령님은 사람들을 구원으로 부르고 계신다. 죄인을 구원으로 이끄시는 일은 성령님의 최대 부담이다. 성령님의 최대 최고의 부담은 죄인을 깨우쳐 예수 믿게 하고, 말씀 안에서 그 믿음을 성장시켜 나가는 것이다. 이것은 어떤 의미에서 창조의 사역보다 더 큰 일이고 피조물을 운행하시고 섭리하시는 것보다 더 부담되는 일이다. 죄인들을 사랑하시는 성령님.

【2대지】 신부= '새 예루살렘'= 온 세계에 흩어져 있는 주님의 몸된 교회, 대환난 때의 '해 입은 여자'. 이 초청 사역은 교회가 감당해야 할 가장 큰 책임. 다른 일에 바빠서야 되겠는가! 그런데 오늘의 교회는 성령님의 소원과는 달리 다른 일들 때문에 너무 바빠서 정작 세상을 초청하는 일에 소홀한 것은 아닌가? 그러나 교회의 가장 중요한 기능은 사람들을 그리스도에게로 인도하는 것이다. 교회의 최대 과업은 세상을 향하여 '예수님께로 오라'고 초청하는 일이다. 그러므로 교회는 다른 일들로 분주하여 정작 최대의 사명을 망각하지 않도록 항상 근신해야 한다.

【3대지】 성령님과 교회의 초청은 목마른 자들에게 주어진다. 오늘 세상은 영혼의 기갈로 몸서리치고 있다. 주님 주시는 해갈(解渴)은 인류가 누리는 최대 축복이요 최고 선물이다. 세상을 향한 복음 증거란 그리스도의 십자가를 통해 얻게 되는 천국 생명으로 사람들을 초대하는 것이다. 주님께로 나아오는 자에게 요구되는 한 가지 조건은 '목말라야 한다는 것'.

【결론】 우리가 바로 현대판 수가성 여인은 아닌가? 내 마음을 빼앗고 남편 노릇을 하고 있는 것이 재물인가 부귀영화인가, 아니면 허무라는 정체불명의 마귀인가?

계

- 절기, 용도, 장르, 특징:
- Key Word: 초청.
- Remarks:

본문 : 계 22:16~21

제목 : 말씀의 중요성

16.나 예수는 교회들을 위하여 내 사자를 보내어 이것들을 너희에게 증언하게 하였노라 나는 다윗의 뿌리요 자손이니 곧 광명한 새벽 별이라 하시더라 17.성령과 신부가 말씀하시기를 오라 하시는도다 듣는 자도 오라 할 것이요 목마른 자도 올 것이요 또 원하는 자는 값없이 생명수를 받으라 하시더라 18.내가 이 두루마리의 예언의 말씀을 듣는 모든 사람에게 증언하노니 만일 누구든지 이것들 외에 더하면 하나님이 이 두루마리에 기록된 재앙들을 그에게 더하실 것이요 19.만일 누구든지 이 두루마리의 예언의 말씀에서 제하여 버리면 하나님이 이 두루마리에 기록된 생명나무와 및 거룩한 성에 참여함을 제하여 버리시리라 20.이것들을 증언하신 이가 이르시되 내가 진실로 속히 오리라 하시거늘 아멘 주 예수여 오시옵소서 21.주 예수의 은혜가 모든 자들에게 있을지어다 아멘

1. 이 말씀은 예수께서 교회들을 위해 주신 것임 (= 예수님이 주신 말씀)

16절= "나 예수는 교회들을 위하여 내 사자를 보내어 이것들을 너희에게 증언하게 하였노라…"

2. 이 말씀에 더하면 여기 기록된 재앙들을 그에게 더한다 하심 (= 첨가 불가)

18절= "내가 이 두루마리의 예언의 말씀을 듣는 모든 사람에게 증언하노니 만일 누구든지 이것들 외에 더하면 하나님이 이 두루마리에 기록된 재앙들을 그에게 더하실 것이요"

3. 이 말씀에서 제하여 버리면 천국 참여 명단에서 제하여버린다 하심 (= 삭제 불가)

19절= "만일 누구든지 이 두루마리의 예언의 말씀에서 제하여 버리면 하나님이 이 두루마리에 기록된 생명나무와 및 거룩한 성에 참여함을 제하여 버리시리라"

【대지 유형】주제 증명형 – 본문 수집형 – 대지 혼재형(1+2)

【주제】예수님이 교회를 위해 주신 말씀은 첨삭(添削)해서는 절대 안 되는 매우 중요한 말씀이다.

【FCF】많은 신앙인이 성경의 영감을 믿지 못하고 말씀의 첨삭의 위험성에 민감하지 못함.

【서론】 요한계시록의 결론 부분이다. 때가 가까우니 ① 이 말씀을 인봉치 말고, ② 굳게 믿음을 지키고, ③ 두루마기를 빨라. 말씀의 중요성에 대한 성경의 많은 가르침을 보라. 본문은 계시록의 결론 부분. 이것들을 증거하신 목적은 '교회들을 위하여'. 17절에서 성령과 신부(=성령 충만한 교회)의 초대, '듣는 자들'은 교회의 멤버들.

【우산질문】 본문에서 과연 말씀이 그토록 중요한지 살펴보자.

【1대지】 누구에게? 목마른 자, 원하는 자. 딤후 3:16= 모든 성경은 하나님의 감동으로 된 것. 이 말씀은 어떠한 말씀인가? 마 24:15, "천지는 없어지겠으나 내 말은 없어지지 않으리라." 마 5:18= 천지가 없어지기 전에 율법의 일점일획이라도 다 이루어진다. 그러므로 이 귀중한 주님의 말씀을 변개하는 자의 책임이 어떠하겠는가!

【2대지】 가감해서는 절대 안 된다! 성경에 무엇인가를 더하는 자들: 가톨릭(외경, 교황의 말), 몰몬교(스미스의 계시), 통일교(원리강론), 여호와의 증인(말세 비밀의 원리) 등. 이들은 계시록에 기록된 재앙들을 더 받게 된다.

【3대지】 성경에서 무엇인가를 빼는 자들: 고등비평학자들, 자유주의자들, 성경의 초자연적 부분을 불신하는 자들(부활, 성육신, 동정녀 탄생, 창조, 표적, 부활, 재림, 성령강림), 이들은 천국 입국자 명단에서 제하여 버리신다! 마 5:19.

【결론】 말씀의 생활화 속에서도 어느 것 하나 버려서는 안 된다. 이것은 좋지만 저것은 안 된다? 이것들을 증거하신 이가 가라사대, 내가 진실로 속히 오리라. 아멘, 주 예수여, 오시옵소서.

- 절기, 용도, 장르, 특징:
- Key Word: 말씀.
- Remarks:

부록

1. 설교 작성 양식

2. 설교 평가 양식

3. 강해대지설교 클리닉 안내

4. 강해대지설교 클리닉 현장 사진

설교 작성 양식

성명 :　　　　　교회명:

제목 :	주제:
본문 :	FCF:
	목표:

〈서론〉

①	⑤
②	⑥
③	⑦
④	⑧(우산질문)

1. _____ (대지해석:　　　　　　　　)

절 =

(설명)

①	⑤
②	⑥
③	⑦
④	⑧(총)

(예증)

①	⑤
②	⑥
③	⑦
④	⑧(총)

(적용)

①	⑤
②	⑥
③	⑦
④	⑧(총)

2. _____ (대지해석:)
절 =
(설명)
①   ⑤
②   ⑥
③   ⑦
④   ⑧(총)
(예증)
①   ⑤
②   ⑥
③   ⑦
④   ⑧(총)
(적용)
①   ⑤
②   ⑥
③   ⑦
④   ⑧(총)

3. _____ (대지해석:)
절 =
(설명)
①   ⑤
②   ⑥
③   ⑦
④   ⑧(총)
(예증)
①   ⑤
②   ⑥
③   ⑦
④   ⑧(총)
(적용)
①   ⑤
②   ⑥
③   ⑦
④   ⑧(총)

총결론 :

설교 평가 양식

> 5 – 최고(Superior)   4 – 잘함(Good)   3 – 보통(Average)
> 2 – 미숙(Poor)   1 – 문제있음(Inadequate)

1. 조직(Organization)

1) 서론
- 배경이나 자료의 사용이 적절한가? _____
- 핵심 주제를 위한 입구 역할을 잘 하고 있는가? _____
- 길이나 시간은 적당한가? _____
- 청중들의 욕구나 필요성을 다루고 있는가? _____

2) 구조
- 제목과 대지가 본문의 의도를 드러내고 있는가? _____
- 제목과 대지가 주제를 통일적으로 나타내는가? _____
- 제목은 주제를 드러내기에 적절한가? _____
- 대지의 분해는 적절한가? _____
- 각 대지들 사이에 논리적 심리적 연결이 되어 있는가? _____

2. 내용(Content)

1) 전체
- 설교가 정확한 주석에 기초를 두고 있는가? _____
- 각 대지의 해석(직역 또는 의역)은 적절한가? _____
- 핵심사상이나 주제에 대한 분석이 논리적인가? _____
- 설교자가 자신의 설교내용이 타당하다는 사실을 당신에게 확신시켜 주었는가? _____
- 내용의 독창성을 보여주고 있는가? _____

3) 보충자료
- 재미있었는가? _____
- 다양성은 있는가? _____
- 구체적인가? _____

3. 스타일(Style)
- 설교자가 정확한 문법을 사용하고 있는가? _____
- 말이나 단어들이 구체적이며 정확한가? _____
- 말이나 단어들에 생동감과 다양성이 있는가? _____

4. 전달(Delivery)
1) 직접성
- 설교자가 정말 전하고자 하는 것 같은가? _____
- 친밀한 느낌을 주는가? _____
- 설교가 살아있는 대화처럼 느껴지는가? _____

2) 언어전달
- 성우식의 고저장단, 희로애락이 잘 표현되고 있는가? _____
- 목소리는 듣기에 편한가? _____
- 발음이 정확하고 다채로운가? _____
- 설교자가 효과적으로 말을 멈추는가? _____

3) 신체적 전달
- 얼굴표정은 자연스러운가? _____
- 온몸을 다 사용하면서 설교하는가? _____
- 제스처는 자연스럽고 분명한가? _____
- 좋지 않은 습관적 버릇은 없는가? _____

4) 시선
- 설교자가 교인들의 눈을 바로 바라보는가? _____
- 설교자가 회중들의 반응을 잘 의식하고 있다는 느낌이 드는가?
_____

| 부록 3 |

강단 설교의 새로운 지평을 열다

- 강해대지설교 클리닉 -

강해대지설교는 기존의 성경 본문의 의도를 떠난
인본주의 설교와의 차별화를 선언한다

1) 설교자는 설교의 전 과정(서론-본론-결론)이 설교 본문에 내재된 말씀의 운동력(에너르게스, 生氣, 히 4:12)을 회중에게 풀어내는 성령님의 역사의 현장임을 명심하고, 회중에게 이를 각인시킨다.

2) 설교 작성시 성경 본문의 의도에 충실한 설교에서 벗어나지 않게 하는 설교 주제잡기 5대 규칙을 철저히 따른다.

3) 설교의 주제가 선명하게 드러나도록 설교 전 과정에서 주제를 반복하여 강조하는 틀(Frame)을 사용한다.

4) 각 대지 진술에 대해 회중에게 적용할 수 있는 대지 해석을 대지 진술과 병기(倂記)함으로써 설교자 자신과 회중의 믿음과 삶에 적용적인 설교가 되게 한다.

5) FCF(Fallen Condition Focus)를 서론에서 제시하고, 각 대지의 전개 과정에서 FCF를 계속 적용하여 설교가 분명한 방향성이 있도록 한다.

6) 제목과 주제의 중요성을 강조하고 특히 서론 작성 5단계를 통하여 이를 회중의 마음에 각인시킨다.

7) 각 대지의 전개(展開)는 설명부와 예증부와 적용부로 적절히 구성하되, 특히 적용부 작성 4대 요소(What, Where, Why, How)를 최대한 반영한다.

8) 주어진 성경 본문에 꼭 맞는 맞춤형 대지 유형들의 조합이 되도록 평소에 대지 유형에 대한 연구를 게을리하지 않는다.

9) 설교자는 예배 시작부터 마칠 때까지 설교의 로고스(Logos)와 파토스(Pathos) 그리고 에토스(Ethos)가 어떻게 융합 되어 나타나고 있는가를 항상 살핀다.

10) 설교자는 예배의 전 과정을 통하여 본문에 내재되어 있는 말씀 생기가 성령의 검이 되어 회중에게 역사하고 있는지를 살핀다.

설교클리닉
2박3일의 감동

설교가 하나님의 말씀이 되려면
성경 본문의 의도에 충실한 설교여야 함

강해대지설교의 3대 특징

1) 본문 중심(Text-centered)
2) 주제 중심(Subject-centered)
3) 적용 중심(Application-centered)

설교주제잡기의 5대 규칙

1) 제목은 주제로부터 '그대로' 또는 '함축적으로' 가져온다.
2) 대지진술은 본문에서 '그대로' 또는 '함축적으로' 가져온다.
3) 제목과 대지는 자연스럽게 연결되어 스토리가 되어야 한다.
4) 본문을 적절히(proportionally) 분할하여 대지를 잡는다.
5) 대지해석은 대지 진술을 적용적으로 해석하여야 한다(직역 또는 의역).

대지 전개의 3요소

1) 설명부: 반복, 재진술, 묘사와 정의, 주해, 논증
2) 예증부: 유추(analogy), 실례(example), 은유(metaphor) 형식의 예화
3) 적용부: What to do, Where to do, Why to do, How to do

강해대지설교
작성 훈련

1) 설교 클리닉 2박3일 과정

- 살아 있는 강의 (교재: 『좋은 설교』)
- 참여자들의 설교 시연과 대표강사의 강평 및 교정
- 10명 이상이면 전국 어느 지역에서나 개설 가능
- * 『설교주제잡기 700선 제1권』의 "설교클리닉 2박3일의 감동"을 참조하십시오.

2) 설교 클리닉 중급반 과정 (1박2일)

- 본문 석의에 입각한 설교 작성 강의
- 『설교주제잡기 700선』 제1권~제7권 사용, Dynamic Discussion
- 2박3일 과정 수료자에 한함

3) 강해대지설교 일일 세미나

- 『설교주제잡기 700선』 각권에서 실제 주일예배 설교를 작성하는 방법을 쉽게 안내함
- 각 노회, 연합회, 목회자 모임 등에서 특별 집회의 기회로 이용하실 수 있음

강해대지설교
도서안내

『좋은 설교: 강해대지설교 클리닉의 이론과 실제』

박순오 저, 시그마프레스 刊, 2017.

하나님 행위로서의 설교, 좋은 설교와 위대한 설교, 강해 대지설교로의 부름,
설교 작성의 준비, 설교 작성의 실제, 대지의 다양한 유형, 설교 전달의 실제,
그리스도 중심의 설교. 부록: 설교클리닉 수료자들의 생생한 소감문

『설교주제잡기 700선』

박순오 저, 조명문화사 刊, 2018.

제1권 : 설교주제잡기(모세오경), 설교 작성의 이론과 실제
제2권 : 설교주제잡기(역사서, 시가서, 선지서), 대지의 다양한 유형과 그 변화
제3권 : 설교주제잡기(마태복음, 마가복음, 누가복음), 한 본문에서 다양한
　　　　개요를 잡는 방법
제4권 : 설교주제잡기(요한복음, 사도행전), 대지 유형 변화에 따른 개요 변화
제5권 : 설교주제잡기(로마서~요한계시록), 그리스도 중심의 설교 작성하기
제6권 : 성경적 상징주의를 적용한 설교주제잡기
제7권 : 목회계획에 따른 설교주제잡기(송구영신, 사순절, 부활절, 성령강림절,
　　　　가정의달, 맥추감사절 추수 감사절, 3.1절, 광복절, 대림절, 성탄절 등)

*공급처 : 교보, 알라딘, 영풍, 또는 저자로부터 직접 공급

설교클리닉
강사

박순오 목사

· 서울대학교 공과대학 졸업
· 총신대학교 신학대학원 졸업(M.Div, 구약신학)
· 미국 Westminster 신학교, Covenant 신학교 수학
· 계명대학교 대학원 졸업(Ph.D. 실천신학)
· 뉴욕언약교회 개척 시무(12년)
· New York Evangelical Seminary 이사장 역임
· 예장총회 교육부장 역임
· 대구기독교총연합회 대표회장 역임
· 대구성시화운동본부 대표본부장 역임
· 대구서현교회 담임목사 역임
· (현)기독영상상담연구소 이사장
· (현)Philippine Evangelical Seminary 외래교수
· (현)사단법인 나눔과기쁨 상임대표
· (현)강해대지설교클리닉 대표강사

*강해대지설교의 엄청난 능력을 아십니까?
회중의 혼과 영과 관절과 골수를 찔러 쪼개는
말씀 생기(히4:12)를 아십니까?
강해대지설교의 새로운 세계로
여러분을 안내해 드립니다.*

설교클리닉
수료자 소감

강○○ 목사 (○○○교회)
저는 설교자로서 부족함을 느끼면서도 그래도 잘 하려고 노력은 하고 있고 나름대로 괜찮은 설교자라고 생각해 왔습니다. 그러던 중 박순오 목사님의 강해대지설교 클리닉을 통해서 제 설교가 성도 들의 삶을 변화시키지 못하는 원인을 발견하게 되었습니다….

허○○ 목사 (○○축복교회)
… 2박 3일동안 성실하게 참여했다. 참석하게 된 것이 너무 잘했다는 생각이 들었다. 폭넓고 깊은 주제를 관철하는 설교의 능력은 타의 추종을 불허하겠다는 생각이 들었다. 이렇게 다양하고 오묘한 팩트 들을 프레임화 해서 수십 가지의 다양한 패턴의 설교의 집중력을 키워주는 설교가 또 있을까? 정말 놀랍고 놀라웠다….

조○○ 목사 (○○○교회)
… 설교 사역에 대한 마음이 안개 속을 걷듯 희미했던 나에게 정오의 찬란한 햇빛이 들어오듯 밝고 소망에 찬 마음으로 가득차진다. 본 과정을 마치니 설교의 기본 틀이 눈에 확 들어온다. 나도 잘 할 수 있다는 용기가 생긴다….

전○○ 목사 (○○교회)
… 설교의 주제와 제목을 정하는 것부터 시작하여 설교 전체를 완성하는 데 있어서 체계적인 방법을 배움으로써 각 대지의 진술과 대지 해석, 그리고 대지 전개의 세 요소인 설명-예증-적용을 지금까지보다는 비교되지 않을 정도로 부요하고 힘차게 전달할 수 있게 되었다….

| 문의 |

강해대지설교 클리닉 대표강사
사단법인 나눔과 기쁨 상임대표   **박순오** 목사 010-3825-6187

서울시 마포구 토정로 319 (용강동, 3층) (사)나눔과 기쁨 ☎ 1544-9509

강해대지설교 클리닉 현장